韓国語能力試験 TOPIKⅡ 必須単語 完全対策

新装版

［中級レベルの語彙力を強化］

音声はダウンロード
全例文の音声あり

シン・ヒョンミ、イ・ヒジョン、イ・サンミン 著

音声ダウンロードのご案内 

本書の見出し語と例文（対話形式）の韓国語音声は、小社ウェブサイト（https://www.hanapress.com/）のダウンロードページより無料でダウンロードできます。音声はMP3形式のファイルになっており、本書中のトラックの数字とファイルの名前が一致しています。

ダウンロードページへは、小社トップページ右の「ダウンロード」バナーをクリックすることでお入りいただけます。

ダウンロードの際には、パスワード（shv0enp9）をご入力ください。

※本書は、韓国で発売された『2000 Essential Korean Words Intermediate』を基に、2016年7月に小社より発行された『韓国語能力試験TOPIK II 必須単語完全対策』の新装版です。音声がダウンロード方式のみになった他は、旧版とほぼ同一の内容です。

はじめに

TOPIK（Test of Proficiency in Korean= 韓国語能力試験）は、一人で韓国語を学ぶ人や韓国の大学に入学するため、あるいは韓国企業に就職するために韓国語を学んでいる人たちが自分の実力を確認できる基準として、その重要性を増しています。

本書はそんなTOPIKの中でも、中級に当たるTOPIK IIの3・4級受験者を対象にした語彙対策書籍です。本書で扱った約1,500語の単語は、以下の基準を基に掲載されています。

1　韓国内にある大学に付属する8カ所の韓国語教育機関の韓国語中級（TOPIK II 3・4級）教材の語彙をセレクト。

2「第10～28回TOPIK」の全レベルを対象に、登場した語彙の出現頻度を調査。その中で出現頻度が高い語彙をセレクト。

3　外国人学習者が中級レベルで学習すべき語彙を選ぶため、「中級レベルの韓国語教育用語彙(国立国語院)」と重複する語彙をセレクト。

セレクトした単語は14のカテゴリーに分られけ、収録した例文は各カテゴリーに関連して実生活でよく使われる実用的な対話文になっています。また、対義語、類義語、受身、使役、参考語彙など、多様な関連語彙を併せて掲載し、学習者の語彙力アップの一助となるべく編集しました。

語彙は学習者の語学力を伸ばす基礎となり、特に中級レベルの学習者において語彙は、文法に負けず劣らず重要な要素です。TOPIK II（3・4級）の語彙対策としてだけでなく、韓国語を学習する全ての中級学習者に役立つことと信じています。

韓国語学習ジャーナルhana編集部（訳者）

この本の構成と活用

韓国語中級レベルの学習者が、より効率的に単語を習得できる構成になっています。14個に分けた大カテゴリーの中に、小さなカテゴリーを設け、見出し語に関連した単語を、芋づる式に覚えられるようにしました。また、一つの見出し語に対して、見出し語を使った実用的な例文や、対義語や類義語などの関連語彙、動詞や形容詞と一緒に使う助詞の情報なども提示し、単語学習だけでなく、より広い知識を身に付けられる仕組みが満載です。

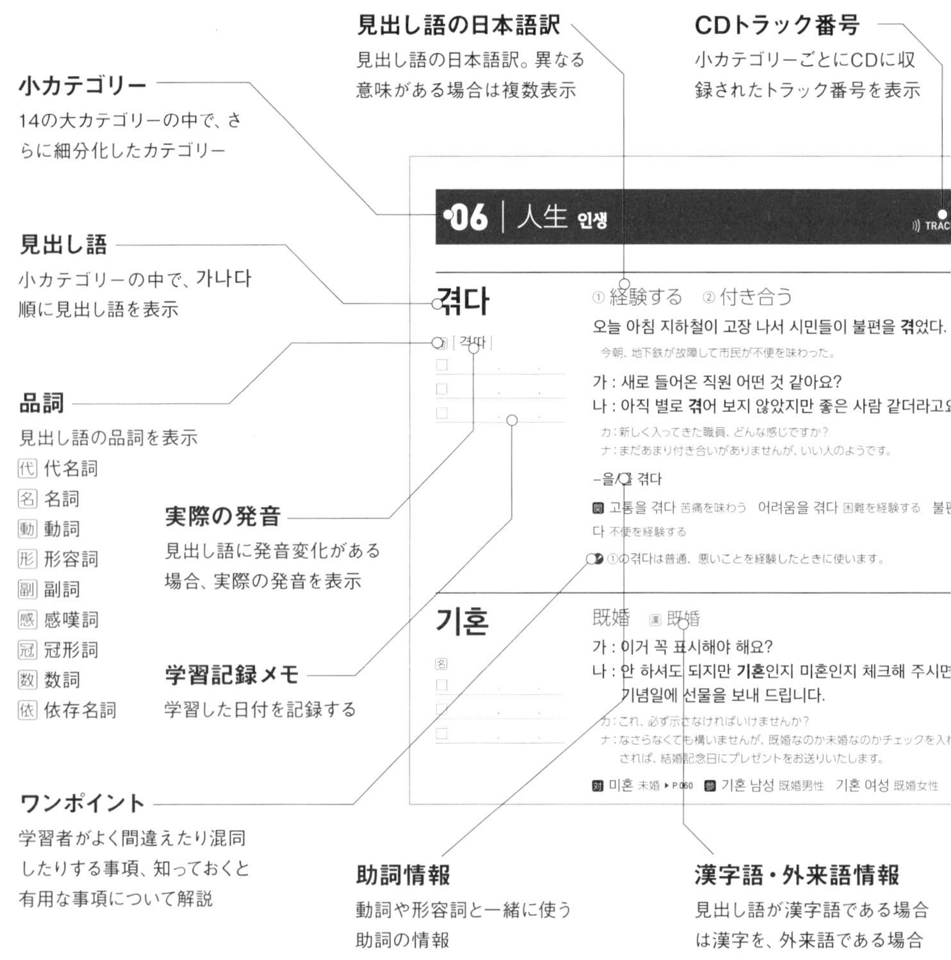

例文

見出し語を使った例文。見出し語に複数の意味がある場合、意味の数だけ例文を表示

大カテゴリー

小カテゴリーが含まれている大カテゴリーを表示

変則活用

見出し語が変則活用する場合、その種類を表示

付加情報

見出し語に関連した情報を表示

類 類義語
対 対義語
受 受身形
使 使役形
本 本動詞（受身形、使役形などの元の形）
敬 敬語
ぞ ぞんざい語
縮 縮約形
関 関連語（単語と関連した表現）
参 参考語（単語から派生した語）
動 動詞　形 形容詞　名 名詞　副 副詞

01 感情

1章 人間

놀랍다

形 | 놀랍따 |

ㅂ変則

驚きだ

가 : 저 아이는 이제 5살인데 한국어와 중국어, 영어, 프랑스어를 할 수 있대요.
나 : 정말 **놀랍**네요!

カ：あの子はまだ5歳なのに、韓国語と中国語、英語、フランス語ができるそうです。
ナ：本当に驚きですね！

−이/가 놀랍다
−에 놀라워하다
−을/를 놀라워하다

動 놀라워하다 驚く　関 놀라운 소식 驚きのニュース

느낌

名

感じ

가 : 술을 처음 마셨을 때 **느낌**이 어땠어?
나 : 글쎄, 머리가 아프고 기분이 이상했어.

カ：酒を初めて飲んだとき、どんな感じだった？
ナ：そうだね、頭が痛くて変な気分だった。

−을/를 느끼다

動 느끼다 感じる

関 느낌이 있다/없다 感じがある／ない　느낌이 들다 感じがする　느낌을 주다 感じを受ける／与える

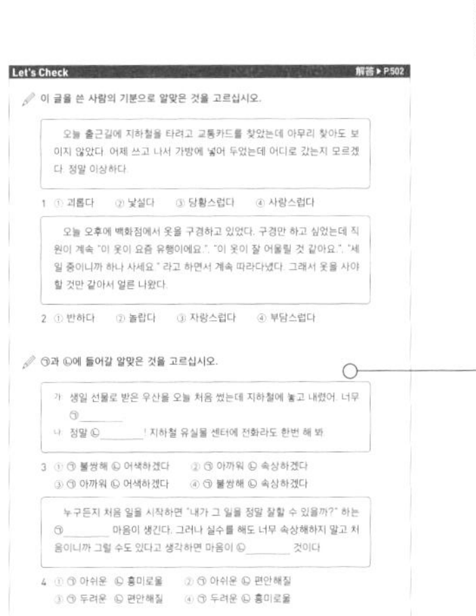

Let's Check　解答 ▶ P.502

이 글을 쓴 사람의 기분으로 알맞은 것을 고르십시오.

오늘 출근길에 지하철을 타려고 교통카드를 찾았는데 아무리 찾아도 보이지 않았다. 어제 쓰고 나서 가방에 넣어 두었는데 어디로 갔는지 모르겠다. 정말 이상하다.

1 ① 괴롭다　② 낯설다　③ 당황스럽다　④ 사랑스럽다

오늘 오후에 백화점에서 옷을 구경하고 있었다. 구경만 하고 싶었는데 직원이 계속 "이 옷이 요즘 유행이에요.", "이 옷이 잘 어울릴 것 같아요.", "세일 중이니까 하나 사세요." 라고 하면서 계속 따라다녔다. 그래서 옷을 사야 할 것만 같아서 얼른 나왔다.

2 ① 반하다　② 놀랍다　③ 자랑스럽다　④ 부담스럽다

㉠과 ㉡에 들어갈 알맞은 것을 고르십시오.

가: 생일 선물로 받은 우산을 오늘 처음 썼는데 지하철에 놓고 내렸어. 너무 ㉠________
나: 정말 ㉡________! 지하철 유실물 센터에 전화라도 한번 해 봐.

3 ① ㉠ 불쌍해 ㉡ 어색하겠다　② ㉠ 아까워 ㉡ 속상하겠다
③ ㉠ 아까워 ㉡ 어색하겠다　④ ㉠ 불쌍해 ㉡ 속상하겠다

누구든지 처음 일을 시작하면 "내가 그 일을 정말 잘할 수 있을까?" 하는 ㉠________ 마음이 생긴다. 그러나 실수를 해도 너무 속상해하지 말고 처음이니까 그럴 수도 있다고 생각하면 마음이 ㉡________ 것이다.

4 ① ㉠ 아쉬운 ㉡ 흥미로울　② ㉠ 아쉬운 ㉡ 편안해질
③ ㉠ 두려운 ㉡ 편안해질　④ ㉠ 두려운 ㉡ 흥미로울

Let's Check

学習した語彙が身に付いているか、確認のための練習問題
解答と問題の日本語訳は巻末P.502～525

付録

502 … Let's Checkの解答と日本語訳。
526 … 索引：巻末に本書に掲載した見出し語の索引を付録した。
CD-ROM：見出し語と例文を読み上げた音声を、小カテゴリーごとに分けて収録した。

目　次

9章 自然／環境 자연 / 환경

10章 国家／社会 국가 / 사회

11章 経済 경제

12章 交通／通信 교통 / 통신

13章 芸術／文化 예술 / 문화

14章 その他 기타

1章

人間

인간

01 | 感情 감정

)) TRACK 01

감동

名

□ . .

□ . .

□ . .

感動　漢 感動

가 : 그 영화 볼 만해요?

나 : 네, 여러 번 실패해도 포기하지 않는 주인공의 모습이 정말 **감동**적이니까 한번 보세요.

カ：その映画、見るに値しますか？

ナ：はい、何度失敗しても諦めない主人公の姿が本当に感動的なので、一度ご覧ください。

-에/에게 감동하다

動 감동하다 感動する　関 감동을 주다/받다 感動を与える／もらう

参 감동적 感動的

감정

名

□ . .

□ . .

□ . .

感情　漢 感情

다른 사람과 문제가 있을 때는 자신의 **감정**을 솔직하게 표현하는 것이 좋다.

他の人とトラブルがあるときは、自分の感情を率直に表すのがよい。

関 감정이 풍부하다 感情が豊かだ　参 감정적 感情的

곤란

名 [골란]

□ . .

□ . .

□ . .

困ること、困難　漢 困難

가 : 10만 원만 빌려줄 수 있어?

나 : 나도 등록금을 내야 해서 지금은 빌려 주기가 **곤란**해.

カ：10万ウォンだけ、貸してくれる？

ナ：僕も授業料を払わなければいけないから、今は貸すのは難しいよ。

-이/가 곤란하다

-기가 곤란하다

形 곤란하다 難しい

関 곤란에 부딪치다 困難にぶつかる　곤란을 당하다 難儀に直面する

괴롭다

形 [괴롭따]

ㅂ変則

□ . .
□ . .
□ . .

つらい

가 : 아, 요즘 불면증 때문에 잠을 못 자서 너무 **괴로워**요.
나 : 스트레스 받는 일이 많은가 봐요.

カ：ああ、最近、不眠症のため眠れなくてとてもつらいです。
ナ：ストレスを受けることが多いようですね。

–이/가 괴롭다
–기가 괴롭다
–을/를 괴로워하다

動 괴로워하다 苦しむ

귀찮다

形 [귀찬타]

□ . .
□ . .
□ . .

面倒だ

이 로봇 청소기를 사용해 보세요. 이 제품은 청소하기 **귀찮**아 하는 사람들을 위해 개발된 것입니다.

このロボット掃除機を使ってみてください。この製品は掃除するのが面倒な人のために開発されたものです。

–이/가 귀찮다
–기가 귀찮다

기뻐하다

動

□ . .
□ . .
□ . .

喜ぶ

가 : 진정한 친구란 뭐라고 생각하세요?
나 : 저에게 좋은 일이 있을 때 같이 **기뻐해** 주는 친구가 아닐까요?

カ：本当の友達とは、何だと思いますか？
ナ：私にいいことがあったとき、一緒に喜んでくれる友達ではないでしょうか？

–을/를 기뻐하다

対 슬퍼하다 悲しむ

기쁨

名

喜び

가 : 어떻게 10년 동안이나 기부를 해 오셨어요?
나 : 기부를 하면서 느끼는 **기쁨**이 컸기 때문이에요.

カ：どうして10年もの間、寄付をしてきたのですか？
ナ：寄付をすることによって感じる喜びが大きかったからです。

–이/가 기쁘다

形 기쁘다 うれしい　対 슬픔 悲しみ

関 기쁨이 넘치다 喜びがあふれる　기쁨을 느끼다 喜びを感じる

긴장

名

緊張　漢 緊張

가 : 내일 면접 볼 때 실수할까 봐서 **긴장**돼.
나 : 잘될 거야. 자신감을 가져.

カ：明日面接を受けるとき、ミスするんじゃないかと緊張する。
ナ：うまくいくよ。自信を持って。

–이/가 긴장하다
–이/가 긴장되다

動 긴장하다 緊張する　긴장되다 気が引き締まる

関 긴장을 풀다 緊張を解く　긴장을 해소하다 緊張を解消する

参 긴장감 緊張感

낯설다

形 [낟썰다]

ㄹ語幹

見慣れない

가 : 오랜만에 고향에 오니까 좋지?
나 : 응, 좋기는 하지만 3년 만에 오니까 좀 **낯설**다.

カ：久しぶりに故郷に帰ってくると、いいだろ？
ナ：うん、確かにいいけど、3年ぶりに来たからちょっとよそよそしい。

–이/가 낯설다

対 낯익다 見慣れている

関 낯선 사람 なじみのない人　낯선 곳 なじみのない場所

놀랍다

形 [놀랍따]

ㅂ変則

☐ . .
☐ . .
☐ . .

驚きだ

가 : 저 아이는 이제 5살인데 한국어와 중국어, 영어, 프랑스어를 할 수 있대요.

나 : 정말 **놀랍**네요!

カ：あの子はまだ5歳なのに、韓国語と中国語、英語、フランス語ができるそうです。

ナ：本当に驚きですね！

–이/가 놀랍다
–에 놀라워하다
–을/를 놀라워하다

動 놀라워하다 驚く　関 놀라운 소식 驚きのニュース

느낌

名

☐ . .
☐ . .
☐ . .

感じ

가 : 술을 처음 마셨을 때 **느낌**이 어땠어?

나 : 글쎄, 머리가 아프고 기분이 이상했어.

カ：酒を初めて飲んだとき、どんな感じだった？

ナ：そうだね、頭が痛くて変な気分だった。

–을/를 느끼다

動 느끼다 感じる

関 느낌이 있다/없다 感じがある／ない　느낌이 들다 感じがする　느낌을 주다 感じを受ける／与える

당황

名

☐ . .
☐ . .
☐ . .

どぎまぎすること　漢 唐慌

가 : 어, 지갑이 어디 갔지? 분명히 가방에 넣었는데!

나 : **당황**하지 말고 잘 찾아봐.

カ：あれ、財布はどこだ？ 確かにかばんに入れたのに！

ナ：慌てないでちゃんと探してみて。

–이/가 당황스럽다

動 당황하다 慌てる　形 당황스럽다 ろうばい気味だ

두렵다

形 [두렵따]

ㅂ変則

□ . .
□ . .
□ . .

怖い

가 : 요즘은 왜 차를 안 가지고 다녀?
나 : 사고가 한번 나니까 다시 운전하기가 **두려워**서요.

カ：最近はどうして車で出掛けないの？
ナ：一度事故を起こしてから、再び運転するのが怖くてです。

–기가 두렵다
–(으)ㄹ까 두렵다

類 무섭다 怖い

✔ 무섭다は目に見える物に使い、두렵다は見えない物によく使います。

이번 시험에 떨어질까 봐 두려워요. (○)
이번 시험에 떨어질까 봐 무서워요. (×)
今回の試験に落ちるのではと怖いです。

벌레가 무서워요 (○)
벌레가 두려워요. (×)
虫が恐いです。

만족

名

□ . .
□ . .
□ . .

満足　漢 満足

가 : 고객님, 저희 레스토랑의 서비스에 **만족**하셨나요?
나 : 네, 아주 **만족**스러웠어요.

カ：お客さま、当レストランのサービスにご満足いただけましたか？
ナ：はい、とても満足でした。

–에/에게 만족하다
–(으)로 만족하다
–이/가 만족스럽다

動 만족하다 満足する　形 만족하다 結構だ　만족스럽다 満足だ

対 불만족 不満足

망설이다

動 [망서리다]

☐ . .
☐ . .
☐ . .

ためらう

가 : 전부터 사고 싶었는데 비싸서 고민이야.
나 : 살까 말까 **망설이**지 말고 그냥 사.

カ：前から買いたかったけど、高いのが悩みだ。
ナ：買うかどうかためらわず、買っちゃいな。

–기를 망설이다
–(으)ㄹ지를 망설이다
–(으)ㄹ까를 망설이다

✓ 망설이다は망설이에요と書くのは間違いです。망설여요と書きます。

밉다

形 [밉따]

ㅂ変則

☐ . .
☐ . .
☐ . .

憎い

가 : 아기가 밤에 계속 우는데 남편은 잠만 자는 거예요. 아, 정말 **미워** 죽겠어요.
나 : 우리 남편도 마찬가지예요.

カ：子どもが夜中に泣き続けるのに、夫は寝てばかりいます。ああ、本当に憎くてたまりません。
ナ：うちの夫も同じです。

–이/가 밉다

類 싫다 嫌だ

반하다

動

☐ . .
☐ . .
☐ . .

ほれる

가 : 두 분은 어떻게 결혼하시게 됐어요?
나 : 제가 첫눈에 **반해**서 따라다녔어요.

カ：お二人はどのようにして結婚なさることになったのですか？
ナ：私が一目ぼれして付いて回りました。

–에/에게 반하다

✓ 一目ぼれは첫눈에 반하다と言います。

보람

名

やりがい

가 : 월급도 적은데 왜 이 일을 하세요?
나 : 다른 사람을 도와주면서 **보람**을 느낄 수 있거든요.

カ:給料も少ないのに、どうしてこの仕事をされているのですか?
ナ:他の人を助けながら、やりがいを感じられるんですよ。

関 보람이 있다/없다 やりがいがある／ない　보람을 느끼다 やりがいを感じる

부담

名

負担、重荷に感じること　漢 負担

가 : 이 선물은 너무 비싸서 **부담**스러워요.
나 : 그렇게 비싸지 않으니까 **부담** 가지지 마세요.

カ:このプレゼントはとても高いので負担に感じます。
ナ:そんなに高くないので負担に思わないでください。

–이/가 부담되다
–이/가 부담스럽다
–기가 부담스럽다

動 부담되다 負担になる　形 부담스럽다 負担だ

関 부담이 있다/없다 負担がある／ない　부담을 가지다 負担に思う　부담을 주다 負担を与える

불쌍하다

形

かわいそうだ

가 : 저 고양이 좀 봐! 어제도 저기에 있었는데! 집을 잃어버렸나 봐.
나 : **불쌍한**데 집에 데려갈까?

カ:ちょっとあの猫見て！　昨日もあそこにいたけど！　家をなくしてしまったみたい。
ナ:かわいそうだから、家に連れていこうか?

–이/가 불쌍하다

불행

名

□ . .
□ . .
□ . .

不幸せ 漢 不幸

꿈이 없는 사람들이 **불행**을 많이 느낀다고 한다.

夢がない人がより不幸を感じるという。

–이/가 불행하다

形 불행하다 不幸せだ 対 행복 幸せ

関 불행을 느끼다 不幸に感じる 불행을 겪다 不幸を経験する

✔ 不幸なことが起きたけれど、その程度ならましだというときは불행 중 다행(不幸中の幸い)と言います。

사랑스럽다

形 [사랑스럽따]

ㅂ変則

□ . .
□ . .
□ . .

愛らしい

아기가 작은 손을 움직일 때마다 얼마나 **사랑스러운**지 몰라요!

赤ん坊が小さい手を動かすたびに、どれほど愛らしいか分かりません!

–이/가 사랑스럽다

서운하다

形

□ . .
□ . .
□ . .

寂しい気持ちだ

가 : 오늘이 어머니 생신인데 너무 바빠서 못 갈 것 같아.
나 : 네가 못 가서 어머니께서 많이 **서운해**하시겠다.

カ：今日、お母さんの誕生日だけど、忙し過ぎて行けそうにない。
ナ：あなたが行けないと、お母さんがとても寂しがるだろうな。

–이/가 서운하다
–기가 서운하다

소중하다

形

□ . .
□ . .
□ . .

大切だ 漢 所重--

가 : 피터 씨, 가장 **소중한** 물건이 뭐예요?
나 : 유학 올 때 아버지께서 주신 시계예요.

カ：ピーターさん、一番大切な物は何ですか？
ナ：留学に来るときにお父さんがくれた時計です。

–이/가 소중하다

関 소중히 여기다 大切に思う

속상하다

形 [속쌍하다]

□ . .
□ . .
□ . .

悔しい 漢 -傷--

가 : 아, 이번 시험에서 실수를 많이 해서 **속상해** 죽겠어.
나 : **속상해**하지 마. 다음에도 기회가 있잖아.

カ：ああ、今回の試験でミスをたくさんして悔しくてたまらない。
ナ：悔しがらないで。次も機会があるじゃない。

–이/가 속상하다

실망

名

□ . .
□ . .
□ . .

失望 漢 失望

가 : 그 영화 재미있다고 하더니 생각보다 별로였어.
나 : 그래? 기대가 크면 **실망**이 크다고 하잖아.

カ：あの映画、面白いって言ってたけど、思ったよりいまいちだった。
ナ：そう？ 期待が大きいと失望が大きいって言うじゃない。

–에/에게 실망하다
–이/가 실망스럽다

動 실망하다 失望する 形 실망스럽다 失望だ

関 실망이 크다 失望が大きい

싫증

名 [실쯩]

□ . .
□ . .
□ . .

嫌気 漢 -症

가 : 시간이 없는데 우리 김밥 먹을래?
나 : 또 김밥이야? 넌 **싫증**도 안 나?

カ：時間がないけど、僕たちキムパプ食べようか？
ナ：またキムパプ？ あなたは嫌気差さないの？

関 싫증이 나다 嫌気が差す 싫증을 내다 嫌気を起こす

아깝다

形 [아깝따]

ㅂ変則

□ . .
□ . .
□ . .

もったいない、惜しい

가 : 너무 오래된 것 같은데 이제 버리는 게 어때?
나 : 아직 쓸 수 있는데 버리기는 **아깝**잖아.

カ：かなり古いようだけど、もう捨てたらどう？
ナ：まだ使えるのに捨てるのはもったいないじゃない。

−이/가 아깝다
−기가 아깝다
−을/를 아까워하다

動 아까워하다 惜しむ

아쉽다

形 [아쉽따]

ㅂ変則

□ . .
□ . .
□ . .

残念だ

가 : 우리 팀이 져서 너무 **아쉬워**요.
나 : 그러게요. 2점만 더 있었으면 이길 수 있었는데…….

カ：うちのチームが負けてとても残念です。
ナ：そうですね。あと2点あれば勝てたのに……。

−이/가 아쉽다
−기가 아쉽다
−을/를 아쉬워하다

動 아쉬워하다 残念がる

안심

名

□ . .
□ . .
□ . .

安心 漢 安心

가 : 그 포도 씻지 않고 먹어도 돼요?
나 : 그럼요. 이미 씻어 놓은 거니까 **안심**하고 드세요.

カ：そのブドウ、洗わずに食べてもいいのですか？
ナ：もちろんです。もう洗ってあるものなので、安心して召し上がってください。

−을/를 안심하다
−이/가 안심되다

動 안심하다 安心する　안심되다 安心する

안타깝다

形 [안타깝따]

ㅂ変則

□ . .

□ . .

□ . .

気の毒だ

가 : 축구 선수 이민호가 다리를 다쳐서 앞으로 축구를 할 수 없게 됐다고 해요.

나 : 저도 좋아하는 선수인데 너무 **안타깝**네요!

カ : サッカー選手のイ・ミンホが足をけがして、今後サッカーをできなくなったそうです。

ナ : 私も好きな選手ですが、とても気の毒ですね！

–이/가 안타깝다

–을/를 안타까워하다

動 안타까워하다 気の毒がる

어색하다

形 [어새카다]

□ . .

□ . .

□ . .

よそよそしい、ぎこちない 漢 語塞 --

가 : 어제 소개팅 어땠어요?

나 : 상대방이 너무 말이 없어서 **어색했**어요.

カ : 昨日の合コン、どうでしたか？

ナ : 相手がとても口数が少なくて、ぎこちなかったです。

–이/가 어색하다

자랑스럽다

形 [자랑스럽따]

ㅂ変則

□ . .

□ . .

□ . .

誇らしい

가 : 우리 큰아들이 한국대학교에 일등으로 입학하게 됐어요.

나 : 그래요? 정말 **자랑스럽**겠어요!

カ : うちの長男が韓国大学に首席で入学することになりました。

ナ : そうですか、本当に誇らしいでしょうね！

–이/가 자랑스럽다

名 자랑 自慢

자유롭다

形 [자유롭따]

ㅂ変則

□ . .

□ . .

□ . .

自由だ 漢 自由--

가 : 알리 씨, 청바지를 입고 회사에 출근해도 돼요?

나 : 네, 회사 분위기가 **자유로우**면 좋은 아이디어가 많이 나온다고 해요. 그래서 직원들 모두 옷을 **자유롭**게 입어요.

カ：アリさん、ジーンズをはいて会社に出勤してもいいのですか？

ナ：はい、会社の雰囲気が自由だといいアイデアがたくさん出るそうです。なので、職員は皆服を自由に着ています。

–이/가 자유롭다

名 자유 ▸P.312 自由

정

名

□ . .

□ . .

□ . .

情 漢 情

가 : 이 인형 오래된 것 같은데 이제 그만 버려.

나 : **정**이 들어서 버리기 싫어요.

カ：この人形、古いみたいだけど、もう捨てなよ。

ナ：情が移って、捨てるのは嫌です。

関 정이 들다 情が移る　정이 많다 情が多い　정이 없다 情がない　정이 떨어지다 愛想が尽きる

진심

名

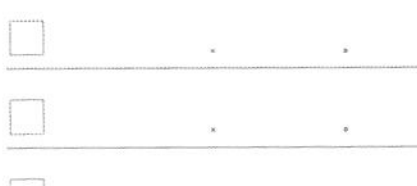

真心 漢 真心

가 : 왕준 씨, 그동안 공부하느라 고생했어요. 졸업을 축하해요.

나 : 선생님, **진심**으로 감사드립니다.

カ：ワンジュンさん、これまで勉強ご苦労さまでした。卒業おめでとうございます。

ナ：先生、心から感謝します。

関 진심으로 축하하다 心から祝う　진심을 숨기다 本心を隠す

짜증

名

□ . .
□ . .
□ . .

いらつき、癪（しゃく）

아, 정말 **짜증** 난다. 공공장소에서 저렇게 큰 소리로 통화하는 건 너무하지 않아?

ああ、本当にいらつく。公共の場であんなに大きな声で通話するのはひどくない?

–이/가 짜증스럽다
–기가 짜증스럽다

形 짜증스럽다 いらだたしい

関 짜증이 나다 いらつく　짜증을 내다 腹を立てる　짜증을 부리다 腹を立てる

충격

名

□ . .
□ . .
□ . .

衝撃　漢 衝擊

갑자기 외할머니께서 돌아가셨다는 소식을 듣고 어머니께서 **충격**을 받고 쓰러지셨다.

突然母方の祖母が亡くなったという知らせを聞き、母は衝撃を受けて倒れた。

関 충격이 크다 衝撃が大きい　충격을 받다 衝撃を受ける

参 충격적 衝撃的

친근하다

形

□ . .
□ . .
□ . .

身近な感じがする　漢 親近 --

오늘 처음 본 사람인데 동생이랑 닮아서 **친근하**게 느껴졌다.

今日初めて会った人だけど、弟（妹）と似ていて身近に感じられた。

–와/과 친근하다
–에/에게 친근하다

参 친근감 親近感

편안

名 [펴난]

□ . .
□ . .
□ . .

楽なこと　漢 便安

가 : 이 의자 정말 **편안**하다! 어디서 샀어?
나 : 인터넷에서 샀어.

カ：この椅子、本当に楽だ！ どこで買ったの？
ナ：インターネットで買ったの。

–이/가 편안하다

形 편안하다 楽だ　副 편안히 楽に

후회

名
□ . .
□ . .
□ . .

後悔 漢 後悔

가 : 이 옷 할인할 때 샀는데 입어 보니까 별로야.
나 : 잘 생각해 보고 사지 그랬어? 지금 **후회**해도 소용없잖아.

カ：この服、割引しているときに買ったんだけど、着てみたらいまいちだ。
ナ：だからよく考えて買いなさいってば？　今後悔しても意味ないじゃない。

-을/를 후회하다
-이/가 후회되다
-이/가 후회스럽다

動 후회하다 後悔する　후회되다 悔やむ　形 후회스럽다 悔やまれる

関 후회가 없다 後悔がない

흥미

名
□ . .
□ . .
□ . .

興味 漢 興味

관객들의 **흥미**를 끌려면 관객들이 좋아하는 주제로 작품을 만들어야 한다.

観客たちの興味を引くには、観客たちの好きなテーマで作品を作らなければならない。

-이/가 흥미롭다

形 흥미롭다 興味がある

関 흥미가 있다/없다 興味がある／ない　흥미를 느끼다 興味を感じる
흥미를 끌다 興味を引く　흥미를 더하다 興味をかき立てる

흥분

名
□ . .
□ . .
□ . .

興奮 漢 興奮

가 : 너 어떻게 30분이나 늦을 수가 있어?
나 : **흥분**하지 말고 우선 내 말부터 좀 들어 봐.

カ：君はどうしたら30分も遅れられるんだ？
ナ：興奮せずに、まず私の話をちょっと聞いて。

-이/가 흥분하다
-이/가 흥분되다

動 흥분하다 興奮する　흥분되다 興奮する

関 흥분을 가라앉히다 興奮を沈める

Let's Check 解答 ▶ P.502

 이 글을 쓴 사람의 기분으로 알맞은 것을 고르십시오.

> 오늘 출근길에 지하철을 타려고 교통카드를 찾았는데 아무리 찾아도 보이지 않았다. 어제 쓰고 나서 가방에 넣어 두었는데 어디로 갔는지 모르겠다. 정말 이상하다.

1 ① 괴롭다 ② 낯설다 ③ 당황스럽다 ④ 사랑스럽다

> 오늘 오후에 백화점에서 옷을 구경하고 있었다. 구경만 하고 싶었는데 직원이 계속 "이 옷이 요즘 유행이에요.", "이 옷이 잘 어울릴 것 같아요.", "세일 중이니까 하나 사세요." 라고 하면서 계속 따라다녔다. 그래서 옷을 사야 할 것만 같아서 얼른 나왔다.

2 ① 반하다 ② 놀랍다 ③ 자랑스럽다 ④ 부담스럽다

㉠과 ㉡에 들어갈 알맞은 것을 고르십시오.

> 가: 생일 선물로 받은 우산을 오늘 처음 썼는데 지하철에 놓고 내렸어. 너무 ㉠________.
>
> 나: 정말 ㉡________! 지하철 유실물 센터에 전화라도 한번 해 봐.

3 ① ㉠ 불쌍해 ㉡ 어색하겠다 ② ㉠ 아까워 ㉡ 속상하겠다
③ ㉠ 아까워 ㉡ 어색하겠다 ④ ㉠ 불쌍해 ㉡ 속상하겠다

> 누구든지 처음 일을 시작하면 "내가 그 일을 정말 잘할 수 있을까?" 하는 ㉠________ 마음이 생긴다. 그러나 실수를 해도 너무 속상해하지 말고 처음이니까 그럴 수도 있다고 생각하면 마음이 ㉡________ 것이다.

4 ① ㉠ 아쉬운 ㉡ 흥미로울 ② ㉠ 아쉬운 ㉡ 편안해질
③ ㉠ 두려운 ㉡ 편안해질 ④ ㉠ 두려운 ㉡ 흥미로울

02 | 認知能力 인지능력

))) TRACK 02

가능

名

可能 漢 可能

가 : 이거 환불 **가능**해요?
나 : 죄송합니다. 교환은 되지만 환불은 불**가능**합니다.

カ : これ払い戻しは可能ですか?
ナ : 申し訳ありません。交換はできますが払い戻しはできません。

–이/가 가능하다

形 가능하다 可能だ 対 불가능 不可能 参 가능성 可能性

가치

名

価値 漢 価値

가 : 건강과 돈 중에 뭐가 더 **가치** 있다고 생각하세요?
나 : 당연히 건강이지요.

カ : 健康とお金のうち、どちらがより価値があると思われますか?
ナ : 当然健康でしょう。

関 가치가 있다/없다 価値がある/ない 가치가 높다 価値が高い 가치가 떨어지다 価値が落ちる

객관적

冠 名 [객꽌적]

客観的 漢 客観的

신문 기사와 방송은 **객관적**이어야 한다.

新聞記事と放送は客観的でなければならない。

対 주관적 主観的

결심

名 [결씸]

□ . .

□ . .

□ . .

決心　漢 決心

가 : 담배를 끊겠다더니 아직도 피워?

나 : 올해는 꼭 끊겠다고 **결심**했는데 끊기가 어렵네.

カ：たばこをやめると言っていたのに、まだ吸ってるの？
ナ：今年は必ずやめると決心したのに、やめるのは難しいね。

–을/를 결심하다
–기로 결심하다

動 결심하다 決心する

関 결심이 서다 決心がつく　결심이 흔들리다 決心が揺らぐ　굳은 결심 固い決心

결정

名 [결쩡]

□ . .

□ . .

□ . .

決定　漢 決定

가 : 회식 장소 **결정**되었어요?

나 : 아직 **결정** 못 했어요. 싸고 맛있는 데를 조금 더 찾아보려고요.

カ：会食の場所、決まりましたか？
ナ：まだ決まってません。安くておいしい所をもう少し探してみようと思いまして。

–을/를 결정하다
–기로 결정하다
–이/가 –(으)로 결정되다
–이/가 –기로 결정되다

動 결정하다 決定する　결정되다 決まる　類 정하다 決める

関 결정이 나다 決定が出る　결정을 내리다 決定を下す　결정에 따르다 決定に従う　参 결정적 決定的

결정하다はあることを悩んで決めるという意味です。そのため약속을 정하다(約束を決める)はいいですが、약속을 결정하다は使えません。

고려

名

考慮　漢 考慮

가 : 대학 전공을 선택할 때 뭘 **고려**해야 해요?
나 : 먼저 자기가 무엇을 좋아하는지 잘 생각해 보세요.

カ：大学の専攻を選ぶとき、何を考慮しなければいけませんか？
ナ：まず自分が何が好きなのか、よく考えてみてください。

–을/를 고려하다
–이/가 고려되다

動 고려하다 考慮する　고려되다 考慮される

関 고려해야 할 점 考慮しなければならない点

구별

名

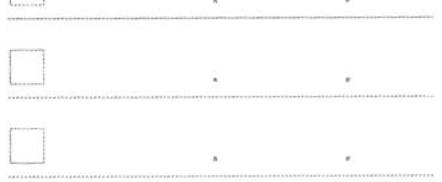

区別　漢 区別

가 : 결혼하면 아이를 몇 명쯤 낳을 계획이세요?
나 : 아들 딸 **구별**하지 않고 3명쯤 낳고 싶어요.

カ：結婚したら、子どもを何人くらい生む計画ですか？
ナ：性別に関わらず3人くらい生みたいです。

–을/를 구별하다
–이/가 –와/과 구별되다
–이/가 –(으)로 구별되다

動 구별하다 区別する　구별되다 区別される　参 구분 区分 ▶ P.028

구분

名

☐ . .
☐ . .
☐ . .

分けること、区分　漢 区分

가 : 어? 이 병원은 남자 간호사도 있네요!
나 : 요즘은 남자가 하는 일, 여자가 하는 일을 별로 **구분**하지 않잖아요.

カ : あれ？ この病院は男の看護師もいますね！
ナ : 最近は男の仕事、女の仕事をあまり分けないじゃないですか。

–을/를 –(으)로 구분하다
–이/가 –(으)로 구분되다

動 구분하다 区分する　구분되다 区分される　参 구별 区別 ▸ P.027

✎ 구별は性質や種類によって分けることで、구분はある基準によって全体を幾つかに分けることです。

쌍둥이가 너무 닮아서 누가 누군지 구별할 수 없어요.
双子があまりにも似ていてどっちがどっちか区別できません。

식당은 흡연석과 비흡연석으로 구분되어 있어요.
食堂は喫煙席と禁煙席で区分されています。

기대

名

☐ . .
☐ . .
☐ . .

期待　漢 期待

가 : 여행 가는 게 그렇게 좋아요?
나 : 네, 해외여행이 처음이라서 정말 **기대**가 돼요.

カ : 旅行するのがそんなにうれしいですか？
ナ : はい、海外旅行が初めてなので、本当に楽しみです。

–을/를 기대하다
–기를 기대하다
–이/가 기대되다

動 기대하다 期待する　기대되다 期待される

낫다

形 [낟따]

ㅅ変則

☐ . .
☐ . .
☐ . .

ましだ、まさっている

가 : 부산에 갈 때 뭘 타는 게 좋아요?
나 : 비행기보다 KTX를 타는 게 더 **나**아요.

カ : 釜山に行くとき、何に乗るのがいいですか？
ナ : 飛行機よりKTXに乗る方がいいです。

–보다 –이/가 낫다

능력

名 [능녁]

能力 漢 能力

언어 **능력**은 남자아이보다 여자아이가 뛰어나다고 한다.

言語能力は男児より女児の方が優れているという。

対 무능력 無能力

関 능력이 있다/없다 能力がある/ない 능력이 뛰어나다 能力が秀でている 능력이 부족하다 能力が足りない

参 한국어능력시험 韓国語能力試験

단순하다

形

単純だ 漢 単純 --

너무 복잡하게 생각하지 말고 **단순하**게 생각해 봐.

あまり複雑に考えず、単純に考えてみて。

–이/가 단순하다

당연하다

形

当然だ 漢 当然 --

가 : 일할 때 저만 자꾸 실수하는 것 같아서 다른 사람들에게 미안해요.

나 : 한 번도 안 해 본 일이니까 실수하는 게 **당연하**죠.

カ : 仕事するとき、自分だけしょっちゅうミスしているようで、他の人たちに申し訳なく思います。

ナ : 一度もやったことがない仕事だから、ミスするのは当然ですよ。

–이/가 당연하다

떠오르다

動

르変則

(考えなどが) 浮かぶ

가 : 태어날 아기 이름을 무엇으로 지을까?

나 : 아, 좋은 이름이 **떠올랐**어!

カ : 生まれてくる子どもの名前は何にしようか？

ナ : あ、いい名前が浮かんだ！

–이/가 떠오르다

반성

名

反省 漢 反省

가 : 엄마, 용서해 주세요. 거짓말한 거 **반성**하고 있어요.
나 : 정말이지? 다음부터는 그러면 안 돼.

カ：お母さん、許してください。うそついたことを反省しています。
ナ：本当ね？　次からうそついちゃ駄目よ。

–을/를 반성하다

動 반성하다 反省する　関 깊이 반성하다 深く反省をする

분명

名

確かなこと 漢 分明

가 : 손님, 죄송합니다. 예약하신 분의 성함이 없는데요. 언제 예약하셨습니까?
나 : 이름이 없어요? 제가 **분명**히 예약했는데요.

カ：お客さま、申し訳ございません。予約なさった方のお名前がないのですが。いつ予約なさいましたか？
ナ：名前がないんですか？ 私、確かに予約したのですが。

–이/가 분명하다

形 분명하다 明らかだ　副 분명히 明らかに

비관

名

悲観 漢 悲観

고등학교에서 한 학생이 자신의 성적을 **비관**해서 자살했다고 합니다.

高校で、ある学生が自分の成績を悲観して自殺したそうです。

–을/를 비관하다

動 비관하다 悲観する　対 낙관 楽観　参 비관적 悲観的

비판

名

批判 漢 批判

가 : 요즘 인터넷 소설이 내용이 없다고 **비판**을 받고 있어요.
나 : 맞아요. 내용도 없고 감동도 없잖아요.

カ：最近、インターネット小説は中身がないと批判を受けています。
ナ：その通りです。中身もなくて感動もないじゃないですか。

–을/를 비판하다
–이/가 비판되다

動 비판하다 批判する　비판되다 批判される　関 비판을 받다 批判を受ける

参 비판적 批判的

비하다

動

比べる 漢 比 --

가 : 피아노를 참 잘 치시네요!
나 : 아니에요. 동생에 **비하**면 저는 잘 못 쳐요.

カ：本当にピアノが上手ですね！
ナ：いいえ。弟（妹）に比べたら、私は下手です。

–에 비하다

비하다は~에 비하여(~に比べて)、~에 비해서(~に比べて)、~에 비하면(~に比べれば)という形でよく使います。

상상

名

想像 漢 想像

100년 후 우리의 생활은 어떻게 달라질까요? 한번 **상상**해 보세요.

100年後、われわれの生活はどのように変わるでしょうか？ 一度想像してみてください。

–을/를 상상하다
–이/가 상상되다

動 상상하다 想像する　상상되다 想像される

関 상상을 뛰어넘다 想像を超える　参 상상력 想像力

생각나다

動 [생강나다]

□ . .
□ . .
□ . .

考え付く、思い付く

비밀번호가 뭐였지? 아, **생각났**다!

パスワード、何だったっけ？　あ、思い出した！

–이/가 생각나다

名 생각 考え

소용없다

形 [소용업따]

□ . .
□ . .
□ . .

用をなさない、無駄だ　漢 所用 --

가 : 이 약을 하루에 꼭 세 번 먹어야 해요?
나 : 그럼요. 약을 먹다 안 먹다 하면 **소용없**어요.

カ：この薬を、必ず1日に3回飲まなければいけませんか？
ナ：もちろんです。薬を飲んだり飲まなかったりしては意味がありません。

–에/에게 소용없다

副 소용없이 無駄に

쓸데없다

形 [쓸떼업따]

□ . .
□ . .
□ . .

役に立たない、無益だ

사람이 하루 동안 하는 걱정의 반 이상은 **쓸데없**는 걱정이라고 한다.

人が1日の間にする心配の半分以上は無用な心配だそうだ。

–이/가 쓸데없다

副 쓸데없이 無駄に

関 쓸데없는 생각 役に立たない考え　쓸데없는 소리 くだらない言葉

안되다

動

□ . .
□ . .
□ . .

駄目だ

가 : 이번에 맡은 일도 잘돼 가고 있어요?
나 : 아니요, 이상하게 이번에는 잘 **안되**네요.

カ：今回任された仕事もうまくいっていますか？
ナ：いいえ、どういうことか今回はうまくいきませんね。

–이/가 안되다

対 잘되다 うまくいく ▸ P.167

여기다

動

見なす

가 : 이번 달 용돈이 부족하네. 엄마한테 용돈 좀 더 달라고 해야겠다.

나 : 너 부모님에게 용돈 받는 것을 너무 당연하게 **여기**는 거 아니야?

カ：今月の小遣いが足りないや。ママにもう少し小遣いくれって言わないと。
ナ：あなた、両親に小遣いをもらうことを当然だと思い過ぎじゃない？

–을/를 –(으)로 여기다
–을/를 –게 여기다

예상

名

予想　漢 予想

내일은 비가 많이 올 것으로 **예상**됩니다. 외출하실 때 우산을 준비하십시오.

明日はたくさん雨が降るものと予想されます。外出されるときは傘をご準備ください。

–을/를 –(으)로 예상하다
–이/가 –(으)로 예상되다

動 예상하다 予想する　예상되다 予想される

関 예상이 빗나가다 予想が外れる　参 예상 문제 予想問題

인정

名

認めること　漢 認定

가 : 앞으로 어떤 배우가 되고 싶습니까?

나 : 사람들에게 실력으로 **인정**받는 배우가 되고 싶습니다.

カ：今後、どんな俳優になりたいですか？
ナ：人々から実力で認められる俳優になりたいです。

–을/를 인정하다
–을/를 –(으)로 인정하다
–이/가 –(으)로 인정되다
–이/가 –다고/(느)ㄴ다고 인정되다

動 인정하다 認める　인정되다 認められる　関 인정을 받다 認められる

좌우

名

□ . .
□ . .
□ . .

① 影響を受けること　② 左と右　漢 左右

음식 맛은 재료가 얼마나 좋으냐에 의해 **좌우**된다.

料理の味は、材料がどれだけいいかによって左右される。

길을 건널 때는 **좌우**를 잘 보고 건너야 한다.

道を渡るときは、左右をよく見て渡らなければならない。

−을/를 좌우하다
−에/에게 좌우되다
−(으)로 좌우되다

動 좌우하다 左右する　좌우되다 左右される

関 미래를 좌우하다 未来を左右する

지혜

名 [지혜]

□ . .
□ . .
□ . .

知恵　漢 知慧

어려운 일이 생겼을 때는 **지혜**와 용기가 필요합니다.

困難が生じたときは知恵と勇気が必要です。

−이/가 지혜롭다

形 지혜롭다 賢明だ

착각

名 [착깍]

□ . .
□ . .
□ . .

勘違い、錯覚　漢 錯覚

가 : 너 지금 어디니? 약속 시간이 지났는데 왜 아직도 안 와?
나 : 어? 우리 약속 4시 아니었어? 내가 4시로 **착각**했구나!

カ：今どこにいるんだ？　約束の時間が過ぎたのにどうしてまだ来ないんだ？
ナ：え？　約束は4時じゃなかった？　私が4時と勘違いしたのね！

−을/를 −(으)로 착각하다
−다고/(느)ㄴ다고 착각하다
−이/가 −(으)로 착각되다
−이/가 −다고/(느)ㄴ다고 착각되다

動 착각하다 勘違いする　착각되다 勘違いされる

関 착각이 들다 勘違いする　착각에 빠지다 錯覚に陥る

추측

名
□ . .
□ . .
□ . .

推測 漢 推測

가 : 저기 앞에 가는 머리 긴 사람, 남자일까? 여자일까? **추측** 해 봐.

나 : 음, 글쎄. 옷을 보니까 남자 같은데!

カ：あそこ、前に行く髪の長い人、男かな？ 女かな？ 推測してみて。
ナ：うん、そうだね。服を見ると男のようだけど！

–을/를 –(으)로 추측하다
–다고/(느)ㄴ다고 추측하다
–이/가 –(으)로 추측되다
–이/가 –다고/(느)ㄴ다고 추측되다

動 추측하다 推測する　추측되다 推測される

関 추측이 맞다/틀리다 推測が当たる／間違う　추측이 어긋나다 推測が外れる

틀림없다

形 [틀리멉따]
□ . .
□ . .
□ . .

間違いない

가 : 어? 왕위 씨가 올 때가 지났는데 왜 안 오지?

나 : 아직까지 안 오는 걸 보면 무슨 일이 생긴 게 **틀림없**어. 내가 전화 한번 해 볼까?

カ：あれ？ ワンウィさんが来る時間を過ぎたのに、どうして来ないんだろ？
ナ：まだ来ていないところを見ると、何かあったに違いない。私が一度電話してみようか？

–이/가 틀림없다

副 틀림없이 間違いなく

파악

名
□ . .
□ . .
□ . .

把握 漢 把握

가 : 조금 전에 한 말 농담이었어.

나 : 너는 왜 분위기 **파악**도 못 하니? 이런 상황에서 농담을 하면 어떻게 해?

カ：さっき言った言葉は冗談だったんだ。
ナ：あなたはどうして空気も読めないの？ こんな状況で冗談を言ってどうするの？

–을/를 파악하다
–이/가 파악되다

動 파악하다 把握する　파악되다 把握される

関 파악이 어렵다 把握が難しい

参 인원 파악 人員把握　분위기 파악 雰囲気把握、空気を読むこと

판단

名

□ . .

□ . .

□ . .

判断　漢 判断

가 : 오늘 소개팅에서 만난 사람은 좀 무섭게 생겨서 별로였어.
나 : 외모로만 판단하지 말고 몇 번 더 만나 봐.

カ：今日合コンで会った人は、ちょっと怖い顔してていまいちだったわ。
ナ：外見だけで判断せず、もう何回か会ってみなよ。

–을/를 판단하다
–을/를 –(으)로 판단하다
–이/가 –(으)로 판단되다
–이/가 –다고/(느)ㄴ다고 판단되다

動 판단하다 判断する　판단되다 判断される　関 판단을 내리다 判断を下す

参 상황 판단 状況判断　판단 기준 判断基準

평가

名 [평까]

□ . .

□ . .

□ . .

評価　漢 評価

한국호텔은 서비스가 좋아서 좋은 평가를 받고 있다.

韓国ホテルはサービスが良く、いい評価を受けている。

–을/를 –(으)로 평가하다
–이/가 –(으)로 평가되다

動 평가하다 評価する　평가되다 評価される

関 평가를 내리다 評価を下す　평가를 받다 評価を受ける

参 평가 기준 評価基準

확실하다

形 [확씰하다]

□ . .

□ . .

□ . .

確かだ、しっかりしている　漢 確実 --

가 : 방금 설명한 거 이해했어요?
나 : 네, 다시 들으니까 확실히 알겠어요.

カ：今説明したこと、理解しましたか？
ナ：はい、改めて聞いたら確実に分かりました。

–이/가 확실하다

副 확실히 確かに

Let's Check

解答 ▶ P.502

1 다음 중 관계가 다른 것은 무엇입니까?

① 객관적 – 주관적　② 가능 – 불가능

③ 비관 – 낙관　④ 구별 – 구분

2 다음 중 틀린 것을 고르십시오.

① 받다 – 인정을 받다, 비판을 받다

② 내리다 – 판단을 내리다, 결정을 내리다

③ 빠지다 – 가치에 빠지다, 고려에 빠지다

④ 흔들리다 – 결심이 흔들리다, 좌우로 흔들리다

다음 ________ 에 들어갈 알맞은 단어를 <보기>에서 찾아서 바꿔 쓰십시오.

보기
예상　기대　착각　틀림없이

한 달 전부터 여자 친구가 요리 학원에 다닌다고 했다. 이번 달에 내 생일이 있으니까 3 ________ 나에게 요리를 해 주려고 다니는 것이라고 생각했다. 내 생일에 여자 친구가 직접 만든 음식을 먹을 수 있다고 생각하니까 매우 4 ________ –됐다. 하지만 내 5 ________ 와/과 달리 여자 친구는 내 생일이 언제인지도 모르고 있었다. 그리고 요리 학원을 다니는 것이 아니라 요리 학원에서 아르바이트를 하는 것이라고 했다. 그러니까 여자 친구가 나를 위해 요리를 해 줄 거라고 생각한 것은 나만의 6 ________ –이었다/였다.

(　　)에 알맞은 단어를 <보기>에서 찾아서 바꿔 쓰십시오.

보기
비하다　생각나다　단순하다　낫다

7 고향에 돌아오고 나니 한국에서 먹던 음식이 많이 (　　　　　)–아/어/해요.

8 서울은 너무 추운데 부산은 서울에 (　　　　　)–(으)면 훨씬 따뜻하다.

9 이 휴대폰은 기능이 (　　　　　)–아/어/해서 연세가 많은 분들이 쓰시기에 편리합니다.

03 | コミュニケーション 의사소통

))) TRACK 03

거절

名

□ . .
□ . .
□ . .

断ること、拒絶 漢 拒絶

가 : 혹시 이것 좀 도와줄 수 있어요?
나 : 부탁할 때마다 **거절**해서 미안한데 이번에도 좀 어렵겠어요.

カ：ひょっとして、これちょっと手伝ってもらうことできますか?
ナ：頼まれるたびに断って申し訳ないのですが、今回も難しそうです。

–을/를 거절하다

動 거절하다 断る 対 승낙 承諾 関 거절을 당하다 拒絶される

경고

名

□ . .
□ . .
□ . .

警告 漢 警告

> **– 경고 –**
> 여기에 쓰레기를 버리지 마시오.

ー警告ー
ここにごみを捨てないでください。

–에/에게 –을/를 경고하다
–에/에게 –다고/(느)ㄴ다고 경고하다

動 경고하다 警告する 関 경고를 주다/받다 警告を与える／受ける

권하다

動

□ . .
□ . .
□ . .

勧める 漢 勧 --

가 : 무슨 책이에요?
나 : 소설책이에요. 친구가 읽어 보라고 **권해** 줘서 읽고 있는데 재미있네요!

カ：何の本ですか?
ナ：小説です。友達が読んでみてと勧めてくれたので読んでいますが、面白いですね!

–을/를 권하다
–에게 –을/를 권하다
–에게 –(으)라고 권하다

関 술을 권하다 酒を勧める 음식을 권하다 食べ物を勧める

명령

名 [명녕]

命令　漢 命令

군인은 모든 **명령**을 따라야 한다.

軍人は全ての命令に従わなければならない。

–을/를 명령하다
–에게 –을/를 명령하다
–에게 –(으)라고 명령하다

動 명령하다 命令する

설득

名 [설뜩]

説得　漢 説得

가 : 강아지를 키우고 싶은데 부모님께서 반대하실 것 같아요.
나 : 그럼 귀여운 강아지 사진을 보여 드리면서 **설득**해 보세요.

カ：犬を飼いたいけど、両親が反対しそうです。
ナ：だったら、かわいい犬の写真を見せながら説得してみてください。

–을/를 설득하다
–에게 –을/를 설득하다
–에게 –(으)라고 설득하다
–이/가 설득되다

動 설득하다 説得する　설득되다 説得される

関 설득을 당하다 説得をされる

수다

名

おしゃべり、雑談

가 : 스트레스를 어떻게 풀어요?
나 : 저는 친구들과 **수다**를 떨면서 풀어요.

カ：どうやってストレス解消していますか？
ナ：私は友達たちとおしゃべりをして解消します。

–이/가 수다스럽다

形 수다스럽다 おしゃべりだ　関 수다를 떨다 おしゃべりをする

参 수다쟁이 おしゃべりな人

여쭈다

動

お伺いする

가 : 할아버지 생신 선물로 뭘 사면 좋을까요?
나 : 할아버지께 뭐가 필요하신지 직접 **여쭤** 봐.

カ：おじいちゃんの誕生日プレゼントに何を買ったらいいでしょうか？
ナ：おじいさんに、何が必要か直接聞いてみなさい。

–을/를 여쭈다
–께 여쭈다

関 인사를 여쭈다 あいさつをする　안부를 여쭈다 安否を伺う　参 묻다 聞く

여쭈다は여쭙다と代えて使えます。

오해

名

誤解　漢 誤解

가 : 지금 나한테 살을 빼라고 말한 거야?
나 : **오해**하지 마! 그 말은 건강을 생각하라는 말이었어.

カ：今私に痩せろって言ったの？
ナ：誤解するなよ！ その言葉は健康を考えろという意味だったんだ。

–을/를 오해하다
–을/를 –(으)로 오해하다

動 오해하다 誤解する

関 오해가 생기다 誤解が生じる　오해가 풀리다 誤解が解ける　오해를 받다 誤解される　오해를 풀다 誤解を解く

작은 오해より사소한 오해(小さな誤解)という言い方をよくします。

요구

名

要求　漢 要求

내가 차를 세우자 경찰은 운전면허증을 보여 달라고 **요구**했다.

僕が車を止めるや、警官は運転免許証を見せてほしいと要求した。

–을/를 요구하다
–에게 –을/를 요구하다
–에게 –(으)라고 요구하다
–이/가 요구되다

動 요구하다 要求する　요구되다 要求される

参 요구 사항 要求事項　요구 조건 要求条件

의견

名

☐ . .
☐ . .
☐ . .

意見　漢 意見

가 : 이번 여행은 부산으로 가려고 합니다. 반대 **의견** 있으십니까?
나 : 없습니다.

カ：今回の旅行は釜山に行こうと思います。反対意見はありますか？
ナ：ありません。

関 의견을 듣다 意見を聞く　의견을 모으다 意見を集める

参 반대 의견 反対意見

의사소통

名

☐ . .
☐ . .
☐ . .

コミュニケーション、意思疎通　漢 意思疎通

사람은 말과 글로 **의사소통**을 한다.

人は言葉と字で意思疎通をする。

–와/과 의사소통하다

動 의사소통하다 意思疎通する

関 의사소통이 안 되다 意思疎通ができない　원활한 의사소통 円滑な意思疎通

잔소리

名

☐ . .
☐ . .
☐ . .

小言

가 : 넌 왜 매일 늦니? 일찍 일찍 좀 다녀!
나 : 알겠어요. 엄마, 제발 **잔소리** 좀 그만 하세요.

カ：おまえはどうして毎日帰りが遅いの？ 早め早めに帰りなさい！
ナ：分かりました。お母さん、お願いだから小言はやめてください。

–에게 –다고/(느)ㄴ다고 잔소리하다

動 잔소리하다 小言を言う

関 잔소리가 많다 小言が多い　잔소리가 심하다 小言がひどい　잔소리를 듣다 小言を聞く

조르다

動

르変則

ねだる

가 : 어, 가방 새로 샀네!
나 : 응, 며칠 동안 엄마를 **졸라**서 샀어.

カ：あ、新しくかばんを買ったんだね！
ナ：うん、何日間か、ママにねだって買ったんだ。

–을/를 조르다
–에게 –을/를 –아/어 달라고 조르다

조언

名

助言　漢 助言

의사의 **조언**을 듣고 술을 끊기로 했다.

医者の助言を聞いて酒を断つことにした。

–을/를 조언하다
–에게 –을/를 –(으)라고 조언하다

動 조언하다 助言する

関 조언을 구하다 助言を求める　조언을 듣다 助言を聞く　조언을 따르다 助言に従う

주장

名

主張　漢 主張

가 : 왜 다들 그 선배와 이야기하는 걸 싫어해?
나 : 그 선배는 자기 **주장**이 강해서 다른 사람의 의견을 잘 듣지 않거든.

カ：どうしてみんなあの先輩と話すのを嫌がるんだ？
ナ：あの先輩は自己主張が強くて、他の人の意見をあまり聞かないのよ。

–을/를 주장하다
–다고/(느)ㄴ다고 주장하다

動 주장하다 主張する　関 주장이 강하다 主張が強い

参 자기 주장 自己主張

추천

名

推薦　漢 推薦

가 : 지난번 그 일 잘 끝났어요?

나 : 네, 덕분에 잘 끝났어요. 좋은 분을 **추천**해 주셔서 고맙습니다.

カ：この前のあの仕事、うまくいきましたか？

ナ：はい、おかげでうまくいきました。いい方を推薦してくださり、ありがとうございます。

–을/를 추천하다
–을/를 –에 추천하다
–을/를 –(으)로 추천하다
–이/가 추천되다

動 추천하다 推薦する　추천되다 推薦される　関 추천을 받다 推薦を受ける

参 추천서 推薦書

충고

名

忠告　漢 忠告

가 : 친구가 하루 종일 게임만 해서 걱정이야.

나 : 그러면 안 된다고 **충고** 좀 해. 넌 친구잖아.

カ：友達が一日中ゲームばかりしていて心配だ。

ナ：それじゃ駄目だってちょっと忠告しなさい。あなたは友達でしょう。

–을/를 충고하다
–에게 –을/를 –(으)라고 충고하다

動 충고하다 忠告する

関 충고를 듣다 忠告を聞く　충고를 따르다 忠告に従う　충고를 받아들이다 忠告を受け入れる

충고は足りない点や間違えたことに対して言ってあげる言葉で、조언は助けるために言ってあげる言葉です。

통하다

動

☐ . .

☐ . .

☐ . .

① (言葉や文章が) 通じる　② (妨げなく) 通る

漢 通 --

가 : 한국에 처음 왔을 때 뭐가 제일 힘들었어요?
나 : 그때는 한국어를 잘 못했으니까 사람들과 말이 잘 안 **통해**서 힘들었어요.

カ：韓国に初めて来た時、何が一番大変でしたか？
ナ：あの時は韓国語が下手だったので、言葉がよく通じなくて大変でした。

내 방은 바람이 잘 **통해**서 시원해요.

私の部屋は風通しがいいので涼しいです。

–이/가 통하다

関 말이 통하다 言葉が通じる　대화가 통하다 対話が通じる　바람이 통하다 風が通る　공기가 통하다 空気が通る

표현

名

☐ . .

☐ . .

☐ . .

表現　漢 表現

가 : 부모님께 사랑한다는 말을 하기 어려워요.
나 : 그럼 편지나 선물로 마음을 **표현**해 보세요.

カ：両親に愛しているという言葉を言うのは難しいです。
ナ：だったら手紙やプレゼントで気持ちを表現してみてください。

–을/를 표현하다
–이/가 표현되다

動 표현하다 表現する　표현되다 表現される

関 표현이 서투르다 表現が下手だ　参 애정 표현 愛情表現

허락

名

□ . .

□ . .

□ . .

許し、許可　漢 許諾

가 : 아빠한테 여행 가는 거 **허락**받았어?

나 : 응, 며칠 동안 졸라서 힘들게 **허락**받았어.

カ：パパに旅行に行くの許可もらったの？

ナ：うん、何日間かねだって、苦労して許可をもらったわ。

–을/를 허락하다

–에게 –(으)라고 허락하다

–이/가 허락되다

動 허락하다 許可する　허락되다 許可される　類 승낙 承諾

関 허락을 받다 許可をもらう　허락을 구하다 許可を求める

화제

名

□ . .

□ . .

□ . .

話題　漢 話題

우리 그 얘기는 이제 그만하고 **화제**를 좀 바꾸자.

僕たちその話はもうやめて、話題を変えよう。

関 화제가 되다 話題になる　화제를 바꾸다 話題を変える

参 화젯거리 話題の種

화해

名

□ . .

□ . .

□ . .

仲直り、和解　漢 和解

가 : 내가 잘못했어. 우리 이제 **화해**하자.

나 : 아니야. 나도 미안해.

カ：俺が悪かった。俺たちそろそろ仲直りしよう。

ナ：いいえ。私もごめん。

–와/과 화해하다

動 화해하다 和解する

Let's Check

解答 ▶ P.503

1 다음 ㉠, ㉡에 들어갈 말로 알맞은 것을 고르십시오.

> 가: 아빠, 저 유학 꼭 가고 싶어요. (㉠)해 주세요.
> 나: 난 보내 주고 싶지만 네 엄마가 반대하잖아. 엄마를 먼저 (㉡)하도록 해.

① ㉠ 허락 ㉡ 설득　② ㉠ 요구 ㉡ 주장
③ ㉠ 추천 ㉡ 거절　④ ㉠ 오해 ㉡ 화해

✎ 의미가 맞는 것을 연결하십시오.

2 조언 •　　• ① 이것은 어떤 일이나 상황에 대한 자신의 생각이다.
3 충고 •　　• ② 이것은 다른 사람에게 도움이 되기를 바라며 해 주는 말이다.
4 의견 •　　• ③ 이것은 다른 사람의 잘못을 보고 그렇게 하지 말라고 말해 주는 것이다.

✎ ( )에 알맞은 단어를 <보기>에서 찾아서 바꿔 쓰십시오.

> **보기**
> 통하다　권하다　조르다　여쭈다

5 가: 선생님께서는 학생들에게 보통 어떤 책을 ( )-아/어/해 주시나요?
나: 저는 역사 만화를 많이 보라고 합니다. 역사를 싫어하는 학생들도 역사 만화를 보면 역사에 관심을 가지더라고요.

6 가: 너 이 문제 풀었어? 너무 어렵지 않아?
나: 나도 못 풀었어. 우리 선생님께 한번 ( )-아/어/해 볼까?

7 가: 엄마, 저 로봇 사 주세요! 친구들도 다 가지고 있어요.
나: 집에 로봇 많잖아. 너 계속 ( )-(으)면 다음부터는 쇼핑할 때 안 데리고 올 거야.

8 가: 누나랑 진짜 말하기 싫어. 정말 말이 안 ( ).
나: 그건 내가 하고 싶은 말이거든. 넌 항상 내 말을 들으려고도 하지 않잖아.

04 | 性格 성격

))) TRACK 04

고집

名

☐ . .
☐ . .
☐ . .

主張を曲げないこと、固執　漢 固執

가 : 요즘 우리 아이가 학교에 가기 싫다고 **고집**을 부려서 걱정이에요.

나 : 그럼 아이에게 왜 학교에 가기 싫은지 한번 물어 보세요.

カ：最近、うちの子が学校に行きたくないと強情を張って心配です。
ナ：では子どもに、どうして学校に行きたくないのか、一度聞いてみてください。

–이/가 고집스럽다

形 고집스럽다 頑固だ　関 고집이 세다 頑固だ　고집을 부리다 意地を張る

긍정적

冠 名

☐ . .
☐ . .
☐ . .

肯定的　漢 肯定的

가 : 뭐? 운전면허 시험에 떨어졌다고? 많이 속상하겠다.

나 : 괜찮아. 이번에 연습했으니까 다음에는 붙겠지.

가 : 역시 넌 참 **긍정적**이구나!

カ：何？　運転免許試験に落ちたって？　とてもつらいだろう。
ナ：平気さ。今回練習したから、次は受かるでしょう。
カ：やっぱり君は本当にポジティブだね！

対 부정적 否定的 ▶ P.049

関 긍정적인 생각 肯定的な考え　긍정적인 태도 肯定的な態度

까다롭다

形［까다롭따］

ㅂ変則

☐ . .
☐ . .
☐ . .

気難しい、ややこしい

가 : 왜 그래? 무슨 일 있었어?

나 : 아니, 저 손님이 컵이 깨끗하지 않다고 4번이나 바꿔 달라고 하잖아. 너무 **까다로운** 거 아니야?

カ：どうした？　何かあったのか？
ナ：いや、あの客がコップがきれいじゃないと、4回も替えてって言うのよ。気難し過ぎじゃない？

–이/가 까다롭다

関 성격이 까다롭다 性格が気難しい　입이 까다롭다 味にうるさい　조건이 까다롭다 条件がややこしい

꼼꼼하다

形

きちょうめんだ

가 : 카메라를 사려고 하는데 뭘 사야 할지 잘 모르겠어요.
나 : 기능, 가격, 디자인 등을 **꼼꼼하**게 살펴보고 결정하세요.

カ：カメラを買おうと思うけど、何を買えばいいのかよく分かりません。
ナ：機能、価格、デザインなどを細かく調べて決めてください。

–이/가 꼼꼼하다

関 꼼꼼하게 살펴보다 きちょうめんに調べる　꼼꼼하게 확인하다 きちょうめんに確認する　꼼꼼하게 챙기다 きちょうめんに取りまとめる

냉정하다

形

冷静だ　漢 冷静 --

사업가는 일을 할 때 **냉정하**게 생각해서 결정해야 한다.

事業家は仕事をするとき、冷静に考えて決定しなければならない。

–이/가 냉정하다

関 냉정하게 말하다 冷静に言う

단점

名 [단쩜]

短所　漢 短点

가 : 리에 씨는 자신의 **단점**이 뭐라고 생각해요?
나 : 성격이 좀 급한 게 저의 **단점**이에요.

カ：リエさんは自分の短所は何だと思いますか？
ナ：ちょっとせっかちなところが私の短所です。

対 장점 長所 ▶ P.054

매력

名

魅力　漢 魅力

가 : 그 배우는 멋있지는 않지만 참 **매력**적인 것 같아요.
나 : 맞아요. 특히 웃을 때 **매력** 있지요?

カ：あの俳優はかっこよくはないけど、本当に魅力的だと思います。
ナ：そうですね。特に笑うとき、魅力がありますよね？

関 매력이 있다/없다 魅力がある／ない　매력을 느끼다 魅力を感じる

参 매력적 魅力的

무뚝뚝하다

形 [무뚝뚜카다]

愛想がない

가 : 아버지께서는 어떤 분이세요?
나 : 좀 **무뚝뚝하**시지만 마음이 따뜻한 분이세요.

カ：お父さまはどんな方ですか？
ナ：ちょっと愛想がないけど、心が温かい人です。

–이/가 무뚝뚝하다

부정적

冠 名

否定的　漢 否定的

가 : 난 안 되겠지? 이번 시험에서도 또 떨어지겠지?
나 : 넌 항상 왜 그렇게 **부정적**이야? 좀 긍정적으로 생각해 봐.

カ：僕は駄目だろ？ 今回の試験でもまた落ちるだろ？
ナ：どうしてあなたはいつもそうネガティブなの？ ちょっとポジティブに考えてみて。

対 긍정적 肯定的 ▶ P.047

関 부정적인 생각 否定的な考え　부정적인 태도 否定的な態度

부주의

名 [부주이]

不注意　漢 不注意

요즘 운전자들의 **부주의**로 일어나는 사고가 많대요.

最近、運転者の不注意で起きる事故が多いそうです。

–이/가 부주의하다

形 부주의하다 不注意だ　対 주의 注意 ▶ P.091

関 부주의한 행동 不注意な行動

부지런하다

形

勤勉だ、真面目だ

가 : 리에 씨는 진짜 **부지런한** 것 같아요.
나 : 아니에요. 저도 가끔 게으름을 피울 때가 있어요.

カ：リエさんは本当に真面目だと思います。
ナ：いいえ。私も時々サボることがあります。

–이/가 부지런하다

対 게으르다 怠惰だ

사교적

冠 名

□ . .

□ . .

□ . .

社交的　漢 社交的

안나 씨는 성격이 밝고 **사교적**이니까 친구를 잘 사귀네요! 정말 부러워요.

アンナさんは性格が明るく社交的だから、友達とうまく付き合いますね！本当にうらやましいです。

성실

名

□ . .

□ . .

□ . .

誠実　漢 誠実

가 : 요시코 씨는 고등학교 3년 동안 한 번도 결석이나 지각을 한 적이 없다고 해요.

나 : 정말 **성실**한 사람이네요!

カ：ヨシコさんは高校の3年間、1回も欠席や遅刻をしたことがないそうです。

ナ：本当に誠実な人ですね！

–이/가 성실하다

形 성실하다 誠実だ　副 성실히 誠実に　対 불성실 不誠実

소심하다

形

□ . .

□ . .

□ . .

気が小さい　漢 小心 --

가 : 우리 아이가 너무 **소심해**서 다른 사람들 앞에서 말을 잘 못해요.

나 : 그럼 태권도를 가르쳐 보는 게 어때요?

カ：うちの子が気が小さ過ぎて他の人の前でうまくしゃべれません。

ナ：それでは、テコンドーを教えてみるのはどうですか？

–이/가 소심하다

솔직하다

形 [솔찌카다]

□ . .

□ . .

□ . .

率直だ　漢 率直 --

가 : 아, 이 선글라스가 저한테 어울려요? **솔직하**게 말해 주세요.

나 : 음, **솔직히** 말하면 좀 별로예요.

カ：あー、このサングラス、私に似合いますか？ 率直に言ってください。

ナ：うーん、率直に言えば、いまいちです。

–이/가 솔직하다

副 솔직히 率直に

関 솔직히 말하다 率直に言う　솔직히 대답하다 率直に答える

순수

名

□ . .

□ . .

□ . .

純粋 漢 純粋

가 : 그 사람이 왜 마음에 들어요?
나 : 아이 같은 **순수**한 모습이 좋아요.

カ : どうしてその人が気に入ったんですか?
ナ : 子どものような純粋な姿が好きです。

–이/가 순수하다

形 순수하다 純粋だ

씩씩하다

形 [씩씨카다]

□ . .

□ . .

□ . .

勇ましい、りりしい

우리 아들은 넘어졌는데도 울지도 않고 참 **씩씩하**구나!

うちの息子は転んだのに泣きもせず、本当に勇ましいわね!

–이/가 씩씩하다

알뜰

名

□ . .

□ . .

□ . .

つつましいこと

가 : **알뜰**하게 쇼핑하는 법 좀 알려 주세요.
나 : 할인 쿠폰을 사용해 보세요.

カ : つつましく買い物をする方法を教えてください。
ナ : 割引クーポンを使ってみてください。

–이/가 알뜰하다

形 알뜰하다 つつましい 副 알뜰히 つつましく

参 알뜰 주부 つつましい主婦 알뜰 시장 特売場

얌전하다

形

□ . .

□ . .

□ . .

おとなしい

식당에서 돌아다니지도 않고 아이가 굉장히 **얌전하**네요!

食堂で歩き回りもせず、とてもおとなしい子ですね!

–이/가 얌전하다

副 얌전히 おとなしく

엄격하다

形 [엄껴카다]

厳格だ、厳しい　漢 厳格 --

가 : 선배님, 보고서를 조금 늦게 내도 괜찮을까요?
나 : 그 교수님은 **엄격하**셔서 늦게 내면 안 돼.

カ：先輩、報告書をちょっと遅れて出しても大丈夫でしょうか？
ナ：あの教授は厳格だから遅れて出したら駄目だ。

–이/가 엄격하다

副 엄격히 厳格に

関 엄격하게 가르치다 厳格に教える　엄격한 기준 厳格な基準　엄격한 규칙 厳格な規則

엉뚱하다

形

突拍子もない 、とんちんかんだ

가 : 아빠, 이름은 왜 있어요? 저는 왜 학교에 가야 해요?
나 : 넌 애가 왜 이렇게 **엉뚱하**니? 계속 이상한 질문만 하고.

カ：パパ、どうして名前はあるの？ どうして僕は学校に行かなくちゃいけないの？
ナ：おまえはどうしてそんなにとっぴなことを言うんだ？ 変な質問ばかりして。

–이/가 엉뚱하다

완벽

名

完璧　漢 完璧

가 : 리에 씨가 왜 이런 실수를 했을까요? 한 번도 이런 적이 없었는데…….
나 : 세상에 **완벽**한 사람은 없잖아요.

カ：どうしてリエさんがこんなミスをしたのでしょうか？　一度もこんなことなかったのに……。
ナ：この世に完璧な人なんていないじゃないですか。

–이/가 완벽하다

形 완벽하다 完璧だ　副 완벽히 完璧に　参 완벽주의자 完璧主義者

외향적

冠 名

外向的　漢 外向的

가 : 졸업 후에 어떤 일을 하면 좋을지 모르겠어요.
나 : 요시코 씨는 **외향적**이고 사교적이니까 관광 가이드를 해 보는 게 어때요?

カ：卒業後にどんな仕事をすればいいのか分かりません。
ナ：ヨシコさんは外向的で社交的だから観光ガイドをやってみるのはどうですか？

対 내성적 内省的　내향적 内向的

普通、내향적よりは내성적とよく言います。

욕심

名 [욕씸]

欲心、欲　漢 欲心

가 : 아빠, 이것도 사고 싶고 저것도 사고 싶어요.
나 : **욕심** 부리지 말고 하나만 골라.

カ：パパ、これも買いたいしあれも買いたいです。
ナ：欲張らずに一つだけ選びなさい。

関 욕심을 내다 欲を出す　욕심을 부리다 欲張る

参 욕심쟁이 欲張り　욕심꾸러기 欲張り

의지

名

意志　漢 意志

병이 나으려면 환자의 강한 **의지**와 가족들의 도움이 필요합니다.

病気を治すためには、患者の強い意志と家族の助けが必要です。

関 의지가 강하다 意志が強い

이기적

冠 名

利己的　漢 利己的

이기적인 사람은 주위에 친구가 많지 않다.

利己的な人は周りに友達が多くない。

対 이타적 利他的

장점

名 [장쩜]

長所 漢 長点

가 : 안나 씨는 자신의 **장점**이 뭐라고 생각합니까?
나 : 저의 **장점**은 모든 일을 긍정적으로 생각하는 것입니다.

カ：アンナさんは自分の長所は何だと思いますか？
ナ：私の長所は、全てのことを肯定的に考えることです。

対 단점 短所 ▶ P.048

특이

名 [트기]

変わっていること、特異 漢 特異

가 : 저 사람과 이야기해 봤어? 성격이 좀 **특이**한 것 같아.
나 : 응, 나도 이야기해 봤는데 생각하는 게 보통 사람과 다른 것 같더라.

カ：あの人と話してみた？ 性格がちょっと変わってるみたい。
ナ：うん、私も話してみたけど、考えていることが普通の人と違うようだったわ。

–이/가 특이하다

形 특이하다 変わっている

호기심

名

好奇心 漢 好奇心

가 : 아이가 **호기심**이 많아서 계속 질문을 하니까 귀찮아요.
나 : 성공한 사람들의 대부분은 어렸을 때 **호기심**이 많았대요. 좀 귀찮더라도 잘 들어 주세요.

カ：子どもが好奇心旺盛で質問し続けるので面倒です。
ナ：成功した人のほとんどは小さいころ好奇心旺盛だったそうです。ちょっと面倒でもよく聞いてください。

関 호기심이 많다 好奇心が旺盛だ

활발하다

形

活発だ 漢 活発 --

가 : 왕위 씨는 굉장히 **활발한** 것 같아요.
나 : 유학 오기 전에는 이렇게 **활발하**지 않았는데 유학 생활을 하면서 많이 **활발해**졌어요.

カ：ワンウィさんはとても活発そうですね。
ナ：留学する前はこんなに活発ではなかったけど、留学生活をしながらとても活発になりました。

–이/가 활발하다

Let's Check

解答 ▶ P.503

의미가 맞는 것을 연결하십시오.

1 솔직하다 •   • ① 말이 없고 잘 웃지도 않는다.

2 순수하다 •   • ② 욕심이 없고 나쁜 생각이 없다.

3 무뚝뚝하다 •   • ③ 거짓말을 하지 않고 마음에 있는 말을 다 한다.

4 다음 중에서 관계가 다른 것은 무엇입니까?

① 장점 - 단점   ② 긍정적 - 부정적

③ 외향적 - 사교적   ④ 부지런하다 - 게으르다

(   )에 들어갈 알맞은 말을 고르십시오.

5 (   )이/가 많은 사람은 모든 것을 다 가지고 싶어하며 양보하지 않으려고 한다.

① 매력   ② 고집   ③ 의지   ④ 욕심

6 직원 여러분, 여러분이 해야 할 일을 (   ) 해 주시기 바랍니다.

① 성실히   ② 얌전히   ③ 알뜰히   ④ 냉정히

(   )에 알맞은 단어를 <보기>에서 찾아서 바꿔 쓰십시오.

보기			
까다롭다	완벽하다	엄격하다	활발하다

7 가: 네 형도 너처럼 외향적이고 (   )-(으)ㄴ 편이야?
나: 아니, 우리 형은 내성적이고 무뚝뚝한 편이야.

8 가: 조금 더 놀다가 들어가면 안 돼? 아직 9시밖에 안 됐잖아.
나: 안 돼! 10시까지 집에 돌아가야 해. 우리 부모님께서는 (   )-(으)시거든.

9 가: 엄마, 국은 너무 짜고 이 반찬은 너무 싱거워요.
나: 넌 입맛이 왜 이렇게 (   )-(으)니? 그냥 만들어 주는 대로 먹어.

10 가: 저 배우의 연기는 (   )-지 않아? 정말 멋져!
나: 그렇지? 배우 생활을 오래 했는데도 하루에 10시간 이상 연습한다고 하더라고.

05 | 外見 외모

))) TRACK 05

개성

名

個性 漢 個性

가 : 요즘 젊은 사람들은 모두 유행하는 옷만 입는 것 같아요.
나 : 네, 그래서 **개성**이 없어 보여요.

カ : 最近、若い人たちは皆はやりの服ばかり着ているようです。
ナ : はい、だから個性がないように見えます。

関 개성이 있다/없다 個性がある／ない　개성이 강하다 個性が強い

겉

名 [걷]

表面、外見

가 : 아까 그 말 듣고 어떻게 참았어? 기분 나쁘지 않았어?
나 : **겉**으로는 괜찮은 척했지만 속으로는 기분 나빴어.

カ : さっきのあの言葉を聞いてどうやって我慢したんだ？ 気分悪くなかった？
ナ : 表面上は平気なふりをしたけど、内心は気分悪かったよ。

対 속 内部　参 겉모습 外貌　겉모양 見掛け

表面に見える姿と心の中の考えが違うとき、겉 다르고 속 다르다(表も違って、中身も違う)と言います。否定的な意味で使います。

곱다

形 [곱따]

ㅂ変則

あでやかだ、小ぎれいで美しい

가 : 오랜만에 한복을 입어 봤는데 어떠니?
나 : 어머, 정말 **고우**세요.

カ : 久しぶりに韓服を着てみたけど、どう？
ナ : あら、本当にきれいです。

–이/가 곱다

関 색깔이 곱다 色がきれいだ　피부가 곱다 肌がきれいだ

곱다は –아/어/해요の形で言うとき、ㅂが오に変わります。

例) 고와요、고와서、고왔어요

미인

名

美人　漢 美人

가 : 어머니께서 **미인**이시네요! 리에 씨가 어머니를 많이 닮은 것 같아요.

나 : 감사합니다.

カ：お母さん、美人ですね！　リエさんはお母さんにとても似ていると思います。
ナ：ありがとうございます。

類 미녀 美女　対 미남 美男　関 미인 대회 ミスコンテスト

話すとき、미녀より미인をよく使います。

아담하다

形

こぢんまりしている　漢 雅淡 --

가 : 넌 어떤 여자가 좋아?

나 : 난 내가 키가 커서 그런지 귀엽고 **아담한** 여자가 좋아.

カ：あなたはどんな女の人がいい？
ナ：僕は自分が背が高いせいか、かわいくて小さい女の人がいい。

関 집이 아담하다 家がこぢんまりとしている　아담한 키 小さな背丈

외모

名

外見　漢 外貌

가 : 나는 키는 160cm, 눈이 크고 날씬한 여자와 결혼하고 싶어.

나 : 너는 **외모**만 중요하니? 성격은 상관없어?

カ：僕は身長は160cm、目が大きくて痩せてる女の人と結婚したい。
ナ：あなたは外見だけが大事なの？ 性格は関係ないの？

類 겉모습 見掛け　関 외모 지상주의 外見至上主義

인상 01

名

印象　漢 印象

가 : 선생님, 제 첫**인상**이 어땠어요?

나 : 피터 씨는 처음에 별로 말이 없어서 좀 차가워 보였어요.

カ：先生、僕の第一印象はどうでしたか？
ナ：ピーターさんは最初はあまり口数も多くなく、少し冷たそうに見えました。

関 인상이 좋다/나쁘다 印象がいい／悪い　参 첫인상 第一印象

통통하다

形

ぽっちゃりしている

가 : 아이가 살이 쪄서 걱정이에요.
나 : 왜요? **통통해**서 귀여운데요!

カ：子どもが太って心配です。
ナ：どうしてですか？ ぽっちゃりしてかわいいのに！

–이/가 통통하다

표정

名

表情　漢 表情

사람의 **표정**을 보면 그 사람의 기분을 알 수 있다.

人の表情を見ると、その人の気分を知ることができる。

関 표정을 짓다 表情を浮かべる

06 | 人生 인생

)) TRACK 06

겪다

動 [격따]

① 経験する　② 付き合う

오늘 아침 지하철이 고장 나서 시민들이 불편을 **겪**었다.

今朝、地下鉄が故障して市民が不便を味わった。

가 : 새로 들어온 직원 어떤 것 같아요?
나 : 아직 별로 **겪**어 보지 않았지만 좋은 사람 같더라고요.

カ:新しく入ってきた職員、どんな感じですか?
ナ:まだあまり付き合いがありませんが、いい人のようです。

–을/를 겪다

関 고통을 겪다 苦痛を味わう　어려움을 겪다 困難を経験する　불편을 겪다 不便を経験する

①の겪다は普通、悪いことを経験したときに使います。

기혼

名

既婚　漢 既婚

가 : 이거 꼭 표시해야 해요?
나 : 안 하셔도 되지만 **기혼**인지 미혼인지 체크해 주시면 결혼 기념일에 선물을 보내 드립니다.

カ:これ、必ず示さなければいけませんか?
ナ:なさらなくても構いませんが、既婚なのか未婚なのかチェックを入れてくだされば、結婚記念日にプレゼントをお送りいたします。

対 미혼 未婚 ▸P.060　参 기혼 남성 既婚男性　기혼 여성 既婚女性

노인

名

お年寄り、老人　漢 老人

가 : 왜 저 자리에 아무도 앉지 않아요?
나 : 저기는 **노인**분들을 위한 자리거든요.

カ:どうしてあの席に誰も座らないのですか?
ナ:あれはお年寄りのための席なんです。

対 젊은이 若者 ▸P.063

늙다

動 [늑따]

老いる

가 : 할머니 허리는 괜찮으세요?

나 : **늙**으면 원래 여기저기 아프니까 너무 걱정하지 마라.

カ：おばあさん、腰は大丈夫ですか?

ナ：老いれば、そもそもあちこち痛くなるものだから、あまり心配しなくていいよ。

독신

名 [독씬]

独身　漢 独身

요즘 결혼하지 않고 혼자 사는 **독신** 남성과 여성이 많아지고 있다.

最近、結婚しないで一人で暮らす独身の男女が増えている。

関 독신으로 살다 独身で生きる

参 독신주의 独身主義　독신 남성 独身男性　독신 여성 独身女性

미혼

名

未婚　漢 未婚

가 : **미혼**이시라고 들었는데 결혼하지 않은 특별한 이유가 있으세요?

나 : 아직 좋은 사람을 못 만나서요.

カ：未婚だと聞きましたが、結婚しない特別な理由がおありですか?

ナ：まだいい人に出会えなくてです。

対 기혼 既婚 ▸P.059　参 미혼 남성 未婚男性　미혼 여성 未婚女性

사망

名

死亡　漢 死亡

이번 교통사고로 30명이 **사망**했습니다.

今回の交通事故で30人が亡くなりました。

–이/가 사망하다

動 사망하다 死亡する　対 출생 出生

죽다(死ぬ)、돌아가시다(お亡くなりになる)は会話でよく使いますが、사망하다は会話ではほとんど使いません。

삶

名 [삼]

生きること、生きざま、人生

노력도 하지 않고 다른 사람의 **삶**을 부러워하는 것은 좋지 않다.

努力もせずに他人の人生をうらやましがるのはよくない。

関 삶의 지혜 人生の知恵　삶과 죽음 生と死

성숙

名

大人になること、成熟　漢 成熟

가 : 나 처음으로 화장했는데 어때?
나 : 화장을 하니까 **성숙**해 보이네!

カ : 私、初めて化粧したんだけど、どう？
ナ : 化粧をしたら大人っぽく見えるね！

–이/가 성숙하다

動 성숙하다 成熟する

성장

名

成長　漢 成長

가 : 요즘 아이들은 **성장**이 굉장히 빠른 것 같아요.
나 : 예전보다 좋은 음식도 많고 잘 먹으니까요.

カ : 最近の子どもたちは成長がとても早いと思います。
ナ : 以前よりいい食べ物も多く、よく食べますからね。

動 성장하다 成長する　参 성장기 成長期　성장 과정 成長過程

세월

名

歳月　漢 歳月

가 : **세월**이 많이 흘렀는데 넌 하나도 안 변했구나!
나 : 무슨 소리야. 이 피부 좀 봐.

カ : 長い歳月が流れたのに、君は一つも変わってないね！
ナ : 何言ってるの。この肌ちょっと見てよ。

関 세월이 흐르다 歳月が流れる　세월이 빠르다 歳月が流れるのが早い

신혼

名

新婚 漢 新婚

가 : 결혼 축하해! **신혼**여행은 어디로 가?
나 : 가까운 제주도로 가.

カ：結婚おめでとう！ 新婚旅行はどこに行くんだ？
ナ：近い済州島に行くよ。

参 신혼부부 新婚夫婦　신혼여행 新婚旅行

아동

名

子ども、児童 漢 児童

이번 미술 대회에는 8살부터 10살까지의 **아동**들만 참가할 수 있습니다.

今度の美術大会には8歳から10歳までの児童だけが参加できます。

類 어린이 子ども

연령

名 ［열령］

年齢 漢 年齢

연령에 따라 여가 시간에 하는 일이 다르다. 20대 때는 영화를 자주 보고, 30대 때는 여행을 가고, 40대 때는 운동을 많이 한다고 한다.

年齢によって、余暇時間にすることが違う。20代の時は映画をよく見て、30代の時は旅行に行き、40代の時は運動をよくするそうだ。

類 나이 年

関 연령이 높다/낮다 年齢が高い／低い　연령에 맞다 年齢に合う

参 연령층 年齢層　연령 제한 年齢制限

이별

名

別れ、離別 漢 離別

가 : 이 노래는 어떻게 만드셨어요?
나 : 첫사랑과의 만남, 사랑, **이별**을 생각하면서 만들었어요.

カ：この歌はどうやってお作りになったのですか？
ナ：初恋との出会い、愛、別れを考えながら作りました。

–와/과 이별하다

動 이별하다 別れる　対 만남 出会い

이혼

名

離婚 漢 離婚

가 : 그 두 사람 왜 **이혼**했대요?
나 : 성격이 안 맞아서 자주 싸웠대요.

カ : あの二人、どうして離婚したと言っていましたか?
ナ : 性格が合わなくてよくけんかしたそうです。

–와/과 이혼하다

動 이혼하다 離婚する 対 결혼 結婚

인생

名

人生 漢 人生

가 : 아버지, 퇴직한 후에 뭐 하실 거예요?
나 : 봉사를 하면서 제2의 **인생**을 살고 싶어.

カ : お父さん、退職後は何をなさるつもりですか?
ナ : ボランティアをしながら第二の人生を生きたい。

자라다

動

育つ

가 : 아이가 어떻게 **자랐**으면 좋겠어요?
나 : 건강하고 밝게 **자랐**으면 좋겠어요.

カ : 子どもがどのように育ってほしいと思いますか?
ナ : 健康で明るく育てばと思います。

–이/가 자라다

関 키가 자라다 背が伸びる 머리가 자라다 髪が伸びる 나무가 자라다 木が育つ

젊은이

名 [절므니]

若者

가 : 이 쇼핑몰이 왜 인기가 많지요?
나 : 20대 **젊은이**들이 좋아하는 스타일이 많거든요.

カ : このショッピングモールはなぜ人気があるのでしょうか?
ナ : 20代の若者が好きなスタイルが多いんですよ。

対 노인 お年寄り、老人 ▶ P.059

청년

名

□ . .

□ . .

□ . .

青年 漢 青年

사랑하는 **청년** 여러분, 꿈을 가지십시오.

愛する青年の皆さん、夢を持ちなさい。

参 청년-중년-장년 青年-中年-壮年

청소년

名

□ . .

□ . .

□ . .

青少年 漢 青少年

가 : 고등학생인데 입장료가 얼마예요?

나 : **청소년**은 7,000원입니다.

カ：高校生ですが、入場料はいくらですか?

ナ：青少年は7000ウォンです。

축복

名 [축뽁]

□ . .

□ . .

□ . .

祝福 漢 祝福

결혼식에 오셔서 저희의 앞날을 **축복**해 주십시오.

結婚式にいらして、私たちの未来を祝福してください。

–을/를 축복하다

動 축복하다 祝福する 関 축복을 받다 祝福を受ける

평생

名

□ . .

□ . .

□ . .

生涯、一生 漢 平生

가 : 할머니, 일본어도 공부하세요?

나 : 그럼 공부는 **평생** 하는 거야.

カ：おばあさん、日本語も勉強なさっているんですか?

ナ：もちろん、勉強は一生するものよ。

関 평생 잊지 못하다 生涯忘れられない 평생을 같이하다 一生を共にする

Let's Check

解答 ▶ P.504

 의미가 반대인 것을 연결하십시오.

1 기혼 • • ① 결혼

2 이혼 • • ② 만남

3 이별 • • ③ 미혼

4 (　　)에 들어갈 알맞은 말을 고르십시오.

가: 무슨 일 있어? (　　　)이/가 별로 안 좋은데!
나: 아니야, 그냥 힘이 좀 없어서 그래.

① 표정　② 외모　③ 인상　④ 개성

 (　　)에 알맞은 단어를 <보기>에서 찾아서 바꿔 쓰십시오.

보기: 겪다　늙다　곱다　자라다　성숙하다

5 가: 아침에 아버지의 흰머리를 보고 많이 (　　　　　　)-(으)셨다는 생각이 들었어.
나: 나도 요즘에 많이 느껴! 그래서 부모님께 더 잘해 드려야겠다는 생각이 들더라고.

6 가: 머리 자른 지 얼마 안 된 것 같은데 벌써 많이 길었네요!
나: 그렇죠? 제 머리가 좀 빨리 (　　　　　　)-(으)ㄴ/는 편이에요.

7 가: 할머니, 사진을 보니까 젊으셨을 때도 참 (　　　　　　)-(으)셨네요!
나: 그렇지? 내가 젊었을 때는 인기가 참 많았는데…….

8 가: 저 배우는 어릴 때 고생을 많이 했다면서?
나: 그렇대. TV를 보니까 성공하기까지 많은 어려움을 (　　　　　　)-았/었/했다고 하더라고.

9 가: 미영이는 생각하는 것도, 말하는 것도 어른스럽더라고요.
나: 그렇지요? 나이에 비해 (　　　　　　)-(으)ㄴ 것 같아요.

07 | 人間関係 인간관계

)) TRACK 07

격려

名 [경녀]

励まし、激励　漢 激励

가 : 시험 못 봐서 우울해하더니 이제 괜찮아?
나 : 응, 아버지의 **격려** 덕분에 힘이 났어.

カ：試験がうまくいかなくて落ち込んでいたけど、もう大丈夫か？
ナ：うん、お父さんの激励のおかげで元気が出た。

–을/를 격려하다

動 격려하다 激励する

関 격려를 받다 激励を受ける　격려의 말씀 激励の言葉

남 01

名

他人

가 : 나는 간호사가 되고 싶은데 남자가 무슨 간호사냐고 사람들이 뭐라고 해.
나 : **남**의 말에 너무 신경 쓰지 마.

カ：僕は看護師になりたいのに、男が看護師だなんてとみんなが言うんだ。
ナ：他人の言うことを気にし過ぎないで。

남매

名

(男女の) きょうだい　漢 男妹

가 : 형제가 어떻게 되세요?
나 : 삼 **남매**예요. 언니와 오빠가 있어요.

カ：きょうだいはいらっしゃいますか？
ナ：3人きょうだいです。姉と兄がいます。

参 자매 姉妹　형제 兄弟 ▸ P.077

남성

名

男性　漢 男性

세계 **남성**의 45%가 담배를 피운다고 한다.

世界の男性の45%がたばこを吸うそうだ。

類 남자 男　対 여성 女性 ▸ P.074

너희

名 [너히]

☐ . .
☐ . .
☐ . .

君たち

가 : 엄마, 저희가 좀 도와 드릴까요?
나 : 괜찮아. 곧 끝나니까 **너희**들은 저쪽에 가서 놀고 있어.

カ：ママ、私たちが手伝いましょうか？
ナ：大丈夫。じきに終わるから、君たちはあっちに行って遊んでいなさい。

다투다

動

☐ . .
☐ . .
☐ . .

口論する、口げんかする

가 : 기분이 별로 안 좋아 보이네.
나 : 응, 아침에 동생이랑 좀 **다퉜**거든.

カ：気分があまり良くなさそうだね。
ナ：うん、朝、弟（妹）とちょっと口げんかしたんだ。

–와/과 다투다

名 다툼 争い　類 싸우다 戦う　参 말다툼 言い争い

✎ 다투다は他の人と言葉でけんかすることを言います。

당신

名

☐ . .
☐ . .
☐ . .

あなた

가 : 여보, **당신**이 내 옆에 있어 줘서 정말 행복해.
나 : 나도 그래.

カ：ねえ、あなたが僕の隣にいてくれて本当に幸せだよ。
ナ：私もよ。

参 너 君　여보 あなた、ねえ（配偶者を呼ぶ言葉） ▶ P.074

✎ 韓国語の당신は夫婦の間で使う言葉です。聞き手を指す意味もありますが、その意味ではあまり使いません。そういうときは、당신の代わりに○○ 씨（○○さん）と言えばいいです。

대접

名

□ . .

□ . .

□ . .

おもてなし　漢 待接

가 : 지난번에 도와주셔서 정말 고마웠습니다. 제가 식사 **대접** 한번 하고 싶은데요.

나 : 아닙니다. 그냥 할 일을 했을 뿐입니다.

カ：この間は手伝ってくださり、本当にありがとうございました。私が一度食事のおもてなしをしたいのですが。

ナ：いいえ。ただすべきことをしただけです。

–에게 –을/를 대접하다

動 대접하다 もてなす　関 식사를 대접하다 食事をもてなす

돌보다

動

□ . .

□ . .

□ . .

面倒を見る

가 : 리에 씨가 출근하면 누가 아이를 **돌봐**요?

나 : 시어머니께서 **돌봐** 주세요.

カ：リエさんが出勤したら誰が子どもの面倒を見るのですか？

ナ：しゅうとめが面倒を見てくれます。

–을/를 돌보다

類 보살피다 面倒を見る ▸ P.070　関 아기를 돌보다 子どもの面倒を見る

며느리

名

□ . .

□ . .

□ . .

息子の妻

가 : 우리 **며느리**는 착하고 요리도 잘하고 얼마나 예쁜지 몰라요!

나 : **며느리**를 정말 잘 얻었네요!

カ：うちの嫁は優しくて料理も上手で、どれだけかわいいか分かりません！

ナ：本当にいいお嫁さんをもらいましたね！

関 며느리를 얻다 嫁をもらう　参 사위 娘の夫 ▸ P.070

무시

名

相手にしないこと、無視　漢 無視

가 : 지금 듣고 있어? 왜 자꾸 내 말을 **무시**해?
나 : 미안해. **무시**하는 게 아니라 잠깐 다른 생각하다가 못 들었어.

カ：今聞いてる？ どうしてしきりに俺の言葉を無視するんだ？
ナ：ごめん。無視したんじゃなく、ちょっと考え事してて聞こえなかった。

–을/를 무시하다
–이/가 무시되다

動 무시하다 無視する　무시되다 無視される　参 무시당하다 無視される

바보

名

ばか

가 : 누나, 이것 좀 가르쳐 줘.
나 : 이 **바보**야! 이것도 몰라?

カ：姉さん、これちょっと教えて。
ナ：このばか！ これも分からないの？

배려

名

気配り、配慮　漢 配慮

아이들에게 어릴 때부터 다른 사람을 **배려**하도록 가르쳐야 한다.

子どもたちに、小さいころから他の人に配慮するように教えなければならない。

–을/를 배려하다

動 배려하다 配慮する

배우자

名

配偶者　漢 配偶者

나는 **배우자**를 선택할 때 성격이 제일 중요하다고 생각한다.

私は配偶者を選ぶとき、性格が一番重要だと思う。

参 남편 夫　아내 妻

보살피다

動

□ . .
□ . .
□ . .

面倒を見る

가 : 병원에 입원해 있는 동안 **보살펴** 줄 사람은 있어요?
나 : 네, 어머니께서 와 계실 거예요.

カ：病院に入院している間、面倒を見てくれる人はいますか？
ナ：はい、母が来てくれます。

-을/를 보살피다

名 보살핌 面倒を見ること　類 돌보다 面倒を見る ▶ P.068

✔ 보살피다は支え助けるという意味が強いです。

본인

名 [보닌]

□ . .
□ . .
□ . .

本人　漢 本人

가 : 비자 신청은 **본인**만 가능한가요?
나 : 아닙니다. 다른 사람이 대신해 줄 수도 있습니다.

カ：ビザの申請は本人のみ可能でしょうか？
ナ：いいえ。他の人が代わりにすることもできます。

부부

名

□ . .
□ . .
□ . .

夫婦　漢 夫婦

가 : 저 **부부** 많이 닮은 것 같아요.
나 : 오래 같이 살면 외모도 성격도 많이 닮는다고 하잖아요.

カ：あの夫婦、とても似ていると思います。
ナ：長く一緒に暮らすと、外見も性格もよく似るというじゃないですか。

사위

名

□ . .
□ . .
□ . .

娘の夫

가 : 마트에 다녀오세요? 많이 사셨네요!
나 : 우리 딸이랑 **사위**가 온다고 해서 맛있는 음식 좀 해 주려고요.

カ：スーパーに行ったんですか？　たくさん買いましたね！
ナ：娘と婿が来るというから、おいしい料理を作ろうと思いまして。

参 며느리 息子の妻 ▶ P.068

사이

名

☐ . .
☐ . .
☐ . .

仲

가 : 지연 씨는 동생과 **사이**가 참 좋은 것 같아요.
나 : 네, 어릴 때는 자주 싸웠는데 지금은 친구처럼 지내요.

カ：チヨンさんは弟（妹）と仲がとてもいいと思います。
ナ：はい、小さいときはよくけんかしましたが、今は友達のように過ごしています。

関 사이가 좋다/나쁘다 仲がいい／悪い

参 친구 사이 友達の仲　선후배 사이 先輩後輩の仲

사촌

名

☐ . .
☐ . .
☐ . .

いとこ　漢 四寸

가 : 저분이 언니예요? 동생만 있다고 했잖아요.
나 : 친언니가 아니라 **사촌** 언니예요.

カ：あの方はお姉さんですか？ 弟（妹）しかいないって言ったじゃないですか。
ナ：実の姉じゃなくていとこのお姉さんです。

상대방

名

☐ . .
☐ . .
☐ . .

相手　漢 相対方

가 : 너 왜 내가 말하고 있는데 자꾸 다른 곳을 봐? 대화할 때는 **상대방**을 봐야지!
나 : 미안해. 저쪽에 아는 사람이 있는 것 같아서…….

カ：君はどうして僕が話しているのにしきりに違う所を見るんだ？　会話するときは相手を見なきゃ！
ナ：ごめん。あっちに知り合いがいる気がして……。

類 상대편 相手

✔ 상대방を短く縮めて상대とも言います。

서로

副 名

☐ . .
☐ . .
☐ . .

お互い、互いに

가 : 왕핑 씨와 자주 만나요?
나 : 아니요, 요즘 **서로** 바빠서 거의 만나지 못해요.

カ：ワンピンさんとよく会いますか？
ナ：いいえ、最近互いに忙しくてほとんど会えません。

성인

名

成人　漢 成人

가 : **성인**이 되면 뭘 제일 하고 싶어요?
나 : 운전면허를 따고 싶어요.

カ：成人になったら何を一番したいですか？
ナ：運転免許を取りたいです。

韓国では満19歳以上が성인です。

손자

名

(男の) 孫　漢 孫子

가 : 할머니, 저 왔어요!
나 : 아이고, 우리 **손자** 왔구나!

カ：おばあさん、来ました！
ナ：あらあら、うちの孫が来たのね！

参 손녀 孫娘

스스로

副

自分で

가 : 형, 나 숙제 좀 도와줘.
나 : 숙제는 **스스로** 해야지.

カ：兄さん、ちょっと僕の宿題手伝って。
ナ：宿題は自分でやらないと。

類 혼자 一人で

스스로は「自分の力で」という意味なので、스스로 집에 있어요.のように言えません。この場合は、혼자 집에 있어요.(一人で家にいます。)と言います。

시어머니

名

夫の母　漢 媤---

가 : 이 김치 맛있네요! 어디에서 산 거예요?
나 : **시어머니**께서 보내 주신 거예요.

カ：このキムチおいしいですね！ どこで買ったものですか？
ナ：しゅうとめが送ってくれたものです。

参 시아버지 しゅうと(夫の父)　시부모 義父母(夫の両親)　장인 しゅうと(妻の父)　장모 しゅうとめ(妻の母)

안부

名
□ . .
□ . .
□ . .

言付かったあいさつ、安否　漢 安否

가 : 오늘 피터를 만나기로 했어.
나 : 그래? 피터는 요즘 잘 지내? 만나면 **안부** 좀 전해 줘.

カ:今日、ピーターと会うことにした。
ナ:そう？ ピーターは最近元気にしてる？ 会ったらよろしく伝えてよ。

関 안부를 전하다 よろしく伝える　안부를 묻다 安否を聞く

参 안부 전화 あいさつの電話　안부 편지 あいさつの手紙

애

名
□ . .
□ . .
□ . .

子ども

가 : 잠깐 나갔다 올 테니까 **애** 좀 보고 있어.
나 : 응, 걱정 말고 다녀와.

カ:ちょっと出掛けてくるから、ちょっと子どもを見てて。
ナ:うん、心配せず行ってきて。

애は아이の縮約形で、이 아이(この子)は縮約して얘と言います。

양보

名
□ . .
□ . .
□ . .

譲ること、譲歩　漢 譲歩

가 : 네가 언니니까 동생에게 **양보**하는 게 어때?
나 : 엄마는 왜 늘 저한테만 **양보**하라고 하세요?

カ:あなたがお姉さんなんだから、妹に譲ったらどう？
ナ:どうしてママはいつも私にだけ譲れと言うんですか？

–에게 –을/를 양보하다

動 양보하다 譲る　関 자리를 양보하다 席を譲る

어린아이

名 [어리나이]
□ . .
□ . .
□ . .

子ども(幼児や児童)

가 : 우리 아이 괜찮을까요? 큰 병인가요?
나 : 아닙니다. 이 병은 **어린아이**들이 많이 걸리는 병이니까 너무 걱정하지 마세요.

カ:うちの子は大丈夫でしょうか？ 大病でしょうか？
ナ:いいえ。この病気は子どもがよくかかる病気なので、あまり心配しないでください。

略 어린애 子ども

여보

名

あなた、ねえ(配偶者を呼ぶ言葉)

가 : **여보**, 오늘 일찍 와?

나 : 회의가 있어서 좀 늦을 것 같아.

カ:あなた、今日は早く帰ってくる?
ナ:会議があるから少し遅くなりそう。

参 당신 あなた ▸ P.067

✎ 여보は結婚した夫婦が互いを呼ぶときに使う言葉で、당신は夫婦間で相手を指す言葉です。

여성

名

女性 漢 女性

여성은 남성보다 평균 수명이 길다.

女性は男性より平均寿命が長い。

類 여자 女　対 남성 男性 ▸ P.066

영향

名

影響 漢 影響

가 : 왜 화가가 되셨어요?

나 : 아버지께서 화가셨는데 아버지의 **영향**을 받아서 그림을 좋아하게 되었어요.

カ:どうして画家になられたのですか?
ナ:父が画家だったのですが、父の影響を受けて絵が好きになりました。

関 영향이 크다/작다 影響が大きい/小さい　영향을 주다/받다 影響を与える/受ける　영향을 미치다 影響を及ぼす

参 악영향 悪影響　영향력 影響力

용서

名

□ . .
□ . .
□ . .

許すこと、勘弁　漢 容恕

가 : 너 또 장난칠 거야? 안 칠 거야?
나 : 다시는 안 할게요. 한 번만 **용서**해 주세요.

カ：おまえ、またいたずらするつもり？しないつもり？
ナ：二度としません。一度だけ許してください。

–을/를 용서하다
–이/가 용서되다

動 용서하다 許す　용서되다 許される

関 용서를 빌다 許しを請う　용서를 받다 許しを受ける

우정

名

□ . .
□ . .
□ . .

友情　漢 友情

가 : 남녀 사이에 **우정**이 가능할까?
나 : 글쎄, 난 어렵다고 생각해.

カ：男女の間に友情は可能かな？
ナ：さあ、僕は難しいと思う。

윗사람

名 [윋싸람]

□ . .
□ . .
□ . .

目上の人

가 : 어제 선생님께 "수연 씨!" 라고 했는데 선생님께서 웃으셨어.
나 : 정말? 선생님은 **윗사람**이니까 이름을 부르면 안 돼.

カ：昨日先生に「スヨンさん！」と言ったけど、先生が笑ってたよ。
ナ：本当？先生は目上の人だから名前を呼んだら駄目よ。

対 아랫사람 目下の人

이상형

名

□ . .
□ . .
□ . .

理想のタイプ　漢 理想型

가 : 네 **이상형**은 어떤 사람이야?
나 : 난 착하고 재미있는 사람이 좋아.

カ：君の理想のタイプはどんな人？
ナ：私は優しくて面白い人が好き。

이성

名

□ . .
□ . .
□ . .

異性　漢 異性

중학교 때에는 **이성**에 대한 관심이 많아진다.

中学校のときは異性に対する関心が大きくなる。

対 동성 同性　関 이성 친구 異性の友達

이웃

名 [이욷]

□ . .
□ . .
□ . .

隣（隣家や隣人など）

가 : 밤에 피아노를 치면 안 돼. **이웃**에게 피해를 주잖아.
나 : 네, 안 칠게요.

カ：夜にピアノを弾いたら駄目だ。近所に迷惑だろ。
ナ：はい、弾きません。

–와/과 이웃하다

動 이웃하다 ～と隣り合う　参 이웃집 隣家　이웃 사람 隣人

✔ 隣に住んでいて、いとこのように親しく過ごす人を이웃사촌と言います。

자녀

名

□ . .
□ . .
□ . .

息子や娘　漢 子女

가 : **자녀**가 어떻게 되세요?
나 : 1남 1녀예요.

カ：子どもはいらっしゃいますか？
ナ：1男1女です。

類 아들딸 子ども（息子や娘）　자식 子ども ▶P.076　敬 자제 ご子息

자식

名

□ . .
□ . .
□ . .

子ども（息子や娘）　漢 子息

가 : 요즘은 **자식**을 낳지 않는 젊은 부부가 많은가 봐요.
나 : 그런 것 같아요. 제 친구도 결혼했는데 아이를 낳고 싶지 않다고 했어요.

カ：最近は子どもを生まない若い夫婦が多いようです。
ナ：そのようです。私の友達も、結婚したのに子どもを生みたくないと言っていました。

類 자녀 息子や娘 ▶P.076　아들딸 子ども（息子や娘）　対 부모 父母

✔ 자식は부모の反対となる言葉で、자녀は主に他の人の子どもを指す言葉です。そのため、자녀분（ご子息）と言えますが、자식분とは言えません。

자신

名
□ . .
□ . .
□ . .

自分、自身　漢 自身

다음 수업 때까지 이 책을 읽은 후에 **자신**의 생각을 써 오십시오.

次の授業までに、この本を読んだ後に自分の考えを書いてきてください。

자기は자기 자신(自分自身)、자기소개(自己紹介)のように言えますが、자신は자신 자신、자신소개とは言えません。자신이(自身が)、자신을(自身を)の形で使います。

장남

名
□ . .
□ . .
□ . .

長男　漢 長男

가 : 피터 씨는 막내지요?
나 : 아니요, 제가 **장남**이에요.

カ：ピーターさんは末っ子ですよね？
ナ：いいえ、私は長男です。

類 큰아들 長男　参 장녀 長女

형제

名
□ . .
□ . .
□ . .

① 兄と弟
② 同じ親から生まれた兄弟／兄妹／姉妹の総称

漢 兄弟

형, 나, 남동생 우리 삼 **형제**는 아버지를 닮아서 모두 키가 크다.

兄、僕、弟、うちの3兄弟は父に似て皆背が高い。

가 : **형제**가 어떻게 되세요?
나 : 여동생이 1명 있어요.

カ：きょうだいはいらっしゃいますか？
ナ：妹が1人います。

参 자매 姉妹　남매 (男女の) きょうだい ▶ P.066

후배

名
□ . .
□ . .
□ . .

後輩　漢 後輩

가 : 점심에 약속 있어?
나 : 응, **후배**에게 밥을 사 주기로 했어.

カ：お昼に約束ある？
ナ：うん、後輩にご飯をおごってあげることになってる。

対 선배 先輩

Let's Check

解答 ▶ P.505

1 다음 중 반대말끼리 연결된 것이 아닌 것을 고르십시오.

① 선배 – 후배　　② 남성 – 여성

③ 부모 – 자식　　④ 여보 – 당신

다음을 의미가 같은 것끼리 연결하십시오.

2 손자 ・　　・ ① 남편과 아내

3 부부 ・　　・ ② 딸의 남편

4 사촌 ・　　・ ③ 아들의 아들

5 사위 ・　　・ ④ 삼촌의 아들, 딸

(　　)에 들어갈 알맞은 말을 쓰십시오.

가. 저와 언니는 모두 키가 커요.	→ 우리 (㉠)은/는 모두 키가 커요.
나. 저와 누나는 성격이 많이 달라요.	→ 우리 (㉡)은/는 성격이 많이 달라요.
다. 저와 형은 운동을 좋아해요.	→ 우리 (㉢)은/는 운동을 좋아해요.

6 ㉠ (　　　　　　)　㉡ (　　　　　　)　㉢ (　　　　　　)

(　　)에 알맞은 단어를 <보기>에서 찾아 쓰십시오.

보기

이웃　서로　스스로　상대방　사이

7 아이가 5살이 되자 (　　　　　　) 세수를 하기 시작했다.

8 그 여자는 처음 만났는데도 (　　　　　　)을/를 무시하고 혼자서만 이야기했다.

9 시어머니와 며느리가 (　　　　　　)이/가 좋아서 주위 사람들이 부러워한다.

10 두 사람은 (　　　　　　) 사랑해서 결혼했는데도 매일 싸운다.

11 도시 사람들은 (　　　　　　)에 누가 사는지 관심이 없는 것 같다.

08 | 態度 태도

)) TRACK 08

겨우

副

☐ . .
☐ . .
☐ . .

① やっと ② せいぜい

가 : 어제 등산 잘했어?
나 : 응, 그런데 생각보다 산이 높아서 **겨우** 올라갔어.

カ：昨日、登山うまくいった？
ナ：うん、だけど思ったより山が高くて辛うじて登ったわ。

1시간 동안 한 일이 **겨우** 이거야?

1時間の間にした仕事がたったこれだけ？

類 ① 간신히 ようやく ② 고작 せいぜい

괜히

副

☐ . .
☐ . .
☐ . .

① 無駄に ② 特に理由なく

가 : 주말이라서 가는 곳마다 사람이 많네요!
나 : 그냥 집에 있을 걸 그랬어요. **괜히** 나왔네요.

カ：週末なので、どこに行っても人が多いですね！
ナ：家にいればよかったです。無駄に外出しましたね。

날씨가 더워서 그런지 **괜히** 짜증이 난다.

暑いせいか、無性にいらいらする。

규칙적

冠 名 [규칙쩍]

☐ . .
☐ . .
☐ . .

規則的 漢 規則的

건강하게 살기 위해서는 **규칙적**인 운동과 식사가 필요하다.

健康に生きるためには、規則的な運動と食事が必要だ。

対 불규칙적 不規則な

깜빡

副

□ . .
□ . .
□ . .

うっかり、うとうと

가 : 지난번에 내가 빌려준 책 가져왔어요?
나 : 미안해요. **깜빡** 잊어버렸어요.

カ：この前僕が貸してあげた本、持ってきましたか?
ナ：ごめんなさい。うっかり忘れてしまいました。

–을/를 깜빡하다

動 깜빡하다 うっかりする

関 깜빡 잊어버리다 うっかり忘れてしまう　깜빡 졸다 うとうと眠る

꾸준히

副

□ . .
□ . .
□ . .

持続的に、粘り強く

가 : 한국어 실력이 많이 늘었네요!
나 : 네, **꾸준히** 책도 읽고 영화도 보고 했거든요.

カ：韓国語の実力がとても伸びましたね。
ナ：はい、こつこつと本を読んだり映画を見たりしたんですよ。

形 꾸준하다 粘り強い

関 꾸준히 노력하다 粘り強く努力する　꾸준히 공부하다 粘り強く勉強する
꾸준히 연습하다 粘り強く練習する

대하다 01

動

□ . .
□ . .
□ . .

(人に)接する　漢 対--

가 : 이 가게는 항상 손님이 많네!
나 : 직원들이 항상 손님들을 친절하게 **대하**잖아.

カ：この店はいつも客が多いね!
ナ：店員がいつも客に親切に接しているじゃない。

–에/에게 –게 대하다
–을/를 –게 대하다

도대체

副

□ . .
□ . .
□ . .

① 一体 (疑念／驚き)　② さっぱり (否定)

漢 都大体

가 : 어! 내 안경이 안 보여. **도대체** 어디에 뒀지?
나 : 네가 지금 쓰고 있잖아.

カ：あ！ 僕の眼鏡が見当たらない。一体どこに置いたっけ？
ナ：あなたが今掛けているじゃない。

왜 그렇게 화를 내? **도대체** 이해가 안 돼.

どうしてそんなに怒るんだ？ さっぱり理解できない。

✎ 도대체は、①の意味のときは어디(どこ)、언제(いつ)、누구(誰)などと一緒に使い、②の意味のときは모르다(分からない)、-지 않다(～しない)、안 되다(できない)などの否定表現と一緒に使わなければいけません。

도저히

副

□ . .
□ . .
□ . .

到底　漢 到底-

가 : 이제 알겠지?
나 : 아니, 아무리 들어도 **도저히** 모르겠어.

カ：もう分かるだろ？
ナ：いや、いくら聞いても到底分からない。

✎ 도저히は모르다(分からない)、-지 않다(～しない)、-(으)ㄹ 수 없다(～できない)などと一緒に使わなければいけません。

도전

名

□ . .
□ . .
□ . .

チャレンジ、挑戦　漢 挑戦

가 : 그 할아버지는 정말 대단하신 것 같아요.
나 : 맞아요. 연세가 많으신데도 매년 마라톤에 **도전**하시잖아요.

カ：そのおじいさんは本当にすごいと思います。
ナ：そうです。ご高齢なのに毎年マラソンに挑戦なさるじゃないですか。

-에 도전하다

動 도전하다 挑戦する　関 도전 정신 挑戦する精神

따르다 01

動

으語幹

従う

여기는 위험한 곳이니까 규칙을 잘 **따라** 주십시오.

ここは危険な場所なので、規則にしっかり従ってください。

-에 따르다
-을/를 따르다

類 의하다 （～に）よる ▶P.226

따르다は따라요、따르니까と活用します。

뜻밖에

副 ［뜯빠께］

思いがけず

가 : 부모님께서 유학 가는 걸 찬성하셨어?
나 : 응, 반대하실 줄 알았는데 **뜻밖에** 허락해 주셨어.

カ：ご両親は留学することに賛成なさったの？
ナ：うん、反対なさると思ってたけど、思いがけず許してくださった。

몰래

副

内緒で、こっそり

가 : 부모님 **몰래** 여자 친구를 사귄 적이 있어요?
나 : 네, 중학교 때 한 번 사귄 적이 있어요.

カ：両親に内緒で彼女と付き合ったことありますか？
ナ：はい、中学校のとき、1回付き合ったことがあります。

무조건

副 名 ［무조껀］

① 無条件　② どれも構わず　漢 無条件

자식에 대한 부모님의 사랑은 **무조건**적이다.

子どもに対する親の愛情は無条件だ。

가 : 너 오늘 또 학원에 안 갔지? 그렇게 할 거면 앞으로 다니지 마!
나 : **무조건** 화만 내지 말고 제 얘기 좀 들어 보세요.

カ：あなた、今日また塾に行かなかったでしょ？ そうするつもりなら今後は通わないで！
ナ：頭ごなしに怒ってばかりいないで、僕の話をちょっと聞いてください。

参 무조건적 無条件

바르다

形

르変則

□ . .
□ . .
□ . .

真っすぐだ、正しい

가 : 왜 그렇게 앉아 있어? **바른** 자세로 앉아야지.
나 : 의자가 불편해서 그래요.

カ：どうしてそんなふうに座っているんだ？ 正しい姿勢で座らないと。
ナ：椅子の座り心地が悪いからです。

–이/가 바르다

関 예의가 바르다 礼儀正しい　바른 자세 正しい姿勢　바른말 正しい言葉

반드시

副

□ . .
□ . .
□ . .

必ず

가 : 이 약은 **반드시** 식사를 하고 30분 후에 드세요.
나 : 네, 알겠습니다.

カ：この薬は必ず、食事をして30分後に飲んでください。
ナ：はい、分かりました。

받아들이다

動［바다드리다］

□ . .
□ . .
□ . .

受け入れる

외국에서 살려면 그 나라의 문화를 **받아들일** 줄 알아야 한다.

外国で暮らすには、その国の文化を受け入れるすべを知らなければならない。

–을/를 받아들이다

버릇

名［버름］

□ . .
□ . .
□ . .

① 癖　② 目上の人への礼儀

나는 말을 시작하기 전에 기침을 하는 **버릇**이 있다.

私は話を始める前にせきをする癖がある。

선배에게 인사도 안 하네! 정말 **버릇** 없다!

先輩にあいさつもしないのね！ 本当に礼儀がなってない！

関 버릇이 있다/없다 癖がある／ない　버릇을 고치다 癖を直す

✔ 韓国には세 살 버릇은 여든까지 간다（3歳の癖、80まで行く）という言葉があります。この言葉は、一度できた癖は直すのが難しいという言葉です。

빌다

動

ㄹ語幹

祈る

생일 축하해요. 촛불을 끄기 전에 소원을 **비**세요.

誕生日おめでとうございます。ろうそくの火を消す前に願い事をしてください。

–을/를 빌다
–기를 빌다
–에/에게 –을/를 빌다

関 소원을 빌다 願い事をする　용서를 빌다 許しを請う

상관

名

構うこと、それとの関係　漢 相関

가 : 저녁에 삼계탕을 먹을까? 설렁탕을 먹을까?
나 : 난 **상관**없으니까 아무거나 먹자.

カ：夕食にサムゲタンを食べようか？ ソルロンタンを食べようか？
ナ：私は構わないから、何でも食べよう。

–을/를 상관하다
–이/가 상관되다

動 상관하다 関わる　상관되다 関わる

関 상관이 있다/없다 関係がある／ない

선호

名

好み　漢 選好

가 : 조카 생일 선물로 책을 사 주려고 하는데 좋아할까?
나 : 글쎄, 신문에서 봤는데 요즘 초등학생들이 제일 **선호**하는 선물은 게임기래.

カ：おいの誕生日プレゼントに本を買ってあげようと思うけど、喜ぶかな？
ナ：さあね。新聞で見たけど、最近の小学生が一番好むプレゼントはゲーム機だって。

–을/를 선호하다
–기를 선호하다

動 선호하다 好む

설마

副

まさか

가 : 올 시간이 지났는데 앤디가 왜 이렇게 안 오지?
나 : 설마 사고 난 거 아니겠지?

カ：来る時間を過ぎたけど、どうしてアンディーは来ないんだろう？
ナ：まさか、事故が起きたんじゃないわよね？

설마は後ろに質問する表現〈形容詞〉＋－(으)ㄴ 거 아니겠지요?(～じゃないですよね？)、〈動詞〉＋－(으)ㄴ/는 거 아니겠어요?(～した／するんじゃないでしょうか？)、－(으)ㄹ까요?(～でしょうか？)などと一緒に使わなければいけません。否定的な内容を推測するときに使います。

소원

名

願い、願望　漢 所願

가 : 올해 소원이 뭐예요?
나 : 우리 가족이 모두 건강하게 지내는 거예요.

カ：今年の願いは何ですか？
ナ：うちの家族が皆健康に過ごすことです。

－을/를 소원하다
－기를 소원하다

動 소원하다 願う

関 소원이 이루어지다 願いがかなう　소원을 빌다 願い事をする　소원을 이루다 願いをかなえる

아마

副

たぶん、おそらく

가 : 출발한 지 1시간쯤 됐으니까 지금쯤은 도착했겠지?
나 : 아마 그럴걸.

カ：出発して1時間ほどたったから、今ごろ到着しただろうな？
ナ：たぶんそうでしょう。

아마は、推測表現－(으)ㄹ 거예요(～でしょう)、－(으)ㄹ걸(～だろう)などと一緒に使わなければいけません。

어쩌면

副

☐ . .
☐ . .
☐ . .

ひょっとしたら、あるいは

가 : 미술관 오늘 문 열었을까?

나 : 전화해 보고 가. 월요일이라서 **어쩌면** 문을 닫았을 지도 몰라.

カ：美術館、今日は開いているかな？

ナ：電話してみてから行きな。月曜日だから、ひょっとしたら閉まっているかもしれない。

어쩌면は、推測表現 -(으)ㄹ 지도 모르다(～かもしれない)、-(으)ㄹ 것 같다(～だろう)などと一緒によく使います。

어차피

副

☐ . .
☐ . .
☐ . .

どうせ 漢 於此彼

가 : 빨리 뛰어가자.

나 : **어차피** 늦었으니까 천천히 가자.

カ：早く走って行こう。

ナ：どうせ遅れているんだからゆっくり行こう。

억지로

副 [억찌로]

☐ . .
☐ . .
☐ . .

無理に

가 : 엄마, 저 이거 먹고 싶지 않아요.

나 : 그래? 먹기 싫으면 **억지로** 먹지 마.

カ：ママ、私これ食べたくありません。

ナ：そう？ 食べたくないなら無理に食べないで。

역시

副 [역씨]

☐ . .
☐ . .
☐ . .

やっぱり 漢 亦是

가 : 주말 저녁이라서 식당에 사람이 많네요!

나 : **역시** 예약하고 오기를 잘했지요?

カ：週末の夕方なのでレストランにたくさん人がいますね！

ナ：やっぱり予約してきてよかったでしょう？

올바르다

形

르変則

□ . .
□ . .
□ . .

正しい

가 : 이 약이 오래돼서 버리고 싶은데 그냥 버려도 돼요?
나 : 그건 **올바른** 방법이 아니에요. 오래된 약은 약국에 가져다주세요.

カ：この薬、古くなったので捨てたいんですが、そのまま捨ててもいいですか？
ナ：それは正しい方法ではありません。古い薬は薬局に持っていってください。

–이/가 올바르다

関 올바른 태도 正しい態度　올바른 방법 正しい方法　올바른 교육 正しい教育

왠지

副

□ . .
□ . .
□ . .

何となく、何だか

가 : 너 오늘 **왠지** 더 예뻐 보인다.
나 : 그래? 나 오늘 머리했거든.

カ：君、今日は何だかいつもよりきれいに見える。
ナ：そう？ 私、今日髪の手入れしたんだ。

용감하다

形

□ . .
□ . .
□ . .

勇敢だ　漢 勇敢--

가 : 어른이 되면 뭐가 되고 싶어요?
나 : **용감한** 군인이 되고 싶어요.

カ：大人になったら、何になりたいですか？
ナ：勇敢な軍人になりたいです。

–이/가 용감하다

関 용감하게 싸우다 勇敢に戦う　용감한 행동 勇敢な行動

용기

名

□ . .
□ . .
□ . .

勇気　漢 勇気

가 : 폴에게 좋아한다고 말할까? 말까?
나 : 고민하지 말고 **용기**를 내서 말해 봐.

カ：ポールに好きだと言おうか？ やめようか？
ナ：悩んでないで勇気を出して言ってみなよ。

関 용기가 있다/없다 勇気がある／ない　용기가 나다 勇気が出る　용기를 내다 勇気を出す

원하다

動

望む (希望)　漢 願 --

가 : 어떤 모자를 사 줄까요? **원하**는 것이 있어요?
나 : 특별히 **원하**는 건 없어요. 아무거나 괜찮아요.

カ : どんな帽子を買ってあげましょうか？ 欲しい物はありますか？
ナ : 特別欲しい物はありません。何でもいいです。

–을/를 원하다
–기를 원하다

위하다

動

ためにする　漢 為 --

가 : 전주에 처음 여행을 가는데 한국어를 못해서 걱정이에요.
나 : 외국인을 **위한** 관광 안내 센터가 있으니까 걱정하지 마세요.

カ : 全州に初めて旅行するのですが、韓国語ができなくて心配です。
ナ : 外国人のための観光案内センターがあるので、心配しないでください。

–을/를 위하다

위하다は～을/를 위해서 (～のために)、～을/를 위한 (～のための)、–기 위해서 (～するために)、–기 위한 (～するための) の形でよく使います。

의심

名

疑い　漢 疑心

가 : 여기가 다른 곳보다 훨씬 싼 것 같아. 여기서 살까?
나 : 그런데 값이 너무 싸니까 가짜 같지 않아? 좀 **의심**되는데….

カ : ここは他の所よりはるかに安いみたい。ここで買おうか？
ナ : でも、値段があまりにも安いから、偽物みたいじゃない？　ちょっと疑わしいんだけど……。

–을/를 의심하다
–이/가 의심되다

動 의심하다 疑う　의심되다 疑われる

関 의심이 많다 疑いが多い　의심이 생기다 疑いが生じる　의심을 받다 疑われる

의존

名

依存 漢 依存

가 : 커피를 아무리 마셔도 잠이 안 깨.
나 : 커피에만 너무 **의존**하지 말고 잠깐 낮잠 좀 자.

カ：いくらコーヒーを飲んでも眠気が覚めない。
ナ：コーヒーに依存し過ぎないで、ちょっと昼寝しなさいよ。

–에/에게 의존하다

動 의존하다 依存する 参 의존적 依存的

일부러

副

わざわざ、わざと

가 : 너 왜 아까 내가 인사했는데 그냥 지나갔어?
나 : 미안해. 내가 **일부러** 그런 게 아니야. 안경을 집에 놓고 와서 잘 안 보였어.

カ：君、どうしてさっき僕があいさつしたのにそのまま通り過ぎたんだ？
ナ：ごめん。わざとそうしたんじゃないの。眼鏡を家に置いてきてよく見えなかったのよ。

입장

名［입짱］

立場 漢 立場

가 : 나는 올가가 왜 그러는지 모르겠어. 정말 이해할 수 없어.
나 : 올가도 이유가 있을 거야. **입장**을 바꿔서 생각해 봐.

カ：僕はオルガがどうしてそうするのか分からない。本当に理解できない。
ナ：オルガにも理由があるはずよ。立場を変えて考えてみて。

関 입장을 고려하다 立場を考慮する　입장을 밝히다 立場を明らかにする

적극적

冠 名［적끅쩍］

積極的 漢 積極的

가 : 어떤 직원을 뽑고 싶으십니까?
나 : 모든 일을 **적극적**으로 하는 사람이면 좋겠어요.

カ：どのような職員を採用したいですか？
ナ：全ての仕事を積極的にする人ならいいです。

対 소극적 消極的

関 적극적인 태도 積極的な態度　적극적인 사고방식 積極的な考え方

절대로

副 [절때로]

絶対に 漢 絶対-

가 : 어제 뮤지컬 봤다면서? 재미있었어?
나 : 재미없었어. **절대로** 보지 마!

カ：昨日、ミュージカル見たんだって？ 面白かった？
ナ：つまらなかった。絶対に見ないで！

절대로は、後ろに－지 않다(～しない)、없다(ない)、－지 말다(～するのをやめる)、－(으)면 안 되다(～してはいけない)などと一緒によく使います。

정성

名

真心、誠意 漢 精誠

가 : 역시 집에서 만든 음식이 맛있는 것 같아요.
나 : 당연하죠. 어머니의 **정성**이 들어 있잖아요.

カ：やっぱり家で作った食べ物がおいしいと思います。
ナ：当然でしょう。お母さんの真心が入っているじゃないですか。

関 정성을 다하다 誠意を尽くす 정성을 모으다 誠意を集める 정성을 들이다 丹精を込める 参 정성껏 丹念に

정직

名

正直 漢 正直

가 : 이번 한 번은 용서해 줄 테니까 앞으로는 다른 사람을 속이지 마세요.
나 : 네, 앞으로는 **정직**하게 살겠습니다.

カ：今回だけは許してあげるから、今後は他の人をだまさないでください。
ナ：はい、今後は正直に生きます。

－이/가 정직하다

形 정직하다 正直だ 関 정직하게 살다 正直に生きる

제발

副

お願いだから

아빠, **제발** 한 번만 용서해 주세요. 다시는 안 그럴게요.

パパ、お願いだから一度だけ許してください。二度としません。

제발は〈動詞〉＋－아/어/해 주세요(～してください)と一緒によく使います。

조심스럽다

慎重だ、用心深い　漢 操心---

形 [조심스럽따]

ㅂ変則

□ . .
□ . .
□ . .

할아버지께서는 매일 도자기를 **조심스럽**게 닦으신다.

おじいさんは毎日陶磁器を慎重にお拭きになる。

–이/가 조심스럽다

動 조심하다 気を付ける　名 조심 用心

존경

尊敬　漢 尊敬

名

□ . .
□ . .
□ . .

가 : 한국 사람들이 가장 **존경**하는 사람이 누구예요?
나 : 한글을 만드신 세종대왕이에요.

カ：韓国人が最も尊敬する人は誰ですか？
ナ：ハングルをお作りになった世宗大王です。

–을/를 존경하다

動 존경하다 尊敬する　関 존경을 받다 尊敬される

주의 01

注意　漢 注意

名

□ . .
□ . .
□ . .

– 수영장 이용 시 **주의** 사항 –
1. 샤워를 한 후에 수영장을 이용해 주십시오.
2. 수영 모자, 물안경을 꼭 써 주십시오.

–プール利用時の注意事項–
1. シャワーをした後にプールを利用してください。
2. 水泳帽、水中眼鏡を必ず着用してください。

–을/를 주의하다
–에/에게 주의하다

動 주의하다 注意する　対 부주의 不注意 ▶P.049　関 주의할 점 注意する点

参 주의 사항 注意事項

집중

名 [집쭝]

集中 漢 集中

가 : 우리 커피숍에서 공부할까?
나 : 커피숍은 시끄러워서 **집중**이 안 되니까 도서관에 가자.

カ：僕たち、コーヒーショップで勉強しようか？
ナ：コーヒーショップはうるさくて集中できないから、図書館に行こう。

–을/를 집중하다
–이/가 집중되다

動 집중하다 集中する・集中させる　집중되다 集中する

関 집중이 잘 되다/안 되다 集中できる／できない

参 집중적 集中的　집중력 集中力

찬성

名

贊成 漢 贊成

가 : 성형수술에 **찬성**하세요? 반대하세요?
나 : 저는 **찬성**합니다. 예뻐지면 자신감이 생기니까 좋은 것 같아요.

カ：整形手術に賛成ですか？ 反対ですか？
ナ：私は賛成します。きれいになると自信が生まれるからいいと思います。

–에 찬성하다

動 찬성하다 賛成する　対 반대 反対

関 찬성을 얻다 賛成を得る　의견에 찬성하다 意見に賛成する　제안에 찬성하다 提案に賛成する

최선

名

最善 漢 最善

가 : 그렇게 열심히 준비했는데 2등 해서 어떡해요?
나 : **최선**을 다했으니까 후회는 없어요.

カ：あれほど一生懸命準備したのに2位になってどうしましょう？
ナ：最善を尽くしたから後悔はありません。

–이/가 최선이다

関 최선을 다하다 最善を尽くす　최선의 방법 最善の方法　최선의 선택 最善の選択

취하다 01

動

□ . .
□ . .
□ . .

酔う 漢 酔 --

가 : 한 잔 더 마셔.
나 : 난 그만 마실래. 더 마시면 **취할** 것 같아.

カ：もう1杯飲め。
ナ：私はもう飲まない。もっと飲んだら酔いそう。

–에 취하다

関 술에 취하다 酒に酔う

침착

名

□ . .
□ . .
□ . .

落ち着いていること 漢 沈着

가 : 저기, 우리 집… 집에… 불… 불이…….
나 : 무슨 일이에요? **침착**하게 말해 보세요.

カ：あの、うち…家に…火…火が……。
ナ：どうしたんですか？ 落ち着いて話してください。

形 침착하다 落ち着いている

関 침착하게 말하다 落ち着いて話す　침착하게 행동하다 落ち着いて行動する　침착한 성격 落ち着いた性格

탓

名 [탇]

□ . .
□ . .
□ . .

せい（否定的な結果の原因）

가 : 미안해. 이번 농구 경기는 나 때문에 진 것 같아.
나 : 아니야. 네 **탓**이 아니라 내 **탓**이야.

カ：ごめん。今回のバスケットボールの試合は僕のせいで負けたと思う。
ナ：いいや。君のせいじゃなくて僕のせいだ。

–을/를 탓하다

動 탓하다 責める

関 ～ 탓으로 돌리다 ～のせいにする　～ 탓만 하다 ～のことばかり責める

태도

名

態度　漢 態度

요시코 씨는 선생님의 설명을 잘 듣고 대답도 잘해요. 수업 **태도**가 정말 좋은 것 같아요.

ヨシコさんは先生の説明をよく聞いて、返事もうまいです。授業態度が本当にいいと思います。

関 태도가 좋다/나쁘다 態度がいい／悪い　태도를 취하다 態度を取る

함부로

副

むやみに

가 : 그 사람은 너무 말을 **함부로** 하는 것 같아.
나 : 그러니까 회사 안에 친한 사람이 별로 없잖아.

カ：あの人はあまりにもむやみに話をするようだ。
ナ：だから会社の中に親しい人があまりいないじゃない。

関 함부로 말하다 むやみな物言いをする　함부로 행동하다 むやみな行動をする　함부로 대하다 むやみな接し方をする

희망

名 [히망]

希望　漢 希望

가 : 면접을 10번이나 봤는데 또 떨어졌어요.
나 : 포기하지 않으면 언젠가 취직할 수 있을 거예요. **희망**을 가지세요.

カ：面接を10回も受けたのにまた落ちました。
ナ：諦めなければいつか就職できるはずです。希望を持ってください。

-을/를 희망하다
-기를 희망하다

動 희망하다 希望する

関 희망이 있다/없다 希望がある／ない　희망이 보이다 希望が見える　희망을 가지다 希望を持つ

参 희망적 希望的　희망사항 希望事項　장래 희망 将来の希望

Let's Check

解答 ▶ P.505

1 다음 중 바르게 연결된 것이 아닌 것을 고르십시오.

① 소원 – 빌다　② 용기 – 내다

③ 최선 – 바치다　④ 버릇 – 고치다

밑줄 친 부분과 바꾸어 쓸 수 있는 단어를 <보기>에서 찾아 쓰십시오.

보기

반드시　괜히　겨우

2 어제 배가 아파서 새벽에 아주 힘들게 잠이 들었다. (　　　　)

3 나는 그 일과 상관없으니까 특별한 이유없이 나에게 화를 내지 마. (　　　　)

4 돈이 많다고 해서 꼭 행복한 것은 아니다. (　　　　)

(　　)에 들어갈 알맞은 단어를 고르십시오.

아내: 여보, (㉠) 오늘이 무슨 날인지 잊어버린 거 아니지?
오늘이 우리 결혼기념일이잖아.

남편: 미안해. 너무 바빠서 (㉡)했네! 제발 용서해 줘.

아내: 작년에도 똑같은 말을 했잖아. 이번엔 (㉢) 용서할 수 없어.

5 (㉠)에 들어갈 알맞은 단어를 고르십시오.

① 어쩌면　② 설마　③ 아마　④ 도대체

6 (㉡)에 들어갈 알맞은 단어를 고르십시오.

① 함부로　② 몰래　③ 억지로　④ 깜빡

7 (㉢)에 들어갈 알맞은 단어를 고르십시오.

① 절대로　② 일부러　③ 뜻밖에　④ 어차피

(　　)에 알맞은 단어를 <보기>에서 찾아서 바꿔 쓰십시오.

보기

정직하다　원하다　집중하다

8 수업 시간에 다른 생각하지 마세요. (　　　　)–아/어/해서 공부하세요.

9 아버지께서는 거짓말을 하지 말고 (　　　　)–게 살라고 말씀하셨다.

10 사람은 누구나 건강하고 행복하게 살기를 (　　　　)–(스)ㅂ니다.

MEMO

2章

行動

행동

01 | 手／足に関わる動作 손/발 관련 동작

))) TRACK 09

가리키다

動

指す

가 : 네가 **가리키**는 사람이 정확히 누구야?
나 : 가장 오른쪽에 있는 남자야.

カ：君が指している人は、正確には誰だ？
ナ：一番右側にいる男よ。

−을/를 가리키다

가져다주다

動 [가저다주다]

持って来てあげる／くれる

가 : 미나야, 아빠 책상 위에 있는 신문 좀 **가져다줄**래?
나 : 네, 아빠! 잠깐만 기다리세요.

カ：ミナ、パパの机の上にある新聞を持ってきてくれるかい？
ナ：はい、パパ！ ちょっと待っててください。

−을/를 가져다주다
−을/를 −에게 가져다주다

普通、会話では가져다주다より갖다주다とよく言います。

감다 01

動 [감따]

(髪を)洗う

가 : 파마를 했으니까 오늘은 머리를 **감**지 마세요.
나 : 네, 내일은 **감**아도 되지요?

カ：パーマをかけたから今日は髪を洗わないでください。
ナ：はい、明日は洗ってもいいですよね？

−을/를 감다

使 감기다 (他の人の髪を) 洗う ▶ P.145

머리를 씻어요と言いません。머리를 감아요(髪を洗います)と言います。

감추다

動

隠す

가 : 형, 장난 좀 치지 마. 내 신발 어디에 **감췄**어?
나 : 어디 **감췄**는지 찾아봐.

カ：兄さん、いたずらはやめてよ。僕の靴をどこに隠したんだ？
ナ：どこに隠したか、見つけてみろ。

–을/를 감추다
–을/를 –에 감추다
–을/를 –(으)로 감추다

類 숨기다 隠す

갖다

動 [갇따]

持つ、持参する

여러분, 내일 비가 올지 모르니까 우산을 **갖**고 오세요.

皆さん、明日雨が降るかもしれないので、傘を持ってきてください。

–을/를 갖다

本 가지다 持つ

参 갖고 오다 持ってくる　갖고 가다 持っていく　갖고 다니다 持ち歩く

걸음

名 [거름]

歩き、歩み

가 : 야! 같이 가. 왜 이렇게 **걸음**이 빨라?
나 : 알았어. 빨리 와.

カ：おい！ 一緒に行こう。どうしてそんなに歩くのが速いんだ？
ナ：分かったよ。早く来い。

参 걸음걸이 足取り

긁다

動 [극따]

かく

가 : 너 왜 자꾸 **긁**어? **긁**지 마! **긁**으면 더 안 좋아져.
나 : 모기한테 물린 데가 가려워서 그래.

カ：どうしてしきりにかくんだ？ かくな！ かくともっと悪くなるぞ。
ナ：蚊に刺された所がかゆくてさ。

–을/를 긁다

깔다

動

ㄹ語幹

敷く

가 : 침대가 없는데 어디에서 자요?
나 : 바닥에 이불을 **깔**고 주무세요.

カ：ベッドがないのですが、どこで寝るんですか？
ナ：床に布団を敷いてお休みください。

–을/를 깔다

関 이불을 깔다 布団を敷く

나누다

動

① 分ける　② 割る（数学）

가 : 부장님, 회의 준비가 다 끝났습니다.
나 : 그럼 회의가 시작되면 이 자료를 좀 **나눠** 주세요.

カ：部長、会議の準備が全て終わりました。
ナ：それでは、会議が始まったらこの資料を配ってください。

6을 3으로 **나누**면 2다.

6を3で割ると2だ。

–을/를 나누다
–을/를 –(으)로 나누다

受 나뉘다 分かれる（分割、区分）▶P.134

参 더하다 加える、足す ▶P.189　빼다 ① 抜く、除外する ② 抜き取る ▶P.190
곱하다 掛ける

내놓다

動［내노타］

外へ出す、手放す

그 회사는 집이 없는 사람들을 위해서 사회에 10억을 **내놓**았다.

あの会社は家がない人のために社会に10億を出した。

–을/를 –에/에게 내놓다

関 신분증을 내놓다 身分証を出す　돈을 내놓다 金を出す　의견을 내놓다 意見を出す

내놓다は내놓아요、내놓으니까と活用します。

내밀다

動

ㄹ語幹

☐ . .

☐ . .

☐ . .

差し出す

가 : 어제 콘서트 어땠어?

나 : 정말 좋았어. 내가 손을 **내밀**었는데 그 가수가 잡아 줬거든.

カ：昨日のコンサート、どうだった？

ナ：本当に良かった。私が手を差し出したんだけど、その歌手が握ってくれたの。

-을/를 내밀다

당기다

動

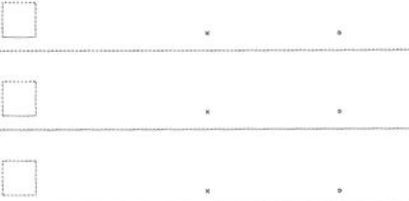

① 引く、引っ張る　② (時間を) 繰り上げる

의자를 **당겨**서 좀 더 가까이 앉으세요.

椅子を引いてもう少し近くに座ってください。

가 : 앤디 씨, 미안한데 오늘 저녁 약속 시간을 좀 **당겨**도 돼요? 저녁에 집에 좀 일찍 들어가야 해서요.

나 : 아, 그래요? 그럼 몇 시에 만날까요?

カ：アンディーさん、悪いんだけど、今日の夕方の約束の時間を少し繰り上げてもいいですか？　夕方に家にちょっと早く帰らなくてはいけなくて。

ナ：あ、そうですか？　それでは、何時に会いましょうか？

-을/를 당기다

対 ① 밀다 押す、押して移動させる ▶ P.104　② 미루다 延ばす、延期する ▶ P.329

닿다

動 [다타]

☐ . .

☐ . .

☐ . .

届く

이 약은 아이의 손이 **닿**지 않는 곳에 두십시오.

この薬は子どもの手が届かない所に置いてください。

-이/가 닿다

-에/에게 닿다

関 손이 닿다 手が届く

닿다は닿아요、닿으니까と活用します。

던지다

動

□ . .
□ . .
□ . .

投げる

가 : 아저씨, 야구공 좀 이쪽으로 **던져** 주세요.
나 : 그래. 잘 받아라.

カ：おじさん、ボールをちょっとこっちに投げてください。
ナ：ああ。しっかり取れよ。

–을/를 던지다
–에/에게 –을/를 던지다
–(으)로 –을/를 던지다

돌려주다

動

□ . .
□ . .
□ . .

返す

그 소설책 금방 읽고 **돌려줄** 테니까 좀 빌려 줘.

その小説、すぐに読んで返すから、ちょっと貸して。

–을/를 돌려주다
–에게 –을/를 돌려주다

参 돌려받다 返してもらう

두드리다

動

□ . .
□ . .
□ . .

たたく

가 : 안에 사람이 없나 봐요. 불이 꺼져 있어요.
나 : 그래요? 문을 한번 **두드려** 보세요.

カ：中に人はいないようです。明かりが消えています。
ナ：そうですか？ ドアを一度たたいてみてください。

–을/를 두드리다

따르다 02

動

□ . .
□ . .
□ . .

（容器を傾けて液体を）注ぐ

가 : 물 마실 거야? **따라** 줄까?
나 : 응, 조금만 줘!

カ：水飲むの？ 注いであげようか？
ナ：うん、少しだけちょうだい！

–에 –을/를 따르다

따르다は따라요、따르니까と活用します。

때리다

動

□ . .
□ . .
□ . .

殴る、ぶつ

가 : 엄마, 형이 나를 자꾸 **때려**.
나 : 준석이 너 자꾸 동생 **때리**면 엄마한테 혼난다.

カ：ママ、兄さんがしきりに僕を殴るんだ。
ナ：チュンソク、あなたしきりに弟を殴ったらママが怒るわよ。

–을/를 때리다

떨어뜨리다

動［떠러뜨리다］

□ . .
□ . .
□ . .

落とす

가 : 교통카드가 어디 갔지?
나 : 어디에 **떨어뜨린** 거 아니에요? 잘 찾아보세요.

カ：交通ICカード、どこ行った？
ナ：どこかに落としたんじゃないですか？　よく探してみてください。

–을/를 떨어뜨리다
–을/를 –에 떨어뜨리다

떨어뜨리다と떨어트리다は同じ意味です。

떼다

動

□ . .
□ . .
□ . .

取る、剥がす

이 메모지는 몇 번이나 붙였다가 **뗄** 수 있습니다.

このメモ用紙は何度も付けて剥がすことができます。

–을/를 떼다

対 붙이다 貼る

막다

動 [막따]

□ . .
□ . .
□ . .

① (耳などを) ふさぐ　② (道などを) 遮る

공포 영화를 볼 때 귀를 **막**고 보면 덜 무섭다.

ホラー映画を見るとき、耳をふさいで見るとあまり怖くない。

가 : 왜 이렇게 늦었어?

나 : 사고 난 자동차가 길을 **막**고 있어서 빨리 올 수 없었어.

カ：どうしてこんなに遅れたんだ？

ナ：事故を起こした自動車が道をふさいでいて、早く来られなかったんだ。

-을/를 막다

受 막히다 詰まる、(道が) 渋滞する ▶ P.136

関 귀를 막다 耳をふさぐ　코를 막다 鼻をふさぐ　입을 막다 口をふさぐ

길을 막다 道を遮る

묶다

動 [묵따]

□ . .
□ . .
□ . .

束ねる

가 : 너무 덥다!

나 : 머리를 **묶**으면 좀 시원해질 거야.

カ：すごく暑い！

ナ：髪を束ねると少し涼しくなるよ。

-을/를 묶다

-을/를 -(으)로 묶다

-을/를 -에 묶다

対 풀다 解く　受 묶이다 結ばれる、つながれる、縛られる ▶ P.137

밀다

動

ㄹ語幹

□ . .
□ . .
□ . .

押す、押して移動させる

가 : 이 문이 왜 안 열리지?

나 : 당기지 말고 **미**세요.

カ：このドアはどうして開かないんだ？

ナ：引かないで押してください。

-을/를 밀다

対 당기다 ①引く、引っ張る ② (時間を) 繰り上げる ▶ P.101 受 밀리다 押される、押しやられる ▶ P.137

밟다

動 [밥따]

□ . .
□ . .
□ . .

踏む

앗! 나 어떡해? 껌 **밟**았어.

あっ！ どうしよう？ ガム踏んだ。

–을/를 밟다

受 밟히다 踏まれる ▶ P.137

버리다

動

□ . .
□ . .
□ . .

捨てる

가 : 쓰레기는 어떻게 **버려**야 돼요?
나 : 종류별로 나눠서 **버리**세요.

カ：ごみはどのように捨てなければなりませんか？
ナ：種類別に分けて捨ててください。

–을/를 버리다

対 줍다 拾う　参 버려지다 捨てられる

비비다

動

□ . .
□ . .
□ . .

① (目を)こする
② (ご飯などを、さじなどで)混ぜる

가 : 눈이 너무 가려워.
나 : 자꾸 **비비**지 말고 약을 넣어.

カ：目がとてもかゆいです。
ナ：しきりにこすらないで目薬を差して。

가 : 비빔밥은 왜 비빔밥이라고 불러요?
나 : 밥과 여러 가지 채소를 **비벼**서 먹기 때문이에요.

カ：ビビンバはどうしてビビンバと呼ぶのですか？
ナ：ご飯といろいろな野菜を混ぜて食べるからです。

–을/를 비비다

빗다

動 [빋따]

□ . .
□ . .
□ . .

(髪を)とかす

가 : 머리를 **빗**고 싶은데 빗이 어디에 있지요?
나 : 저기 거울 앞에 있어요.

カ:髪をとかしたいけど、くしはどこにあるんでしょうか?
ナ:あそこの鏡の前にあります。

–을/를 빗다

参 머리빗 くし

✔ 빗다は빗어요、빗으니까と活用します。

빠뜨리다

動

□ . .
□ . .
□ . .

① (水中や深みに)落とす
② (不注意で)なくす

수영을 하다가 안경을 **빠뜨렸**다.

水泳をしていて眼鏡を落とした。

가 : 자, 이제 출발하자.
나 : 잠깐만. 뭐 **빠뜨린** 거 없는지 다시 한 번 확인해 볼게.

カ:さあ、もう出発しよう。
ナ:ちょっと待って。何かなくした物がないかもう一度確認してみる。

–을/를 빠뜨리다
–에 –을/를 빠뜨리다
–에서 –을/를 빠뜨리다

✔ 빠뜨리다と빠트리다は同じ意味です。

빨다

動

ㄹ語幹

□ . .
□ . .
□ . .

洗濯する

가 : 세탁기에 속옷도 넣어도 돼요?
나 : 안 돼요. 속옷은 세탁기에 넣지 말고 손으로 **빠**세요.

カ:洗濯機に下着も入れていいですか?
ナ:駄目です。下着は洗濯機に入れずに手で洗ってください。

–을/를 빨다

参 빨래 洗濯

✔ 옷을 빨래해요と言いません。옷을 빨아요(服を洗います)と言わなければいけません。

빼앗다

動 [빼앋따]

□ . .

□ . .

□ . .

奪う

어렸을 때 동생의 과자를 자주 빼앗아 먹었다.

小さいころ、弟（妹）のお菓子をよく横取りして食べた。

가 : 바쁘신데 시간을 **빼앗**아서 죄송합니다.
나 : 별말씀을요. 당연히 도와 드려야죠.

カ：お忙しいのに時間を取って申し訳ありません。
ナ：何をおっしゃいます。当然手伝いませんと。

–을/를 빼앗다
–에서/에게서 –을/를 빼앗다

受 빼앗기다 奪われる ▸P.139　略 뺏다 奪う

✎ 빼앗다は빼앗아요、빼앗으니까と活用します。

뿌리다

動

□ . .

□ . .

□ . .

まく

가 : 아, 바퀴벌레다! 어떡해?
나 : 빨리 약을 **뿌려**.

カ：あ、ゴキブリだ！ どうしよう？
ナ：早く殺虫剤をまいて。

–을/를 뿌리다

関 모기약을 뿌리다 殺虫剤をまく　향수를 뿌리다 香水をつける

세다 01

動

□ . .

□ . .

□ . .

数える

사과 몇 개 남았어? 한번 세어 봐.

リンゴ何個残ってる？ 一度数えて。

–을/를 세다

손대다

動

□ . .
□ . .
□ . .

触る、手を付ける

위험하니까 **손대**지 마시오.

危ないから触らないでください。

–에/에게 손대다

싣다

動 [싣따]

ㄷ変則

□ . .
□ . .
□ . .

(乗り物などに)載せる

가 : 이걸 어디에 **실**을까요?
나 : 차 뒷자리에 **실**어 주세요.

カ：これ、どこに載せましょうか？
ナ：車の後部座席に載せてください。

–에 –을/를 싣다

심다

動 [심따]

□ . .
□ . .
□ . .

植える

한국에서 4월 5일은 나무를 **심**는 날입니다.

韓国で4月5日は木を植える日です。

–을/를 심다
–에 –을/를 심다

関 나무를 심다 木を植える　꽃을 심다 花を植える

싸다 01

動

□ . .
□ . .
□ . .

包む、包装する

가 : 저기요, 이 만두 좀 **싸** 주세요.
나 : 네, 알겠습니다. 손님!

カ：すみません、このギョーザ、包装してください。
ナ：はい、分かりました。お客さま！

–을/를 싸다
–을/를 –에 싸다

쏟다

動 [쏟따]

こぼす

가 : 옷이 왜 그래?
나 : 아까 주스 마시다가 **쏟**았어.

カ：服、どうしたの？
ナ：さっきジュースを飲んでいてこぼしたの。

–을/를 쏟다
–에/에게 –을/를 쏟다

受 쏟아지다 こぼれる ▸P.139 関 물을 쏟다 水をこぼす

✔ 쏟다は쏟아요、쏟으니까と活用します。

악수

名 [악쑤]

握手　漢 握手

처음 만난 두 사람은 반갑게 **악수**했다.

初めて会った二人はうれしそうに握手した。

–와/과 악수를 하다

動 악수하다 握手する

올려놓다

動 [올려노타]

(台などの上に)載せる

가 : 이 꽃을 어디에 놓을까요?
나 : 탁자 위에 **올려놓**으세요.

カ：この花をどこに置きましょうか？
ナ：テーブルの上に置いてください。

–을/를 올려놓다
–을/를 –에 올려놓다

対 내려놓다 下ろす

✔ 올려놓다は올려놓아요、올려놓으니까と活用します。

접다

動 [접따]

(紙を)折る

어렸을 때 종이를 **접**어서 비행기와 배를 만들었다.

幼いころ、紙を折って飛行機や船を作った。

–을/를 접다

✔ 접다は접어요、접으니까と活用します。

제시

名

提示　漢 提示

모자를 벗으시고 여권을 제시해 주십시오.

帽子をお脱ぎになり、パスポートを提示してください。

−을/를 제시하다
−에/에게 −을/를 제시하다
−에/에게 제시되다

動 제시하다 提示する　제시되다 提示される

주고받다

動 [주고받따]

交わす、やりとりする

가 : 졸업한 지 오래됐는데 아직도 그 친구랑 연락하고 있어?
나 : 그럼! 가끔 메일로 연락을 **주고받**고 있어.

カ：卒業してかなりたったけど、いまだにその友達と連絡してるの？
ナ：もちろん！ 時々メールで連絡を交わしてるよ。

−을/를 주고받다

関 연락을 주고받다 連絡を交わす　편지를 주고받다 手紙をやりとりする

✓ 주고받다は주고받아요、주고받으니까と活用します。

차다 01

動

蹴る

형, 죄송한데 그 축구공 좀 이리로 **차** 주세요.

兄さん、申し訳ないけど、そのサッカーボールをこっちに蹴ってください。

−을/를 차다
−을/를 발로 차다

흔들다

動

ㄹ語幹

振る

나는 친구와 헤어지는 것이 아쉬워서 친구가 보이지 않을 때까지 손을 **흔들**었다.

私は友達と別れるのが惜しくて、友達が見えなくなるまで手を振った。

−을/를 흔들다

関 손을 흔들다 手を振る　꼬리를 흔들다 しっぽを振る

Let's Check

解答 ▶ P.506

다음 그림에 알맞은 동사를 <보기>에서 찾아 쓰십시오.

보기		
감다	뿌리다	밟다

1 (　　　　　)　2 (　　　　　)　3 (　　　　　)

다음 중 관계가 다른 것은 무엇입니까?

4 ① 닳다 – 긁다　② 묶다 – 풀다
③ 당기다 – 밀다　④ 버리다 – 줍다

다음 글을 읽고 질문에 답하십시오.

> 오늘은 이사를 하느라고 정말 힘들었다. 9시까지 오기로 한 이삿짐센터 아저씨가 30분이나 늦게 온 데다가 트럭에 이삿짐을 ㉠옮기는 동안 많은 일이 있었기 때문이다. 책을 넣어 놓은 상자들은 찢어졌고 내가 아끼던 시계는 옮기다가 ㉡＿＿＿＿ 깨졌다. 게다가 잠시 쉬면서 물을 마시는 중에 아저씨와 부딪혀 물을 ㉢＿＿＿＿–는 바람에 옷이 다 젖고 말았다. 정말 운이 없는 하루였다.

5 ㉠과 바꿔 쓸 수 있는 것을 고르십시오.
① 까는　② 신는　③ 빗는　④ 접는

6 ㉡과 ㉢에 들어갈 알맞은 것을 고르십시오.
① ㉡ 떨어뜨려서　㉢ 쏟는　② ㉡ 떨어뜨려서　㉢ 비추는
③ ㉡ 빼앗아서　㉢ 쏟는　④ ㉡ 빼앗아서　㉢ 비추는

02 | 目／鼻／口に関わる動作 눈/코/입 관련 동작))) TRACK 10

감다 02

動 [감따]

(目を)閉じる

가 : 선물 줄 거 있는데 눈 좀 **감**아 봐.
나 : 그래? 무슨 선물인지 기대되는데?

カ：プレゼントがあるんだけど、ちょっと目を閉じて。
ナ：そう？ どんなプレゼントか楽しみだな。

–을/를 감다

対 뜨다 (目を) 開く ▶ P.113

돌아보다

動 [도라보다]

振り向く

가 : 왜 갑자기 뒤를 **돌아봐**?
나 : 방금 누가 나를 부르지 않았어?

カ：どうして急に振り向いたんだ？
ナ：今さっき、誰かが私を呼ばなかった？

–을/를 돌아보다

들여다보다

動 [드려다보다]

のぞき込む

가 : 뭐 먹을 거야? 왜 그렇게 메뉴판만 **들여다보**고 있어?
나 : 먹고 싶은 게 별로 없어서.

カ：何を食べるつもり？　どうしてそんなにメニューをのぞき込んでるの？
ナ：食べたいのが特になくて。

–을/를 들여다보다

뜨다 01

動

으語幹

(目を) 開く

가 : 아직도 안 일어났어? 빨리 일어나.
나 : 너무 피곤해서 눈을 **뜰** 수가 없어.

カ : まだ起きてないの？ 早く起きなさい。
ナ : とても疲れてて目を開けられない。

–을/를 뜨다

対 감다 (目を) 閉じる ▸ P.112

맡다 01

動 [맏따]

(においを) かぐ

가 : 이 우유 냄새 좀 **맡**아 봐. 좀 이상해.
나 : 그렇네! 상한 것 같아.

カ : この牛乳、においをちょっとかいでみて。ちょっとおかしい。
ナ : そうね！ 腐っているみたい。

–을/를 맡다

물다

動

ㄹ語幹

かむ、(口に) くわえる

가 : 아기가 자꾸 손가락을 **물**어요.
나 : 이가 나려나 봐요.

カ : 赤ちゃんがしきりに指をくわえます。
ナ : 歯が生えてくるようです。

–을/를 물다

受 물리다 かまれる、(虫に)刺される ▸ P.137

미소

名

ほほ笑み、笑顔 漢 微笑

승무원들은 항상 밝은 **미소**로 승객들을 대한다.

乗務員たちはいつも明るい笑顔で乗客に対応する。

–에/에게 미소를 짓다

関 미소를 짓다 笑顔を浮かべる

바라보다

動

眺める

나는 답답할 때 한강을 **바라보**고 있으면 마음이 편해진다.

私はもどかしいとき、漢江を眺めていると心が落ち着く。

–을/를 바라보다

関 멍하게 바라보다 ぼんやりと眺める

뱉다

動 [밷따]

(口の中のものを)吐き捨てる

맛없어? 맛없으면 억지로 먹지 말고 **뱉**어.

まずい？　まずいなら無理に食べずに吐き出して。

–을/를 뱉다

関 껌을 뱉다 ガムを吐き出す　침을 뱉다 唾を吐く

벌리다

動

(口を)開ける、(腕や脚を)広げる

가 : 오른쪽 이가 아파요.

나 : 한번 볼게요. 입을 크게 **벌리**세요.

カ:右の歯が痛いです。

ナ:見てみますね。口を大きく開けてください。

–을/를 벌리다

関 입을 벌리다 口を開ける　팔을 벌리다 腕を広げる　다리를 벌리다 脚を広げる

살펴보다

動

調べる

가 : 지갑이 어디 있지?

나 : 가방 안을 잘 **살펴봐**.

カ:財布どこにあるんだろう？

ナ:かばんの中をちゃんと調べて。

–을/를 살펴보다

씹다

動 [씹따]

かみ砕く、かむ

가 : 껌 하나 줄까?
나 : 아니, 이제 곧 수업이 시작돼서 껌 **씹**기가 좀 그래.

カ：ガムを一つあげようか？
ナ：いや、もうすぐ授業が始まるからガムをかむのはちょっと。

–을/를 씹다

씹다は씹어요、씹으니까と活用します。

울음

名 [우름]

泣くこと

아이들이 울 때 사탕을 주면 **울음**을 멈추게 할 수 있다.

子どもたちが泣くとき、あめをあげると泣きやませることができる。

対 웃음 笑い ▶ P.115

関 울음을 멈추다 泣くのをやめる　울음을 그치다 泣きやむ　울음을 터뜨리다 わっと大泣きする

웃음

名 [우슴]

笑い

가 : 무슨 생각 하는데 혼자 웃고 있어?
나 : 지난번 실수만 생각하면 자꾸 **웃음**이 나와.

カ：何を考えて独りで笑っているの？
ナ：この前の失敗を考えると、しきりに笑ってしまうの。

対 울음 泣くこと ▶ P.115

関 웃음이 나오다 笑いが出る　웃음을 멈추다 笑うのをやめる　웃음을 그치다 笑いやむ

지르다

動

르変則

(大声を)出す

가 : 야, 괜찮아? 너 왜 자다가 소리를 **질러**?
나 : 아, 나쁜 꿈을 꿨어.

カ：おい、大丈夫か？　どうして寝ながら叫ぶんだ？
ナ：ああ、悪い夢を見た。

–을/를 지르다

関 소리를 지르다 大声を出す

찾아보다

動 [차자보다]

探す

가 : 시계가 어디 있지? 여러 번 찾았는데 안 보여.
나 : 내가 아까 컴퓨터 앞에 있는 걸 봤어. 잘 **찾아봐**.

カ：時計はどこにあったっけ？ 何回も探したけど見当たらないんだ。
ナ：さっきコンピューターの前にあるのを見たよ。よく探してみて。

–을/를 찾아보다

하품

名

あくび

가 : 많이 피곤한가 봐. 계속 **하품**을 하네!
나 : 어젯밤에 잠을 거의 못 잤거든.

カ：すごく疲れているようだね。ずっとあくびしているね！
ナ：昨晩、ほとんど眠れなかったの。

動 하품하다 あくびする

関 하품이 나오다 あくびが出る　하품을 참다 あくびを我慢する

한숨 01

名

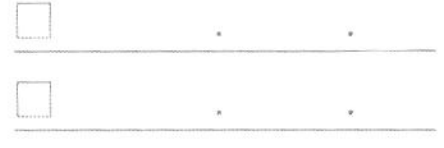

ため息

가 : 무슨 걱정 있어? 왜 **한숨**을 쉬어?
나 : 할 일은 많은데 시간은 없고……. 정말 죽겠어.

カ：何か心配あるの？ どうしてため息をつくの？
ナ：やる事は多いのに時間はなくて……。本当に死にそう。

関 한숨을 쉬다 ため息をつく　参 한숨 소리 ため息の音

03 | 体に関わる動作 몸 관련 동작

)) TRACK 11

공격

名

□ . .
□ . .
□ . .

攻撃 漢 攻撃

동물원에는 가끔 사람을 **공격**하는 동물도 있기 때문에 조심해야 한다.

動物園には時々人を攻撃する動物もいるので、気を付けなければならない。

–을/를 공격하다

動 공격하다 攻撃する

関 공격을 당하다 攻撃される　공격을 받다 攻撃を受ける

参 공격적 攻撃的

기울이다

動 [기우리다]

□ . .
□ . .
□ . .

① (体を) 傾ける　② (関心を) 向ける

몸을 앞으로 더 **기울여** 보세요.

体を前にもっと傾けてみてください。

여러분, 우리 모두 어려운 이웃에게 관심을 **기울입**시다.

皆さん、私たち全員、生活が厳しい隣人に関心を向けましょう。

–을/를 기울이다
–에/에게 –을/를 기울이다

関 관심을 기울이다 関心を寄せる　정성을 기울이다 真心を傾ける

끄덕이다

動 [끄더기다]

□ . .
□ . .
□ . .

うなずく

여러분, 알겠어요? 고개만 **끄덕이**지 말고 대답을 하세요.

皆さん、分かりますか？ うなずくだけじゃなく返事をしてください。

–을/를 끄덕이다

동작

名

動作　漢 動作

가 : 이번에도 그 농구팀이 일등을 했대요.
나 : 그 팀에는 키가 크고 **동작**이 빠른 선수가 많잖아요.

カ：今回もあのバスケットボールチームが1位になったそうです。
ナ：あのチームには背が高くて動作が速い選手が多いじゃないですか。

関 동작이 느리다/빠르다 動作がのろい／速い

부딪치다

動 [부딛치다]

ぶつかる

가 : 아야!
나 : 왜 그래? 또 **부딪쳤**어? 조심 좀 해.

カ：痛い！
ナ：どうしたの？ またぶつかった？
　ちょっと気を付けなさい。

–와/과 부딪치다
–에/에게 부딪치다

숨다

動 [숨따]

隠れる

'숨바꼭질'은 한 아이가 **숨**어 있는 아이들을 찾는 놀이이다.

「かくれんぼ」は、一人の子どもが隠れている子どもたちを探す遊びだ。

–에 숨다
–(으)로 숨다

使 숨기다 隠す

싸다 02

動

(便を)出す

여보, 애가 똥 **쌌**나 봐. 냄새 나는데…….

おい、子どもがうんちしたみたいだ。臭うんだけど……。

–을/를 싸다
–을/를 –에 싸다

関 오줌을 싸다 おしっこをする　똥을 싸다 うんちをする

✔ 오줌을 싸다、똥을 싸다を、上品に表現するときは볼일을 보다(用を足す)と言います。

안다

動 [안따]

□

□

□

抱く

가 : 아이가 너무 울어서 힘들어.
나 : 그럼 내가 **안**아서 재워 볼게.

カ:子どもがとても泣くのでつらいわ。
ナ:それじゃ、僕が抱いて寝かせてみるよ。

–을/를 안다

受 안기다 抱かれる ▶P.140 関 아기를 안다 赤ちゃんを抱く

움직이다

動 [움지기다]

□

□

□

動く

가 : 여기 누우면 돼요?
나 : 네, 지금부터 치료할 거니까 누워서 **움직이**지 마세요.

カ:ここに寝ればいいですか?
ナ:はい、今から治療するので、横になって動かないでください。

–이/가 움직이다
–을/를 움직이다

피하다

動

□

□

□

避ける 漢 避 --

야! 공 날아온다. **피해**!

おい! ボールが飛んでくるぞ。よけろ!

–을/를 피하다
–(으)로 –을/를 피하다

関 비를 피하다 雨を避ける 책임을 피하다 責任を避ける

행동

名

□

□

□

行動 漢 行動

지하철에서 큰 소리로 음악을 듣는 것은 남에게 피해를 주는 **행동**이다.

地下鉄で大音量で音楽を聴くのは、他人に迷惑な行動だ。

動 행동하다 行動する

Let's Check

解答 ▶ P.506

다음 그림에 알맞은 동사를 <보기>에서 찾아 쓰십시오.

보기

안다　　부딪치다　　맡다

1 (　　　　)　2 (　　　　)　3 (　　　　)

관계 있는 것끼리 연결하십시오.

4 눈을 ・　　・ ① 끄덕이다
5 고개를 ・　　・ ② 뜨다
6 미소를 ・　　・ ③ 지르다
7 소리를 ・　　・ ④ 짓다

(　　)에 알맞은 단어를 <보기>에서 찾아서 바꿔 쓰십시오.

보기

웃음　하품　씹다　찾아보다　바라보다

8 음식을 천천히, 오래 (　　　　)-아/어/해 먹어야 살이 찌지 않는다고 한다.

9 오랜 시간 책을 본 후에 눈이 피곤할 때는 산이나 나무를 (　　　　)-(으)면 좋다.

10 친구의 이야기가 정말 웃겨서 (　　　　)을/를 참을 수 없었다.

11 영화가 너무 재미없어서 영화를 보는 동안 계속 (　　　　)이/가 나왔다.

12 발표 준비를 하기 위해 도서관에서 자료를 (　　　　)-(으)려고 한다.

04 移動 이동

TRACK 12

날아가다 01

動 [나라가다]

飛んでいく

기러기는 날씨가 추워지면 따뜻한 남쪽으로 **날아간**다.

ガンは寒くなると暖かい南の方へ飛んでいく。

–에/에게 날아가다
–(으)로 날아가다

対 날아오다 飛んでくる

다가가다

動

近寄る

고양이에게 우유를 주려고 **다가갔**는데 도망가 버렸다.

猫に牛乳をやろうと近寄ったのに逃げてしまった。

–에/에게 다가가다
–(으)로 다가가다

対 다가오다 ① (ある時点・時期が) 近くなる ② (ある対象の存在する場所に) 近寄る ▶ P.480

다녀가다

動

来て帰る、寄っていく

가 : 언니, 제 친구 준이치 여기 왔었어요?
나 : 응, 아까 **다녀갔**는데…….

カ：お姉さん、私の友達のジュンイチ、ここに来てましたか？
ナ：うん、さっき来て帰ったけど……。

–에 다녀가다
–을/를 다녀가다

対 다녀오다 行ってくる

데려가다

動

連れていく

가 : 어린이날에 뭐 할 거야?
나 : 아빠가 놀이공원에 **데려가** 준다고 하셨어.

カ：こどもの日（5月5日）に何するんだ？
ナ：パパが遊園地に連れていってくれるとおっしゃったよ。

-을/를 -에/에게 데려가다
-을/를 -(으)로 데려가다

対 데려오다 連れてくる

돌아다니다

動 [도라다니다]

歩き回る、（あちこち）回る

가 : 피곤해 보여요.
나 : 네, 여기저기 구경하느라고 **돌아다녔**더니 좀 피곤하네요.

カ：疲れているように見えます。
ナ：はい、あちこち見ようと歩き回ったら、少し疲れましたね。

-을/를 돌아다니다
-(으)로 돌아다니다

들르다

動
으語幹

寄る、立ち寄る

가 : 이 빵집에 자주 와요?
나 : 네, 좋아하는 곳이라서 퇴근 길에 자주 **들러**요.

カ：このパン屋によく来ますか？
ナ：はい、好きな場所なので、会社帰りによく寄ります。

-에 들르다
-을/를 들르다

따라가다

動

ついていく

가 : 주말에 친구들이랑 설악산에 갈 건데 같이 갈래?
나 : 정말? 내가 **따라가**도 돼?

カ：週末に友達と雪岳山に行く予定だけど、一緒に行く？
ナ：本当？ 私がついていっていいの？

-을/를 따라가다

対 따라오다 ついてくる

마중

名

出迎え

가 : 공항에서 친구 집까지 혼자 갈 수 있어요?
나 : 친구가 공항으로 **마중** 나오기로 했어요.

カ:空港から友達の家まで独りで行けますか?
ナ:友達が空港まで迎えに来ることにしました。

–을/를 마중하다
–(으)로 마중을 나가다

動 마중하다 出迎える 対 배웅 見送り

関 마중을 나가다 迎えに行く 마중을 나오다 迎えに来る

비키다

動

退く

죄송하지만, 길 좀 **비켜** 주시겠어요?

申し訳ありませんが、道をちょっとあけてもらえますか?

–(으)로 비키다
–을/를 비키다

이동

名

移動 漢 移動

경복궁 구경은 즐거우셨습니까? 다음은 식당으로 **이동**해서 점심 식사를 하겠습니다.

景福宮の見学は楽しかったでしょうか? 次は食堂に移動して昼食に致します。

–을/를 –(으)로 이동하다
–(으)로 이동되다

動 이동하다 移動する 이동되다 移動される 参 장소 이동 場所の移動

쫓다

動 [쫃따]

追う、追い掛ける

경찰이 한 달 넘게 그 범인을 **쫓**았지만 잡지 못했다.

警察が1カ月以上その犯人を追ったが、捕まえられなかった。

–을/를 쫓다

受 쫓기다 追い掛けられる ▶ P.143

찾아가다

動 [차자가다]

① 訪れる

② (なくしていたものや、貸していたものを)受け取って帰る

가 : 선생님하고 이야기했어요?
나 : 사무실에 **찾아갔**는데 안 계셔서 그냥 왔어요.

カ:先生と話しましたか?
ナ:事務室を訪ねましたがいらっしゃらなかったので、そのまま帰ってきました。

지하철에서 잃어버린 물건을 **찾아가**지 않는 사람들이 많다.

地下鉄でなくした物を受け取りに来ない人が多い。

–에 찾아가다
–(으)로 찾아가다
–을/를 찾아가다
–에서/에게서 –을/를 찾아가다

対 찾아오다 やってくる

향하다

動

向かう　漢 向 --

아이들은 바다를 보자마자 바다를 **향해** 뛰어갔다.

子どもたちは海を見るや否や、海に向かって走っていった。

–을/를 향하다
–에게 향하다
–(으)로 향하다

향하다は～을/를 향해(～に向かって)、～을/를 향한(～に向かった)の形でよく使います。

헤매다

動

(道などに)迷う

가 : 왜 이렇게 늦게 왔어?
나 : 여기까지 오는 길을 잘 몰라서 **헤맸**어.

カ:どうしてこんなに遅れて来たんだ?
ナ:ここまで来る道がよく分からなくて迷ったの。

–에서 헤매다
–을/를 헤매다

関 길을 헤매다 道に迷う　거리를 헤매다 街をさまよう

05 | 準備／過程／結果 준비/과정/결과

)) TRACK 13

갖추다

動［갇추다］

備える、そろえる

가 : 대학교 입학 서류 준비는 잘 하고 있어요?
나 : 네, 그런데 **갖춰**야 하는 서류가 너무 많아요.

カ：大学の入学書類の準備はうまくいっていますか？
ナ：はい、ですが取りそろえなければならない書類がとても多いです。

–을/를 갖추다

関 서류를 갖추다 書類をそろえる　자격을 갖추다 資格を備える

결과

名

結果　漢 結果

가 : 연구 **결과**가 언제 나와요?
나 : 다음 주쯤 나올 거예요.

カ：研究結果はいつ出ますか？
ナ：来週ごろ出ると思います。

関 결과가 나오다 結果が出る　결과가 나타나다 結果が表れる

参 결과적 結果的　조사 결과 調査結果

극복

名［극뽁］

克服　漢 克服

회사의 어려움을 **극복**하기 위해 직원들 모두 힘을 모았다.

会社の困難を克服するため、職員たち皆が力を合わせた。

–을/를 극복하다
–이/가 극복되다

動 극복하다 克服する　극복되다 克服される

関 어려움을 극복하다 困難を克服する　장애를 극복하다 障害を克服する　위기를 극복하다 危機を克服する

단계

名 [단계]

□ . .
□ . .
□ . .

段階　漢 段階

여러분, 재료를 다 씻었습니까? 그럼 다음 **단계**로 넘어가겠습니다.

皆さん、材料を全て洗いましたか？ それでは次の段階に移ります。

参 시작 단계 始まった段階　마지막 단계 最後の段階　다음 단계 次の段階

마련

名

□ . .
□ . .
□ . .

工面、用意

가 : 방학 동안 뭐 했어요?
나 : 학비를 **마련**하기 위해 아르바이트를 했어요.

カ：学校が休みの間、何しましたか？
ナ：学費を用意するためにアルバイトをしました。

–을/를 마련하다
–이/가 –에 마련되다

動 마련하다 用意する　마련되다 用意される　類 준비하다 準備する

関 돈을 마련하다 お金を工面する　집을 마련하다 家を用意する　일자리를 마련하다 仕事を用意する

물건을 갖추다(物を取りそろえる)という意味のとき、마련하다は준비하다(準備する)と換えて使えます。ですが、시험 준비(試験の準備)、결혼식 준비(結婚式の準備)のように何かをするために準備することの場合は마련하다を使えません。

생일 선물을 마련하다. (○)
생일 선물을 준비하다. (○)
誕生日プレゼントを準備する。

결혼식을 준비하고 있어요. (○)
결혼식을 마련하고 있어요. (×)
結婚式を準備しています。

망치다

動

台無しにする

가 : 시험 잘 봤어?
나 : 아니, 열심히 준비했는데 **망친** 것 같아.

カ：試験、うまくいった？
ナ：いや、一生懸命準備したのに台無しにしたみたい。

–을/를 망치다

関 시험을 망치다 試験を台無しにする　공연을 망치다 公演を台無しにする

성공

名

成功　漢 成功

실패는 **성공**의 어머니다.

失敗は成功の母だ。

–에 성공하다

動 성공하다 成功する　対 실패 失敗 ▸P.128　関 성공을 빌다 成功を祈る

参 성공적인 成功した～、うまくいっている～　성공적으로 成功裏に

실천

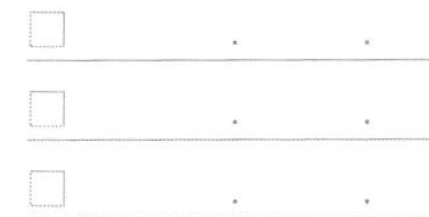

実践　漢 実践

가 : 다음 주부터 진짜 운동을 시작해야겠어.
나 : 너 지난달부터 그렇게 이야기했잖아. 말만 하지 말고 **실천** 좀 해.

カ：来週から本当に運動を始めなきゃ。
ナ：あなた、先月からそう言ってるじゃない。言うだけじゃなくて実践しなさい。

–을/를 실천하다
–이/가 실천되다

動 실천하다 実践する　실천되다 実践される　関 실천에 옮기다 実践に移す

실패

名

失敗　漢 失敗

가 : 어제 내가 가르쳐 준 방법으로 떡볶이 만들어 봤어?
나 : 응, 네가 가르쳐 준 대로 했는데 **실패**했어.

カ：昨日僕が教えてあげた方法でトッポギ作ってみた？
ナ：うん、あなたが教えてくれた通りにやったけど失敗した。

–이/가 실패하다
–에 실패하다

動 실패하다 失敗する　対 성공 成功 ▶ P.127

완성

名

完成　漢 完成

가 : 새 야구장은 언제쯤 **완성**돼요?
나 : 올해 말쯤 **완성**된다고 해요.

カ：新しい野球場はいつごろ完成しますか？
ナ：今年の末ごろ完成するそうです。

–을/를 완성하다
–이/가 완성되다

動 완성하다 完成させる　완성되다 完成する

이끌다

動

ㄹ語幹

導く

그 축구 팀에는 선수들을 **이끌** 감독이 필요하다.

あのサッカーチームには選手たちを導く監督が必要だ。

–을/를 이끌다

이루다

動

실現させる、成し遂げる

가 : 왜 갑자기 회사를 그만뒀어요?

나 : 요리사가 되고 싶은 꿈을 **이루**기 위해 유학을 가기로 했거든요.

カ：どうして急に会社をやめたんですか？

ナ：料理人になりたいという夢をかなえるために留学することに決めたんですよ。

–을/를 이루다

受 이루어지다 ①（より小さな単位から）成り立つ ②実現する ▶P.142

関 꿈을 이루다 夢を実現させる 소원을 이루다 願いを実現させる 사랑을 이루다 愛を成し遂げる

이르다 01

動

러変則

①（場所／時間に）至る ②（程度／範囲に）至る

운전 기사는 버스 정류장에 **이르**자 버스를 세우고 문을 열었다.

運転手はバス停に着くや、バスを止めてドアを開けた。

한국의 인구가 5천 만 명에 **이르렀**어요.

韓国の人口が5000万人に達しました。

–에 이르다

類 ① 도착하다 到着する ② 미치다 及ぼす ▶P.221

関 100명에 이르다 100人に及ぶ 10%에 이르다 10%に達する

잘못하다

動［잘모타다］

誤る、過つ

죄송합니다. 제가 말을 **잘못한** 것 같아요.

申し訳ありません。私が言い間違えたようです。

–을/를 잘못하다

関 일을 잘못하다 仕事を間違える 생각을 잘못하다 考えを間違える 계산을 잘못하다 計算を間違える

✎ よくないことが起きることもあると言うときは잘못하면（間違えたら）、잘못하다가는（間違えたら）の形で使います。

진행

名

進行　漢 進行

가 : 프로젝트는 잘 **진행**되고 있습니까?
나 : 네, 계획대로 잘 **진행**되고 있습니다.

カ：プロジェクトはちゃんと進んでいますか？
ナ：はい、計画通りちゃんと進んでいます。

–을/를 진행하다
–이/가 진행되다

動 진행하다 進行する　진행되다 進められる

챙기다

動

① (抜け落ちなく)取りそろえる
② (不便ないように)面倒を見る

가 : 여권과 비행기 표 **챙겼**니?
나 : 네, 빠짐없이 다 **챙겼**어요.

カ：パスポートと飛行機のチケット、持ったの？
ナ：はい、漏れなく全部持ちました。

어머니께서는 가족들의 생일을 **챙겨** 생일날 아침에 미역국을 끓여 주신다.

お母さんは家族の誕生日を気遣って、誕生日の朝にワカメスープを作ってくださる。

–을/를 챙기다

関 짐을 챙기다 荷物を用意する　세면도구를 챙기다 洗面道具をそろえる
생일을 챙기다 誕生日の面倒を見る

치르다

動

르変則

執り行う、経験する

가 : 저희 아이 돌잔치에 와 주셔서 감사합니다.
나 : 아니에요. 돌잔치 **치르**느라고 고생이 많으셨습니다.

カ：私どもの子どものトルジャンチ（満1歳の誕生日）にお越しくださり、ありがとうございます。
ナ：いいえ。トルジャンチをするのにご苦労なさったことでしょう。

–을/를 치르다

関 돌잔치를 치르다 トルジャンチを行う　결혼식을 치르다 結婚式を行う
장례식을 치르다 葬式を行う

✔ 치르다は大ごとや重要なことを行う場合に使います。

포기

名

□ . .

□ . .

□ . .

諦め、放棄 漢 抛棄

가 : 이번 시합은 이기기 어려울 것 같아. 지난번에 일등한 팀과 싸워야 하잖아.

나 : 그래도 **포기**하지 말고 한번 열심히 해 보자.

カ：今回の試合は勝つのは難しそうだ。前回1位になったチームと戦わなければならないじゃないか。

ナ：それでも諦めず、一度一生懸命やってみよう。

–을/를 포기하다
–이/가 포기되다

動 포기하다 諦める　포기되다 放棄される

Let's Check

解答 ▶ P.507

 다음 글을 읽고 질문에 답하십시오.

나는 시간이 날 때마다 펜과 종이를 ㉠준비해서 집 근처 공원에 가서 그림을 그린다. 오늘도 날씨가 좋아서 공원에서 그림을 그리고 있었는데 갑자기 소나기가 오기 시작했다. 멋진 그림을 ㉡_____ 싶었으나 비 때문에 그림을 다 ㉢_____ 되었다. 다시 그림을 그리기 위해서 비가 멈추기를 기다렸지만 시간이 지날수록 더 많이 와서 결국 포기하고 집으로 돌아왔다.

1 ㉠과 바꿔 쓸 수 있는 것을 고르십시오.

① 챙겨서　② 갖춰서　③ 이끌어서　④ 이르러서

2 ㉡과 ㉢에 들어갈 알맞은 것을 고르십시오.

① ㉡ 실천하고 ㉢ 망치게　② ㉡ 완성하고 ㉢ 진행하게

③ ㉡ 실천하고 ㉢ 진행하게　④ ㉡ 완성하고 ㉢ 망치게

 (　　)에 알맞은 단어를 <보기>에서 찾아서 바꿔 쓰십시오.

보기

들르다　헤매다　이루다　마련하다

3 그 영화에서 남녀 주인공은 사랑을 (　　　　　　)-기 위해서 모든 것을 버렸다.

4 처음에 한국에 왔을 때는 길을 잘 몰라서 자주 (　　　　　　)-았/었/했다.

5 참석해 주신 여러분, 감사합니다. 오늘 이 자리는 여러분을 위해 (　　　　　　) -았/었/했으니 즐거운 시간 보내시기 바랍니다.

6 내가 동생에게 집에 오는 길에 마트에 (　　　　　　)-아/어/해서 우유를 사 오라고 했다.

06 | 受身 피동

))) TRACK 14

걸리다 01

動

掛かる

저기 **걸려** 있는 옷 좀 보여 주세요.

あそこに掛かっている服をちょっと見せてください。

–이/가 –에 걸리다

本 걸다 掛ける

꺼지다

動

消える

가 : 오빠, 화장실 불이 갑자기 **꺼졌**어!
나 : 그래? 잠깐만. 내가 한번 볼게.

カ:お兄ちゃん、トイレの電気が急に消えた!
ナ:そう? ちょっと待って。僕がちょっと見るよ。

–이/가 꺼지다

対 켜지다 つく　本 끄다 消す

関 불이 꺼지다 火が消える　휴대폰이 꺼지다 携帯電話の電源が切れる

끊기다

動 [끈키다]

(連絡などが)切れる、途切れる

가 : 폴 씨 요즘 어떻게 지내는지 알아?
나 : 글쎄, 폴이 영국에 돌아간 후에 연락이 **끊겼**어.

カ:ポールさん、最近どう過ごしているか知ってる?
ナ:さあ、ポールがイギリスに帰ってから連絡が途切れた。

–이/가 끊기다

本 끊다 切る

関 전화가 끊기다 電話が切れる　연락이 끊기다 連絡が途切れる

끊어지다

動 [끄너지다]

(連絡などが) 切れる、途絶える

가 : 너 왜 갑자기 전화를 끊어?
나 : 미안해. 끊은 게 아니고 **끊어진** 거야.

カ：おまえ、どうして急に電話を切るんだ？
ナ：ごめん。切ったんじゃなく切れたんだ。

–이/가 끊어지다

本 끊다 切る

関 전화가 끊어지다 電話が切れる　연락이 끊어지다 連絡が途切れる

끊어지다は끊기다と同じ意味です。

끌리다

動

引かれる

가 : 잘생긴 남자를 별로 안 좋아하나 봐요.
나 : 네, 저는 잘생긴 남자보다는 마음이 따뜻한 남자한테 더 **끌려요**.

カ：かっこいい男性はあまり好きじゃないようですね。
ナ：はい、私はかっこいい男性よりは心が温かい男性により引かれます。

–이/가 –에/에게 끌리다

本 끌다 引く、(関心などを) 引く ▶ P.462

나뉘다

動

分かれる (分割、区分)

서울은 한강을 중심으로 강북과 강남으로 **나뉜**다.

ソウルは漢江を中心に江北と江南に分かれる。

–이/가 나뉘다
–이/가 –(으)로 나뉘다

本 나누다 ①分ける　② (数学で) 割る ▶ P.100

닫히다

動 [다치다]

閉まる

가 : 소포를 왜 다시 들고 와?
나 : 우체국 문이 **닫혀**서 그냥 왔어.

カ:小包をどうしてまた持って帰ってきたんだ?
ナ:郵便局が閉まってて、そのまま帰ってきた。

–이/가 닫히다

対 열리다 ① (扉などが) 開く ② (会などが) 開かれる ▶ P.141 本 닫다 閉める

関 문이 닫히다 ドアが閉まる

담기다

動

器に入れられる、盛られる

가 : 엄마, 이 그릇에 **담겨** 있는 거 먹어도 돼요?
나 : 그래. 가져가서 동생이랑 같이 먹어.

カ:ママ、この器に盛られているの、食べていいですか?
ナ:うん。持っていって弟 (妹) と一緒に食べなさい。

–이/가 담기다
–이/가 –에 담기다

本 담다 (器に) 入れる、盛る ▶ P.272

덮이다

動 [더피다]

かぶせられる、覆われる

가 : 한라산 어땠어요?
나 : 눈 **덮인** 경치가 정말 아름다웠어요.

カ:ハルラ山、どうでした?
ナ:雪に覆われた景色が本当に美しかったです。

–이/가 덮이다
–이/가 –(으)로 덮이다

本 덮다 かぶせる、(本を) 閉じる ▶ P.273

들리다

動

□ . .

□ . .

□ . .

聞こえる

가 : 조금 전에 이상한 소리가 들리지 않았어?
나 : 아니, 난 못 들었는데…….

カ：さっき変な音が聞こえなかった？
ナ：いや、私は聞こえなかったけど……。

-이/가 들리다

本 듣다 聞く

떨리다

動

□ . .

□ . .

□ . .

震える

가 : 열심히 준비했는데 왜 이렇게 떨리지?
나 : 면접이니까 당연하지.

カ：一生懸命準備したのに、どうしてこんなに震えるんだ？
ナ：面接だから当然でしょ。

-이/가 떨리다

本 떨다 震わす

関 몸이 떨리다 体が震える　가슴이 떨리다 胸が震える　목소리가 떨리다 声が震える

막히다

動 [마키다]

□ . .

□ . .

□ . .

詰まる、（道が）渋滞する

가 : 왜 이렇게 늦었어? 1시간이나 기다렸잖아!
나 : 미안해. 퇴근 시간이라 길이 막혔어.

カ：どうしてこんなに遅れたんだ？ 1時間も待ったじゃないか！
ナ：ごめん。帰宅ラッシュの時間で道が混んでたの。

-이/가 막히다

本 막다 ①（耳などを）ふさぐ ②（道などを）遮る ▶ P.104

묶이다

動 [무끼다]

□ . .
□ . .
□ . .

結ばれる、つながれる、縛られる

달리기를 하기 전에는 운동화 끈이 잘 **묶여** 있는지 확인해야 한다.

駆けっこをする前に運動靴のひもがちゃんと結ばれているか確認しなければならない。

–이/가 묶이다
–이/가 –에 묶이다
–이/가 –(으)로 묶이다

本 묶다 束ねる ▶ P.104

물리다

動

□ . .
□ . .
□ . .

かまれる、(虫に)刺される

가 : 모기한테 **물려**서 너무 가려워.
나 : 그럼 이 약을 발라 봐.

カ：蚊に刺されてすごくかゆい。
ナ：それじゃ、この薬を塗ってみて。

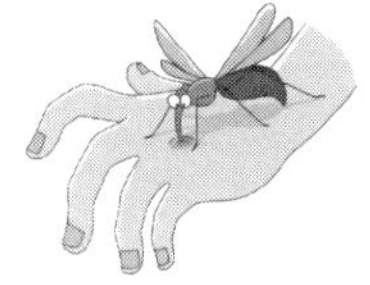

–이/가 –에/에게 –을 물리다

本 물다 かむ、(口に) くわえる ▶ P.113

밀리다

動

□ . .
□ . .
□ . .

押される、押しやられる

가 : 밀지 마세요. 앞에 사람이 있잖아요.
나 : 제가 민 게 아니라 저도 **밀린** 거예요.

カ：押さないでください。前に人がいるじゃないですか。
ナ：私が押したんじゃなく、私も押されたんです。

–이/가 –에/에게 밀리다

本 밀다 押す、押して移動させる ▶ P.104

밟히다

動 [발피다]

□ . .
□ . .
□ . .

踏まれる

사람이 많은 지하철 안에서 발을 **밟힌** 적이 있다.

人がたくさんいる地下鉄内で踏まれたことがある。

–이/가 –에/에게 –을/를 밟히다

本 밟다 踏む ▶ P.105

부딪히다

動 [부디치다]

□

□

□

ぶつかる

가 : 팔을 다쳤어요?

나 : 네, 오늘 자전거를 타고 학교에 오다가 오토바이와 **부딪혔**어요.

カ：腕をけがしましたか？

ナ：はい、今日自転車に乗って学校に来る途中、オートバイとぶつかりました。

–이/가 –에/에게 부딪히다

–이/가 –와/과 부딪히다

本 부딪다 ぶつける

불리다

動

□

□

□

呼ばれる

가 : 어렸을 때 별명이 뭐야?

나 : 과자를 너무 좋아해서 '과자 공주'라고 **불렸**어.

カ：小さい頃のあだ名は何？

ナ：お菓子がとても好きで「お菓子姫」と呼ばれてた。

–이/가 –에게 –(이)라고 불리다

–이/가 –에게 –(으)로 불리다

本 부르다 呼ぶ

붙잡히다

動 [붇짜피다]

□

□

□

捕まる、捕らえられる

가 : 야, 너 어디야? 왜 안 와?

나 : 미안해. 나가다가 엄마한테 **붙잡혔**어. 너희들끼리 놀아.

カ：おい、おまえどこだ？ どうして来ない？

ナ：ごめん。出ようとしたらママに捕まったの。お前たちだけで遊んで。

–이/가 –에/에게 붙잡히다

類 잡히다 捕まる、（獲物などが）獲れる ▸ P.143 本 붙잡다 捕まえる

빼앗기다

動 [빼앗끼다]

□ . .
□ . .
□ . .

奪われる

가 : 왜 그래? 무슨 일 있었어?
나 : 집에 오다가 나쁜 사람에게 돈을 **빼앗겼**어요.

カ：どうした？ 何かあった？
ナ：家に帰る途中、悪い人に金を奪われたんです。

–이/가 –에/에게 –을/를 빼앗기다

本 빼앗다 奪う ▶ P.107 略 뺏기다 奪われる

뽑히다

動 [뽀피다]

□ . .
□ . .
□ . .

選び出される

가 : 앤디 씨가 태권도를 잘한다고 들었어요.
나 : 네, 그래서 이번에 우리 학교 대표로 **뽑혀**서 대회에 나가게 됐어요.

カ：アンディーさんはテコンドーが上手だと聞きました。
ナ：はい、それで今回うちの学校の代表に選ばれて大会に出ることになりました。

–이/가 뽑히다
–이/가 –(으)로 뽑히다

本 뽑다 選抜する、採用する ▶ P.340

섞이다

動 [서끼다]

□ . .
□ . .
□ . .

混ざる

이 아이스크림에는 딸기 맛과 초코 맛이 **섞여** 있어요.

このアイスクリームはいちご味とチョコ味が混ざっています。

–에 –이/가 섞이다

本 섞다 混ぜる ▶ P.274

쏟아지다

動 [쏘다지다]

□ . .
□ . .
□ . .

こぼれる

가 : 아이구! 미안해. 나 때문에 주스가 다 **쏟아졌**네!
나 : 아, 아니야, 괜찮아. 닦으면 돼.

カ：ああ！ ごめん。僕のせいでジュースが全部こぼれたね！
ナ：あ、いや、大丈夫。拭けばいいわ。

–이/가 –에/에게 쏟아지다

本 쏟다 こぼす ▶ P.109

쓰이다 01

動

書かれる

공공장소에는 여러 사람이 지켜야 하는 규칙이 **쓰여** 있다.

公共の場には人々が守らなければならない規則が書かれている。

–이/가 쓰이다

–이/가 –에 쓰이다

本 쓰다 書く

쓰이다 02

動

使われる

요즘은 계산할 때 현금보다 카드가 더 많이 **쓰인**다.

最近は支払いするとき、現金よりクレジットカードの方がよく使われる。

–이/가 쓰이다

–이/가 –에 쓰이다

本 쓰다 使う

안기다

動

抱かれる

가 : 아기가 이제 안 울어요?

나 : 네, 아까는 울었는데 엄마에게 **안기**더니 잘 자고 있어요.

カ：赤ちゃんはもう泣きませんか？

ナ：はい、さっきは泣きましたが、ママに抱かれたらよく寝ています。

–이/가 –에게 안기다

本 안다 抱く ▶ P.119

알려지다

動
□ . .
□ . .
□ . .

知られる

가 : 우리 이번 휴가에 부산 해운대에 갈까?
나 : 해운대는 많이 **알려진** 곳이라서 사람이 많으니까 복잡할 거야. 다른 곳에 가자.

カ:一緒に今度の休暇に釜山の海雲台に行こうか?
ナ:海雲台はよく知られた場所で人が多いから混むよ。他の場所に行こう。

–이/가 –에/에게 알려지다
–이/가 –에/에게 –(으)로 알려지다
–이/가 –에/에게 –다고/(느)ㄴ다고 알려지다

本 알다 知る

없어지다

動 [업써지다]
□ . .
□ . .
□ . .

なくなる、いなくなる

가 : 어? 볼펜이 어디 갔지? 조금 전까지 여기 있었는데 **없어졌**어!
나 : 지금 손에 들고 있는 건 뭐야?

カ:あれ? ボールペンどこに行った? さっきまでここにあったのになくなった!
ナ:今、手に持っているのは何?

–이/가 없어지다

対 생기다 生じる 本 없다 ない

열리다

動
□ . .
□ . .
□ . .

① (扉などが)開く ② (会などが)開かれる

자동문이니까 버튼을 누르지 않아도 문이 저절로 **열려**요.

自動ドアだから、ボタンを押さなくてもドアが自然と開きます。

가 : 주말에 뭐 하지?
나 : 시청 앞에서 **열리**는 음악회에 같이 갈래?

カ:週末に何しよう?
ナ:市庁前で開かれる音楽会に一緒に行く?

–이/가 열리다

対 닫히다 閉まる ▸P.135 本 열다 開ける

이루어지다

動
□ . .
□ . .
□ . .

① (より小さな単位から)成り立つ　② 実現する

일본은 몇 개의 섬으로 **이루어져** 있나요?

日本は何個の島から成り立っていますか?

가 : 저는 한국을 대표하는 세계적인 골프 선수가 되고 싶어요.
나 : 최선을 다하면 꿈이 **이루어질** 날이 올 거예요.

カ:私は韓国を代表する世界的なゴルフ選手になりたいです。
ナ:最善を尽くせば夢がかなう日が来るでしょう。

–이/가 이루어지다

本 이루다 実現させる、成し遂げる ▸ P.129

関 꿈이 이루어지다 夢がかなう　소원이 이루어지다 願いがかなう

이어지다

動
□ . .
□ . .
□ . .

つながる

한국의 판소리는 입에서 입으로 **이어져** 온 한국의 전통 노래이다.

韓国のパンソリは、口から口へと伝えられてきた韓国伝統の歌だ。

–이/가 이어지다
–이/가 –(으)로 이어지다

本 잇다 ①つなぐ　②続ける ▸ P.246

읽히다 01

動 [일키다]
□ . .
□ . .
□ . .

読まれる

세계에서 가장 많이 **읽히**는 책이 뭐예요?

世界で最も多く読まれている本は何ですか?

–이/가 –에게 읽히다

本 읽다 読む

✔ 읽히다は受身と使役(P.152)の両方あります。

잡히다

動 [자피다]

捕まる、(獲物などが)獲れる

가 : 주말에 낚시 가서 고기 많이 잡았어요?
나 : 아니요, 잘 안 **잡혀**서 일찍 돌아왔어요.

カ:週末に釣りに行って、魚はたくさん釣れましたか?
ナ:いいえ、あまり釣れなくて早めに帰ってきました。

–이/가 잡히다

類 붙잡히다 捕まる、捕らえられる ▶P.138 本 잡다 捕まえる

쫓기다 01

動 [쫃끼다]

追い掛けられる

경찰에게 **쫓기**던 도둑이 일주일 만에 결국 잡혔다.

警察に追われていた泥棒が1週間ぶりにとうとう捕まった。

–이/가 –에게 쫓기다

本 쫓다 追う、追い掛ける ▶P.123

Let's Check

解答 ▶ P.507

 다음 그림에 알맞은 동사를 <보기>에서 찾아 쓰십시오.

보기

닫히다　　떨리다　　밀리다

1 (　　　　　)　2 (　　　　　)　3 (　　　　　)

(　　)에 알맞은 단어를 <보기>에서 찾아서 바꿔 쓰십시오.

보기

밟히다　　물리다　　나뉘다

4 한국의 계절은 봄, 여름, 가을, 겨울로 (　　　　　　　　)-아/어/해 있어요.

5 버스에 사람이 많아서 버스를 탈 때마다 발을 (　　　　　　　　)-(느)ㄴ다.

6 모기한테 (　　　　　　　　)-(으)ㄴ 곳이 가렵다.

(　　)에 알맞은 단어를 <보기>에서 찾아서 바꿔 쓰십시오.

보기

열리다　　쓰이다　　들리다

7 가: 여보세요? 여보세요? 내 말 잘 (　　　　　　　　)-아/어/해?
나: 아니, 잘 안 (　　　　　　　　)-아/어/해. 내가 다시 전화할게.

8 가: 최근 서울시립미술관에서 (　　　　　　　　)-고 있는 전시회가 인기가 많대.
나: 그래? 그럼 주말에 보러 갈까?

9 가: 학생, 여기 (　　　　　　　　)-아/어/해 있는 전화번호 좀 읽어 줄 수 있어?
나: 네, 알겠습니다. 010-1324-8765예요.

07 使役 사동

))) TRACK 15

감기다

(他の人の髪を) 洗う

動

가 : 팔을 다쳐서 불편하겠다! 머리는 어떻게 감아?
나 : 어머니께서 **감겨** 주세요.

カ : 腕をけがして不便そうだ! 髪はどうやって洗うんだ?
ナ : お母さんが洗ってくれます。

−을/를 감기다

本 감다 (髪を) 洗う ▶ P.098

깨우다

(他の人を眠りから) 覚めさせる、起こす

動

가 : 내일 몇 시에 **깨워** 줄까?
나 : 7시쯤 **깨워** 주세요.

カ : 明日、何時に起こしてあげようか?
ナ : 7時ごろ起こしてください。

−을/를 깨우다

本 깨다 目を覚ます、覚める ▶ P.159

날리다 01

飛ばす

動

어렸을 때 친구들과 종이로 비행기를 만들어서 **날린** 적이 있다.

小さいころ、友達と紙で飛行機を作って飛ばしたことがある。

−을/를 −에/에게 날리다
−을/를 −(으)로 날리다

本 날다 飛ぶ

関 비행기를 날리다 飛行機を飛ばす　연을 날리다 たこを飛ばす

낮추다

動 [낟추다]

☐ . .
☐ . .
☐ . .

低める、下げる、(声を)小さくする

좀 더운데요. 에어컨 온도 좀 낮춰 주세요.

少し暑いんですが。エアコンの温度を少し下げてください。

-을/를 낮추다

類 줄이다 減らす、(量を)小さくする ▶P.153

対 높이다 高める、上げる、(声を)大きくする ▶P.146　올리다 上げる ▶P.151

本 낮다 低い

関 10%로 낮추다 10%に下げる　23도로 낮추다 23度に下げる　소리를 낮추다 声を小さくする　비용을 낮추다 費用を下げる

넓히다

動 [널피다]

☐ . .
☐ . .
☐ . .

広げる

가 : 이쪽 길로 가면 안 돼요?
나 : 안 됩니다. 지금 길을 넓히기 위해서 공사 중입니다.

カ：こっちの道に行ってはいけませんか？
ナ：いけません。今、道を広げるために工事中です。

-을/를 넓히다

対 좁히다 狭める　本 넓다 広い

높이다

動 [노피다]

☐ . .
☐ . .
☐ . .

高める、上げる、(声を)大きくする

가 : 잘 안 들리는데 소리 좀 높여 줘.
나 : 알았어. 잠깐만 기다려 봐.

カ：よく聞こえないのでボリュームを上げてくれ。
ナ：分かった。ちょっと待ってて。

-을/를 높이다

対 낮추다 低める、下げる、(声を)小さくする ▶P.146　本 높다 高い

関 10%를 높이다 10%上げる　5도를 높이다 5度上げる　소리를 높이다 声を大きくする

늘리다

動

□ . .

□ . .

□ . .

増やす

건강을 위해서 휴식 시간을 **늘리**는 게 좋아요.

健康のために休憩時間を増やすのがいいです。

対 줄이다 減らす、(量を) 小さくする ▶P.153　本 늘다 増える ▶P.188

関 인원을 늘리다 人員を増やす　시간을 늘리다 時間を増やす

늦추다

動 [늗추다]

□ . .

□ . .

□ . .

遅らせる

가 : 내일 갑자기 회의가 생겼는데 약속 시간 좀 **늦춰**도 돼?
나 : 그래. 서점에서 책 보고 있을 테니까 끝나면 연락해.

カ：明日急に会議が入ったんだけど、約束の時間を少し遅らせてもいい？
ナ：うん。本屋で本を見ているから、終わったら連絡して。

–을/를 –(으)로 늦추다

類 연기 延期 ▶P.333　対 앞당기다 前倒しする　本 늦다 遅い

関 시간을 늦추다 時間を遅らせる　기한을 늦추다 期限を遅らせる　속력을 늦추다 スピードを遅らせる

돌리다

動

□ . .

□ . .

□ . .

回す

가 : 내일 입어야 하는 옷인데 지금 빨아도 될까?
나 : 지금 세탁기를 **돌리**면 가능할 거야.

カ：明日着なければいけない服だけど、今洗ってもいいかな？
ナ：今洗濯機を回せば可能だろうね。

–을/를 돌리다

本 돌다 回る

맡기다

動 [맏끼다]

☐ . .
☐ . .
☐ . .

① 預ける、預かってもらう　② 任せる

가 : 이 가방을 좀 **맡기**고 싶은데요.
나 : 1층 프런트 데스크로 가 보세요.

カ：このかばんをちょっと預けたいんですが。
ナ：1階のフロントデスクに行ってみてください。

가 : 노트북을 빌려 달라고? 네 건 어떡하고?
나 : 고장 나서 수리 센터에 **맡겼**거든.

カ：ノートパソコンを貸してくれって？ 君のはどうした？
ナ：故障して修理センターに預けたんだ。

–에/에게 –을/를 맡기다

本 맡다　引き受ける、担当する ▶ P.329

먹이다

動 [머기다]

☐ . .
☐ . .
☐ . .

食べさせる

가 : 강아지에게 초콜릿 줘도 돼요?
나 : 아니요, **먹이**면 안 돼요.

カ：犬にチョコレートをやってもいいですか？
ナ：いいえ、食べさせたらいけません。

–에/에게 –을/를 먹이다

本 먹다 食べる

벗기다

動 [벋끼다]

☐ . .
☐ . .
☐ . .

① 脱がせる　② (皮などを) むく

여보, 아기 목욕시켜야 하니까 옷 좀 **벗겨** 줘요.

あなた、赤ちゃんをお風呂に入れなきゃいけないから、服を脱がせてください。

가 : 요리하는 거야? 뭐 도와줄까?
나 : 그럼 저기 양파 껍질 좀 **벗겨** 줘.

カ：料理するの？ 何か手伝おうか？
ナ：それじゃ、そこのタマネギの皮をむいてちょうだい。

–을/를 벗기다

類 ② 까다 皮をむく ▶ P.271　本 벗다 脱ぐ

살리다

動

生かす、助ける（救助の意味）

살려 주세요! **살려** 주세요!

助けてください！　助けてください！

–을/를 살리다

対 죽이다 殺す ▸P.153 本 살다 生きる

숙이다

動［수기다］

（頭を）下げる、（体などを）かがめる

가 : 한국에서는 처음 만났을 때 어떻게 인사해요?
나 : 허리를 **숙여**서 인사하면 돼요.

カ：韓国では初めて会ったとき、どのようにあいさつしますか？
ナ：腰をかがめてあいさつすればいいです。

–을/를 숙이다

머리/고개/몸/허리를 숙이다（頭／首／体／腰をかがめる）とよく言います。

식히다

動［시키다］

冷ます

국이 너무 뜨거우니까 **식혀**서 드세요.

スープが熱過ぎるから、冷ましてお召し上がりください。

–을/를 식히다

対 데우다 （加熱して）温める ▸P.273 本 식다 冷える

関 물을 식히다 水を冷ます　머리를 식히다 頭を冷やす

씌우다

動［씨우다］

かぶせる

밖이 추우니까 아이에게 모자 좀 **씌워** 줘.

外は寒いので、子どもに帽子をかぶせてちょうだい。

–에/에게 –을/를 씌우다

本 쓰다 かぶる

씻기다

動 [씯끼다]

☐ . .
☐ . .
☐ . .

洗わせる

가 : 여보, 아이가 집에 오면 밥부터 먹이면 되지?
나 : 응, 손부터 **씻기**고 밥을 먹여.

カ:ねえ、子どもが家に帰ってきたらまずご飯を食べさせればいいよね?
ナ:うん、まず手を洗わせてからご飯を食べさせて。

–을/를 씻기다

本 씻다 洗う

앉히다

動 [안치다]

☐ . .
☐ . .
☐ . .

座らせる

가 : 여기요, 아이를 **앉힐** 수 있는 의자 있나요?
나 : 네, 있습니다. 갖다 드리겠습니다.

カ:あの、子どもを座らせられる椅子はありますか?
ナ:はい、あります。お持ちいたします。

–을/를 –에 앉히다

本 앉다 座る

얼리다

動

☐ . .
☐ . .
☐ . .

凍らせる

가 : 아이스커피를 마시고 싶은데 **얼려** 놓은 얼음 있어?
나 : 냉장고에 있을 거야. 찾아 봐.

カ:アイスコーヒーを飲みたいんだけど、凍らせてある氷ある?
ナ:冷蔵庫にあるはずよ。探してみて。

–을/를 얼리다

対 녹이다 溶かす 本 얼다 凍る ▸ P.164

올리다

動

□ . .
□ . .
□ . .

上げる

가 : 방이 좀 추운 것 같아요. 히터 온도 좀 **올려**도 될까요?
나 : 그렇게 하세요.

カ：部屋が少し寒いと思います。ヒーターの温度を少し上げてもいいでしょうか？
ナ：そうしてください。

–을/를 올리다

類 높이다 高める、上げる、(声を) 大きくする ▸ P.146

対 내리다 下ろす　낮추다 低める、下げる、(声を) 小さくする ▸ P.146

本 오르다 上がる

関 값을 올리다 値段を上げる　요금을 올리다 料金を上げる　온도를 올리다 温度を上げる

옮기다

動 [옴기다]

□ . .
□ . .
□ . .

移す

가 : 회사 잘 다니고 있어?
나 : 주말에도 회사에 나가야 해서 다른 회사로 **옮기**려고 해요.

カ：会社、ちゃんと通ってる？
ナ：週末も会社に出なきゃいけないので、他の会社に移ろうと思います。

–을/를 –(으)로 옮기다

本 옮다 移る

울리다 01

動

□ . .
□ . .
□ . .

泣かせる

5,000명을 **울린** 이 영화, 놓치지 마십시오! 안 보면 후회합니다!

5000人を泣かせたこの映画、お見逃しなく！ 見ないと後悔します！

–을/를 울리다

対 웃기다 笑わせる ▸ P.151　本 울다 泣く

웃기다

動 [욷끼다]

□ . .
□ . .
□ . .

笑わせる

개그맨은 사람을 **웃기**는 직업이다.

芸人は人を笑わせる職業だ。

–을/를 웃기다

対 울리다 泣かせる ▸ P.151　本 웃다 笑う

익히다

動 [이키다]

□ . .
□ . .
□ . .

火を通す

여름철에는 물은 끓여서, 음식은 **익혀**서 드세요.

夏には水は沸かし、食べ物は火を通して召し上がってください。

−을/를 익히다

本 익다 火が通る ▶ P.275 関 음식을 익히다 食べ物に火を通す

읽히다 02

動 [일키다]

□ . .
□ . .
□ . .

読ませる

가 : 아이가 참 똑똑하네요! 어떻게 가르치셨어요?
나 : 어렸을 때부터 책을 많이 **읽혔**어요.

カ：賢い子どもですね！ どうやって教えたんですか？
ナ：幼いころから本をたくさん読ませました。

−에게 −을/를 읽히다

本 읽다 読む

읽히다は受身（P.142）と使役の両方の意味があります。

입히다

動 [이피다]

□ . .
□ . .
□ . .

着せる

가 : 여보, 저 치마 우리 소연이에게 **입히**면 예쁘겠지?
나 : 그렇기는 한데 소연이는 치마 입는 것을 싫어하잖아.

カ：あなた、あのスカート、うちのソヨンにはかせたらかわいいと思わない？
ナ：そう思うけど、ソヨンはスカートはくの嫌がるじゃないか。

−에/에게 −을/를 입히다

本 입다 着る

재우다

動

□ . .
□ . .
□ . .

寝かせる、寝かしつける

가 : 아이가 밤에 잘 안 자서 힘들어요.
나 : 그럼 노래를 불러 주면서 **재워** 보세요.

カ：子どもが夜寝なくて大変です。
ナ：それじゃ、歌を歌ってあげながら寝かせてみてください。

−을/를 재우다

本 자다 寝る

죽이다

動 [주기다]

殺す

가 : 으악! 벌레다! 빨리 죽여!

나 : 무서워서 못 죽이겠어!

カ：うわっ！ 虫だ！ 早く殺せ！
ナ：怖くて殺せない！

–을/를 죽이다

対 살리다 生かす、助ける（救助の意味） ▶P.149 本 죽다 死ぬ

줄이다

名 [주리다]

減らす、(量を)小さくする

가 : 저 통화해야 하는데 텔레비전 소리 좀 줄여 주세요.

나 : 미안해요. 그럴게요.

カ：私、電話しなくちゃいけないので、テレビの音を少し小さくしてください。
ナ：ごめんなさい。そうします。

–을/를 줄이다

類 낮추다 低める、下げる、(声を)小さくする ▶P.146 対 늘리다 増やす ▶P.147

本 줄다 減る ▶P.191

関 소리를 줄이다 声を小さくする　옷을 줄이다 服を減らす　피해를 줄이다 被害を減らす

키우다

動

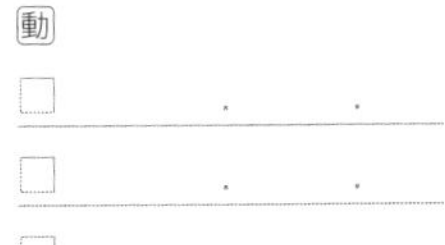

育てる、飼う

가 : 개가 아주 크네요! 몇 년 동안 키우셨어요?

나 : 5년 정도 키웠어요.

カ：とても大きな犬ですね！ 何年飼ってるんですか？
ナ：5年ほど飼っています。

–을/를 키우다

類 기르다 育てる　本 크다 育つ

関 자식을 키우다 子どもを育てる　꽃을 키우다 花を育てる　개를 키우다 犬を飼う

태우다 01

動

燃やす、焦がす

가 : 아, 어떡해? 고기가 탔어.
나 : 비싼 고기를 **태우**면 어떻게 해?

カ：あ、どうしよう？ 肉が焦げた。
ナ：高い肉を焦がして、どうするつもり？

–을/를 태우다

本 타다 燃える、焦げる ▸ P.169

태우다 02

動

(人を乗り物などに)乗せる

가 : 오빠, 나 지하철역까지 좀 **태워** 줘.
나 : 그래, 타.

カ：お兄ちゃん、地下鉄の駅までちょっと乗せてちょうだい。
ナ：ああ、乗れ。

–을/를 –에 태우다

本 타다 乗る

Let's Check

解答 ▶ P.508

다음 그림에 알맞은 동사를 <보기>에서 찾아 쓰십시오.

보기

태우다　　입히다　　씻기다

1 (　　　　)　　2 (　　　　)　　3 (　　　　)

다음 중에서 관계가 다른 것은 무엇입니까?

4 ① 낮추다 – 줄이다　　② 넓히다 – 좁히다
③ 죽이다 – 살리다　　④ 올리다 – 내리다

(　　)에 알맞은 단어를 <보기>에서 찾아서 바꿔 쓰십시오.

보기

앉히다　　울리다　　재우다

5 어렸을 때 여동생을 자주 (　　　　)-아/어/해서 어머니께 혼났다.

6 저기요, 아이를 (　　　　)-(으)ㄹ 수 있는 의자 좀 주세요.

7 보통 엄마들은 아이를 (　　　　)-(으)ㄹ 때 책을 읽어 준다.

(　　)에 알맞은 단어를 <보기>에서 찾아서 바꿔 쓰십시오.

보기

태우다　　맡기다

8 가: 이게 무슨 냄새지? 뭐 타는 냄새 안 나?
나: 아, 어떡해! 친구랑 통화하다가 깜빡했어. 생선을 다 (　　　　)-아/어/해 버렸네!

9 가: 나 세탁소 가려고 하는데 뭐 (　　　　)-(으)ㄹ 것 없어?
나: 그럼 이 코트 좀 부탁해.

MEMO

3章

性質／量

성질/양

01 | 状態 상태

))) TRACK 16

가난

名

貧しさ

그는 집이 너무 **가난**해서 학교를 졸업하지 못했다.

彼は家が貧し過ぎて学校を卒業できなかった。

-이/가 가난하다

形 가난하다 貧しい 関 가난에서 벗어나다 貧乏から抜け出す

가만히

副

じっと（動かない様子）

가 : **가만히** 좀 있어 봐. 무슨 소리가 들리는 것 같아.
나 : 그래? 나는 아무 소리도 안 들리는데…….

カ：ちょっとじっとしてろ。何か音が聞こえる気がする。
ナ：そう？ 私は何の音も聞こえないけど……。

関 가만히 있다 じっとしている 가만히 앉아 있다 じっと座っている 가만히 생각하다 じっと考える

그대로

副

そのまま

가 : 책상이 엉망이다. 내가 정리 좀 할까?
나 : 아니야. **그대로** 둬. 아직 일이 안 끝났어.

カ：机がめちゃくちゃだ。私が片付けようか？
ナ：いいや。そのままにして。まだ仕事が終わってないの。

関 그대로 있다 そのままいる 그대로 두다 そのままにしておく 그대로 간직하다 そのまましまっておく

깨다 01

動

目を覚ます、覚める

옆집에서 음악을 크게 틀어서 자다가 **깼**다.

隣の家が音楽を大きな音でかけたので、寝ていたところ目を覚ました。

–이/가 깨다
–에서 깨다

対 자다 寝る　使 깨우다 (他の人を眠りから)覚めさせる、起こす ▶ P.145

関 잠이 깨다 目を覚ます　술이 깨다 酔いがさめる

나빠지다

動

悪くなる

가 : 요즘 멀리 있는 게 잘 안 보여요.
나 : 컴퓨터를 많이 해서 눈이 **나빠진** 거 아니에요?

カ:最近遠くにある物がよく見えません。
ナ:パソコンをやり過ぎて目が悪くなったんじゃありませんか?

–이/가 나빠지다

나아지다

動

良くなる

가 : 처음에는 걷지도 못했는데 이제는 천천히 걸을 수 있어요.
나 : 많이 **나아져**서 다행이에요.

カ:最初は歩くこともできなかったのに、今ではゆっくり歩くことができます。
ナ:すごく良くなって幸いです。

–이/가 나아지다

関 성적이 나아지다 成績が良くなる　얼굴이 나아지다 顔が良くなる
형편이 나아지다 形勢が良くなる

낡다

形 [낙따]

古い、古ぼけている

가 : 중고 자전거라고 들었는데 별로 **낡**지 않았네요!
나 : 네, 몇 번 안 탔거든요.

カ：中古自転車だと聞いていましたが、あまり古くありませんね！
ナ：はい、何回も乗らなかったんですよ。

-이/가 낡다

낡다は낡아요（古いです）より낡은 책상（古い机）、낡은 집（古い家）としてよく使います。

녹다

動 [녹따]

溶ける

가 : 아이스크림 사 왔는데 같이 먹자.
나 : 정말? 그런데 아이스크림이 다 **녹**아 버렸어.

カ：アイスクリームを買ってきたんだけど、一緒に食べよう。
ナ：本当？ でも、アイスクリームが全部溶けちゃってるよ。

-이/가 녹다

対 얼다 凍る ▶P.164 関 얼음이 녹다 氷が溶ける　눈이 녹다 雪が溶ける

다양

名

さまざま、多様　漢 多様

가 : 신발을 하나 살까 하는데 어디가 좋아요?
나 : 새로 생긴 신발 가게에 한번 가 보세요. 값도 싸고 디자인도 **다양**해요.

カ：靴を1足買おうかと思いますが、どこがいいですか？
ナ：新しくできた靴屋に一度行ってみてください。値段も安く、デザインも豊富です。

-이/가 다양하다

形 다양하다 多様だ　参 다양성 多様性　다양화 多様化

둥글다

形
ㄹ語幹

丸い

지구는 **둥글**다.

地球は丸い。

–이/가 둥글다

미치다 01

動

① 狂う (精神異常)

② (ストレスなどに耐えられず) 発狂する

그 여자는 아이가 없어졌다는 사실을 알자 **미친** 사람처럼 찾기 시작했다.

その女性は子どもがいなくなったという事実を知るや、狂ったように探し始めた。

내가 방금 무슨 말을 하려고 했지? 생각이 안 나. 아, 답답해서 **미치**겠네.

私、今何て言おうとしたんだっけ? 思い出せない。ああ、もどかしくて発狂しそうだ。

미치다は、답답해서 미치겠다 (もどかしくて発狂しそうだ=発狂しそうなくらいもどかしい)、궁금해서 미치겠다 (気になって発狂しそうだ=発狂しそうなくらい気になる) の形で使ったり、前の理由を表す –아/어/해서 미치겠다/미칠 것 같다 (〜で発狂しそうだ、発狂しそうなくらい〜だ) の形でよく使います。너무 답답해요 (とてももどかしいです) を強く言うとき、このように言います。

변함없다

形 [변하멉따]

変わりない 漢 変 ---

고객 여러분, 저희 백화점을 **변함없**이 사랑해 주셔서 감사합니다.

顧客の皆さま、当デパートを変わらずご愛顧くださりありがとうございます。

副 변함없이 変わりなく

빠지다 01

動

□ . .

□ . .

□ . .

① (毛などが) 抜ける

② (あるべきものが) 抜け落ちる

③ (会などに) 出席しない

④ (体重が) 減る

요즘 머리카락이 자꾸 **빠져**서 걱정이다.

最近、髪がよく抜けるので心配だ。

가 : 가방에 **빠진** 거 없이 다 챙겼니?
나 : 네, 3번이나 확인했어요.

カ：かばんに忘れ物なく全部そろえた？
ナ：はい、3回も確認しました。

동창 모임에 자꾸 **빠져**서 죄송합니다.

同窓会をいつも欠席して申し訳ありません。

매일 꾸준히 운동을 했더니 살이 5kg이나 **빠졌**어요.

毎日たゆまず運動をしたら体重が5kgも落ちました。

-이/가 빠지다
-에/에서 빠지다

対 ④ 찌다 (体重が) 増える ▶ P.350

사라지다

動

□ . .

□ . .

□ . .

消える、姿を消す

가 : 내 열쇠 못 봤어?
나 : 조금 전까지 책상 위에 있었는데 어디로 **사라졌**지?

カ：私の鍵、見なかった？
ナ：さっきまで机の上にあったのに、どこに消えたんだろう？

-이/가 사라지다
-에서 사라지다
-(으)로 사라지다

상태

名

□ . .
□ . .
□ . .

状態　漢 状態

가 : 왜 그래? 어디 아파?
나 : 오늘 몸 **상태**가 별로 안 좋아.

カ：どうした？ どこか痛いのか？
ナ：今日、体の調子があまり良くないの。

関 상태가 좋다/나쁘다 状態がいい／悪い

参 건강 상태 健康状態　몸 상태 体の状態　정신 상태 精神状態

새롭다

形 [새롭따]

ㅂ変則

□ . .
□ . .
□ . .

新しい

가 : 이 가게에서는 뭐가 제일 맛있어요? 추천해 주세요.
나 : 이번에 개발한 **새로운** 메뉴인데 이건 어떠세요?

カ：この店では何が一番おいしいですか？ おすすめしてください。
ナ：今回開発した新しいメニューですが、これはいかがですか？

–이/가 새롭다

서투르다

形

르変則

□ . .
□ . .
□ . .

下手だ

제가 한국말이 **서투른**데 다시 한 번 말씀해 주시겠어요?

私は韓国語が下手なんですが、もう一度おっしゃっていただけますか？

–이/가 서투르다
–에 서투르다

略 서툴다 下手だ

신선하다

形

□ . .
□ . .
□ . .

新鮮だ　漢 新鮮 --

가 : 회가 참 맛있네요!
나 : 바다 근처라서 **신선한** 것 같아요.

カ：刺し身が本当においしいですね！
ナ：海の近くだから新鮮なようです。

–이/가 신선하다

関 신선한 과일 新鮮な果物　신선한 채소 新鮮な野菜　신선한 공기 新鮮な空気

썩다

動 [썩따]

□ . .
□ . .
□ . .

腐る、虫歯になる

자기 전에 이를 닦지 않으면 이가 썩으니까 꼭 이를 닦아.

寝る前に歯を磨かないと虫歯になるから、必ず歯を磨きなさい。

–이/가 썩다

앞두다

動 [압뚜다]

□ . .
□ . .
□ . .

目前にする

한국에서는 시험을 앞두고 미역국을 먹지 않는 사람이 많다.

韓国では試験を目前にしてワカメスープを飲まない人が多い。

–을/를 앞두다

✔ 앞두다は~을/를 앞두고(~を目前にして)の形でよく使います。

얼다

動

ㄹ語幹

□ . .
□ . .
□ . .

凍る

가 : 지금도 눈이 와요?
나 : 아니요, 눈은 안 오는데 길이 얼어서 미끄러우니까 조심하세요.

カ:今も雪が降ってますか?
ナ:いいえ、雪は降っていませんが、道が凍って滑るので気を付けてください。

–이/가 얼다

対 녹다 溶ける ▸ P.160 使 얼리다 凍らせる ▸ P.150

엉망

名

□ . .
□ . .
□ . .

めちゃくちゃ

가 : 김 대리, 보고서가 이게 뭐야! 엉망이잖아!
나 : 죄송합니다. 다시 해 오겠습니다.

カ:キム課長代理、この報告書は何だ! めちゃくちゃじゃないか!
ナ:申し訳ありません。またやってきます。

–이/가 엉망이다

関 집이 엉망이다 家がめちゃくちゃだ　글씨가 엉망이다 字がめちゃくちゃだ
점수가 엉망이다 点数がめちゃくちゃだ

여유

名

余裕　漢 余裕

가 : 요즘 왜 이렇게 짜증을 자주 내?
나 : 미안해. 시험 때문에 마음의 **여유**가 없어서 그래.

カ：最近、どうしてこんなにかんしゃくを起こすんだ？
ナ：ごめん。試験のせいで心の余裕がなくて。

–이/가 여유롭다

形 여유롭다 余裕だ

関 여유가 있다/없다 余裕がある／ない　여유를 갖다 余裕を持つ

여전히

副

相変わらず　漢 如前 -

가 : 승호 씨, 중국어를 참 잘하네요!
나 : 아니에요. 중국어를 배운 지 10년이 넘었는데 **여전히** 말하기는 어려워요.

カ：スンホさん、中国語がとても上手ですね！
ナ：いいえ。中国語を学んで10年以上なのに、相変わらず話すことは難しいです。

오래되다

形

久しい、長い時間がたつ

가 : 한국에 온 지 **오래됐**어요?
나 : 아니요, 1년밖에 안 됐어요.

カ：韓国に来て長いですか？
ナ：いいえ、まだ1年です。

–이/가 오래되다

유지

名
□ . .
□ . .
□ . .

保つこと、維持　漢 維持

가 : 앞 차하고 부딪히겠다. 앞 차와 적당한 거리를 **유지**해야 사고가 안 나지.
나 : 나도 알아. 그런데 앞 차가 너무 천천히 가서 답답해.

カ：前の車とぶつかりそうだ。前の車と適度な距離を維持しないと事故が起きるよ。
ナ：私も分かってる。だけど前の車があまりにもゆっくり走るからもどかしい。

–을/를 유지하다
–이/가 유지되다

動 유지하다 維持する　유지되다 維持される

이르다 02

形
르変則
□ . .
□ . .
□ . .

(時刻・時期が) 早い

가 : 내일 아침 6시에 만날까요?
나 : 너무 **일러**요. 7시쯤 만나요.

カ：明日朝6時に会いましょうか？
ナ：早過ぎです。7時ごろに会いましょう。

–보다 이르다
–기에 이르다

対 늦다 遅い

이르다は時間が早いとき使えますが、速度が速いときは使えません。

빠르게 걷는다. (○)
이르게 걷는다. (×)
速く歩く。

일정 01

名 [일쩡]
□ . .
□ . .
□ . .

一定　漢 一定

가 : 선생님, 된장찌개에 넣을 두부는 어떻게 잘라야 해요?
나 : 1cm로 **일정**하게 자르세요.

カ：先生、みそチゲに入れる豆腐はどのように切らなければいけませんか？
ナ：1cmで一定に切ってください。

–이/가 일정하다

形 일정하다 一定だ

参 일정 기준 一定基準　일정 기간 一定期間　일정 금액 一定金額

자연스럽다

形 [자연스럽따]

ㅂ変則

□ . .
□ . .
□ . .

自然だ 漢 自然---

가 : 어떻게 하면 한국 사람처럼 **자연스럽**게 말할 수 있어요?
나 : 드라마를 많이 보고 한국 사람과 많이 이야기하세요.

カ：どのようにすれば韓国人のように自然に話せますか？
ナ：ドラマをたくさん見て、韓国人とたくさん話してください。

–이/가 자연스럽다

対 부자연스럽다 不自然だ

잘나다

形 [잘라다]

□ . .
□ . .
□ . .

優秀だ（反語的に用いる）

가 : 형, 나 이번 시험에서 또 100점을 받았어. 난 진짜 천재인 것 같아.
나 : **잘난** 척 좀 하지 마!

カ：兄さん、僕今回の試験でまた100点取ったよ。僕は本当に天才だと思う。
ナ：偉そうにするな！

–이/가 잘나다

対 못나다 ばかだ

잘되다

動

□ . .
□ . .
□ . .

うまくいく

가 : 행사 준비 **잘돼** 가요?
나 : 네, 거의 다 끝나 가요.

カ：イベントの準備はうまくいっていますか？
ナ：はい、ほぼ終わりです。

–이/가 잘되다

対 안되다 駄目だ ▶ P.032

잘못되다

動 [잘몯뙤다]

□ . .
□ . .
□ . .

間違う

가 : 여기요, 계산이 **잘못된** 것 같아요.
나 : 그래요? 영수증 좀 보여 주세요.

カ：すみません、計算が間違っているようです。
ナ：そうですか？ ちょっと領収書を見せてください。

–이/가 잘못되다

잠들다

動

ㄹ語幹

眠る

가 : 왜 숙제를 집에서 안 하고 학교에서 해?
나 : 어젯밤에 숙제를 하다가 **잠들**어 버렸거든.

カ：どうして宿題を家でしないで学校でするんだ？
ナ：昨夜、宿題をしていて寝ちゃったのよ。

–이/가 잠들다

지저분하다

形

汚い、不潔だ

가 : 방이 왜 이렇게 **지저분**해? 청소 좀 해.
나 : 안 그래도 지금 하려고 해.

カ：どうして部屋がこんなに汚いんだ？ ちょっとは掃除しろ。
ナ：言われなくても今しようとしてるわ。

–이/가 지저분하다

類 더럽다 汚い

차다 02

動

満ちる

가 : 엄마, 생선 구우셨어요? 생선 냄새가 집 안에 가득 **찼**어요.
나 : 그래? 창문 좀 열까?

カ：ママ、魚焼きましたか？　魚の匂いが家の中に満ちていますよ。
ナ：そう？ ちょっと窓を開けようか？

–에 –이/가 차다
–이/가 –(으)로 차다

対 비다 空だ

최악

名

最悪、最低　漢 最悪

가 : 어제 소개팅한 여자 어땠어?
나 : 물어보지 마! **최악**이었어.

カ：昨日お見合いした女の人、どうだった？
ナ：聞くな！　最悪だった。

–이/가 최악이다

対 최고 最高 ▸P.206 関 최악의 상황 最悪な状況　최악의 상태 最悪な状態

타다

動

燃える、焦げる

가 : 고기는 제가 구울게요.
나 : 고기가 **타**지 않게 잘 구우세요.

カ：肉は僕が焼きます。
ナ：肉が焦げないようにちゃんと焼いてください。

–이/가 타다

使 태우다 燃やす、焦がす ▶ P.154

터지다

動

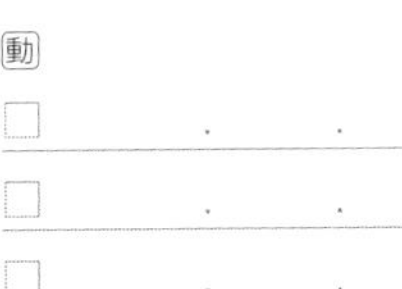

裂ける、破裂する、爆発する

그만 불어. 풍선이 **터지**겠다.

もう膨らませないで。風船が割れるわ。

가 : 더 먹어.
나 : 너무 많이 먹어서 배가 **터질** 것 같아.

カ：もっと食べなさい。
ナ：たくさん食べ過ぎておなかが破裂しそうだ。

–이/가 터지다

편리

名 [펼리]

便利、(交通などの)便がいいこと 漢 便利

가 : 왜 이쪽으로 이사하셨어요?
나 : 교통도 **편리**하고 집 근처에 마트도 있거든요.

カ：どうしてこちらに引っ越されたのですか？
ナ：交通の便もいいし、家の近くにスーパーもあるからです。

–에/에게 편리하다
–기에 편리하다

形 편리하다 便利だ 対 불편 不便

평범하다

形

平凡だ　漢 平凡 --

가 : 그 연예인 직접 보니까 어땠어?
나 : 너무 **평범하**게 생겨서 나는 연예인이 아닌 줄 알았어.

カ：その芸能人、生で見てどうだった？
ナ：あまりにも平凡な見た目で、芸能人じゃないと思った。

-이/가 평범하다

푸르다

形

러変則

青い

가 : **푸른** 바다를 보니까 좋지?
나 : 응, 빨리 수영하고 싶다.

カ：青い海を見てうれしいだろ？
ナ：うん、早く泳ぎたい。

-이/가 푸르다

関 푸른 하늘 青い空

풍부하다

形

豊かだ、豊富だ　漢 豊富 --

가 : 계란을 매일 먹어요?
나 : 네, 값도 싸고 영양도 **풍부하**잖아요.

カ：卵を毎日食べますか？
ナ：はい、値段も安くて栄養も豊富じゃないですか。

-이/가 풍부하다

흐르다

動

ㄹ変則

□ . .
□ . .
□ . .

① (川の水などが)流れる
② (涙/汗/血などが)流れる
③ (時間/年月が)流れる

우리 집 앞에는 청계천이 **흐른**다.

うちの前には清渓川が流れている。

음악을 듣다가 나도 모르게 눈물이 **흘렀**다.

音楽を聴いていて、われ知らず涙が流れた。

가 : 네 딸이 벌써 고등학생이니?
나 : 응, 세월이 정말 빠르게 **흐르**지?

カ:君の娘がもう高校生なのか?
ナ:うん、本当に時の流れは早いでしょう?

–이/가 흐르다

使 흘리다 流す ▶P.171

흔하다

形

□ . .
□ . .
□ . .

珍しくない

가 : 이 티셔츠 어때?
나 : 오늘도 그 옷 입은 사람을 몇 명이나 봤어. 그 디자인은 너무 **흔하**니까 사지 마.

カ:このTシャツ、どう?
ナ:今日もその服着た人を何人も見たよ。そのデザインはあまりにもどこにでもあるから買わないで。

–이/가 흔하다

副 흔히 珍しくなく、よく ▶P.186 対 드물다 まれだ

흘리다

動

□ . .
□ . .
□ . .

流す

가 : 왜 이렇게 땀을 **흘려**?
나 : 뛰어왔거든.

カ:どうしてそんなに汗を流しているんだ?
ナ:走ってきたんだ。

–을/를 흘리다

本 흐르다 流れる ▶P.171 関 땀을 흘리다 汗を流す 눈물을 흘리다 涙を流す 콧물을 흘리다 鼻水を流す

Let's Check

解答 ▶ P.509

의미가 반대인 것을 연결하십시오.

1 얼다 ・ ・ ① 비다
2 차다 ・ ・ ② 늦다
3 이르다 ・ ・ ③ 녹다

(　　)에 들어갈 알맞은 말을 고르십시오.

4 사람은 감정 (　　　　)에 따라 먹고 싶은 음식도 달라진다고 한다.
① 모양　② 최악　③ 상태　④ 여유

5 다이어트를 한 후에 줄어든 몸무게를 그대로 (　　　　)하는 것은 매우 힘든 일이다.
① 풍부　② 중복　③ 편리　④ 유지

다음 글을 읽고 질문에 답하십시오.

나는 ㉠한 달 후에 한국으로 유학을 가려고 한다. 한국어를 조금 할 수 있지만 아직 많이 ㉡______ 한국에 가면 적응을 잘 할 수 있을지 걱정이 된다. 친구들은 유학을 가면 어차피 한국어를 배울 거니까 가기 전부터 걱정할 필요가 없다고 했지만 그래도 ㉢______ 있을 수 없어서 일주일에 두 번씩 한국어를 공부하고 있다. 빨리 한국에 가서 한국어도 배우고 많은 사람들을 만나면서 ㉣______ 한국 문화를 경험해 보고 싶다.

6 ㉠과 바꿔 쓸 수 있는 것을 고르십시오.
① 한국 유학을 앞두고 있다.
② 한국 유학 생활이 엉망이다.
③ 한국의 유학 생활은 평범하지 않다.
④ 한국에 유학을 가는 경우는 흔하다.

7 ㉡과 ㉢에 들어갈 알맞은 것을 고르십시오.
① ㉡ 서툴러서 ㉢ 여전히　② ㉡ 오래돼서 ㉢ 가만히
③ ㉡ 오래돼서 ㉢ 여전히　④ ㉡ 서툴러서 ㉢ 가만히

8 ㉣에 들어갈 알맞은 것을 고르십시오.
① 명확한　② 일정한　③ 다양한　④ 동일한

02 程度 정도

TRACK 17

가까이

副 名

近く

뭐라고? 안 들려. **가까이** 와서 말해.

何だって？ 聞こえない。近くに来て言って。

-와/과 가까이하다
-을/를 가까이하다

動 가까이하다 近づける　対 멀리 遠く

関 가까이 오다 近くに来る　가까이 다가가다 近くに近寄っていく　가까이 지내다 親しく過ごす

가늘다

形

ㄹ語幹

細い

가 : 이 원피스는 벨트가 있어서 허리가 **가늘**어 보여요.
나 : 그래요? 그럼 한번 입어 볼게요.

カ：このワンピースはベルトがあって腰が細く見えます。
ナ：そうですか？ それでは、一度着てみます。

-이/가 가늘다

対 굵다 太い ▶ P.174

가득

副

いっぱい、満タンに

가 : 엄마, 이 옷도 세탁기에 넣어도 돼요?
나 : 세탁기에 빨래를 **가득** 넣으면 안 좋아. 그건 다음에 빨자.

カ：ママ、この服も洗濯機に入れてもいいですか？
ナ：洗濯機に洗濯物をいっぱいに入れるのはよくないわ。それは次に洗おう。

-에 -이/가 가득하다
-이/가 -(으)로 가득하다

形 가득하다 いっぱいだ

関 가득 넣다 いっぱいに入れる　가득 차다 いっぱいに満ちる　가득 따르다 いっぱいに注ぐ　가득 담기다 いっぱいに盛られる

거칠다

形

ㄹ語幹

荒い

가 : 요즘 피부가 **거칠**어져서 고민이야.
나 : 심하면 피부과에 한번 가 봐.

カ：最近、肌が荒れるのが悩み。
ナ：ひどかったら一度皮膚科に行ってみて。

–이/가 거칠다

굵다

形 [국따]

太い

가 : 이 반지를 한번 껴 봐. 어울릴 것 같아!
나 : 손가락이 **굵**어서 안 맞을 것 같은데!

カ：この指輪を一度はめてみて。似合いそう！
ナ：指が太くて合いそうにないけど！

–이/가 굵다

対 가늘다 細い ▶ P.173

関 손가락이 굵다 指が太い　목소리가 굵다 声が太い

귀하다

形

尊い、大事だ　漢 貴--

가 : 외국에서 **귀한** 손님이 오시는데 어떤 식당에 가면 좋을까요?
나 : 인사동에 가면 좋은 한정식 집이 많아요.

カ：外国から大事なお客さまがいらっしゃるけど、どんなレストランに行けばいいでしょうか？
ナ：仁寺洞に行けば、いい韓定食の店がたくさんあります。

–이/가 귀하다

関 귀하게 자라다 大事に育つ　귀한 손님 大事なお客さま

귀하다は귀하게(大事に)、귀한(大事な)の形でよく使います。

그다지

副

あまり (〜ない)

가 : 여기에서 그 박물관까지 멀어?
나 : **그다지** 멀지 않아.

カ:ここからその博物館まで遠い?
ナ:大して遠くないよ。

類 별로 あまり　그리 それほど (〜ない) ▶ P.175

✎ 그다지は必ず - 지 않다 (〜ではない)、- 지 못하다 (〜できない) などと一緒に使わなければいけません。

그리

副

それほど (〜ない)

가 : 시험이 어려웠어요?
나 : **그리** 어렵지 않았어요.

カ:試験は難しかったですか?
ナ:それほど難しくありませんでした。

類 그다지 あまり (〜ない) ▶ P.175 별로 あまり

✎ 그리は必ず - 지 않다 (〜ではない)、- 지 못하다 (〜できない) などと一緒に使わなければいけません。

끊임없다

形 [끄니업따]

絶えない

가 : 좀 쉬면서 해요. 너무 일만 하는 거 아니에요?
나 : 저도 쉬고 싶은데 **끊임없**이 할 일이 생기네요.

カ:少し休み休みやりましょう。働き過ぎではありませんか?
ナ:私も休みたいですが、絶えずやることが生まれますね。

副 끊임없이 絶えず　関 끊임없이 노력하다 絶えず努力する

너무나

副

あまりに

어제 날씨가 **너무나** 더워서 잠을 제대로 잘 수가 없었어.

昨日、あまりにも暑くて、まともに寝られなかった。

널리

副

広く

그 가수의 뮤직비디오가 유투브를 통해 **널리** 알려졌다.

その歌手のミュージックビデオがYOUTUBEを通じて広く知られた。

関 널리 쓰이다 広く使われる　널리 알려지다 広く知られる　널리 알리다 広く知らせる

넘치다

動

あふれる

가 : 저 스케이트 선수는 항상 자신감이 **넘쳐** 보여요.
나 : 늘 연습을 많이 하잖아요.

カ：あのスケート選手は、いつも自信にあふれているように見えます。
ナ：いつも練習をたくさんしているじゃないですか。

–이/가 넘치다
–에 –이/가 넘치다

関 술이 넘치다 酒があふれる　사랑이 넘치다 愛があふれる　자신감이 넘치다 自信があふれる

대단하다

形

すごい、大したものだ

가 : 저 아이는 피아노를 배운 적이 없는데 음악을 들으면 똑같이 칠 수 있다고 해요.
나 : 정말 **대단하**네요!

カ：あの子はピアノを習ったことがないのに、音楽を聴くと全く同じように弾けるそうです。
ナ：本当にすごいですね！

–이/가 대단하다

関 인기가 대단하다 人気がすごい　실력이 대단하다 実力がすごい　대단한 일 すごいこと

대충

副

大体、いい加減に

가 : 여보, 설거지를 이렇게 **대충** 하면 어떻게 해? 다시 해야 되잖아.

나 : 미안해. 내가 다시 할게.

カ：おまえ、こんな適当に皿洗いをしてどうするんだ？　もう一度やらなくちゃいけないじゃないか。

ナ：ごめん。私がもう一度やるわ。

더욱

副

さらに

요시코 씨, 새해 복 많이 받으세요. 앞으로 **더욱** 건강하고 행복하세요.

ヨシコさん、明けましておめでとうございます。今後、さらに健康で幸せになってください。

되게

副

すごく

가 : 와! 이 고기 정말 맛있다! 너도 빨리 먹어.

나 : 너 고기 **되게** 좋아하는구나! 이렇게 좋아하는 줄 몰랐어.

カ：わあ！　この肉、本当においしい！　君も早く食べなよ。

ナ：あなたは肉がすごく好きなんだね！　こんなに好きとは思わなかった。

되게は文章を書くときより会話でよく使う言葉です。

뛰어나다

形

優れている

그 가수는 처음에는 관심을 못 받았지만 **뛰어난** 노래 실력으로 점점 인기를 얻게 되었다.

その歌手は最初は関心を集められなかったが、優れた歌の実力で少しずつ人気を得た。

–이/가 뛰어나다

–에 뛰어나다

関 솜씨가 뛰어나다 手際が優れている　성능이 뛰어나다 性能が優れている　실력이 뛰어나다 実力が優れている

막 01

副

むやみやたらに

가 : 어디 아파?

나 : 배가 너무 고파서 **막** 먹었는데 소화가 잘 안 되는 것 같아.

カ：どこか痛いの？

ナ：おなかがとてもすいてむやみやたらに食べたら、うまく消化できてないみたい。

별 01

冠

これといった 漢 別

가 : 리에랑 사귀는 거예요?

나 : 아니요, 우리는 그냥 친구예요. **별** 사이 아니에요.

カ：リエと付き合っているのですか？

ナ：いいえ、僕たちはただの友達です。これといった仲ではありません。

부드럽다

形 [부드럽따]

ㅂ変則

柔らかい、ソフトだ

이 샴푸를 한번 써 보세요. 머리카락이 **부드러워**져요.

このシャンプーを一度使ってみてください。髪の毛が柔らかくなります。

–이/가 부드럽다

関 부드러운 목소리 柔らかい声　부드러운 음식 軟らかい食べ物

비교적

副 冠

比較的、わりと 漢 比較的

내일은 오늘보다 **비교적** 따뜻하겠습니다.

明日は今日よりわりと暖かいでしょう。

参 비교 比較 ▶ P.223

사소하다

ささいだ 漢 些少 --

形

☐ . .
☐ . .
☐ . .

나이가 들면 **사소한** 것을 자주 잊어버린다.

年を取るとささいなことをよく忘れてしまう。

–이/가 사소하다

関 사소한 문제 ささいな問題 사소한 일 ささいなこと 사소한 실수 ささいなミス

세다 02

強い、激しい

形

☐ . .
☐ . .
☐ . .

가 : 이에서 피가 나요.
나 : 이를 닦을 때 너무 **세**게 닦으면 안 돼요.

カ : 歯から血が出ます。
ナ : 歯を磨くとき、あまりにも強く磨いてはいけません。

–이/가 세다

対 약하다 弱い

関 힘이 세다 力が強い 고집이 세다 頑固だ 술이 세다 酒が強い 경쟁률이 세다 競争率が高い

✔ お酒をぐいぐい飲む人には술이 세다(お酒が強い)、お酒があまり飲めない人には술이 약하다(お酒が弱い)と言います。

실컷

思う存分

副 [실컨]

☐ . .
☐ . .
☐ . .

가 : 시험 끝나면 뭐 하고 싶어요?
나 : **실컷** 놀고 싶어요.

カ : 試験が終わったら何したいですか?
ナ : 存分に遊びたいです。

類 마음껏 思う存分

関 실컷 놀다 思う存分遊ぶ 실컷 먹다 思う存分食べる 실컷 자다 思う存分寝る

심각하다

形 [심가카다]

☐ . .
☐ . .
☐ . .

深刻だ　漢 深刻 --

가 : 그 사람 많이 다쳤대요?
나 : 생각보다 **심각하**대요. 수술해야 한다고 해요.

カ：その人、ひどいけがをしたってことですか？
ナ：思ったより深刻だそうです。手術しなければならないそうです。

-이/가 심각하다

関 문제가 심각하다 問題が深刻だ　피해가 심각하다 被害が深刻だ
심각하게 고민하다 深刻に悩む

약간

副 名 [약깐]

☐ . .
☐ . .
☐ . .

若干　漢 若干

가 : 비빔밥 맵지 않아?
나 : **약간** 매운데 맛있어.

カ：ビビンバ、辛くない？
ナ：ちょっと辛いけど、おいしい。

類 조금 少し

얇다

形 [얄따]

☐ . .
☐ . .
☐ . .

薄い

가 : 밖에 바람이 많이 부는데 너무 **얇**게 입은 거 아니야?
나 : 그럼 점퍼를 가지고 나가야겠다.

カ：外はすごく風が吹いているけど、薄着過ぎるんじゃないか？
ナ：それじゃ、ジャンパーを持って出掛けなきゃ。

-이/가 얇다

対 두껍다 厚い　関 옷이 얇다 服が薄い　책이 얇다 本が薄い

얕다

形 [얃따]

☐ . .
☐ . .
☐ . .

浅い

가 : 이 수영장은 아이들도 놀 수 있어요?
나 : **얕**으니까 걱정하실 필요 없습니다.

カ：このプールは子どもも遊べますか？
ナ：浅いので心配なさる必要はありません。

-이/가 얕다

対 깊다 深い

연하다

形

□ . .
□ . .
□ . .

① (材質が) 軟らかい
② (色などが) 薄い　漢 軟 --

가 : 이 집 고기 맛있지요?
나 : 네, 고기가 **연하**고 기름이 적어서 맛있네요!

カ：この店の肉、おいしいでしょう?
ナ：はい、肉が軟らかくて脂が少ないのでおいしいですね！

가 : 어떤 색으로 염색해 드릴까요?
나 : **연한** 갈색으로 해 주세요.

カ：どんな色に染めましょうか?
ナ：薄い茶色にしてください。

対 ① 질기다 硬い　② 진하다 濃い ▶P.184　짙다 (色などが) 濃い、(霧が) 深い ▶P.184

関 고기가 연하다 肉が軟らかい　커피가 연하다 コーヒーが薄い　연한 색 薄い色

영원

名

□ . .
□ . .
□ . .

永遠　漢 永遠

가 : 잘 다녀와. 도착하면 연락해.
나 : **영원**히 이별하는 것도 아닌데 그만 울어.

カ：気を付けていってらっしゃい。着いたら連絡して。
ナ：永遠の別れでもないんだから、もう泣きやんで。

–이/가 영원하다

形 영원하다 永遠だ　副 영원히 永遠に

온통

副 名

□ . .
□ . .
□ . .

全て

너무 배가 고파서 머릿속이 **온통** 음식 생각뿐이다.

すごくおなかがすいて、頭の中は食べ物のことしかない。

類 전부 全部、全部で ▶P.183　모두 全て

완전히

副

□ . .

□ . .

□ . .

すっかり、完全に　漢 完全 -

가 : 지난번에 다친 어깨는 다 나았어요?

나 : 아니요, 아직 **완전히** 낫지 않았어요. 치료받는 중이에요.

カ：この前けがした肩は治りましたか？

ナ：いいえ、まだ完全には治っていません。治療を受けているところです。

자꾸

副

□ . .

□ . .

□ . .

しょっちゅう

요즘 **자꾸** 약속을 잊어버려서 걱정이야.

最近、しょっちゅう約束を忘れてしまうので心配だ。

저렴하다

形

□ . .

□ . .

□ . .

安価だ　漢 低廉 --

지금 주문하시면 더 **저렴한** 가격으로 사실 수 있습니다.

今注文なさると、より安い値段でお買い求めいただけます。

類 싸다 安い

적당하다

形 [적땅하다]

□ . .

□ . .

□ . .

適当だ　漢 適当 --

요가는 실내에서 하기에 **적당한** 운동이다.

ヨガは室内でするのに適した運動だ。

–이/가 적당하다

–에/에게 적당하다

–기에 적당하다

전부

副 名

全部、全部で 漢 全部

가 : 사과 5개, 복숭아 5개에 얼마예요?
나 : **전부** 8,000원입니다.

カ：りんご5個、桃5個でいくらですか？
ナ：全部で8000ウォンです。

類 모두 全て 온통 全て ▶ P.181

점차

副 名

次第に、漸次 漢 漸次

비가 오다가 오후에 **점차** 맑아지겠습니다.

雨が降って、午後は次第に晴れるでしょう。

類 점점 だんだん 参 점차적 漸次的

점차は〈形容詞〉+ -아/어/해지다(～くなる)、〈動詞〉+ -게 되다(～するようになる)と一緒に使ったり、늘어나다(増える)、줄어들다(減る)などの動詞とよく使います。

제법

副 名

かなり(褒める意味)

가 : 스키를 **제법** 잘 타네요!
나 : 어렸을 때부터 배웠거든요.

カ：スキーがかなり上手ですね！
ナ：小さいころから習ってたんですよ。

–이/가 제법이다

좀처럼

副

ちっとも

가 : 아직도 감기가 안 나았네요!
나 : 네, 약을 먹는데도 **좀처럼** 잘 낫지 않네요.

カ：まだ風邪が治っていませんね！
ナ：はい、薬を飲んでるのになかなか治りませんね。

좀처럼は必ず -지 않다(～ではない)、-지 못하다(～できない)などと一緒に使わなければいけません。

지나치다

形

度を越す

가 : 어제도 4시간이나 운동을 했어.
나 : 4시간이나? 운동도 너무 **지나치**게 하면 안 좋아. 적당히 해.

カ：昨日も4時間も運動をしたんだ。
ナ：4時間も？　運動もあまりやり過ぎるとよくないよ。適度にやりなよ。

–이/가 지나치다

関 욕심이 지나치다 欲が度を越している

진하다

形

濃い　漢 津--

가 : 무슨 커피 마실래?
나 : 난 에스프레소! 난 **진한** 커피가 좋아.

カ：何のコーヒーを飲む？
ナ：私はエスプレッソ！　私は濃いコーヒーが好き。

–이/가 진하다

類 짙다 （色などが）濃い、（霧が）深い ▶P.184

対 연하다 （色などが）薄い ▶P.181

関 화장이 진하다 化粧が濃い　색깔이 진하다 色が濃い　진한 감동 深い感動

짙다

形 [짇따]

（色などが）濃い、（霧が）深い

가 : 파란색과 하늘색 중 뭐가 더 어울릴까?
나 : 그 바지에는 **짙은** 색이 더 잘 어울려!

カ：青色と空色のうち、どっちがより似合うかな？
ナ：そのズボンには濃い色の方がよく似合うよ！

–이/가 짙다

類 진하다 濃い ▶P.184 対 연하다 （色などが）薄い ▶P.181 옅다 （色が）薄い

関 안개가 짙다 霧が深い　짙은 색 濃い色　짙은 향기 濃い香り

짙다は진하다と意味が似ていますが、霧の場合だけは짙다を使います。

캄캄하다

形

真っ暗だ

캄캄해서 아무것도 안 보여. 불 좀 켜 봐.

真っ暗で何も見えない。ちょっと明かりをつけて。

類 어둡다 暗い

텅

副

ぽっかり

가 : 냉장고가 **텅** 비어 있네!
나 : 바빠서 마트에 못 가서 그래.

カ：冷蔵庫ががらんと空いているね！
ナ：忙しくてスーパーに行けなかったの。

関 텅 비어 있다 ぽっかりと空いている

통 01

副

これっぽっちも、さっぱり

가 : 왕핑 씨가 요즘 **통** 안 보이네요!
나 : 출장 중이에요.

カ：ワンピンさんの姿が最近さっぱり見えませんね！
ナ：出張中です。

類 전혀 全く

関 통 관심이 없다 さっぱり関心がない　통 연락이 없다 さっぱり連絡がない　통 말이 없다 これっぽっちも話さない　통 입맛이 없다 これっぽっちも食欲がない　통 모르겠다 さっぱり分からない　통 보이지 않다 さっぱり見えない

통は必ず－지 않다(～ではない)、－지 못하다(～できない)、없다(ない)、모르다(分からない)などと一緒に使わなければいけません。

한꺼번에

副 [한꺼버네]

一度に、一気に

가 : 어제 잠을 못 잤어? 눈이 빨개.
나 : 응, 얼마 전에 끝난 드라마를 1회부터 20회까지 **한꺼번에** 다 봤거든.

カ：昨日、眠れなかった？　目が赤いよ。
ナ：うん、この間終わったドラマを1話から20話まで一気に見たの。

헌

冠

☐ . .
☐ . .
☐ . .

使い古した

새 자전거를 사서 **헌** 자전거를 버렸다.

新しい自転車を買って使い古した自転車を捨てた。

対 새 新しい　関 헌 옷 使い古した服　헌책 使い古した本

훌륭하다

形

☐ . .
☐ . .
☐ . .

立派だ

가 : 왜 그 대학교에 가려고 해요?

나 : 학교는 유명하지 않지만 **훌륭한** 교수님들이 많다고 들었거든요.

カ：どうしてその大学に行こうと思いますか？

ナ：学校は有名ではありませんが、立派な教授が多いと聞いたんです。

-이/가 훌륭하다

흔히

副

☐ . .
☐ . .
☐ . .

珍しくなく、よく

가 : 요즘은 남자들도 액세서리를 많이 하는 것 같아요.

나 : 맞아요. 목걸이를 한 남자를 **흔히** 볼 수 있어요.

カ：最近は男性もアクセサリーをよくするようです。

ナ：そうです。ネックレスをした男性をよく見ます。

形 흔하다 珍しくない ▶ P.171

Let's Check

解答 ▶ P.509

1 다음 중 반대말끼리 연결된 것이 아닌 것을 고르십시오.

① 굵다 – 가늘다 ② 어둡다 – 캄캄하다
③ 가까이 – 멀리 ④ 세다 – 약하다

 ( )에 들어갈 수 없는 말을 고르십시오.

> 그 사람이 ( )–아/어/해서 좋아하는 것은 아니다. 그냥 좋다.

2 ① 뛰어나다 ② 훌륭하다 ③ 대단하다 ④ 영원하다

> 너는 피부가 하얘서 ( )–(으)ㄴ 색이 잘 어울려.

3 ① 연하다 ② 옅다 ③ 얇다 ④ 진하다

 다음 대화를 읽고 질문에 답하십시오.

> 가: 오늘 저녁 회식 메뉴가 삼겹살이라고 했지? 배가 고프니까 일은 안 되고 (㉠) 삼겹살 생각만 나네!
> 나: 그래? 사실은 나도 머릿속이 온통 그 생각뿐이야. 우리 오늘 저녁에 가서 (㉡) 먹자.

4 (㉠)에 들어갈 알맞은 것을 고르십시오.

① 자꾸 ② 제법 ③ 점차 ④ 대충

5 (㉡)에 들어갈 알맞은 것을 고르십시오.

① 널리 ② 완전히 ③ 한꺼번에 ④ 실컷

 ( )에 알맞은 단어를 <보기>에서 찾아 바꿔 쓰십시오.

보기	
사소하다	적당하다

6 아무리 좋은 음식도 ( )–게 먹는 게 좋아. 지나치게 먹으면 건강에 해로워.

7 ( )–(으)ㄴ 문제라고 생각해서 신경 쓰지 않으면 심각한 문제가 될 수 있어.

03 | 増減 증감

))) TRACK 18

감소

名

減少 漢 減少

인구 **감소**로 여러 가지 사회 문제가 생기고 있다.

人口減少でいろいろな社会問題が生じている。

−을/를 감소하다
−이/가 감소되다

動 감소하다 減少する・減少させる　감소되다 減少する　類 줄다 減る ▸ P.191

対 증가 増加 ▸ P.192

늘다

動

ㄹ語幹

増える

가 : 한국어 실력이 정말 많이 **늘**었네요!
나 : 한국 친구랑 말하기 연습을 많이 해서 그런 것 같아요.

カ：韓国語の実力が本当に伸びましたね！
ナ：韓国の友達と話す練習をたくさんしたからだと思います。

−이/가 늘다

類 증가하다 増加する ▸ P.192　対 줄다 減る ▸ P.191　使 늘리다 増やす ▸ P.147

関 실력이 늘다 実力が上がる　시간이 늘다 時間が増える　몸무게가 늘다 体重が増える

늘어나다

動 [느러나다]

増える、増加する

봄이 되면서 등산을 하는 사람들이 **늘어나**고 있다.

春になって登山をする人が増えている。

−이/가 늘어나다

対 줄어들다 減る、縮む ▸ P.192

関 시간이 늘어나다 時間が増える　인구가 늘어나다 人口が増える　재산이 늘어나다 財産が増える

더하다

動

加える、足す

삼에 사를 **더하**면 칠이다.

3に4を足すと7だ。

–에/에게 –을/를 더하다

参 빼다 ①抜く、除外する ②抜き取る ▶ P.190 곱하다 掛ける 나누다 ①分ける ②（数学で）割る ▶ P.100

数学記号として読むときは、＋（더하기）、－（빼기）、×（곱하기）、÷（나누기）と言います。「3＋4＝7」は삼 더하기 사는 칠と読みます。

모으다

動

으語幹

集める

가 : 여기 있는 종이 버려도 돼요?
나 : 아니요, 안 돼요. 다시 쓰려고 **모아** 둔 거예요.

カ：ここにある紙、捨ててもいいですか？
ナ：いいえ、駄目です。もう一度使おうと集めておいた物です。

–을/를 모으다
–을/를 –에 모으다
–을/를 –(으)로 모으다

類 수집하다 収集する ▶ P.309

빼지다 02

動

① （水に）はまる、溺れる
② （好きな対象に）はまる、凝る

저기 호수에 사람이 **빠졌**어요. 좀 도와주세요.

あそこの湖に人が落ちました。助けてください。

내 동생은 가수에게 **빠져**서 콘서트장만 쫓아다닌다.

僕の弟（妹）は歌手にはまってコンサート会場を追い掛け回ってばかりいる。

–이/가 –에/에게 빠지다

빼다

動

□ . .
□ . .
□ . .

① 抜く、除外する　② 抜き取る

가 : 손님, 뭘 드릴까요?
나 : 여기 비빔밥 한 그릇이요. 저는 고기는 안 먹으니까 고기 **빼**고 주세요.

カ：お客さま、ご注文は？
ナ：ビビンバ一つです。私は肉は食べないので、肉を抜いてください。

가 : 뭐부터 할까요?
나 : 먼저 책장에서 책부터 **빼** 주세요.

カ：何からしましょうか？
ナ：まず、本棚から本を抜くことから始めてください。

-에서 -을/를 빼다

関 얼룩을 빼다 染みを抜く　살을 빼다 やせる　参 더하다 加える、足す ▸ P.189　곱하다 掛ける　나누다 ①分ける　② (数学で) 割る ▸ P.100

얻다

動 [얻따]

□ . .
□ . .
□ . .

得る、手に入れる

가 : 요즘에 세계 여러 나라에서 한국의 김치를 수입한다고 들었어요.
나 : 요즘 김치가 건강에 좋은 음식으로 인기를 **얻**고 있거든요.

カ：最近、世界のいろいろな国で韓国のキムチを輸入していると聞きました。
ナ：最近、キムチが健康にいい食べ物として人気を得ているんですよ。

-을/를 얻다
-에서/에게서 -을/를 얻다

関 인기를 얻다 人気を得る　공짜로 얻다 ただで手に入れる

✔ 얻다は얻어요、얻으니까と活用します。

없애다

動 [업쌔다]

□ . .
□ . .
□ . .

なくす、消す

가 : 요즘 방에 모기가 너무 많아서 잠을 잘 못 자요.
나 : 모기를 **없애**려면 이 약을 뿌려 보세요.

カ：最近、部屋に蚊がとても多くてよく眠れません。
ナ：蚊を消すには、この殺虫剤をまいてみてください。

-을/를 없애다

関 냄새를 없애다 臭いを消す　범죄를 없애다 犯罪をなくす　남녀차별을 없애다 男女差別をなくす

제거

名

排除 漢 除去

가 : 냉장고에서 냄새가 너무 많이 나요.
나 : 식빵을 사용해 보세요. 냉장고 냄새 **제거**에 식빵이 좋대요.

カ : 冷蔵庫からすごく臭いがします。
ナ : 食パンを使ってみてください。食べ物の臭いを取り除くには食パンがいいそうです。

–을/를 제거하다
–이/가 제거되다

動 제거하다 除去する 제거되다 除去される

参 냄새 제거 臭い除去 얼룩 제거 染み取り

제외

名

除外 漢 除外

가 : 한국의 산을 모두 가 봤어요?
나 : 한라산을 **제외**하고 모두 가 봤어요.

カ : 韓国の山に全て行きましたか？
ナ : ハルラ山を除いて、全て行きました。

–을/를 제외하다
–에서 –이/가 제외되다

動 제외하다 除外する 제외되다 除外される

줄다

動

ㄹ語幹

減る

가 : 아빠, 무슨 일 있으세요? 얼굴이 안 좋아 보이세요.
나 : 요즘 가게에 손님이 **줄**어서 큰일이구나!

カ : パパ、何かありましたか？ 顔色がよくないように見えます。
ナ : 最近、店の客が減って大ごとだ！

–이/가 줄다

類 감소하다 減少する ▶P.188 줄어들다 減る、縮む ▶P.192

対 늘다 増える ▶P.188 使 줄이다 減らす、(量を) 小さくする ▶P.153

✔ 줄다/줄어들다/감소하다は次のような違いがあります。

	① 数／量／時間	② 長さ	③ 力・能力
줄다	○	○	○
줄어들다	○	○	×
감소하다	○	×	×

줄어들다

動 [주러들다]

ㄹ語幹

□ . .
□ . .
□ . .

減る、縮む

가 : 엄마, 이게 뭐예요? 옷이 **줄어들**어서 입을 수가 없잖아요.
나 : 아이고, 어떡하니? 내가 세탁 방법을 잘못 봤네!

カ：ママ、これは何ですか？ 服が縮んで着られないじゃないですか。
ナ：ああ、どうしましょう？ 私が洗濯方法を見間違えたのね！

–이/가 줄어들다

類 줄다 減る ▸P.191 対 늘어나다 増える、増加する ▸P.188

증가

名

□ . .
□ . .
□ . .

増加 漢 增加

최근 일하는 엄마들을 위해 저녁 9시까지 아이를 돌봐 주는 어린이집이 **증가**하고 있다.

最近、働く母親のために夜9時まで子どもの面倒を見てくれる保育園が増えている。

–을/를 증가하다
–이/가 증가되다

動 증가하다 増加させる　증가되다 増加する 類 늘다 増える ▸P.188

対 감소 減少 ▸P.188

✎ 늘다/늘어나다/증가하다は次のような違いがあります。

	① 数／量／時間	② 長さ	③ 力・能力
늘다	○	○	○
늘어나다	○	○	×
증가하다	○	×	×

추가

名

□ . .
□ . .
□ . .

追加 漢 追加

가 : 여기요, 삼겹살 2인분 **추가**요.
나 : 네, 잠깐만 기다리세요. 손님.

カ：すみません、サムギョプサル2人前追加です。
ナ：はい、少々お待ちください。お客さま。

–에 –을/를 추가하다
–에 –이/가 추가되다

動 추가하다 追加する　추가되다 追加される 関 추가로 追加で

参 추가적 付加的、追加の　추가 비용 追加費用　추가 모집 追加募集

퍼지다

動

□ . .

□ . .

□ . .

広がる、広まる

저 빵집은 빵이 맛있다는 소문이 **퍼진** 후에 손님이 많아졌어요.

あのパン屋はパンがおいしいといううわさが広がった後に客が増えました。

–이/가 퍼지다
–에 퍼지다
–(으)로 퍼지다

関 소문이 퍼지다 うわさが広まる　냄새가 퍼지다 臭いが広がる　전염병이 퍼지다 伝染病が広がる

확대

名 [확때]

□ . .

□ . .

□ . .

拡大　漢 拡大

가 : 아저씨, 이것 좀 **확대**해서 복사해 주세요.
나 : 얼마나 **확대**해 드릴까요?

カ：おじさん、ちょっとこれ拡大してコピーしてください。
ナ：どれくらい拡大しましょうか？

–을/를 확대하다
–이/가 확대되다

動 확대하다 拡大する　확대되다 拡大する　対 축소 縮小

参 확대 복사 拡大コピー

Let's Check

解答 ▶ P.510

1 다음 중 반대말끼리 연결된 것이 아닌 것을 고르십시오.

① 늘다 – 줄다　　② 확대하다 – 축소하다

③ 증가하다 – 감소하다　　④ 퍼지다 – 빠지다

다음 글을 읽고 질문에 답하십시오.

나의 꿈은 세계여행을 하는 것이다. 이 꿈을 위해서 지금은 일을 하면서 돈을 (㉠) 있다. 월급은 ㉡적어지고 생활비는 ㉢많아져서 내 꿈을 이룰 수 있을지 걱정이 된다. 그렇지만 포기하지 않고 노력한다면 언젠가는 여행 비용을 마련할 수 있을 것이다.

2 (㉠)에 들어갈 알맞은 것을 고르십시오.

① 더하고　② 빠지고　③ 모으고　④ 없애고

3 ㉡과 ㉢에 바꿔 쓸 수 있는 단어를 쓰십시오.

㉡ (　　　　　　)　㉢ (　　　　　　)

(　　)에 알맞은 단어를 <보기>에서 찾아서 바꿔 쓰십시오.

보기

얻다　빼다　없애다　추가하다　제외하다

4 인터넷의 발달로 많은 사람들이 인터넷을 통해 정보를 (　　　　　　)–고 있다.

5 저희가 말씀드린 서류를 (　　　　　　)–아/어/해서 다시 보내 주세요.

6 살을 (　　　　　　)–(으)려면 음식 조절과 운동을 함께 해야 한다.

7 이 약은 여드름을 (　　　　　　)–는 데에 효과적이다.

8 제주도를 (　　　　　　)–(으)ㄴ 모든 지역은 이틀 안에 물건을 받으실 수 있습니다.

04 数量／大きさ／範囲 수량/크기/범위

)) TRACK 19

가지

依

種類

가 : 이 티셔츠는 하얀색밖에 없어요?
나 : 아니에요. 저쪽에 여러 **가지** 색깔이 있어요.

カ:このTシャツは白しかありませんか?
ナ:いいえ。あちらにいろいろな色があります。

参 여러 가지 いろいろ　몇 가지 幾つか

각각

副 名 [각깍]

それぞれ、おのおの　漢 各各

가 : 미술관 입장료는 모두 같나요?
나 : 어른은 10,000원, 아이는 5,000원 **각각** 다릅니다.

カ:美術館の入場料は皆同じですか?
ナ:大人は1万ウォン、子どもは5000ウォン、それぞれ異なります。

関 각각 다르다 それぞれ異なる

각자

副 名 [각짜]

各自で、各自　漢 各自

가 : 도시락을 준비해야 되나요?
나 : 아니요, 점심에 도시락을 나눠 드립니다. 그런데 음료수는 **각자** 준비해야 합니다.

カ:弁当を準備しなければなりませんか?
ナ:いいえ、昼食は弁当を配ります。ですが、飲み物は各自準備しなければなりません。

関 각자 준비하다 各自準備する　각자 맡다 各自引き受ける

간

依

□ . .
□ . .
□ . .

① 対象と対象の間　② 関係　漢 間

> **서울–도쿄 간**
> **편도 370,000원, 왕복 560,000원**

ソウル—東京間
片道37万ウォン、往復56万ウォン

자매 **간**의 사이가 참 좋네요!

姉妹の仲がとてもいいですね！

곁

名 [겯]

□ . .
□ . .
□ . .

そば、脇

가 : 엄마, 주사 맞기 싫어!
나 : 엄마가 **곁**에 있을 테니까 걱정하지 마.

カ：ママ、注射されたくない！
ナ：ママがそばにいるから心配しないで。

関 곁에 있다 そばにいる　곁을 지키다 そばを守る　곁에서 도와주다 そばで手伝う

고급

名

□ . .
□ . .
□ . .

高級（品質）、上級（レベル）　漢 高級

가 : 이번 달에도 수영 신청했어?
나 : 응, 이번 달에는 **고급**반을 신청했어.

カ：今月も水泳申し込んだ？
ナ：うん、今月は上級クラスを申し込んだ。

–이/가 고급스럽다

形 고급스럽다 高級だ　参 초급-중급-고급 初級-中級-上級

공동

名

□ . .
□ . .
□ . .

共同　漢 共同

가 : 티셔츠 참 예쁘네요! 어디에서 샀어요?
나 : 친구들이랑 인터넷에서 **공동** 구매한 거예요.

カ：Tシャツ、とてもかわいいですね！ どこで買いましたか？
ナ：友達たちとインターネットで共同購入したものです。

参 공동체 共同体　공동주택 共同住宅　공동 시설 共同施設

군데

依

□ . .
□ . .
□ . .

～カ所

가 : 오늘 몇 **군데** 구경했어?
나 : 오늘 간 곳이 너무 넓어서 한 **군데**밖에 못 봤어.

カ：今日、何カ所見物した？
ナ：今日行った場所がとても広くて、1カ所しか見られなかった。

参 한 군데 1カ所　여러 군데 数カ所　몇 군데 何カ所

규모

名

□ . .
□ . .
□ . .

規模　漢 規模

가 : 직원이 100명 정도 되는데 다 들어갈 수 있을까요?
나 : 회의장 **규모**가 크니까 걱정하지 마세요.

カ：職員が100人ほどになりますが、全員入れるでしょうか？
ナ：会議場の規模が大きいので、心配なさらないでください。

関 규모가 크다/작다 規模が大きい／小さい

参 대규모 大規模　소규모 小規模

기준

名

□ . .
□ . .
□ . .

基準　漢 基準

시대에 따라 미인의 **기준**이 다르다.

時代によって美人の基準が違う。

関 기준을 세우다 基準を作る　기준에 따라 基準に従って

参 평가 기준 評価基準

기타

名

□ . .
□ . .
□ . .

その他　漢 其他

기타 궁금한 것이 있으시면 저희 사무실로 직접 전화하시기 바랍니다.

その他、気になることがおありでしたら私どもの事務室に直接お電話していただくようお願いします。

参 기타 등등 その他もろもろ

길이

名 [기리]

長さ、丈

가 : 아저씨, 이 바지 **길이** 좀 줄여 주세요.
나 : 얼마나 줄여 드릴까요?

カ：おじさん、このズボン、丈をちょっと詰めてください。
ナ：どれくらい短くしましょうか？

関 길이가 길다/짧다 長さが長い／短い　길이를 늘리다/줄이다 長さを伸ばす／減らす　길이를 재다 長さを測る

깊이

名 [기피]

深さ

가 : 이 호수의 **깊이**는 얼마나 돼요?
나 : 2m예요.

カ：この湖の深さはどれくらいになりますか？
ナ：2mです。

関 깊이가 깊다/얕다 深さが深い／浅い　깊이를 재다 深さを測る

내부

名

内部　漢 内部

우리 가게는 지금 **내부** 수리 중입니다. 1월 3일부터 다시 문을 열 예정입니다.

うちの店は今、内部修理中です。1月3日から再開する予定です。

対 외부 外部　関 내부를 들여다보다 内部をのぞき見る

参 내부 수리 内部の修理

내외

名

① 前後（数量）　② 内外　漢 内外

가 : 교수님, 이번 보고서는 몇 장 정도 써야 합니까?
나 : A4 10장 **내외**로 써 오세요.

カ：教授、今回のリポートは何枚ほど書かなければいけませんか？
ナ：A4、10枚前後で書いてきてください。

유명한 가수의 콘서트 때는 늘 공연장 **내외**에 사람이 많다.

有名な歌手のコンサートのときは、いつも会場の内外に人がたくさんいる。

類 안팎 内外　参 국내외 国内外

높이

名 [노피]

高さ

한라산의 **높이**는 약 1,950m로 한국에서 제일 높다.

ハルラ山の高さは約1950mで、韓国で一番高い。

関 높이를 재다 高さを測る

다수

名

多数　漢 多数

가 : 다들 이번 주에는 시간이 없어서 못 간다고 해.

나 : 그래? **다수**의 생각이 그러면 이번 주 말고 다음 주에 가자.

カ：みんな、今週は時間がなくて行けないそうだ。

ナ：そう？ 多数の考えがそうなら今週じゃなく来週行こう。

対 소수 少数　関 다수의 생각 多数の考え　다수의 의견 多数の意見

대부분

副 名

大部分　漢 大部分

가 : 그 친구의 말을 믿어도 될까?

나 : 믿지 마. 그 친구가 하는 말의 **대부분**은 거짓말이야.

カ：その友達の言葉を信じてもいいかな？

ナ：信じないで。その友達の言葉の大部分はうそよ。

대부분의 (ほとんどの～)、～의 대부분 (～のほとんど) の形でよく使います。

대형

名

大型　漢 大型

가 : 집 근처에 **대형** 할인 마트가 생겼어.

나 : 앞으로 쇼핑하기 편리하겠다.

カ：家の近くに大型の格安スーパーができた。

ナ：今後、買い物が便利そうだね。

対 소형 小型

参 대형 마트 大型スーパー　대형 할인 매장 大型セール会場　대형 - 중형 - 소형 大型 - 中型 - 小型

딴

冠

他の

내 얘기 듣고 있어? **딴** 생각하지 말고 잘 들어.

私の話、聞いてる？ 他のこと考えてないでよく聞いて。

類 다른 他の

関 딴 생각 他の考え　딴 일 他のこと　딴 곳 他の所　딴 사람 他の人

만

名

満　漢 満

가 : 나이가 어떻게 되세요?

나 : **만**으로 29살이에요.

カ：何歳ですか？

ナ：満で29歳です。

몇몇

冠 数 [면멷]

幾つか、何人か (少数)

가 : 아직도 가게 문 안 닫았어요?

나 : 네, **몇몇** 손님들이 남아 있어서 정리 중이에요.

カ：まだ閉店していないんですか？

ナ：はい、何人かお客さんが残っていて、片付け中です。

미터

名

メートル　外 meter

가 : 100**미터**를 몇 초에 달려요?

나 : 13초에 달려요.

カ：100メートルを何秒で走りますか？

ナ：13秒で走ります。

参 킬로미터 - 미터 - 센티미터　キロメートル - メートル - センチメートル

번째

依

～番目　漢 番-

오늘은 우리 지우의 첫 **번째** 생일입니다. 돌잔치에 와 주셔서 감사합니다.

今日はうちのジウの初めての誕生日です。トルジャンチに来てくださり、ありがとうございます。

参 첫 번째 1番目　두 번째 2番目　몇 번째 何番目

범위

名 [버뮈]

範囲　漢 範囲

가 : 시험 **범위**가 어디까지예요?
나 : 15과까지예요.

カ：試験範囲はどこまでですか？
ナ：15課までです。

参 시험 범위 試験範囲

선착순

名 [선착쑨]

先着順、早いもの順　漢 先着順

오늘 저희 가게에서 화장품을 사시면 **선착순** 10분께 선물을 드립니다.

今日、私どもの店で化粧品をお買いになると、先着10人にプレゼントを差し上げます。

関 선착순으로 나눠 주다 先着順で分けてあげる

参 선착순 7명 先着順で7人

아무것

名 [아무걷]

何も（～ない）、何でも

가 : 어제 면접 잘 봤어요?
나 : 아니요, **아무것**도 생각이 안 나서 대답을 잘 못했어요. 아무래도 떨어질 것 같아요.

カ：昨日の面接、うまくいきましたか？
ナ：いいえ、何も思い浮かばなくて、ちゃんと返事できませんでした。どうやら落ちそうです。

関 아무것도 아니다 何でもない　아무거나 (아무것이나) 괜찮다 何でも大丈夫だ

약

冠

約 漢 約

하루에 **약** 700만 명이 서울의 지하철을 이용하고 있다.

1日に約700万人がソウルの地下鉄を利用している。

양

名

量 漢 量

가 : 이 식당 정말 괜찮지요?

나 : 네, **양**도 많고 맛있어서 또 오고 싶어요.

カ：この食堂、本当にいいでしょう?

ナ：はい、量も多くておいしいので、また来たいです。

対 질 質 ▶ P.422 関 양이 많다/적다 量が多い／少ない 参 양적 量的

양쪽

名

両方 漢 両-

가 : 이쪽만 아프세요?

나 : 아니요, **양쪽** 어깨 모두 아파요.

カ：こちらだけ痛いですか?

ナ：いいえ、両肩とも痛いです。

参 한쪽 片方 ▶ P.208

억

名

億 漢 億

가 : 이 집은 얼마예요?

나 : 3**억** 정도 합니다.

カ：この家はいくらですか?

ナ：3億ほどします。

参 만-십만-백만-천만-억-조 1万-10万-100万-1,000万-億-兆

여럿

名 [여럳]

□ . .
□ . .
□ . .

何人もの人

가 : 뭐 먹을까요?
나 : **여럿**이 나눠 먹을 수 있는 피자를 시킬까요?

カ：何を食べましょうか？
ナ：何人かで分けて食べられるピザを頼みましょうか？

외

依

□ . .
□ . .
□ . .

～の他、～外　漢 外

가 : 이사하는 데에 돈이 많이 들지?
나 : 응, 예상 **외**로 돈이 많이 들더라고.

カ：引っ越しするのに金がすごくかかるだろ？
ナ：うん、予想外に金がたくさんかかったわ。

関 그 외에 その他に

위

依

□ . .
□ . .
□ . .

～位　漢 位

2012년 런던 올림픽에서 한국은 5**위**를 했다.

2012年のロンドン・オリンピックで韓国は5位になった。

関 1위를 하다 1位になる　3위를 차지하다 3位を占める

이것저것

名 [이걷쩌걷]

□ . .
□ . .
□ . .

あれこれ

가 : 뭘 많이 사 왔네요!
나 : 네, 이사를 했더니 **이것저것** 필요한 게 많아서요.

カ：何やらたくさん買ってきましたね！
ナ：はい、引っ越しをしたら、あれこれ必要な物が多くて。

関 이것저것 입어 보다 あれこれ着てみる　이것저것 물어보다 あれこれ聞く

이내

名

以内　漢 以内

가 : 준이치 씨, 내가 부탁한 일 어떻게 됐어요?
나 : 지금 하고 있습니다. 2시간 **이내**에 끝내겠습니다.

カ：ジュンイチさん、私が頼んだ仕事、どうなりましたか？
ナ：今やっています。2時間以内に終わらせます。

類 안 中

이상

名

以上　漢 以上

3만 원 **이상** 주문하시면 배송료가 무료입니다.

3万ウォン以上注文なさると、配送料が無料です。

対 이하 以下 ▶ P.204 関 5년 이상 5年以上　3회 이상 3回以上

이외

名

以外　漢 以外

가 : 한국어 **이외**에도 할 수 있는 외국어가 있어요?
나 : 네, 일본어를 조금 해요.

カ：韓国語以外にもできる外国語はありますか？
ナ：はい、日本語が少しできます。

主に이외에（以外に）の形でよく使います。

이하

名

以下　漢 以下

이 놀이기구는 120cm **이하** 어린이는 탈 수 없습니다.

この遊具は120cm以下の子どもは乗れません。

対 이상 以上 ▶ P.204

일부

名

一部 漢 一部

가 : 요즘에는 고등학생들도 화장을 한대요.
나 : **일부** 학생만 그런 거예요. 다 그런 것은 아니에요.

カ：最近は高校生も化粧をするそうです。
ナ：一部の生徒だけがそうなんです。全員がそうではありません。

전원

名 [저눤]

全員 漢 全員

가 : 이번 소풍에 못 가는 사람 있어요?
나 : 아니요, 우리 반은 **전원** 다 갑니다.

カ：今度の遠足に行けない人はいますか？
ナ：いいえ、うちのクラスは全員行きます。

전체

名

全体 漢 全体

마을 **전체**가 홍수로 피해를 입었다.

村全体が洪水で被害を受けた。

参 마을 전체 村全体　국가 전체 国家全体

절반

名

半数 漢 折半

경제가 안 좋아서 20대의 **절반**이 취직을 못 하고 있다.

経済が良くないため20代の半分が就職できずにいる。

주요

名

主要　漢 主要

가 : 오늘부터 서울 시내 **주요** 백화점에서 세일을 시작한대.
나 : 그래? 그럼 오랜만에 쇼핑하러 갈까?

カ：今日からソウル市内の主要なデパートでセールを始めるって。
ナ：そう？ それじゃ、久しぶりに買い物しに行こうか？

参 주요 사건 主要事件　주요 원인 主要原因　주요 고객 主要顧客　주요 뉴스 主要ニュース

첫째

冠 [천째]

第一

저희 약국은 매달 **첫째**, 셋째 일요일은 쉽니다.

私どもの薬局は毎月第1、第3日曜日は休みます。

参 첫째 - 둘째 - 셋째 第1 - 第2 - 第3

최고

名

最高　漢 最高

가 : 수진아, 아빠가 인형 사 왔다.
나 : 우아, 우리 아빠 **최고**!

カ：スジン、パパがお人形買ってきたぞ。
ナ：うわあ、パパ最高！

対 최저 最低　최악 最悪、最低 ▶ P.168

参 최고 높이 最高の高さ　최고 점수 最高点数

点数、気温などを言うときは최고の反対は최저で、ある状態や状況を言うときは최고の反対は최악です。

최대

名

最大　漢 最大

가 : 이 카드를 사용하면 얼마나 할인돼요?
나 : **최대** 60%까지 할인받을 수 있습니다.

カ：このカードを使うとどれくらい割引になりますか？
ナ：最大60%まで割引を受けられます。

対 최소 最小 ▶ P.207

최소

名

最小　漢 最小

어제 지진으로 **최소** 30명이 다치거나 죽었다고 합니다.

昨日の地震で少なくとも30人がけがしたり死んだりしたそうです。

対 최대 最大 ▶ P.206

최소한

名

最小限　漢 最小限

저녁을 먹은 후에 **최소한** 2시간 후에 자는 것이 좋다.

夕食を食べた後、少なくとも2時間後に寝るのがいい。

対 최대한 最大限

편

依

～編（作品を数えるとき）　漢 篇

가 : 한 달에 보통 영화 몇 **편**쯤 보세요?
나 : 영화를 좋아해서 3~4**편**쯤 봐요.

カ：普通、1カ月に映画を何本くらい見ますか？
ナ：映画が好きなので3～4本くらい見ます。

한계

名 [한게]

限界　漢 限界

가 : 아, 나는 더 이상 못 걷겠어. 여기까지가 내 **한계**야.
나 : 다 왔어. 5분만 더 가면 돼.

カ：ああ、僕はこれ以上歩けない。ここまでが僕の限界だ。
ナ：もうすぐだ。あと5分行けばいい。

関 한계가 있다/없다 限界がある／ない　한계를 극복하다 限界を克服する

✔ これ以上我慢できないとき、참는 데에도 한계가 있다（我慢するにも限界がある）と言います。

한두

冠

1～2

가 : 노래방에 자주 가요?
나 : 1년에 **한두** 번 가요.

カ：カラオケによく行きますか？
ナ：1年に1、2回行きます。

参 한두 - 두세 - 서너 - 네다섯 1～2 - 2～3 - 3～4 - 4～5

한쪽

名

片方

가 : 계속 **한쪽** 머리가 아프네!
나 : 참지 말고 약 먹어.

カ：ずっと頭の片側が痛い！
ナ：我慢しないで薬飲め。

参 양쪽 両方 ▶ P.202

회

依

① 回 (次数)　② 回 (回数)　漢 回

제17**회** FIFA월드컵은 한국과 일본이 함께 개최했다.

第17回FIFAワールドカップは韓国と日本が一緒に開催した。

이 카드는 비밀번호를 5**회** 이상 잘못 누르신 경우, 사용이 불가능합니다.

このカードは暗証番号を5回以上間違って押した場合、使えなくなります。

関 여러 회 数回　10회 10回

횟수

名 [횓쑤]

回数　漢 回数

서울시티투어버스 표를 사면 하루 동안 **횟수**에 관계없이 이용하실 수 있습니다.

ソウル・シティー・ツアー・バスの切符を買うと、1日中、回数に関係なく利用できます。

関 횟수가 줄다/늘다 回数が減る／増える　횟수가 많다/적다 回数が多い／少ない

Let's Check

解答 ▶ P.510

다음 그림에 알맞은 단어를 <보기>에서 찾아 쓰십시오.

보기
높이　　　　길이　　　　깊이

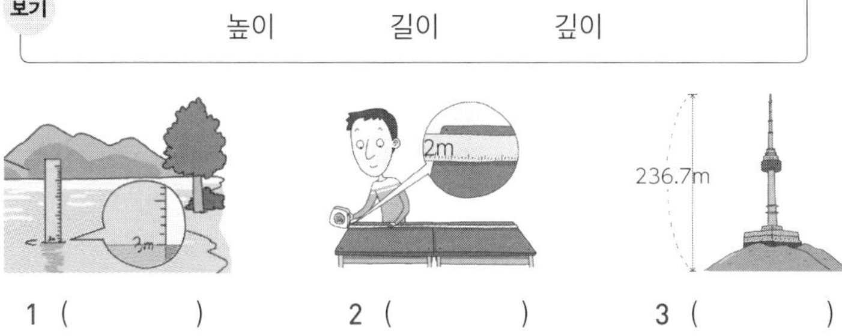

1 (　　　　)　　2 (　　　　)　　3 (　　　　)

4 다음 중 관계가 다른 것은 무엇입니까?
① 최대 – 최소　　② 이상 – 이하
③ 외부 – 내부　　④ 다수 – 일부

(　　)에 들어갈 알맞은 말을 고르십시오.

5 요즘 대학생들의 직업 선택 (　　　　)은/는 월급이나 적성이라고 한다.
① 기준　　② 횟수　　③ 한계　　④ 범위

6 옷가게에서 (　　　　) 많이 입어 봤지만 마음에 드는 옷이 없었다.
① 최소한　　② 대규모　　③ 이것저것　　④ 아무거나

(　　) 에 알맞은 단어를 <보기>에서 찾아 쓰십시오.

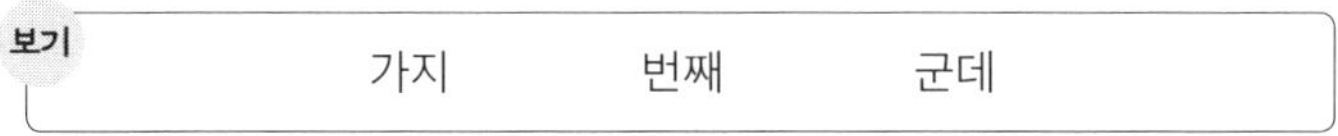
보기
가지　　　　번째　　　　군데

7 오늘 어머니 생신 선물을 사려고 여러 (　　　　)을/를 돌아다녔지만 결국 사지 못했다.

8 이번이 몇 (　　　　) 교통사고인지 모르겠다. 왜 운전만 하면 자꾸 교통사고를 낼까?

9 라면을 맛있게 끓이는 방법에는 여러 (　　　　)이/가 있는데 어떤 방법부터 가르쳐 줄까?

MEMO

4章

知識／教育

지식/교육

01 | 学問 학문

)) TRACK 20

과학

名

科学 漢 科学

과학의 발전은 우리의 생활을 편리하게 만들어 주었다.

科学の発展は、われわれの生活を便利にしてくれた。

参 과학적 科学的　과학자 科学者　과학 기술 科学技術

교양

名

教養 漢 教養

가 : 한국어를 언제 배웠어요?
나 : 대학교 때 **교양** 수업으로 배웠어요.

カ：韓国語をいつ学びましたか？
ナ：大学のとき、教養の授業で学びました。

공공장소에서 큰 소리로 떠드는 것은 **교양** 없는 행동이다.

公共の場所で大声で騒ぐことは教養のない行動だ。

関 교양이 있다/없다 教養がある／ない　교양이 높다 教養が高い　교양을 쌓다 教養を積む

参 교양적 教養的　교양 프로그램 教養プログラム

국어

名 [구거]

国語 漢 国語

가 : 우리 아이가 4살인데 영어 학원에 보내고 싶어요.
나 : 아직 어린데 **국어**부터 가르쳐야 하지 않아요?

カ：うちの子が4歳なんですが、英語の塾に通わせたいです。
ナ：まだ幼いんだから、国語から教えた方がいいのではありませんか？

논문

名
□ . .
□ . .
□ . .

論文 漢 論文

가 : 졸업 **논문** 쓰기 시작했어요?
나 : 아니요, 아직 무엇에 대해서 쓸지 결정하지 못했어요.

カ：卒業論文、書き始めましたか？
ナ：いいえ、まだ何について書くか決められていません。

関 논문을 쓰다 論文を書く

参 논문 심사 論文審査　학위 논문 学位論文　소논문 小論文

문자

名［문짜］
□ . .
□ . .
□ . .

文字 漢 文字

'한글'은 한국 사람들이 사용하는 **문자**이다.

「ハングル」は韓国人が使う文字だ。

参 문자 메시지 携帯電話のショートメール

문학

名
□ . .
□ . .
□ . .

文学 漢 文学

가 : 한국 소설가의 이름은 어떻게 알아요?
나 : 제가 대학교에서 한국 **문학**을 전공했거든요.

カ：韓国の小説家の名前をどうして知っているのですか？
ナ：大学で韓国文学を専攻していましたので。

参 문학적 文学的　문학 작품 文学作品

박사

名［박싸］
□ . .
□ . .
□ . .

博士 漢 博士

오늘은 황 **박사**님을 모시고 '한국의 교육 문제'에 대해 들어 보겠습니다.

今日はファン博士をお迎えして「韓国の教育問題」についてお話しいただきます。

参 학사-석사-박사 学士-修士-博士　학위를 받다 学位をもらう　학위를 따다 学位を取る

발견

名
□ . .
□ . .
□ . .

発見　漢 発見

그 의사는 암을 일으키는 DNA를 **발견**했다.

その医者はがんを引き起こすDNAを発見した。

–을/를 발견하다
–이/가 발견되다

動 발견하다 発見する　발견되다 発見される　参 발명 発明 ▸ P.222

분야

名 [부냐]
□ . .
□ . .
□ . .

分野　漢 分野

가 : 이번에 새로 생긴 도서관에 가 봤어?
나 : 응, 다양한 **분야**의 책이 많아서 좋더라.

カ：今回新しくできた図書館に行ってみた？
ナ：うん、さまざまな分野の本が多くて良かったよ。

상대적

冠 名
□ . .
□ . .
□ . .

相対的　漢 相対的

여성은 남성에 비해 **상대적**으로 키가 작다.

女性は男性に比べて相対的に背が低い。

対 절대적 絶対的

상식

名
□ . .
□ . .
□ . .

常識　漢 常識

그 사람은 책을 많이 읽어서 **상식**이 풍부하다.

その人は本をたくさん読んでいるので常識が豊富だ。

関 상식이 풍부하다/부족하다 常識が豊富だ／足りない　参 상식적 常識的

수학

名

数学 漢 数学

가 : 초등학교 때 공부 잘했어요?
나 : 국어는 잘했는데 **수학**은 잘 못했어요.

カ：小学校のとき、勉強できましたか？
ナ：国語はできたけど、数学はあまりできませんでした。

언어

名［어너］

言語、言葉 漢 言語

나라마다 **언어**가 다르다.

国ごとに言葉が違う。

参 언어적 言語的　언어 감각 言語感覚

역사

名［역싸］

歴史 漢 歴史

가 : 왜 **역사** 드라마를 좋아해요?
나 : 한국어도 배우고 한국 **역사**도 배울 수 있거든요.

カ：どうして歴史ドラマが好きなのですか？
ナ：韓国語も学べて、韓国の歴史も学べるからです。

関 역사를 기록하다 歴史を記録する　역사를 쓰다 歴史を書く

参 역사적 歴史的　역사 소설 歴史小説　역사적 사건 歴史的事件　역사적 인물 歴史的人物

의학

名

医学 漢 医学

가 : 대학에서 뭘 전공하고 싶어요?
나 : **의학**을 전공하고 싶어요.

カ：大学で何を専攻したいですか？
ナ：医学を専攻したいです。

参 의학적 医学的　한의학 韓医学

일반적

冠 名

一般的　漢 一般的

일반적으로 한국 사람들은 다른 사람 집에 갈 때 빈손으로 가면 안 된다고 생각한다.

一般的に、韓国人は他の人の家に行くとき、手ぶらで行ってはいけないと考える。

参 일반 一般 ▶ P.312

전망

名

① 将来について想像すること、想像される将来の状況

② 広く景色を見渡すこと、見晴らし

漢 展望

가 : 교수님, 앞으로 어떤 전공이 인기가 많아질 것 같습니까?
나 : 앞으로는 디자인 전공이 인기를 끌 것으로 **전망**됩니다.

カ：教授、今後どの専攻が人気が出ると思いますか？
ナ：今後はデザイン専攻が人気が出るものと思われます。

이 방은 바다가 보여서 **전망**이 좋네요!

この部屋は海が見えて見晴らしがいいですね！

–을/를 전망하다
–을/를 –(으)로 전망하다
–이/가 –(으)로 전망되다

動 전망하다 展望する、予想する　전망되다 予想される

関 전망이 좋다/나쁘다 展望がいい／悪い

점

名

点　漢 点

김치는 좋은 **점**이 아주 많습니다. 첫째, 김치는 칼로리가 낮아서 다이어트에 좋습니다.

キムチはいい所がとても多いです。一つ目、キムチはカロリーが低くてダイエットにいいです。

関 좋은 점 いい点　나쁜 점 悪い点　배울 점 学ぶ点

✎ 점は〈形容詞〉+ –(으)ㄴ 점(～な点)、〈動詞〉+ –(으)ㄴ/는/(으)ㄹ 점(～した／する点)の形で使います。

주제

名

テーマ、主題　漢 主題

가 : 이번 강연회의 **주제**가 뭐래?
나 : 한국 전통 노래인 '아리랑'의 의미에 대해서 이야기한대.

カ : 今度の講演会のテーマは何だって？
ナ : 韓国の伝統の歌である「アリラン」の意味について話すんだって。

-을/를 주제로 하다

関 주제를 정하다 テーマを決める　주제로 하다 テーマにする

参 논문 주제 論文テーマ　대화 주제 会話のテーマ

필수

名 [필쑤]

必須　漢 必須

가 : 이 수업도 꼭 들어야 하는 거였어?
나 : 그럼, 우리 과 학생들은 **필수**로 들어야 해.

カ : この授業も必ず聞かなければいけないものだったの？
ナ : もちろん、うちの科の学生は必ず聞かなければいけないよ。

参 필수적 必須　필수 조건 必須条件

학과

名 [학꽈]

学科　漢 学科

안녕하세요. 저는 경영**학과** 2학년 준이치입니다.

こんにちは。私は経営学科2年のジュンイチです。

학자

名 [학짜]

学者　漢 学者

가 : 저는 언어**학자**가 되고 싶어요.
나 : 왕위 씨는 언어에 관심이 많으니까 잘 어울릴 것 같아요.

カ : 私は言語学者になりたいです。
ナ : ワンウィさんは言語への関心が高いから、よく似合いそうです。

02 | 研究／リポート 연구/보고서

)))TRACK 21

결론

名

結論 漢 結論

가 : 보고서 다 썼어요?

나 : 서론이랑 본론은 다 썼어요. 이제 **결론**만 쓰면 돼요.

カ：リポートは書き終えましたか？

ナ：序論と本論は書き終えました。あと結論だけ書けば大丈夫です。

関 결론을 맺다 結論をまとめる　参 결론적 最終的　마무리 仕上げ ▶ P.244

공통

名

共通 漢 共通

두 언어의 **공통**점과 차이점에 대해 조사해 오십시오.

二つの言語の共通点と違いについて調査してきてください。

–이/가 공통되다

動 공통되다 共通する　参 공통적 一般的、普遍的　공통점 共通点

공통は공통된（共通した～）、공통의（共通の～）の形でよく使います。

관계

名 [관게]

関係 漢 関係

가 : 날씨와 기분이 **관계**가 있을까요?

나 : 그럼요. 비가 오면 우울해지잖아요.

カ：天気と気分は関係があるでしょうか？

ナ：もちろんです。雨が降るとゆううつになるじゃないですか。

그 사람은 성격이 좋아서 대인 **관계**가 좋아요.

その人は性格が良くて対人関係がいいです。

–에 관계하다

–이/가 관계되다

–이/가 –와/과 관계되다

動 관계하다 関わる　관계되다 関わる　類 관련 関連 ▶ P.219

関 관계가 있다/없다 関係がある／ない　관계가 깊다 関係が深い　관계를 맺다 関係を結ぶ　관계를 끊다 関係を切る

参 대인 관계 対人関係

관련

名 [괄련]

関連　漢 関連

우주 과학과 관련된 책은 어디에 있어요?

宇宙科学と関連した本はどこにありますか?

–와/과 관련하다
–이/가 관련되다
–이/가 –와/과 관련되다

動 관련하다 関連する　관련되다 関連する　類 관계 関係 ▶ P.218

関 관련이 있다/없다 関連がある／ない

参 관련성 関連性　관련 도서 関連書籍

관찰

名

観察　漢 観察

오늘 토마토를 심었으니까 일주일 동안 어떻게 자라는지 관찰해 보자.

今日トマトを植えたから、1週間どのように育つか観察してみよう。

–을/를 관찰하다
–에 대하여 관찰하다
–이/가 관찰되다

動 관찰하다 観察する　관찰되다 観察される　参 관찰 결과 観察結果

관하다

動

関する　漢 関 --

가 : 무엇에 관한 책을 쓰고 계십니까?
나 : '언어와 문화'에 관한 책을 쓰고 있습니다.

カ : 何に関する本を書いていらっしゃいますか?
ナ : 「言語と文化」に関する本を書いています。

類 대하다 (対象に) 対する ▶ P.221

관하다は〜에 관하여(〜に関して)、〜에 관한(〜に関する)の形でよく使います。

구체적

冠 名

具体的 漢 具体的

된장이 건강에 좋다는 말을 많이 들었는데요. 어떻게 좋은지 **구체적**으로 알고 싶어요.

みそが健康に良いという話をよく聞いたのですが。どのように良いのか具体的に知りたいです。

関 구체적으로 예를 들다 具体的に例を挙げる　구체적인 계획 具体的な計画　구체적인 내용 具体的な内容

근거

名

根拠 漢 根拠

가 : 커피는 몸에 안 좋대요. 마시지 마세요.
나 : 제 생각은 다른데 그렇게 말하는 **근거**가 있어요?

カ：コーヒーは体に悪いそうです。飲まないでください。
ナ：私の考えは違いますが、そのように言う根拠がありますか？

–에 근거하다

動 근거하다 基づく

関 근거가 있다/없다 根拠がある／ない　사실에 근거하다 事実に基づく

달하다

動

達する 漢 達 --

이번 조사에서는 결혼을 하지 않고 혼자 사는 사람이 25%에 **달한** 것으로 나타났다.

今回の調査では、結婚をしないで独りで暮らしている人が25%に達したことが分かった。

–에 달하다

関 10%에 달하다 10%に達する　100명에 달하다 100人に達する

대상

名

対象 漢 対象

직장인 500명을 **대상**으로 여름 휴가 계획을 조사하려고 하는데 참여 부탁 드립니다.

サラリーマン500人を対象に、夏季休暇の計画を調査しようと思いますが、ご参加願います。

参 조사 대상 調査対象　참가 대상 参加対象　연구 대상 研究対象

대상は～을/를 대상으로(～を対象に)の形でよく使います。

대하다 02

(対象に)対する 漢 対--

動

□ . .
□ . .
□ . .

여러분, 다음 시간까지 '한국의 떡'에 대해서 조사해 오십시오.

皆さん、次の時間までに「韓国の餅」について調査してきてください。

類 관하다 関する ▶ P.219

✔ 대하다は~에 대한(~に対する)、~에 대하여(~について)、~에 대해서(~について)の形でよく使います。

목적

目的 漢 目的

名 [목쩍]

□ . .
□ . .
□ . .

이 연구의 목적은 외국인들이 한국 생활에서 겪는 어려움이 무엇인지를 알아보는 데 있다.

この研究の目的は、外国人たちが韓国生活で経験する困難が何であるかを調べることにある。

関 목적을 이루다 目的を達する 参 연구 목적 研究目的

미치다 02

及ぼす、及ぶ

動

□ . .
□ . .
□ . .

부모의 말과 행동은 아이에게 영향을 미친다.

親の言葉と行動は子どもに影響を及ぼす。

-에/에게 -을/를 미치다

類 이르다 ① (場所／時間に) 至る ② (程度／範囲に) 至る ▶ P.219

関 영향을 미치다 影響を及ぼす

바탕

基(根拠)

名

□ . .
□ . .
□ . .

그동안 모아 온 자료를 바탕으로 연구 계획서를 썼다.

これまで集めてきた資料を基に、研究計画書を書いた。

-에 바탕을 두다

関 바탕으로 만들다 基に作る 바탕을 두다 基づく 사실을 바탕으로 事実を基に

4章 知識／教育

반면

名

反面 漢 反面

조사 결과, 결혼할 사람을 선택할 때 남성은 외모를 가장 중요하게 생각하는 **반면**에 여성은 경제적 능력을 중요하게 생각하는 것으로 나타났다.

調査の結果、結婚する人を選ぶとき、男性は外見を最も重要と考える反面、女性は経済的能力を重要と考えるものと分かった。

✔ 반면は普通、〈形容詞〉＋ －(으)ㄴ 반면에(～な反面)、〈動詞〉＋ －(으)ㄴ/는 반면에(～した／する反面)の形でよく使います。

발명

名

発明 漢 発明

가 : 세탁기, 청소기는 누가 처음 만든 거예요?
나 : 에디슨이 아내를 위해서 **발명**했다고 들었어요.

カ：洗濯機、掃除機は誰が最初に作ったんですか？
ナ：エジソンが妻のために発明したと聞きました。

–을/를 발명하다
–이/가 발명되다

動 발명하다 発明する　발명되다 発明される

参 발명품 発明品　발명가 発明家　발견 発見 ▸ P.214

보고서

名

リポート、報告書 漢 報告書

가 : 교수님, 이번 **보고서**는 언제까지 제출해야 합니까?
나 : 다음 주 월요일까지 제출하도록 하십시오.

カ：教授、今回のレポートはいつまでに提出しなければいけませんか？
ナ：来週月曜までに提出するようにしてください。

関 보고서를 쓰다 レポートを書く　보고서를 내다 レポートを出す　보고서를 제출하다 レポートを提出する

분석

名

分析　漢 分析

신제품의 문제점을 **분석**해서 다음 주까지 내세요.

新製品の問題点を分析して来週までに出してください。

–을/를 분석하다
–을/를 –(으)로 분석하다
–이/가 –(으)로 분석되다

動 분석하다 分析する　분석되다 分析される

参 분석적 分析的　원인 분석 原因分析　내용 분석 内容の分析　문제점 분석 問題点の分析

비교

名

比較　漢 比較

두 그림을 **비교**해서 다른 점을 찾아보십시오.

二つの絵を比較して、異なる点を見つけてください。

–을/를 –와/과 비교하다
–을/를 –에/에게 비교하다
–이/가 –와/과 비교되다
–이/가 –에/에게 비교되다

動 비교하다 比較する　비교되다 比較される

参 비교 대상 比較対象　비교 분석 比較分析　비교적 比較的、わりと ▸ P.178

설문

名

設問、アンケート　漢 設問

가 : 보고서를 쓰려면 사람들의 생각을 알아야 하는데 어떻게 하지?
나 : 그럼 먼저 **설문** 조사부터 할까?

カ：リポートを書くには、人々の考えを知らなければいけないけど、どうしよう？
ナ：じゃあ、まずアンケート調査からする？

–에/에게 –을/를 설문하다

動 설문하다 アンケートする　関 설문에 응답하다 アンケートに答える

参 설문 조사 アンケート調査

시도

名

□ . .
□ . .
□ . .

試み 漢 試図

가 : 실험 결과 잘 나왔어?
나 : 아니, 이번에도 실패해서 다시 **시도**해 보려고 해.

カ：実験結果はうまく出たか？
ナ：いや、今回も失敗したから、またやってみようと思う。

−을/를 시도하다

動 시도하다 試す

실험

名

□ . .
□ . .
□ . .

実験 漢 実験

가 : 너는 왜 이 회사 화장품만 써?
나 : 이 회사에서는 동물 **실험**을 하지 않거든. 그래서 마음에 들어.

カ：君はどうしてこの会社の化粧品しか使わないの？
ナ：この会社では動物実験をしないの。だから気に入ってる。

−을/를 실험하다

動 실험하다 実験する 参 실험적 実験的

연구

名

□ . .
□ . .
□ . .

研究 漢 研究

가 : 대학원에 가면 뭘 공부하고 싶어요?
나 : 자동차 디자인에 대해서 **연구**해 보고 싶어요.

カ：大学院に行ったら何を勉強したいですか？
ナ：自動車デザインについて研究してみたいです。

−을/를 연구하다
−이/가 연구되다

動 연구하다 研究する 연구되다 研究される

参 연구원 研究員 연구자 研究者 연구 대상 研究対象

예

名

例　漢 例

장미는 색깔에 따라 의미가 다르다. **예**를 들면 빨간 장미는 '사랑'을 의미하고 노란 장미는 '이별'을 의미한다.

バラは色によって意味が異なる。例えば、赤いバラは「愛」を意味し、黄色いバラは「別れ」を意味する。

関 예를 들다 例を挙げる　예를 보이다 例を見せる　예를 들어 설명하다 例を挙げて説明する

예は예를 들면(例えば)、예를 들어(例えば)の形でよく使います。

예측

名

予測　漢 予測

가 : 인터넷 뉴스를 봤는데 지구가 100년 후에 없어질 거래.
나 : 말도 안 돼. 미래를 **예측**할 수 있는 사람은 아무도 없어.

カ：インターネットのニュースを見たけど、地球が100年後になくなるだろうって。
ナ：あり得ない。未来を予測できる人は誰もいない。

-을/를 예측하다
-을/를 -(으)로 예측하다
-이/가 예측되다
-이가 -(으)로 예측되다

動 예측하다 予測する　예측되다 予測される

関 예측이 맞다/틀리다 予測が当たる／外れる　결과를 예측하다 結果を予測する

응답

名

回答、応答　漢 応答

출퇴근 시간에 뭘 하느냐는 질문에 **응답**자 중 50% 이상이 휴대폰을 사용한다고 답했다.

通勤時間に何をするかという質問に、回答者中50%以上が携帯電話を使うと答えた。

-에 -다고/(느)ㄴ다고 응답하다

動 응답하다 答える　対 질의 質疑　参 응답자 回答者

의하다

動

(～に)よる(依拠)　漢 依 --

이 책에 **의하**면 낮에만 활동하는 동물들은 보통 밤에 잘 보지 못한다고 한다.

この本によると、昼にのみ活動する動物は普通、夜に目がよく見えないそうだ。

類 따르다 従う ▶ P.082

✓ 의하다は普通、～에 의한(～による)、～에 의하면(～によると)、～에 의해(～によって)の形でよく使います。

자극

名

刺激　漢 刺戟

가 : 음악을 좋아하시나 봐요. 매일 들으시네요!
나 : 음악을 꾸준히 들으면 뇌를 계속 **자극**해서 기억력이 좋아진대요.

カ:音楽がお好きなようですね。毎日聴かれていますね!
ナ:音楽を絶えず聞くと、脳を刺激し続けて記憶力が良くなるそうです。

–을/를 자극하다
–이/가 자극되다

動 자극하다 刺激する　자극되다 刺激される

関 자극이 없다 刺激がない　자극을 주다/받다 刺激を与える／受ける

参 자극적 刺激的

조사

名

調査　漢 調査

가 : 외국인들이 제일 좋아하는 한국 음식이 뭐예요?
나 : 설문 **조사** 결과에 따르면 외국인들이 제일 좋아하는 한국 음식은 '불고기'래요.

カ:外国人が一番好きな韓国料理は何ですか?
ナ:アンケートの結果によると、外国人が一番好きな韓国料理は「プルコギ」だそうです。

–을/를 조사하다
–이/가 조사되다

動 조사하다 調査する　조사되다 調査される

関 원인을 조사하다 原因を調査する　参 조사 결과 調査結果

차이

名

違い、差、差異　漢 差異

요즘 아침과 저녁의 온도 차이로 인해 감기에 걸리는 사람들이 증가하고 있다.

最近、朝と夕方の温度差によって風邪をひく人が増えている。

関 차이가 있다/없다 違いがある/ない　차이가 나다 違いが出る　별 차이가 없다 特に違いがない

参 차이점 違う点　세대 차이 世代差　문화 차이 文化の違い　성격 차이 性格の違い

차지

名

占めること

주말에 운동이나 취미 활동을 하는 직장인이 전체 조사 대상자의 13%를 차지했다.

週末に運動や趣味活動をするサラリーマンが、調査対象者全体の13%を占めた。

–을/를 차지하다

動 차지하다 占める

関 1위를 차지하다 1位を占める　10%를 차지하다 10%を占める　절반 이상을 차지하다 半分以上を占める　参 독차지 独り占め

현상

名

現象　漢 現象

가 : 환경오염 때문에 세계 여러 나라에서 이상기후 현상이 나타나고 있대요.

나 : 맞아요. 아직 5월인데도 30도가 넘는 날이 많잖아요.

カ：環境汚染のせいで世界各国に異常気象の現象が起きているそうです。
ナ：そうですね。まだ5月なのに30度を超える日が多いじゃないですか。

関 현상이 나타나다 現象が現れる　현상을 유지하다 現象を維持する　현상을 극복하다 現象を克服する

확률

名 [황뉼]

確率　漢 確率

당첨될 확률이 거의 없는데도 많은 사람들이 복권을 산다.

当選する確率がほとんどないのに、たくさんの人が宝くじを買う。

関 확률이 높다/낮다 確率が高い/低い　확률이 크다/적다 確率が高い/低い

参 확률적 確率的

Let's Check

解答 ▶ P.511

1 다음 <보기>와 관련 있는 단어를 고르십시오.

보기
과학　학자　논문　실험

① 연구　② 상식　③ 교양　④ 능력

관계가 있는 것끼리 연결하십시오.

2 보고서를 •　• ① 미치다
3 결과가 •　• ② 들다
4 예를 •　• ③ 내다
5 영향을 •　• ④ 나오다

(　　) 안에 알맞은 단어를 <보기>에서 찾아 바꿔 쓰십시오.

보기
발견하다　조사하다　달하다　대하다

정미래 교수는 한국 대학생 1,000명의 학습 습관을 (㉠) -(으)ㄴ 결과, 성적이 우수한 학생들에게서 한 가지의 공통점을 (㉡)-았/었/했다. 그것은 '매일, 같은 시간에, 같은 장소에서, 계획한 학습량을, 꾸준히 실천하는 것'이다.

6 ㉠ (　　　　　　)　㉡ (　　　　　　)

'청소년연구소'가 한국, 미국, 일본, 중국 등 4개국 고교생을 대상으로 해외 유학에 (㉠)-(으)ㄴ 설문 조사를 했다. 그 결과 해외 유학을 희망하는 한국 학생이 82%에 (㉡)-아/어/해 가장 높은 것으로 나타났다. 중국의 경우, 해외 유학을 원하는 고교생은 58%였고, 미국은 53%, 일본은 46%로 조사됐다.

7 ㉠ (　　　　　　)　㉡ (　　　　　　)

03 学校生活 학교 생활

))) TRACK 22

고교생

名

高校生　漢 高校生

한국 **고교생**의 수업 시간은 평균 9시간 정도이다.

韓国の高校生の授業時間は、平均9時間ほどだ。

類 고등학생 高校生

꾸중

名

叱ること

가 : 기분이 안 좋아 보이네! 무슨 일 있어?
나 : 아까 친구랑 싸워서 선생님께 **꾸중**을 들었거든.

カ：不機嫌そうだね！ 何かあった？
ナ：さっき友達とけんかして先生に叱られたんだ。

–을/를 꾸중하다
–에게 –다고/(느)ㄴ다고 꾸중하다

動 꾸중하다 叱る　関 꾸중을 듣다 叱られる

낙서

名 [낙써]

落書き　漢 落書

가 : 책에 **낙서**하지 마. 도서관에서 빌린 책이야.
나 : 안 그래도 지금 지우려고 했어.

カ：本に落書きするな。図書館で借りた本だぞ。
ナ：言われなくても今消そうとしてたんだ。

–에 낙서하다

動 낙서하다 落書きする　関 벽에 낙서하다 壁に落書きする

参 낙서 금지 落書き禁止

다하다

動

尽くす

가 : 이번 대회에서도 열심히 하세요.
나 : 네, 최선을 **다하**겠습니다.

カ：今回の大会でも一生懸命やってください。
ナ：はい、最善を尽くします。

–을/를 다하다

関 최선을 다하다 最善を尽くす　정성을 다하다 誠意を尽くす

대

依

～対～　漢 対

가 : 어제 축구 누가 이겼어?
나 : 삼 **대** 이로 우리 팀이 이겼어.

カ：昨日のサッカー、どっちが勝った？
ナ：3対2でうちのチームが勝ったよ。

類 일 대 일 1対1　A팀 대 B팀 Aチーム対Bチーム

동기

名

動機　漢 動機

가 : 한국어를 배우게 된 **동기**가 무엇입니까?
나 : 제가 좋아하는 가수가 하는 말을 알아듣고 싶었기 때문이에요.

カ：韓国語を学ぶことになった動機は何ですか？
ナ：私が好きな歌手が話す言葉を理解したかったからです。

동아리

名

サークル、部活

가 : 댄스 **동아리**에 들어가려면 춤을 잘 춰야 해요?
나 : 아니에요. 들어간 후에 배우면 돼요.

カ：ダンスサークルに入るには、ダンスが上手じゃなければいけませんか？
ナ：いいえ。入った後で習えば大丈夫です。

関 동아리에 가입하다 サークルに加入する

参 동아리 모임 サークルの集まり

목표

名

目標　漢 目標

가 : 시험 공부 열심히 하고 있어?
나 : 그럼, 이번에도 일등을 **목표**로 공부하고 있어.

カ：試験勉強、一生懸命やってる？
ナ：もちろん、今回も1位を目標に勉強してるよ。

関 목표를 세우다 目標を立てる　목표를 정하다 目標を決める

문구

名

文房具　漢 文具

가위, 칼, 풀, 테이프 등을 **문구**류라고 한다.

はさみ、カッター、のり、テープなどを文房具類という。

参 문구류 文房具類　문구점 文房具店

미팅

名

合コン　外 meeting

가 : 선생님, 대학생 때 **미팅**을 해 본 적이 있어요?
나 : 그럼요, 당연하지요.

カ：先生、大学生のとき、合コンをしたことありますか？
ナ：もちろんです、当然でしょう。

動 미팅하다 合コンする　関 미팅에서 만나다 合コンで会う

参 소개팅 1対1の合コン

미팅は何人かで会って気に入った人を決めるもので、소개팅は男女1対1で会うものです。

반납

名

返却　漢 返納

가 : 도서관에서 빌린 책 **반납**했어?
나 : 아, 또 깜빡했네!

カ：図書館で借りた本、返却した？
ナ：あ、また忘れた！

–을/를 반납하다
–에/에게 –을/를 반납하다
–이/가 반납되다

動 반납하다 返却する　반납되다 返却される

関 책을 반납하다 本を返却する　열쇠를 반납하다 鍵を返却する

반장

名

学級委員長　漢 班長

지금부터 한 학기 동안 우리 반 학생들을 도와줄 **반장**을 뽑겠습니다.

今から1学期の間、うちのクラスの生徒を手助けする学級委員長を選びます。

関 반장을 뽑다 学級委員長を選ぶ

밤새우다

動

徹夜する

가 : 시험 공부를 많이 못해서 **밤새워**야 할 것 같아.
나 : 또 벼락치기 하려고?

カ：試験勉強があまりできなくて、徹夜しないと駄目そうだ。
ナ：また一夜漬けするの？

関 밤새워 공부하다 徹夜で勉強する　밤새워 놀다 徹夜で遊ぶ

試験を受ける前に急いで勉強することを벼락치기と言います。

별명

名

あだ名　漢 別名

가 : 어렸을 때 **별명**이 뭐였어요?
나 : 키가 커서 친구들이 '기린'이라고 불렀어요.

カ：小さいころのあだ名は何でしたか？
ナ：背が高くて、友人たちから「キリン」と呼ばれていました。

関 별명을 부르다 あだ名を呼ぶ　별명을 짓다 あだ名を付ける　별명을 붙이다 あだ名を付ける

사례

名 [사례]

□ . .
□ . .
□ . .

事例 漢 事例

지금부터 우리 대학교 선배들의 취업 성공 사례를 들어 보도록 하겠습니다.

今からうちの大学の先輩たちの就職成功事例を聞きたいと思います。

関 사례를 들다 事例を挙げる

상

名

□ . .
□ . .
□ . .

賞 漢 賞

축하해요. 미술 대회에서 일등을 해서 상을 받았다면서요?

おめでとうございます。美術大会で1位になって賞をもらったそうですね?

関 상을 주다/받다 賞を与える/もらう 상을 타다 受賞する

参 개근상 皆勤賞 우등상 優秀賞

상담

名

□ . .
□ . .
□ . .

相談、カウンセリング 漢 相談

가 : 열심히 공부하고 있는데 계속 성적이 오르지 않아.
나 : 그럼 선생님과 한번 상담해 봐.

カ:一生懸命勉強しているのに、ずっと成績が上がらない。
ナ:それじゃ、一度先生に相談してみな。

–을/를 상담하다
–와/과 –을/를 상담하다
–와/과 –에 대해 상담하다

動 상담하다 相談する 関 상담을 받다 相談を受ける

参 상담 센터 相談センター 진학 상담 進学相談 고민 상담 悩みの相談

소문

名

□ . .
□ . .
□ . .

うわさ 漢 所聞

가 : 너 그 소문 들었어? 국어 선생님께서 결혼하신대.
나 : 어머, 그래? 언제 하신대?

カ:おまえ、あの噂聞いた? 国語の先生が結婚なさるって。
ナ:あら、本当? いつされるって?

関 소문이 나다 うわさが立つ 소문이 퍼지다 うわさが広まる 소문을 내다 うわさを立てる 소문을 듣다 うわさを聞く

순서

名

□ . .

□ . .

□ . .

順序　漢 順序

지금부터 한 사람씩 **순서**대로 나와서 발표해 주십시오.

今から一人ずつ順序通りに出てきて発表してください。

関 순서를 기다리다 順序を待つ　순서를 지키다 順序を守る

시합

名

□ . .

□ . .

□ . .

試合　漢 試合

가 : 우리 점심 먹고 농구 **시합**할래?

나 : 그래, 좋아! **시합**에서 지는 사람이 아이스크림 사기로 하자.

カ：昼食食べてバスケットボールの試合する？

ナ：ああ、いいよ！ 試合で負けた方がアイスクリームをおごることにしよう。

-와/과 시합하다

動 시합하다 試合する　関 시합에서 이기다/지다 試合に勝つ／負ける

시합에서 비기다 試合で引き分ける

야단

名

□ . .

□ . .

□ . .

大声で叱ること　漢 惹端

수업 시간에 옆 친구와 떠들다가 선생님께 **야단**을 맞았다.

授業時間に横の友達とおしゃべりしていて先生に叱られた。

関 야단을 치다 叱る　야단을 맞다 叱られる

✔ 야단을 하다、야단을 듣다と言わず、야단을 치다、야단을 맞다と言います。

예정

名

□ . .

□ . .

□ . .

予定　漢 予定

가 : 선생님, 내일 몇 시에 출발해요?

나 : 9시에 출발할 **예정**이에요.

カ：先生、明日何時に出発しますか？

ナ：9時に出発する予定です。

-을/를 -(으)로 예정하다

-기로 예정하다

-이/가 -(으)로 예정되다

-이/가 -기로 예정되다

動 예정하다 予定する　예정되다 予定される

✔ 예정は -(으)ㄹ 예정이다(〜する予定だ)の形でよく使われます。

우승

名

□ . .
□ . .
□ . .

優勝　漢 優勝

가 : 지난주에 대학생 축구 대회가 있었지요? 어떻게 됐어요?
나 : 우리 학교가 **우승**했어요.

カ：先週、大学生サッカー大会があったでしょう？ どうなりましたか？
ナ：うちの学校が優勝しました。

–에서 우승하다
–에서 –이/가 우승하다

動 우승하다 優勝する

関 우승으로 이끌다 優勝に導く　우승을 차지하다 優勝をする

参 우승 후보 優勝候補

유치원

名

□ . .
□ . .
□ . .

幼稚園　漢 幼稚園

가 : 아이가 **유치원**에 안 가려고 해서 걱정이에요.
나 : 처음이라서 그럴 거예요. 너무 걱정하지 마세요.

カ：子どもが幼稚園に行きたがらなくて心配です。
ナ：初めてだからそうなんだと思いますよ。あまり心配なさらないでください。

인원

名 [이눤]

□ . .
□ . .
□ . .

人数、人員　漢 人員

회의에 몇 명 왔어요? 참석 **인원** 좀 확인해 주세요.

会議に何人来ましたか？ 出席した人数をちょっと確認してください。

関 인원이 부족하다 人員が足りない　인원을 파악하다 人数を把握する

장난

名

□ . .
□ . .
□ . .

いたずら、ふざけること

가 : 야! 너희 둘 **장난** 좀 치지 마. 공부를 할 수 없잖아.
나, 다 : 미안해. 조용히 할게.

カ：おい！ おまえら二人、ふざけるな。勉強できないじゃないか。
ナ、タ：ごめん。静かにするよ。

–와/과 장난하다

動 장난하다 ふざける、じゃれる

関 장난을 치다 いたずらをする　장난이 심하다 いたずらがひどい

参 장난감 おもちゃ　장난 전화 いたずら電話

장래

名 [장내]

将来 漢 将来

가 : **장래** 희망이 뭐예요?
나 : 저는 로봇을 만드는 과학자가 되고 싶어요.

カ：将来の希望は何ですか？
ナ：僕はロボットを作る科学者になりたいです。

関 장래가 밝다 将来が明るい 参 장래 희망 将来の希望

장학금

名 [장학끔]

奨学金 漢 奨学金

가 : 이번 학기에 누가 **장학금**을 받게 되었어요?
나 : 리에 씨예요.

カ：今学期、誰が奨学金をもらうことになりましたか？
ナ：リエさんです。

参 장학생 奨学生

재학

名

在学 漢 在学

저는 한국대학교 4학년에 **재학** 중입니다.

私は韓国大学の4年に在学中です。

–에 재학하다

動 재학하다 在学する

参 재학생 在学生 휴학 休学 복학 復学 퇴학 退学

적성

名 [적썽]

適性 漢 適性

가 : 지금 하고 있는 일은 **적성**에 잘 맞아요?
나 : 네, 재미있어서 시간 가는 줄 모를 정도예요.

カ：今している仕事は適性に合っていますか？
ナ：はい、面白くて時間がたつのも忘れるくらいです。

関 적성에 맞다/안 맞다 適性に合っている／合っていない

적응

名 [저긍]

適応 漢 適応

가 : 한국 생활에 **적응**했어요?
나 : 네, 한국 친구가 도와줘서 많이 익숙해졌어요.

カ：韓国の生活に慣れましたか？
ナ：はい、韓国の友達が助けてくれて、とても慣れました。

–에 적응하다
–이/가 –에 적응되다

動 적응하다 適応する　적응되다 適応する　参 적응력 適応力

중고생

名

中高生 漢 中高生

이번 방학에 **중고생**들이 꼭 읽어야 하는 책 100권을 읽기로 했다.

今回の休みに、中高生が必ず読まなければならない本100冊を読むことにした。

類 중고등학생 中高生　参 중고등학교 中高等学校

증명

名

証明 漢 証明

가 : 대학원에 지원하고 싶은데요. 어떤 서류를 준비해야 하나요?
나 : 자기소개서와 졸업**증명**서, 성적**증명**서를 준비하세요.

カ：大学院に志願したいんですが。どんな書類を準備しなければいけませんか？
ナ：自己紹介書と卒業証明書、成績証明書を準備してください。

–을/를 증명하다
–이/가 증명되다

動 증명하다 証明する　증명되다 証明される

関 증명서를 떼다 証明書を発行する

参 증명사진 証明写真　졸업증명서 卒業証明書　성적증명서 成績証明書

지다 01

動

□ . .

□ . .

□ . .

負ける

가 : 가위, 바위, 보를 해서 진 사람이 청소를 하는 게 어때?
나 : 좋아. 가위, 바위, 보!

カ：じゃんけんをして負けた人が掃除をするのはどう？
ナ：よし。じゃん、けん、ぽん！

–에/에게 지다
–에서 지다

対 이기다 勝つ

関 경기에/에서 지다 試合に／で負ける　싸움에/에서 지다 けんかに／で負ける　전쟁에/에서 지다 戦争に／で負ける

지원 01

名

□ . .

□ . .

□ . .

志願　漢 志願

이번에 우리 과에 지원한 사람이 몇 명쯤 돼요?

今回、うちの科に志願した人は何人くらいになりますか？

–에 지원하다
–을/를 지원하다

動 지원하다 志願する　参 지원자 志願者　지원율 志願率

진학

名

□ . .

□ . .

□ . .

進学　漢 進学

가 : 졸업한 후에 취직할 거예요?
나 : 아니요, 대학원에 진학하려고 해요.

カ：卒業した後に就職するつもりですか？
ナ：いいえ、大学院に進学しようと思います。

–에 진학하다

動 진학하다 進学する　関 대학에 진학하다 大学に進学する

参 진학 상담 進学相談

체험

名

体験 漢 体験

가 : '한국의 집'에서 어떤 문화 **체험**을 할 수 있어요?
나 : 한복도 입어 볼 수 있고 전통차도 마실 수 있어요.

カ:「韓国の家」でどのような文化体験をできますか?
ナ:韓服も着ることができますし、伝統茶も飲めます。

-을/를 체험하다

動 체험하다 体験する

参 문화 체험 文化体験　체험 프로그램 体験プログラム

칭찬

名

褒めること、称賛 漢 称讃

가 : 오늘 발표를 잘했어?
나 : 네, 선생님께서 잘했다고 **칭찬**해 주셨어요.

カ:今日、発表を上手にできた?
ナ:はい、先生がうまかったと褒めてくださいました。

-을/를 칭찬하다
-다고/(느)ㄴ다고 칭찬하다

動 칭찬하다 称賛する

関 칭찬을 듣다 称賛を聞く　칭찬을 받다 称賛を受ける

학부모

名 [학뿌모]

父兄 漢 学父母

가 : **학부모** 회의가 언제 있어요?
나 : 다음 주 수요일에 있어요.

カ:父兄会議がいつありますか?
ナ:来週水曜日にあります。

Let's Check

解答 ▶ P.512

의미가 맞는 것을 연결하십시오.

1 밤새우다 • • ① 종이에 장난으로 글씨나 그림을 그린다.
2 낙서하다 • • ② 어떤 생활이나 환경에 익숙해진다.
3 적응하다 • • ③ 일하거나 공부하면서 밤에 잠을 자지 않는다.

다음 중 바르게 연결된 것이 아닌 것을 고르십시오.

4 ① 야단을 – 치다 ② 미팅을 – 놀다
③ 꾸중을 – 듣다 ④ 장난을 – 치다

( )에 알맞은 단어를 <보기>에서 찾아서 바꿔 쓰십시오.

보기
체험하다 칭찬하다

5 오늘 회사에서 처음으로 발표를 했는데 다들 ( )–아/어/해 주셔서 기분이 좋았다.

6 오늘 김치 박물관에 가서 김치 만들기를 ( )–았/었/했는데 아주 재미있었다.

다음 글을 읽고 질문에 답하십시오.

오늘은 회사에서 농구 대회가 있는 날이었다. 우리 팀은 열심히 뛰어 결승전까지 가게 되었다. 그러나 결승전은 다른 경기에 비해 공을 넣기가 쉽지 않았다. 상대편에 키가 큰 선수들이 많았기 때문이다. 우리 팀 선수 중에 한 명이 다쳐서 힘들게 경기를 했고 결국 90:97로 져서 (㉠)을/를 놓쳤다. 우리 팀이 지기는 했지만 모두 최선을 (㉡) 때문에 아쉽지 않았다.

7 (㉠)에 들어갈 알맞은 것을 고르십시오.
① 기회 ② 시합 ③ 우승 ④ 장래

8 (㉡)에 들어갈 알맞은 것을 고르십시오.
① 했기 ② 다했기 ③ 들었기 ④ 만들었기

감상문

名

感想文 漢 感想文

이 소설책을 읽고 **감상문**을 써 오세요.

この小説を読んで、感想文を書いてきてください。

参 독서 감상문 読書感想文

강사

名

講師 漢 講師

가 : 피터 씨, 한국에서 무슨 일을 하고 있어요?
나 : 대학교에서 영어 **강사**로 일하고 있어요.

カ：ピーターさん、韓国で何の仕事をしていますか？
ナ：大学で英語講師として働いています。

関 강사로 일하다 講師として働く 参 학원 강사 塾の講師

강연

名

講演 漢 講演

다음 주에 도서관에서 유명한 소설가의 **강연**이 있는데 같이 갈래?

来週、図書館で有名な小説家の講演があるけど、一緒に行く？

–에게 –을/를 강연하다
–에게 –에 대해 강연하다

動 강연하다 講演する

関 강연이 열리다 講演が開かれる 강연을 듣다 講演を聞く

参 강연회 講演会

강의

名 [강이]

□ . .

□ . .

□ . .

講義 漢 講義

가 : 오늘 **강의** 어땠어?

나 : 내용이 어렵지 않고 재미있어서 좋았어.

カ：今日の講義、どうだった？

ナ：内容が難しくないし、面白くて良かったよ。

–을/를 강의하다

–에게 –을/를 강의하다

動 강의하다 講義する 関 강의를 듣다 講義を聞く 강의를 신청하다 講義を申請する 参 강의실 講義室 강의 내용 講義内容 인터넷 강의 インターネット講義

강조

名

□ . .

□ . .

□ . .

強調 漢 強調

가 : 시험 공부 어떻게 하고 있어?

나 : 선생님께서 중요하다고 **강조**하신 것부터 공부하고 있어.

カ：試験勉強、どのようにやってる？

ナ：先生が重要だと強調なさったことから勉強している。

–을/를 강조하다

–다고/(느)ㄴ다고 강조하다

–이/가 강조되다

動 강조하다 強調する 강조되다 強調される

과제

名

□ . .

□ . .

□ . .

課題 漢 課題

가 : 오늘 **과제**는 뭐야?

나 : 교과서 연습 문제를 풀어 오는 거야.

カ：今日の課題は何？

ナ：教科書の練習問題を解いてくることだよ。

類 숙제 宿題 参 학교 과제 学校の課題

교사

名

教師、教諭 漢 教師

가 : 왕위 씨의 형은 무슨 일을 해요?
나 : 고등학교 **교사**예요.

カ：ワンウィさんのお兄さんは何の仕事をしていますか？
ナ：高校教師です。

교육

名

教育 漢 教育

모든 학생은 컴퓨터 **교육**을 10시간 이상 받아야 합니다.

全ての学生はコンピューター教育を10時間以上受けなければなりません。

–을/를 교육하다

動 교육하다 教育する 関 교육을 받다 教育を受ける 参 교육적 教育的

교재

名

教材 漢 教材

가 : 교수님, **교재**는 어디에서 사야 될까요?
나 : 학교 안에 있는 서점에 가 보세요.

カ：教授、教材はどこで買えばいいでしょうか？
ナ：学校の中にある書店に行ってみてください。

参 교재비 教材費

그룹

名

グループ 外 group

이번에는 A **그룹**, B **그룹**으로 나누어서 토론을 해 보겠습니다.

今回はAグループ、Bグループに分けて討論をしてみます。

기초

名

□ . .
□ . .
□ . .

基礎　漢 基礎

나는 한국어를 혼자 공부해서 기초가 부족하다.

僕は韓国語を一人で勉強しているので基礎が不足している。

–에 기초하다

動 기초하다 基づく

関 기초가 부족하다 基礎が足りない　기초를 세우다 基礎を建てる

参 기초적 基礎的　기초 실력 基礎の実力　기초 조사 基礎調査

마무리

名

□ . .
□ . .
□ . .

仕上げ

여러분, 5분 남았습니다. 쓰고 있는 글을 마무리하세요.

皆さん、残り5分です。書いている文を仕上げてください。

–을/를 마무리하다

動 마무리하다 仕上げる　参 마무리 단계 仕上げの段階　결론 結論 ▶ P.218

맞추다

動 [맏추다]

□ . .
□ . .
□ . .

合わせる、照らし合わせる

가 : 너 시험 잘 봤어? 1번 정답이 몇 번이야?
나 : 3번 아니야? 우리 뭐 틀렸는지 같이 답을 맞춰 보자.

カ：おまえ、試験うまくできた？　1番の正解は何番だ？
ナ：3番じゃない？　私たち何を間違えたか一緒に答え合わせしてみましょう。

–을/를 맞추다
–을/를 –에/에게 맞추다
–을/를 –와/과 맞추다

문법

名 [문뻡]

□ . .
□ . .
□ . .

文法　漢 文法

가 : 한국어를 배우기가 어때요?
나 : 우리 나라 말과 문법이 달라서 어려워요.

カ：韓国語を学ぶのはどうですか？
ナ：自分の国の言葉と文法が違うので難しいです。

参 문법적 文法的

반복

名

□ . .
□ . .
□ . .

反復 漢 反復

가 : 어떻게 하면 외국어를 잘할 수 있어요?
나 : 배운 것을 **반복**해서 연습해 보세요.

カ：どうすれば外国語をうまく話せますか？
ナ：学んだことを繰り返し練習してみてください。

–을/를 반복하다
–이/가 반복되다

動 반복하다 繰り返す　반복되다 繰り返される

붙다

動 [붇따]

□ . .
□ . .
□ . .

① 付く、くっつく　② (試験などに)受かる

가 : 너 시험에 **붙**었어?
나 : 아니, 아직 모르겠는데.
가 : 사무실 앞에 합격한 사람 이름이 **붙**어 있으니까 가서 확인해 봐.

カ：おまえ、試験に受かった？
ナ：いや、まだ分からないけど。
カ：事務室の前に合格した人の名前が貼ってあるから行って確認してみなよ。

–에 붙다

関 종이가 붙어 있다 紙が付いている　메모가 붙어 있다 メモが付いている

✔ 시험에 붙다(試験に受かる)は합격하다(合格する)という意味があり、対義語は시험에/에서 떨어지다(試験に／で落ちる)と言います。

성적

名

□ . .
□ . .
□ . .

成績 漢 成績

이번 시험은 열심히 공부했는데 **성적**이 오르지 않아서 속상하다.

今回の試験は一生懸命勉強したのに成績が上がらず悔しい。

関 성적이 좋다/나쁘다 成績がいい／悪い　성적이 오르다/떨어지다 成績が上がる／落ちる

일등

名 [일뜽]

一等　漢 一等

가 : 엄마, 이번 시험에서 **일등**을 하면 정말 게임기 사 주실 거지요?

나 : 그럼 약속을 했으니까 사 줘야지!

カ：ママ、今度の試験で1位になったら本当にゲーム機買ってくれますよね？
ナ：もちろん、約束をしたからには買ってあげなくちゃ！

対 꼴등 びり　関 일등을 하다 一等を取る　일등을 차지하다 一等を占める

잇다

動 [읻따]

ㅅ変則

① つなぐ　② 続ける

앞 문장과 뒤 문장을 **이**어서 한 문장으로 만드십시오.

前の文と後ろの文をつなげて一つの文を作りなさい。

가 : 이 빵집 50년이 넘었지요?

나 : 네, 할아버지의 뒤를 **이**어서 지금은 아버지께서 하고 계세요.

カ：このパン屋、50年は過ぎているでしょう？
ナ：はい、祖父の跡を継いで今は父がやっていらっしゃいます。

–을/를 잇다
–을/를 –와/과 잇다

受 이어지다 つながる ▸ P.142

정답

名

正解　漢 正答

가 : 2번 문제 **정답**이 뭐야? 3번이야?

나 : 아니, 1번이야.

カ：2番の問題の正解は何だ？ 3番か？
ナ：いや、1番だよ。

関 정답을 맞히다 正解を当てる

제출

名

提出 漢 提出

가 : 서류를 꼭 직접 가서 **제출**해야 합니까?
나 : 아닙니다. 이메일로 보내셔도 됩니다.

カ：必ず書類を直接行って提出しなければいけませんか？
ナ：いいえ。Eメールでお送りになっても大丈夫です。

-을/를 -에/에게 제출하다
-이/가 -에/에게 제출되다

動 제출하다 提出する　제출되다 提出される

参 보고서 제출 報告書提出　제출 서류 提出書類

출석

名 [출썩]

出席 漢 出席

출석을 부르겠습니다. 안나 씨, 왕핑 씨…….

出席を取ります。アンナさん、ワンピンさん……。

-에 출석하다

動 출석하다 出席する　対 결석 欠席　関 출석을 부르다 出欠を取る

参 출석부 出席簿　출석 인원 出席人数

평균

名

平均 漢 平均

가 : 이번 중간 시험 **평균**이 몇 점이에요?
나 : 92점이에요.

カ：今回の中間試験、平均は何点ですか？
ナ：92点です。

参 평균적 平均的

필기

名

筆記　漢 筆記

가 : 미안하지만 수업 시간에 **필기**한 것 좀 보여 줄 수 있어?
나 : 그럼. 여기 있어.

カ：悪いけど、授業時間に筆記したもの、ちょっと見せてくれる?
ナ：もちろん。どうぞ。

-을/를 필기하다
-을/를 -에 필기하다

動 필기하다 筆記する　参 필기구 筆記具

학습

名 [학씁]

学習　漢 学習

요즘은 동영상을 이용해서 외국어를 **학습**하는 사람들이 많다.

最近は動画を利用して外国語を学習する人が多い。

-을/를 학습하다

動 학습하다 学習する

参 학습자 学習者　학습 능력 学習能力　학습 태도 学習態度　외국어 학습 外国語学習

한자

名 [한짜]

漢字　漢 漢字

왕위 씨의 이름은 **한자**로 어떻게 써요?

ワンウィさんの名前は漢字でどう書きますか?

합격

名 [합껵]

合格　漢 合格

가 : 아버지, 저 토픽 4급에 **합격**했어요.
나 : 그래. 그동안 공부하느라 고생했어.

カ：お父さん、私、TOPIK4級に合格しました。
ナ：そう。これまで、勉強ご苦労さま。

-에 합격하다
-이/가 -에 합격되다

動 합격하다 合格する　합격되다 合格する　対 불합격 不合格

향상

名

向上 漢 向上

가 : 지난번보다 듣기 실력이 많이 향상됐네요!
나 : 감사합니다. 드라마를 보면서 열심히 공부했거든요.

カ：前回より聞き取りの実力がとても向上しましたね！
ナ：ありがとうございます。ドラマを見ながら一生懸命勉強したんです。

-을/를 향상하다
-이/가 향상되다

動 향상하다 向上させる　향상되다 向上する

関 실력이 향상되다 実力が向上する　기술이 향상되다 技術が向上する
수준이 향상되다 水準が向上する

Let's Check

解答 ▶ P.512

의미가 맞는 것을 연결하십시오.

1 제출하다 • • ① 어떤 일을 하면서 책이나 필요한 자료를 본다.
2 향상되다 • • ② 숙제나 보고서를 낸다.
3 참고하다 • • ③ 실력이나 능력, 수준 등이 더 높아진다.

㉠과 ㉡에 알맞은 단어를 <보기>에서 찾아 쓰십시오.

보기
과제 필기구 일등 제출 교재 평균

강연을 들으러 오실 때는 연필이나 볼펜과 같은 (㉠)을/를 준비해 가지고 오십시오. 강연을 들으실 때 필요한 (㉡)은/는 저희가 드립니다.

4 ㉠ ( ) ㉡ ( )

이번 주 (㉠)은/는 자기가 가장 재미있게 읽은 책에 대한 감상을 써 오는 것입니다. 월요일까지 (㉡)하면 됩니다.

5 ㉠ ( ) ㉡ ( )

오늘 지난주에 본 중간 시험 결과가 나왔다. 나는 (㉠) 90점으로 우리 반에서 (㉡)을/를 했다. 기분이 좋아서 수업이 끝난 후에 부모님께 전화를 드렸다.

6 ㉠ ( ) ㉡ ( )

( ) 에 알맞은 단어를 <보기>에서 찾아서 바꿔 쓰십시오.

보기
강조하다 합격하다

7 발표문에서 ( )-고 싶은 내용은 밑줄을 그으십시오.

8 며칠 전에 면접을 본 회사에 ( )-아/어/해서 다음 달부터 출근하게 됐다.

5章

衣食住

의식주

01 | 衣生活 의생활

))) TRACK 24

검다

形 [검따]

黒い

가 : 왕핑 씨가 누구예요?
나 : **검**은 양복을 입고 있는 남자예요.

カ：ワンピンさんはどの人ですか？
ナ：黒い背広を着ている男の人です。

–이/가 검다

類 까맣다 黒い 関 색깔이 검다 色が黒い 검은 머리 黒い髪
参 검은색 黒色

금

名

金 漢 金

가 : 조카 돌잔치 선물로 **금**반지를 사려고 해요.
나 : 요즘 **금**값이 올라서 **금**반지는 많이 비쌀 거예요.

カ：おいのトルジャンチのプレゼントに金の指輪を買おうと思います。
ナ：最近、金の価格が上がって金の指輪はとても高いと思いますよ。

参 금색 金色 금메달 金メダル 금반지 金の指輪 은 銀 ▶ P.255

맞다 01

動 [맏따]

合う

가 : 입어 보니까 어떠세요? 잘 **맞**으세요?
나 : 허리가 좀 큰 것 같아요. 작은 걸로 다시 입어 볼게요.

カ：着てみて、いかがですか？ 合いますか？
ナ：ウエストがちょっと大きいようです。小さいものをもう一度着てみます。

–이/가 –에/에게 맞다

関 몸에 맞다 体に合う 입에 맞다 口に合う 딱 맞다 ぴったり合う

묻다

動 [묻따]

□ . .
□ . .
□ . .

(液体・粉末などが)付く、付着する

가 : 너 옷에 뭐 **묻**었어.
나 : 어? 그렇네. 아까 점심 먹다가 **묻**은 것 같아.

カ:君の服に何か付いているよ。
ナ:え? 本当だ。さっきお昼を食べていて付いたみたい。

−이/가 −에 묻다

묻다は、묻어요、묻으니까と活用します。

소매

名

□ . .
□ . .
□ . .

袖

가 : 아까 그 옷 마음에 든다고 했잖아. 안 사려고?
나 : 응, 입어 보니까 **소매**가 짧아.

カ:さっき、その服気に入ったって言ったじゃない。買わないの?
ナ:うん、着てみたら袖が短いの。

参 긴소매 長袖　민소매 ノースリーブ

민소매は소매가 없는 옷(袖がない服)で、나시と言う人もいます。

수선

名

□ . .
□ . .
□ . .

補整、修繕　漢 修繕

가 : 이 바지 **수선**하고 싶은데 얼마나 걸려요?
나 : 이틀 정도 걸립니다.

カ:このズボン、修繕したいんですが、どれくらいかかりますか?
ナ:2日ほどかかります。

−을/를 수선하다
−이/가 수선되다

動 수선하다 修繕する　수선되다 修繕される

類 고치다 直す　수리하다 修理する

参 옷 수선 服の修繕　신발 수선 靴の修繕

수선は服や靴などを直すときに使い、수리(修理)は故障した物を直すときに使います。

스타일

名
□ . .
□ . .
□ . .

スタイル　外 style

가 : 이번 겨울에는 어떤 **스타일**이 유행할까요?
나 : 긴 코트가 유행할 거라고 해요.

カ:この冬はどんなスタイルが流行するでしょうか?
ナ:ロングコートが流行するそうです。

✎ 服や靴、アクセサリーが上手にコーディネートされているとき、스타일이 좋다(スタイルがいい)と言います。

액세서리

名［액쎄서리］
□ . .
□ . .
□ . .

アクセサリー　外 accessory

가 : 학교 앞에 **액세서리** 가게가 새로 생겼어.
나 : 그래? 그럼 수업 후에 구경 가자.

カ:学校前にアクセサリーショップが新しくできたよ。
ナ:そう? それじゃ、授業後に見に行こう。

関 액세서리를 착용하다 アクセサリーを着ける

✎ 액세서리には목걸이(ネックレス)、반지(指輪)、팔찌(ブレスレット)、귀고리(イヤリング)などがあります。標準語ではありませんが액세서리を악세사리と言う人もいます。

얼룩

名
□ . .
□ . .
□ . .

染み

가 : 어? 옷에 이게 뭐예요?
나 : 커피인 것 같아요. **얼룩**이 생기기 전에 빨리 빨고 올게요.

カ:あれ? 服のこれ、何ですか?
ナ:コーヒーみたいです。染みになる前に急いで洗ってきます。

-에 얼룩이 생기다

関 얼룩이 생기다 染みができる　얼룩을 빼다 染みを抜く

옷차림

名［옫차림］
□ . .
□ . .
□ . .

服装

옷차림은 때와 장소에 맞아야 한다.

服装は時と場所に合っていなければならない。

은

名

□ . .

□ . .

□ . .

銀 漢 銀

가 : 무슨 색 목걸이가 좋을까?

나 : 여름이니까 **은**색이 좋지 않을까? 시원해 보이잖아.

カ：何色のネックレスがいいかな？

ナ：夏だから銀色がいいんじゃない？ 爽やかに見えるじゃない。

参 은색 銀色　은메달 銀メダル　금 金 ▶ P.252

의류

名

□ . .

□ . .

□ . .

衣類 漢 衣類

가 : 동대문 **의류** 상가에 가 본 적이 있어요?

나 : 네, 한 번 가 봤는데 옷도 많고 가격도 싸서 좋더라고요.

カ：東大門のファッションタウンに行ったことありますか？

ナ：はい、1回行きましたが、服も多く値段も安くて、良かったです。

参 의류 상가 衣類商店街

줄무늬

名 [줄무니]

□ . .

□ . .

□ . .

しま模様

가 : 날씬해 보이고 싶은데 어떤 티셔츠가 좋을까요?

나 : 이 세로**줄무늬** 티셔츠는 어떠세요?

カ：痩せてるように見せたいんですが、どんなTシャツがいいでしょうか？

ナ：この縦ストライプ模様のTシャツはいかがですか？

参 세로줄무늬 縦ストライプ模様　가로줄무늬 横ストライプ模様

세로줄무늬

가로줄무늬

패션

名

□ . .

□ . .

□ . .

ファッション 外 fashion

나는 **패션** 디자이너가 되고 싶어서 졸업 후에 프랑스로 유학을 갈 예정이다.

私はファッションデザイナーになりたいので、卒業後フランスに留学に行く予定だ。

参 패션쇼 ファッションショー　패션 모델 ファッションモデル　패션 디자이너 ファッションデザイナー　패션 잡지 ファッション雑誌

홈쇼핑

名

□ . .
□ . .
□ . .

ホームショッピング　外 home shopping

가 : 보통 어디에서 옷을 사?

나 : 쇼핑하러 갈 시간이 없어서 **홈쇼핑**이나 인터넷 쇼핑을 자주 이용하는 편이야.

カ：普通、どこで服を買う？

ナ：買い物しに行く時間がなくて、ホームショッピングやインターネットショッピングをよく利用する方よ。

희다

形 [히다]

□ . .
□ . .
□ . .

白い

흰색과 검은색 옷은 아무 옷에나 다 잘 어울린다.

白色と黒色の服はどんな服でも全てよく似合う。

類 하얗다 白い　関 흰옷 白い服　흰머리 白髪

✔ 웨딩드레스(ウエディングドレス)と이(歯)は흰 웨딩드레스、흰 이とあまり言わず、하얀 웨딩드레스(白いウエディングドレス)、하얀 이(白い歯)と言います。

Let's Check

解答 ▶ P.513

(　　)에 알맞은 단어를 <보기>에서 찾아서 바꿔 쓰십시오.

보기

금　　검다　　희다　　은

1 (　　　　　)-(으)ㄴ 눈이 내리는 겨울을 좋아하세요?

2 (　　　　　)-(으)ㄴ 색 원피스를 입으면 날씬해 보인다고 한다.

3 올림픽에서 1등을 하면 (　　　　　)메달, 2등을 하면 (　　　　　)메달, 3등을 하면 동메달을 받는다.

다음 대화를 읽고 (　　)에 알맞은 단어를 <보기>에서 찾아서 바꿔 쓰십시오.

직원: 어서 오세요. 뭘 찾으세요?
손님: 코트 좀 보여 주세요.
직원: 이건 어떠세요? 키가 크셔서 이런 (㉠)이/가 잘 어울릴 것 같아요.
손님: 디자인이 (㉡)-아/어/해서 마음에 드네요! 그런데 소매가 좀 긴 것 같아요.
직원: 그럼 소매를 (㉢)-아/어/해 드릴까요?
손님: 네, 그렇게 해 주세요.

보기

독특하다　　스타일　　수선하다

4 (㉠)에 들어갈 알맞은 것을 쓰십시오. (　　　　　)

5 (㉡)에 들어갈 알맞은 것을 쓰십시오. (　　　　　)

6 (㉢)에 들어갈 알맞은 것을 쓰십시오. (　　　　　)

(　　)에 알맞은 단어를 <보기>에서 찾아서 바꿔 쓰십시오.

보기

액세서리　　패션　　묻다　　맞다

7 원피스에 기름이 (　　　　　)-았/었/했는데 어떻게 해야 해요?

8 리에 씨는 (　　　　　) 모델처럼 키가 커서 아무 옷이나 잘 어울린다.

9 이 사이즈는 안 (　　　　　)-는 것 같아요. 좀 더 작은 거 없나요?

02 | 食生活 식생활

)) TRACK 25

가리다

動

選り分ける

우리 아이는 피부병이 있어서 음식을 **가려**서 먹어야 해요.

うちの子は皮膚病があって、食べ物を選り分けて食べなければなりません。

−을/를 가리다

고소하다

形

香ばしい

가 : 이 과자 **고소하**고 맛있네요!
나 : 땅콩이 많이 들어가서 그런 것 같아요.

カ:このお菓子、香ばしくておいしいですね!
ナ:ピーナッツがたくさん入っているからだと思います。

−이/가 고소하다

参 시다 酸っぱい ▶ P.261

골고루

副

満遍なく、均等に

가 : 엄마, 이거 먹기 싫어요.
나 : 그러면 키가 안 커. **골고루** 먹어야 해.

カ:母さん、これ食べたくありません。
ナ:それじゃ背が伸びないよ。満遍なく食べないと。

関 골고루 먹다 満遍なく食べる　골고루 나눠 주다 均等に分けてあげる

과식

名

食べ過ぎ　漢 過食

가 : 맛있는데 왜 안 먹어요?
나 : 점심에 **과식**을 했더니 속이 좀 안 좋아요.

カ:おいしいのに、どうして食べないんですか?
ナ:お昼に食べ過ぎておなかの調子が良くありません。

動 과식하다 食べ過ぎる

굶다

動 [굼따]

☐ . .
☐ . .
☐ . .

食事を抜く、飢える

가 : 너무 바빠서 점심을 먹을 시간이 없어요.
나 : **굶**지 말고 빵이라도 드세요.

カ：とても忙しくてお昼を食べる時間がありません。
ナ：食事を抜かないで、パンでも召し上がってください。

–을/를 굶다

関 밥을 굶다 ご飯を抜く　굶어 죽다 餓死する

단맛

名 [단맏]

☐ . .
☐ . .
☐ . .

甘味

설탕의 **단맛**은 기분을 좋게 만든다.

砂糖の甘味は気分を良くする。

参 신맛 酸味　짠맛 辛味　쓴맛 苦味

단백질

名 [단백찔]

☐ . .
☐ . .
☐ . .

タンパク質　漢 蛋白質

콩, 고기, 두부, 계란에는 **단백질**이 많이 들어 있다.

大豆、肉、豆腐、卵にはタンパク質がたくさん含まれている。

関 단백질이 풍부하다/부족하다 タンパク質が豊富だ／足りない

비타민

名

☐ . .
☐ . .
☐ . .

ビタミン　外 vitamin

가 : 요즘 잠을 많이 자지만 계속 피곤해요.
나 : **비타민** C나 D가 부족하면 그럴 수 있대요.

カ：最近、よく寝てるのに疲れが取れません。
ナ：ビタミンCやDが不足していると、そういうこともあるそうです。

関 비타민이 풍부하다/부족하다 ビタミンが豊富だ／足りない

상하다

動
□ . .
□ . .
□ . .

① (食べ物が) 傷む　② (気分が) くさる、傷つく

漢 傷 --

가 : 어? 이 우유에서 이상한 냄새가 나.
나 : **상한** 것 같은데……. 마시지 마.

カ：あれ？ この牛乳から変な臭いがする。
ナ：腐っているみたい……。飲まないで。

가 : 혹시 아까 내가 한 말 때문에 기분이 **상했**어?
나 : 아니, 전혀.

カ：ひょっとして、さっき僕が言った言葉のせいで気を悪くした？
ナ：いや、全然。

–이/가 상하다

関 기분이 상하다 気分がくさる　속이 상하다 気に障る　상한 음식 傷んだ食べ物

섭취

名
□ . .
□ . .
□ . .

摂取　漢 摂取

가 : 저는 커피를 하루에 7잔 정도 마셔요.
나 : 그렇게 많이 마셔요? 카페인을 많이 **섭취**하면 건강에 좋지 않아요.

カ：私はコーヒーを1日に7杯ほど飲みます。
ナ：そんなにたくさん飲むんですか？ カフェインを摂取し過ぎると健康に良くありません。

–을/를 섭취하다

動 섭취하다 摂取する

関 골고루 섭취하다 均等に摂取する　음식물을 섭취하다 食べ物を摂取する

参 단백질 섭취 タンパク質摂取　비타민 섭취 ビタミン摂取

시다

形

□ . .
□ . .
□ . .

酸っぱい

가 : 할아버지, 귤 좀 드세요.
나 : 나는 **신** 과일은 별로야.

カ：おじいさん、みかんを召し上がってください。
ナ：わしは酸っぱい果物はあまり好きじゃないんだ。

–이/가 시다

参 신맛 酸味　달다 甘い　맵다 辛い　쓰다 苦い　짜다 塩辛い　싱겁다 味が薄い　고소하다 香ばしい ▶ P.258

안주

名

□ . .
□ . .
□ . .

酒のさかな、酒のつまみ　漢 按酒

가 : **안주** 뭐 시킬까?
나 : 맥주 **안주**로는 치킨이 최고야. 치킨 먹자.

カ：つまみに何頼もうか？
ナ：ビールのつまみにはチキンが最高よ。チキン食べよう。

✔ 안주は술안주とも言います。

영양

名

□ . .
□ . .
□ . .

栄養　漢 営養

가 : 아이에게 어떤 간식을 만들어 주면 좋을까요?
나 : 감자와 계란을 넣은 샌드위치가 어때요? **영양**이 풍부하거든요.

カ：子どもにどんなおやつを作ってあげたらいいでしょうか？
ナ：ジャガイモと卵を入れたサンドイッチはどうですか？ 栄養が豊富なんですよ。

関 영양이 풍부하다/부족하다 栄養が豊富だ／足りない　영양을 보충하다 栄養を補充する　参 영양소 栄養素

육식

名 [육씩]

□ . .
□ . .
□ . .

肉食　漢 肉食

가 : 우리 남편은 고기가 없으면 밥을 안 먹어요.
나 : **육식**을 많이 하면 건강에 안 좋다고 하던데…….

カ：うちの夫は肉がないとご飯を食べません。
ナ：肉食が過ぎると健康に良くないと言っていましたが……。

動 육식하다 肉食する　参 육식주의자 肉食主義者　채식 菜食 ▶ P.263

이롭다

形 [이롭따]

ㅂ変則

有益だ 漢 利--

토마토는 몸에 **이로운** 영양소가 많다.

トマトは体に有益な栄養素が多い。

-에/에게 이롭다

対 해롭다 有害だ ▶ P.264

인분

名

～人分 漢 人分

가 : 떡볶이 몇 **인분** 시킬까?

나 : 4명이니까 4**인분** 시키자.

カ：トッポッキ何人前頼もうか？

ナ：4人だから4人前頼もう。

입맛

名 [임맏]

食欲、味の好み

가 : 밥 먹어. 얼른.

나 : 방금 일어나서 **입맛**이 없어요. 이따가 먹을게요.

カ：ご飯食べなさい。早く。

ナ：今起きたばかりだから食欲がありません。後で食べます。

類 밥맛 食欲 식욕 食欲

関 입맛이 없다 食欲がない 입맛이 까다롭다 味にうるさい 입맛을 잃다 食欲を失う

조리

名

調理 漢 調理

이 요리의 재료와 **조리**법을 자세하게 알려 주십시오.

この料理の材料と調理法を詳しく教えてください。

-을/를 조리하다

-이/가 조리되다

動 조리하다 調理する 조리되다 調理される

参 조리법 調理法 조리 과정 調理過程

조식

名

□ . .

□ . .

□ . .

朝食 漢 朝食

우리 호텔은 조식 포함해서 1박에 250,000원입니다.

当ホテルは朝食を含めて1泊25万ウォンです。

類 아침밥 朝ご飯 아침 식사 朝食 参 조식-중식-석식 朝食-昼食-夕食

종류

名 [종뉴]

□ . .

□ . .

□ . .

種類 漢 種類

가 : 김치김밥, 치즈김밥, 불고기김밥, 참치김밥 등이 있는데 뭘 먹고 싶어요?

나 : 김밥의 **종류**가 정말 많네요! 뭐가 제일 맛있어요?

カ：キムチキムパプ、チーズキムパプ、プルコギキムパプ、ツナキムパプなどがあるけど、何が食べたいですか？

ナ：キムパプの種類が本当に多いですね！ 何が一番おいしいですか？

関 종류가 같다/다르다 種類が同じだ／違う 종류가 다양하다 種類が多様だ

즉석

名 [즉썩]

□ . .

□ . .

□ . .

即席 漢 即席

편의점에서 파는 음식은 **즉석**에서 먹을 수 있으니까 시간이 없을 때 먹기 좋다.

コンビニで売っている食べ物はすぐに食べられるので、時間がないとき食べるのにいい。

参 즉석 식품 インスタント食品 즉석 떡볶이 インスタントのトッポッキ 즉석 사진 インスタント写真

채식

名

□ . .

□ . .

□ . .

菜食 漢 菜食

가 : 우리 아이가 고기는 안 먹고 채소만 먹어요.

나 : 아이들이 **채식**만 하면 키가 안 클 텐데…….

カ：うちの子は肉を食べず、野菜しか食べません。

ナ：子どもが菜食だけしたら背が伸びないでしょうに……。

動 채식하다 菜食する 参 채식주의자 菜食主義者 육식 肉食 ▶P.261

해롭다

形 [해롭따]

ㅂ変則

□ . .
□ . .
□ . .

有害だ 漢 害--

가 : 어제도 늦게까지 술을 마셔서 머리가 아파요.
나 : 그렇게 매일 술을 마시면 몸에 **해로워**요.

カ：昨日も遅くまで酒を飲んで頭が痛いです。
ナ：そんなに毎日酒を飲むと体に悪いですよ。

–에/에게 해롭다

対 이롭다 有益だ ▸ P.262

향

名

□ . .
□ . .
□ . .

香り 漢 香

가 : 이 와인 어때요?
나 : 맛과 **향**, 모두 좋네요!

カ：このワイン、どうですか？
ナ：味と香り、どちらもいいですね！

類 향기 香り ▸ P.284 参 딸기 향 いちごの香り　포도 향 ぶどうの香り

Let's Check

解答 ▶ P.513

다음 그림에 알맞은 것을 <보기>에서 찾아 쓰십시오.

보기　단맛　쓴맛　고소한 맛

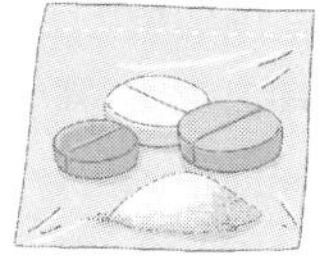
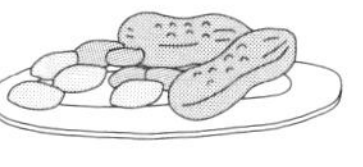

1 (　　　　　)　2 (　　　　　)　3 (　　　　　)

㉠과 ㉡에 알맞은 단어를 <보기>에서 찾아 쓰십시오.

보기　채식　종류　단백질　골고루

엄마: 반찬이 많은데 왜 계속 같은 것만 먹니? (㉠) 먹어.
아이: (㉡)이/가 많으면 뭐 해요? 제가 좋아하는 게 없잖아요.

4 ㉠ (　　　　　)　㉡ (　　　　　)

(㉠)을/를 하는 사람들은 고기를 먹지 않으니까 (㉡)이/가 부족한 경우가 많다고 한다. 그래서 고기 대신 두부와 달걀, 우유 등으로 부족한 영양을 보충한다고 한다.

5 ㉠ (　　　　　)　㉡ (　　　　　)

(　　)에 알맞은 단어를 <보기>에서 찾아서 바꿔 쓰십시오.

보기　해롭다　섭취하다

6 감기에 걸렸을 때는 삼겹살처럼 기름이 많은 음식은 (　　　　　)-(으)니까 먹지 마십시오.

7 남성은 하루에 2,500칼로리를 (　　　　　)-아/어/해야 한다고 한다.

03 | 食材 요리 재료

))) TRACK 26

가루

名

粉

가 : 김치는 모두 매워요?
나 : 아니요, 고춧**가루**가 안 들어간 김치는 안 매워요.

カ：キムチは全て辛いですか？
ナ：いいえ、唐辛子粉が入っていないキムチは辛くありません。

参 고춧가루 唐辛子粉　밀가루 小麦粉 ▶P.267　후춧가루 コショウ

국수

名 [국쑤]

麺、そうめん

가 : 점심에 뭐 먹을까?
나 : 입맛이 없으니까 매운 걸 먹고 싶다. 비빔**국수** 먹을까?

カ：お昼に何食べようか？
ナ：食欲がないから、辛いものを食べたい。ビビン麺食べようか？

関 국수를 삶다 麺をゆでる

껍질

名 [껍찔]

皮

가 : 사과를 깎을까요?
나 : 아니요, 사과는 **껍질**까지 모두 먹어야 건강에 좋다고 해요.

カ：りんごをむきましょうか？
ナ：いいえ、りんごは皮まで全部食べてこそ健康にいいそうです。

関 껍질을 벗기다 皮をむく　껍질을 까다 皮をむく

꿀

名

蜜

가 : 인삼차가 너무 써요.
나 : 그럼 **꿀**을 좀 넣으세요.

カ：朝鮮人参茶がとても苦いです。
ナ：では、蜂蜜を入れてください。

関 꿀을 타다 蜂蜜を溶かす

나물

名

食用の草や木の葉

비빔밥에는 몸에 좋은 여러 가지 **나물**이 들어간다.

ビビンバには、体にいいさまざまな山菜が入っている。

関 나물을 무치다 山菜をあえる

된장

名

みそ 漢 -醬

가 : 뭘 드릴까요?
나 : 김치찌개 하나, **된장**찌개 하나 주세요.

カ：何にいたしましょうか？
ナ：キムチチゲ一つ、みそチゲ一つ下さい。

関 된장을 담그다 みそを作る

参 된장찌개 みそチゲ　고추장 コチュジャン　간장 しょうゆ

밀가루

名 [밀까루]

小麦粉

빵은 **밀가루**로 만든다.

パンは小麦粉で作る。

参 가루 粉 ▶ P.266

식용유

名 [시공뉴]

食用油 漢 食用油

프라이팬에 **식용유**를 조금 넣은 후에 야채와 고기를 넣고 같이 볶으세요.

フライパンにサラダ油を少し入れた後、野菜と肉を入れて一緒に炒めてください。

식품

名

食品 漢 食品

가 : 컵라면 먹을래요?
나 : 저는 인스턴트 **식품**은 안 먹어요.

カ：カップラーメン食べますか？
ナ：私はインスタント食品は食べません。

関 식품을 구입하다 食品を購入する

参 즉석 식품 インスタント食品　인스턴트 식품 インスタント食品

양념

名

薬味、味付け

가 : 불고기를 만들고 싶은데 **양념**을 만들기가 너무 어려워요.
나 : 그럼 직접 만들지 말고 마트에 가서 사세요.

カ：プルコギを作りたいけど、味付けのたれを作るのがとても難しいです。
ナ：それでは、自分で作るのではなくスーパーに行って買ってください。

–을/를 양념하다
–에 양념하다

動 양념하다 味付けする　関 양념을 넣다 薬味を入れる

얼음

名 [어름]

氷

커피에 **얼음**을 좀 더 넣어 주세요.

コーヒーにもう少し氷を入れてください。

関 얼음이 녹다 氷が解ける　얼음을 얼리다 氷を作る

와인

名

ワイン 外 wine

가 : 레드 **와인**이 좋으세요? 화이트 **와인**이 좋으세요?
나 : 스테이크를 시켰으니까 레드 **와인**을 먹읍시다.

カ：赤ワインがいいですか？ 白ワインがいいですか？
ナ：ステーキを頼んだから、赤ワインを飲みましょう。

参 레드 와인 赤ワイン　화이트 와인 白ワイン

✔ 와인を포도주(ぶどう酒)とも言います。

음료

名 [음뇨]

飲み物　漢 飲料

공연장에 **음료**나 음식을 가지고 들어오시면 안 됩니다.

公演会場に飲み物や食べ物を持ち込んではいけません。

類 음료수 ジュース　参 탄산음료 炭酸飲料 ▶ P.270

죽

名

かゆ　漢 粥

가 : 오늘 소화가 잘 안 되는 것 같아.
나 : 그럼 밥 말고 **죽** 먹어.

カ : 今日、消化がうまくできてないみたい。
ナ : それじゃ、ご飯じゃなくておかゆを食べて。

찬물

名

冷たい水

가 : 왜 배탈이 났어?
나 : 오늘 너무 더워서 하루 종일 **찬물**을 많이 마셨거든.

カ : どうして下痢したんだ？
ナ : 今日とても暑くて、一日中冷たい水をたくさん飲んだのよ。

類 냉수 冷水　対 더운물 お湯

치즈

名

チーズ　外 cheese

가 : 뭘 드릴까요?
나 : **치즈** 버거 하나, 콜라 한 잔 주세요.

カ : ご注文は？
ナ : チーズバーガー一つ、コーラ1杯ください。

콩

名

豆、大豆

두부는 **콩**으로 만든다.

豆腐は大豆から作る。

탄산음료

名 [탄사늠뇨]

炭酸飲料　漢 炭酸飲料

가 : 콜라를 너무 많이 마시는 거 아니에요?

나 : **탄산음료**가 건강에 안 좋은 것은 알지만 참을 수가 없어요.

カ：コーラの飲み過ぎなんじゃないですか？

ナ：炭酸飲料が健康に良くないのは分かりますが、我慢できません。

参 음료 飲み物 ▶ P.269

04 | 調理方法 조리 방법

)) TRACK 27

구이

名

焼き

가 : 점심에 뭐 먹을까?
나 : 학교 앞에 생선**구이** 집이 생겼는데 가 보자.

カ：お昼に何食べようか？
ナ：学校前に焼き魚の店ができたから、行ってみよう。

参 생선구이 焼き魚　갈비구이 カルビ焼き

까다

動

皮をむく

왕핑아, 마늘 좀 **까** 줄래?

ワンピン、ちょっとニンニクの皮をむいてくれるか？

–을/를 까다

類 벗기다 ①脱がせる ②(皮などを) むく ▶P.148 関 껍질을 까다 皮をむく

까다は皮が堅いとき、皮の中にあるものを取り出すときによく使い、벗기다は皮が柔らかいとき、皮をなくすときによく使います。마늘(ニンニク)、양파(タマネギ)、귤(ミカン)は까다、생선(魚)、옥수수(トウモロコシ)は벗기다とよく言います。

끓다

動 [끌타]

煮える、沸く

가 : 라면은 언제 넣어야 돼?
나 : 물이 **끓**으면 넣어.

カ：ラーメンはいつ入れればいい？
ナ：水が沸騰したら入れて。

–이/가 끓다

関 물이 끓다 水が沸く　라면이 끓다 ラーメンが煮える

담그다

動

으語幹

□ . .

□ . .

□ . .

① (漬物を)漬ける、(酒・みそ・塩辛などを)寝かして熟成させる

② (液体に) 浸す

가 : 김치를 직접 **담그**세요?

나 : 아니요, 사서 먹어요.

カ:キムチを自分で漬けていらっしゃるんですか?
ナ:いいえ、買って食べます。

달걀을 삶은 후에 찬물에 **담갔**다가 까면 껍질이 잘 까진다.

卵をゆでた後に冷たい水に浸してからむくと、皮がよくむける。

–을/를 담그다
–에 –을/를 담그다

関 김치를 담그다 キムチを漬ける　된장/고추장/간장을 담그다 みそ/コチュジャン/しょうゆを寝かせて熟成させる

담다

動 [담따]

□ . .

□ . .

□ . .

(器に)入れる、盛る

예쁜 그릇에 음식을 **담**으면 더 맛있어 보인다.

きれいな器に食べ物を盛ると、よりおいしそうに見える。

–에 –을/를 담다

受 담기다 器に入れられる、盛られる ▶ P.135

덜다

動

ㄹ語幹

① (一定の数量から) 減らす

② (ある行為/状態を) 減らす、軽減する

가 : 밥이 너무 많아서 다 못 먹을 것 같아.
나 : 그럼 나한테 **덜**어. 내가 먹을게.

カ:ご飯が多過ぎて全部は食べられなさそうだ。
ナ:なら、私にちょうだい。私が食べるわ。

가 : 왜 아르바이트를 해요?
나 : 부모님의 부담을 **덜**어 드리고 싶거든요.

カ:どうしてアルバイトをしますか?
ナ:両親の負担を減らしたいんですよ。

–을/를 덜다
–에서 –을/를 덜다

関 걱정을 덜다 心配を減らす　고민을 덜다 悩みを減らす　부담을 덜다 負担を減らす

5章 衣食住

덮다

動 [덥따]

かぶせる、(本を) 閉じる

가 : 선생님, 이 다음에는 어떻게 할까요?
나 : 냄비 뚜껑을 **덮**고 30분 정도 더 끓이세요.

カ:先生、次はどのようにしましょうか?
ナ:鍋のふたをして、30分ほどさらに煮てください。

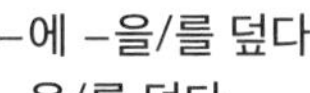

–에 –을/를 덮다
–을/를 덮다

受 덮이다 かぶせられる、覆われる ▸ P.135

関 뚜껑을 덮다 ふたをかぶせる　책을 덮다 本を閉じる

데우다

動

(加熱して) 温める

가 : 피자가 식어서 맛이 없어.
나 : 그럼 전자레인지에 **데워**서 먹어.

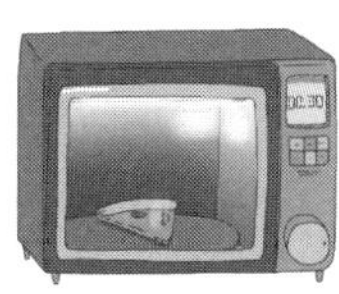

カ:ピザが冷めておいしくない。
ナ:それじゃ、電子レンジで温めて食べなさい。

対 식히다 冷ます ▸ P.149

뒤집다

動 [뒤집따]

☐ . .
☐ . .
☐ . .

① (上下を)ひっくり返す　② 裏返しにする

어! 고기 탄다! 빨리 **뒤집**어.

わあ！　肉が焦げる！　早くひっくり返して。

가 : 너 옷 **뒤집**어서 입은 거 아니야?
나 : 어? 그렇네!

カ：おまえ、服を裏返しに着てるんじゃないか？
ナ：え？　本当だ！

-을/를 뒤집다

関 고기를 뒤집다 肉をひっくり返す　옷을 뒤집어 입다 服を裏返して着る

✔ 뒤집다は뒤집어요、뒤집으니까と活用します。

삶다

動 [삼따]

☐ . .
☐ . .
☐ . .

ゆでる

가 : 감자는 몇 분 동안 **삶**아야 맛있어요?
나 : 30분 정도 **삶**으세요.

カ：ジャガイモは何分ゆでたらおいしいですか？
ナ：30分ほどゆでてください。

-을/를 삶다

関 달걀을 삶다 卵をゆでる　옥수수를 삶다 トウモロコシをゆでる　국수를 삶다 麺をゆでる

섞다

動 [석따]

☐ . .
☐ . .
☐ . .

混ぜる

가 : 이거 사과와 오렌지를 **섞**어서 만든 주스인데 드셔 보세요.
나 : 정말 맛있네요!

カ：これ、りんごとオレンジを混ぜて作ったジュースですが、召し上がってみてください。
ナ：本当においしいですね！

-에 -을/를 섞다
-을/를 -와/과 섞다

受 섞이다 混ざる ▶ P.139

익다

動 [익따]

☐ . .
☐ . .
☐ . .

火が通る

가 : 이 삼겹살 먹어도 돼요?
나 : 네, 다 익었으니까 드세요.

カ：このサムギョプサル、食べてもいいですか？
ナ：はい、もう火が通ったので召し上がってください。

–이/가 익다

使 익히다 火を通す ▶P.152 関 고기가 익다 肉に火が通る

젓다

動 [전따]

ㅅ変則

☐ . .
☐ . .
☐ . .

（液体をスプーンや棒などで）かき混ぜる

야채 주스는 마시기 전에 잘 저어 드세요.

野菜ジュースは飲む前によくかき混ぜて召し上がってください。

関 커피를 젓다 コーヒーをかき混ぜる

Let's Check

解答 ▶ P.514

 다음 그림에 알맞은 동사를 (　　)에 쓰십시오.

1 (　　　　　　)　　2 (　　　　　　)

3 (　　　　　　)　　4 (　　　　　　)

 다음 글을 읽고 질문에 답하십시오.

카레 맛있게 만드는 방법

• 재료: 소고기, 감자, 당근, 양파, 카레 가루

1 감자와 양파는 껍질을 (㉠)-아/어/해 둔다.

2 감자, 양파, 당근은1.5㎝로 썰고, 소고기는 2㎝로 썰어 둔다.

3 준비된 감자와 당근을 냄비에 넣고 볶다가 (㉡)-(으)면 양파와 소고기를 넣고 볶는다.

4 볶은 재료에 물을 넣고 끓이다가 재료가 다 (㉡)-(으)면 카레 가루를 넣는다.

5 카레를 (㉢)-(으)면서 끓인다.

5 (㉠)에 들어갈 알맞은 것을 고르십시오.

① 까다　② 덮다　③ 담다　④ 덜다

6 (㉡)에 들어갈 알맞은 것을 고르십시오.

① 섞다　② 익다　③ 식히다　④ 삶다

7 (㉢)에 들어갈 알맞은 것을 고르십시오.

① 데우다　② 뒤집다　③ 끓다　④ 젓다

05 | 住生活 주거 생활

))) TRACK 28

갈다

動

ㄹ語幹

取り換える、交換する

가 : 어, 시계가 멈췄네!
나 : 그렇네! 배터리를 **갈**아야겠다.

カ：あ、時計が止まってるね！
ナ：本当だ！ バッテリーを代えなくちゃ。

−을/를 −(으)로 갈다

類 교체하다 交代する

깨끗이

副 [깨끄시]

きれいに

가 : 아빠, 안녕히 주무세요.
나 : 그래, 자기 전에 이 **깨끗이** 닦고 자.

カ：パパ、おやすみなさい。
ナ：ああ、寝る前に歯をきれいに磨いて寝なさい。

깨다 02

動

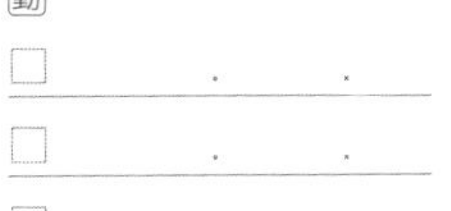

(陶器・ガラスなどを)割る、欠く

가 : 엄마, 제가 설거지를 할까요?
나 : 그래, 그릇 **깨**지 않게 조심해.

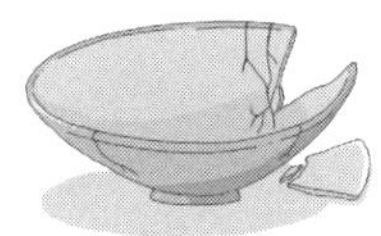

カ：ママ、僕が皿洗いをしましょうか？
ナ：うん、皿を割らないように気を付けて。

−을/를 깨다

関 그릇을 깨다 器を割る　유리창을 깨다 窓ガラスを割る

꾸미다

動

☐ . .

☐ . .

☐ . .

飾る

가 : 방을 예쁘게 **꾸미**고 싶은데 어떤 커튼을 사는 게 좋을까요?
나 : 꽃무늬 커튼을 사는 게 어때요?

カ：部屋をきれいに飾りたいけど、どんなカーテンを買うのがいいでしょうか？
ナ：花柄のカーテンを買うのはどうですか？

–을/를 꾸미다

関 집을 꾸미다 家を飾る

늦잠

名 [늗짬]

☐ . .

☐ . .

☐ . .

寝坊

가 : 왜 늦었어요?
나 : 미안해요. **늦잠**을 잤어요.

カ：どうして遅れたんですか？
ナ：ごめんなさい。寝坊しました。

関 늦잠을 자다 寝坊する 参 아침잠 朝寝坊 낮잠 昼寝

먼지

名

☐ . .

☐ . .

☐ . .

ほこり

가 : 방에 무슨 **먼지**가 이렇게 많아? 청소 좀 해.
나 : 이번 주는 너무 바쁘니까 주말에 할게.

カ：どうして部屋にこんなにほこりが多いんだ？ ちょっとは掃除しなよ。
ナ：今週はとても忙しいから、週末にするよ。

関 먼지가 많다 ほこりが多い 먼지가 나다 ほこりがたつ 먼지가 쌓이다 ほこりが積もる 먼지가 날리다 ほこりが飛ぶ

분리

名 [불리]

□ . .

□ . .

□ . .

分離、分別　漢 分離

가 : 이 쓰레기를 같이 버려도 돼요?
나 : 종이는 **분리**해서 저쪽에 따로 버리세요.

カ:このごみを一緒に捨ててもいいですか?
ナ:紙は分別して、あちらに別に捨ててください。

-와/과 -을/를 분리하다
-에서 -을/를 분리하다
-이/가 -와/과 분리되다

動 분리하다 分離する　분리되다 分離される

参 쓰레기 분리수거 ごみの分別収集

설치

名

□ . .

□ . .

□ . .

設置、(ソフトウエアの)インストール　漢 設置

가 : 에어컨은 직접 **설치**해야 하나요?
나 : 아닙니다. 고객님! 저희 직원이 가서 **설치**해 드릴 겁니다.

カ:エアコンは自分で設置しなければいけませんか?
ナ:いいえ。お客さま！　私どもの職員が行って設置いたします。

-에 -을/를 설치하다
-이/가 -에 설치되다

動 설치하다 設置する　설치되다 設置される

関 설치가 복잡하다/간편하다 設置が複雑だ／簡便だ

参 CCTV 설치 監視カメラ設置　에어컨 설치 エアコン設置　설치 위치 設置位置　설치 비용 設置費用

세차

名

□ . .

□ . .

□ . .

洗車　漢 洗車

가 : 차 깨끗하다! **세차**했어?
나 : 응, 주유소에서 무료로 해 줬어.

カ:車きれい！ 洗車した?
ナ:うん、ガソリンスタンドで無料でしてくれた。

-을/를 세차하다

動 세차하다 洗車する　参 자동 세차 自動洗車

애완동물

名

ペット、愛玩動物　漢 愛玩動物

가 : 저희 집에 고양이가 한 마리 있는데 아파트에서 키울 수 있나요?

나 : 죄송합니다. 저희 아파트에서는 **애완동물**을 키울 수 없습니다.

カ : うちに猫が1匹いるんですが、マンションで飼えますか?
ナ : 申し訳ありません。当マンションではペットを飼うことはできません。

関 애완동물을 키우다 ペットを飼う

参 애완견 ペットの犬　애완 용품 ペット用品

양치

名

歯磨き、口の中を水でゆすぐこと

양치질은 하루에 3번, 3분 동안 해야 한다.

歯磨きは1日に3回、3分間しなければならない。

動 양치하다 歯磨きする　参 양치질 歯磨き

울리다 02

動

鳴る

가 : 왜 늦게 왔어?

나 : 알람 **울리**는 소리를 못 듣고 계속 잤어.

カ : どうして遅れてきたの?
ナ : アラームの鳴る音が聞こえなくて寝続けた。

–이/가 울리다

関 전화벨이 울리다 電話のベルが鳴る　알람이 울리다 アラームが鳴る

월세

名 [월쎄]

(月決めの)家賃　漢 月貰

가 : 이 집은 방이 2개, 화장실과 부엌이 있어요.

나 : 그래요? **월세**가 얼마예요?

カ : この家は部屋が二つ、トイレとキッチンがあります。
ナ : そうですか? 家賃はいくらですか?

関 월세를 내다 家賃を払う

参 전세 入居時保証金としてまとまった金を払い退去時に返却される家賃システム

위생

名
□ . .
□ . .
□ . .

衛生　漢 衛生

가 : 그 식당 왜 갑자기 문 닫았어?
나 : **위생** 상태가 나빠서 문제가 되었다고 해.

カ：その食堂、どうして突然閉店したの？
ナ：衛生状態が悪くて問題になったそうよ。

参 위생적 衛生的　위생 상태 衛生状態　식품 위생 食品衛生　위생 검사 衛生検査

이삿짐

名 [이삳찜]
□ . .
□ . .
□ . .

引っ越しの荷物　漢 移徙 -

가 : 네, **이삿짐**센터입니다.
나 : 다음 주 토요일에 이사를 하려고 하는데요. 예약 가능한가요?

カ：はい、引っ越しセンターです。
ナ：来週土曜日に引っ越ししようと思うのですが。予約可能でしょうか？

関 이삿짐을 싸다/풀다 引っ越しの荷物を包む／解く　이삿짐을 싣다 引っ越しの荷物を載せる　이삿짐을 나르다 引っ越しの荷物を運ぶ　이삿짐을 옮기다 引っ越しの荷物を移す　参 이삿짐센터 引っ越しセンター

일상

名 [일쌍]
□ . .
□ . .
□ . .

日常　漢 日常

가 : 바빠서 운동할 시간이 없어요.
나 : 그럼 엘리베이터를 타지 말고 걸어서 다니는 게 어때요? **일상**생활에서 쉽게 할 수 있잖아요.

カ：忙しくて運動する時間がありません。
ナ：それでは、エレベーターに乗らず歩くのはどうですか？ 日常生活で簡単にできるじゃないですか。

参 일상적 日常的　일상생활 日常生活

자취

名

自炊　漢 自炊

가 : 하숙해요? **자취**해요?
나 : 친구랑 같이 **자취**하고 있어요.

カ:下宿していますか? 自炊していますか?
ナ:友達と一緒に自炊しています。

−에서 자취하다

動 자취하다 自炊する　参 하숙 下宿

잠그다

動

으語幹

鍵をかける、ロックする

가 : 집에서 나올 때 문 잘 **잠갔**니?
나 : 그럼요. 2번이나 확인했어요.

カ:家を出るとき、ちゃんとドアに鍵をかけた?
ナ:もちろんです。2回も確認しました。

−을/를 잠그다

対 틀다 ① (音響機器などの) 電源を入れる　② (水道の蛇口を) ひねる ▶ P.284

関 문을 잠그다 ドアに鍵をかける　가스를 잠그다 ガス (の元栓) を閉める

조절

名

調節　漢 調節

가 : 너무 추운데 에어컨 온도 좀 **조절**해 주세요.
나 : 25도 정도면 괜찮으세요?

カ:とても寒いので、エアコンの温度をちょっと調節してください。
ナ:25度くらいなら平気ですか?

−을/를 조절하다
−이/가 조절되다

動 조절하다 調節する　조절되다 調節される

関 온도를 조절하다 温度を調節する　체중을 조절하다 体重を調節する
속도를 조절하다 速度を調節する

주거

名

住居　漢 住居

가 : 이 집은 왜 이렇게 비싸지요?
나 : 공원도 있고 지하철도 가까워서 **주거** 환경이 좋거든요.

カ：この家はどうしてこんなに高いのですか？
ナ：公園もあって地下鉄も近く、住居環境がいいんです。

参 주거 환경 住居環境　주거 공간 住居空間

주민

名

住民、居住者　漢 住民

주민 여러분께 알려 드립니다. 내일 오후 2시부터 5시까지는 물이 나오지 않습니다. 필요한 물은 미리 준비해 두시기 바랍니다.

住民の皆さんにお知らせいたします。明日午後2時から5時までは水が出ません。必要な水はあらかじめ準備しておくようお願いします。

参 주민 센터 住民センター　아파트 주민 マンション住民

충전

名

充電　漢 充電

형, 휴대폰을 **충전**하려고 하는데 **충전**기 어디에 있어?

兄さん、携帯電話を充電したいんだけど、充電器どこにある？

–을/를 충전하다
–이/가 충전되다

動 충전하다 充電する　충전되다 充電される

関 휴대폰을 충전하다 携帯電話を充電する　参 충전기 充電器

치우다

動

① (部屋や机の上などを)片付ける

② (ものを他の場所に)片付ける

가 : 공부하려면 책상부터 좀 **치우**지 그래?
나 : 조금 전에 **치웠**는데요!

カ:勉強するならまず机から片付けたらどう?
ナ:さっき片付けたんですけど!

이 의자를 안 쓸 거면 저쪽으로 좀 **치우**세요.

この椅子を使わないのならあちらに片付けてください。

-을/를 치우다
-을/를 -(으)로 치우다

関 방을 치우다 部屋を片付ける

틀다

動

ㄹ語幹

① (音響機器などの)電源を入れる

② (水道の蛇口を)ひねる

가 : 축구 시작하겠다! 텔레비전 좀 **틀**어 봐.
나 : 몇 번 채널 이지?

カ:サッカーが始まる! ちょっとテレビをつけてみろ。
ナ:何チャンネル?

가 : 언니, 화장실에 왜 물이 안 나와?
나 : 어, 아까 내가 **틀**었을 때는 나왔는데?

カ:姉さん、どうしてトイレの水が出ないの?
ナ:え、さっき私がひねったときは出たのに?

-을/를 틀다

類 ① 켜다 つける 対 ① 끄다 消す ② 잠그다 鍵をかける、ロックする ▸ P.282

향기

名

香り 漢 香気

향기가 참 좋네! 무슨 꽃이야?

香りが本当にいいね! 何の花?

-이/가 향기롭다

形 향기롭다 香ばしい 類 향 香り ▸ P.264 関 향기가 좋다 香りがいい
향기가 나다 香りがたつ 향기를 맡다 香りをかぐ

06 | 住居空間／生活用品 주거 공간/생활용품

))) TRACK 29

가스

名 [까쓰]

ガス 外 gas

가 : 이번 달 가스 요금이 너무 많이 나왔어요.
나 : 겨울이라서 그럴 거예요.

カ : 今月のガス料金が高かったです。
ナ : 冬だからだと思いますよ。

関 가스가 폭발하다 ガスが爆発する

参 가스레인지 ガスレンジ 가스밸브 ガスバルブ 가스 요금 ガス料金

꽃병

名 [꼳뼝]

花瓶 漢 -瓶

가 : 꽃을 좀 사 왔어요.
나 : 고마워요. 꽃병에 꽂으면 예쁘겠네요.

カ : ちょっと花を買ってきました。
ナ : ありがとうございます。花瓶に挿したらきれいでしょうね。

類 화병 花瓶 関 꽃병에 꽂다 花瓶に挿す

끈

名

ひも

리에 씨, 운동화 끈이 풀렸어요.

リエさん、運動靴のひもがほどけてます。

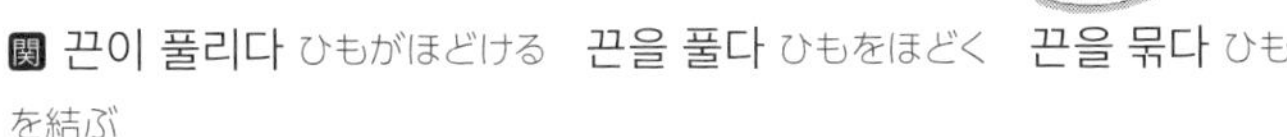

関 끈이 풀리다 ひもがほどける 끈을 풀다 ひもをほどく 끈을 묶다 ひもを結ぶ

参 신발끈 靴ひも 운동화 끈 運動靴のひも 구두 끈 靴のひも 머리 끈 ヘアゴム

대문

名

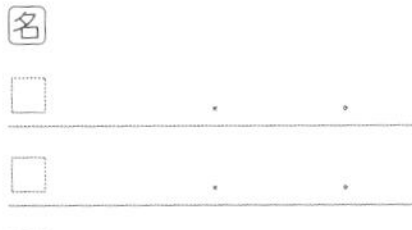

門 漢 大門

가 : 이 집은 대문 앞이 항상 깨끗하네요!
나 : 할머니께서 아침마다 청소하시더라고요.

カ : この家は門の前がいつもきれいですね！
ナ : おばあさんが毎朝掃除なさっているそうです。

도구

名

道具　漢 道具

가 : 청소 **도구**는 어디에 있나요?
나 : 화장실 옆에 있어요.

カ：掃除用具はどこにありますか？
ナ：トイレの横にあります。

参 청소 도구 掃除道具　조리 도구 調理道具

렌즈

名

レンズ　外 lens

가 : 안경 때문에 너무 불편해.
나 : 그럼 **렌즈**를 껴 보는 게 어때?

カ：眼鏡のせいでとても不便だ。
ナ：それじゃ、コンタクトレンズを着けてみるのはどう？

関 렌즈를 끼다/빼다 レンズをはめる／取る　렌즈를 착용하다 レンズを着用する　参 콘택트렌즈 コンタクトレンズ　안경 렌즈 眼鏡のレンズ

바닥

名

床、地面

가 : 내 볼펜이 어디 갔지?
나 : 저기 **바닥**에 떨어져 있네.

カ：僕のボールペン、どこに行った？
ナ：あそこの床に落ちているね。

関 바닥에 떨어지다 床に落ちる　바닥에 떨어뜨리다 床に落とす　바닥에 쏟다 床にこぼす

参 방 바닥 部屋の床　교실 바닥 教室の床　천장 天井　벽 壁

베개

名

枕

가 : 어제 푹 잤어요?
나 : **베개**가 너무 높아서 잘 못 잤어요.

カ：昨日、ぐっすり眠れました？
ナ：枕が高過ぎてよく眠れませんでした。

関 베개를 베다 枕をする

봉지

名

① 袋　② 袋に入ったものを数える単位　漢 封紙

가 : **봉지**에 넣어 드릴까요?
나 : 아니요, 가방에 넣으면 돼요.

カ：袋に入れましょうか？
ナ：いいえ、かばんに入れれば大丈夫です。

과자 두 **봉지**를 사시면 한 **봉지**를 더 드립니다.

お菓子を2袋買えばもう1袋差し上げます。

関 봉지에 넣다 袋に入れる　봉지에 담다 袋に詰める　봉지를 뜯다 袋を開ける

비닐

名

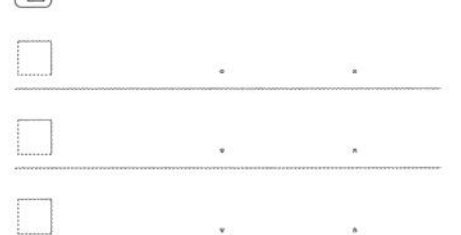

ビニール　外 vinyl

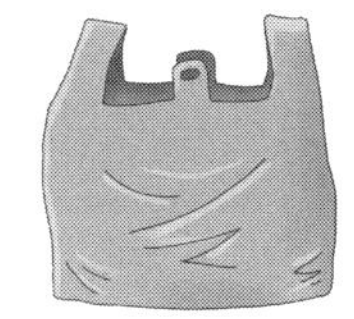

가 : **비닐**봉지 드릴까요?
나 : 네, 주세요.

カ：ビニール袋、差し上げましょうか？
ナ：はい、下さい。

参 비닐봉지 ビニール袋　비닐우산 ビニール傘

✎ 비닐봉지を비닐 봉투とも言います。

사물

名

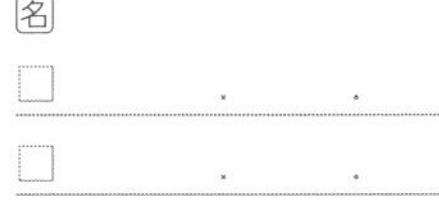

もの　漢 事物

개는 냄새만 맡아도 멀리 있는 **사물**이 무엇인지 금방 알 수 있다.

犬は匂いをかいだだけでも遠くにある物が何かすぐに知ることができる。

상자

名

① 箱　② 箱に入ったものを数える単位　漢 箱子

가 : 소포를 좀 보내려고 하는데요.
나 : 여기 올려놓으세요. **상자** 안에 뭐가 들어 있어요?

カ：小包を送ろうと思うんですが。
ナ：ここに載せてください。箱の中には何が入っていますか？

라면 한 **상자**에 라면이 몇 개 들어 있어요?

ラーメン1箱に、ラーメンが何個入っていますか？

関 상자를 열다 箱を開ける　상자에 담다 箱に詰める　상자에 넣다 箱に入れる　상자에서 꺼내다 箱から取り出す

상자を박스（ボックス）とも言います。

세제

名

洗剤　漢 洗剤

가 : 설거지할 때 쓸 **세제**를 사려고 하는데 뭐가 좋아요?
나 : 요즘 이 **세제**가 인기예요. 과일로 만들어서 주부들이 좋아해요.

カ：皿洗いするときに使う洗剤を買おうと思うのですが、何がいいですか？
ナ：最近、この洗剤が人気です。果物で作っていて、主婦が好みます。

안방

名 [안빵]

家の主人用の一番大きな部屋、奥まった部屋

漢 -房

가 : 엄마, 아빠 어디 계세요?
나 : **안방**에서 주무시는데 왜?

カ：お母さん、父さんはどこにいますか？
ナ：奥の部屋で寝てるけど、どうして？

参 침실 寝室　욕실 風呂場、浴室 ▶ P.289　주방 厨房 ▶ P.290

욕실

名 [욕씰]

風呂場、浴室　漢 浴室

가 : 지금 **욕실**에 누가 있어?
나 : 형이 샤워하고 있어요.

カ：今、浴室に誰かいる？
ナ：お兄さんがシャワーしています。

参 침실 寝室　안방 家の主人用の一番大きな部屋、奥まった部屋 ▶ P.288
주방 厨房 ▶ P.290

용품

名

用品　漢 用品

가 : 스키**용품**은 몇 층에 있어요?
나 : 스포츠**용품**은 6층에 있습니다.

カ：スキー用品は何階にありますか？
ナ：スポーツ用品は6階にあります。

参 학용품 学用品　생활용품 生活用品　주방용품 台所用品　스포츠용품 スポーツ用品

유리

名

ガラス　漢 琉璃

가 : **유리**창을 여러 번 닦았는데 깨끗해지지 않아요.
나 : 그럼 신문지로 닦아 보세요.

カ：ガラス窓を何回か拭いたけどきれいになりません。
ナ：それでは、新聞紙で拭いてみてください。

参 유리컵 ガラスのコップ　유리창 ガラス窓　유리 제품 ガラス製品

이불

名

掛け布団

날씨가 추워졌으니까 밤에 잘 때 **이불**을 잘 덮고 주무세요.

寒くなったので、夜寝るときは掛け布団をしっかり掛けて寝てください。

関 이불을 덮다 掛け布団を掛ける　이불을 깔다 掛け布団を掛ける
이불을 개다/펴다 掛け布団を畳む／広げる

5章 衣食住

이어폰

名

☐ . .
☐ . .
☐ . .

イヤホン　外 earphone

지하철에서 음악을 들을 때는 이어폰을 끼고 들으세요.

地下鉄で音楽を聴くときはイヤホンをして聴いてください。

関 이어폰을 끼다 イヤホンをはめる　이어폰을 꽂다 イヤホンを差す

자동

名

☐ . .
☐ . .
☐ . .

自動　漢 自動

가 : 이 문이 왜 안 열리지요?
나 : 이 버튼을 누르면 **자동**으로 열려요.

カ：このドアはどうして開かないのでしょう？
ナ：このボタンを押せば自動で開きます。

対 수동 手動

関 자동으로 켜지다/꺼지다 自動でつく／消える　자동으로 열리다/닫히다 自動で開く／閉じる

参 자동문 自動ドア　자동이체 自動（口座）振替

장바구니

名 [장빠구니]

☐ . .
☐ . .
☐ . .

買い物袋　漢 場 ---

가 : 봉투 필요하세요?
나 : 아니요, **장바구니**를 가지고 왔어요.

カ：袋は必要ですか？
ナ：いいえ、買い物袋を持ってきました。

✔ 바구니は「籠」という意味です。

주방

名

☐ . .
☐ . .
☐ . .

調理場、厨房　漢 厨房

가 : 어떤 아르바이트를 해 보셨어요?
나 : 식당 **주방**에서 설거지도 해 보고 아이들을 가르치는 일도 해 봤어요.

カ：どんなアルバイトをしましたか？
ナ：食堂の厨房で皿洗いもして、子どもに教える仕事もしました。

類 부엌 台所

✔ 부엌は普通、家で料理を作る場所を言います。주방は大きなレストランやホテルで料理を作る場所です。ですが、高級住宅やマンションでは주방と言ったりもします。

창가

名 [창까]

□ . .
□ . .
□ . .

窓際　漢 窓-

가 : 어느 쪽 자리로 드릴까요?
나 : **창가** 자리로 주세요.

カ：どちらの席にしましょうか？
ナ：窓側の席でお願いします。

✔ 飛行機、列車、高速バスなどで窓側の席を창가 자리、人が通る側の席を통로 자리（通路側の席）と言います。

통 02

名

□ . .
□ . .
□ . .

筒、缶、桶　漢 桶

쓰레기는 쓰레기**통**에 버려 주세요.

ごみはごみ箱に捨ててください。

参 쓰레기통 ごみ箱　물통 水槽　필통 筆箱

풍선

名

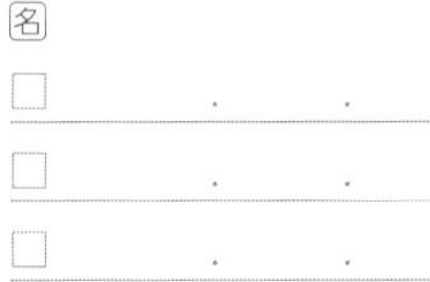

風船　漢 風船

가 : 아빠, 저 **풍선** 사 주세요.
나 : 그래. 무슨 색으로 사 줄까?

カ：パパ、あの風船買ってください。
ナ：ああ。何色を買おうか？

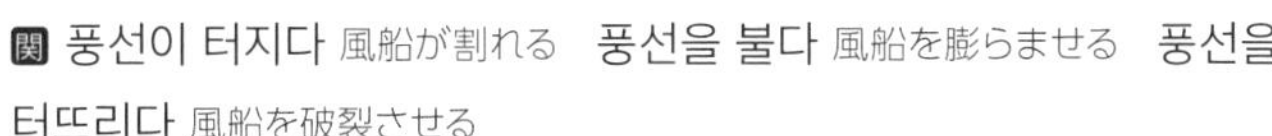

関 풍선이 터지다 風船が割れる　풍선을 불다 風船を膨らませる　풍선을 터뜨리다 風船を破裂させる

플라스틱

名

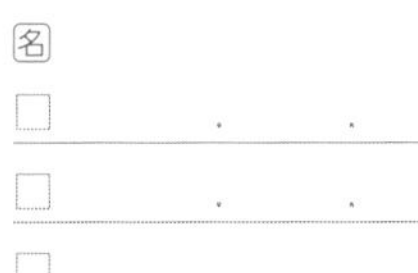

プラスチック　外 plastic

플라스틱과 종이는 재활용할 수 있으니까 따로 버리세요.

プラスチックと紙はリサイクルできるので別にして捨ててください。

参 플라스틱 그릇 プラスチックの器　플라스틱 제품 プラスチック製品

현관

名

玄関　漢 玄関

현관에 있는 신발 좀 정리해라.

玄関にある靴、ちょっと片付けなさい。

화분

名

植木鉢、鉢植え　漢 花盆

집들이 선물로 **화분**이 어때요?

引っ越し祝いのプレゼントに植木鉢はどうですか？

화장품

名

化粧品　漢 化粧品

가 : 어떤 **화장품**을 찾으세요?

나 : 스킨과 로션 좀 보여 주세요.

カ：どのような化粧品をお探しですか？

ナ：化粧水と乳液を見せてください。

関 화장품을 바르다 化粧品を塗る　参 스킨 化粧水　로션 乳液

Let's Check

解答 ▶ P.514

1 다음 중 관계가 다른 것은 무엇입니까?

① 끈을 묶다 – 끈을 풀다　　② 이불을 개다 – 이불을 펴다

③ 렌즈를 끼다 – 렌즈를 빼다　　④ 텔레비전을 틀다 – 텔레비전을 켜다

다음 그림을 보고 (　　　　) 에 맞는 단어를 쓰십시오.

보기

화분　천장　화장품　이어폰　벽

꽃병　바닥　쓰레기통　애완동물

2 (　　　　)　3 (　　　　)

4 (　　　　)　5 (　　　　)

6 (　　　　)　7 (　　　　)

8 (　　　　)　9 (　　　　)

10 (　　　　)

07 | 家の周りの環境 집 주위 환경

))) TRACK 30

고층

名

高層 漢 高層

고층 빌딩이 많은 도시는 하늘을 보기가 힘들어서 답답하다.

高層ビルが多い都市は、空を見るのが大変で息苦しい。

参 고층 빌딩 高層ビル　고층 건물 高層の建物

공간

名

空間 漢 空間

가 : 식당에 주차장이 있어요?
나 : 네, 주차 **공간**이 아주 넓으니까 걱정하지 마세요.

カ:食堂に駐車場はありますか?
ナ:はい、駐車スペースはとても広いので、心配なさらないでください。

関 공간이 좁다/넓다 空間が狭い／広い　공간을 활용하다 空間を活用する　공간을 차지하다 空間を占める

参 공간적 空間的　문화 공간 文化空間　생활 공간 生活空間　휴식 공간 休息空間

길거리

名 [길꺼리]

通り

떡볶이, 순대와 같은 **길거리** 음식을 먹어 봤어요?

トッポッキ、スンデのような、通りで売っている食べ物を食べてみましたか?

놀이터

名 [노리터]

遊び場

가 : 이 근처에 아이들이 놀 수 있는 곳이 있어요?
나 : 네, 이쪽으로 5분만 걸어가시면 **놀이터**가 있어요.

カ:この近くに子どもが遊べる場所はありますか?
ナ:はい、こちらに5分歩くと、遊び場があります。

목욕탕

名 [모곡탕]

☐ . .
☐ . .
☐ . .

銭湯　漢 沐浴湯

가 : 아침 먹고 목욕탕에 갔다 올게.
나 : 오늘 수요일이잖아. **목욕탕** 쉬는 날이야.

カ：朝食を食べて銭湯に行ってくる。
ナ：今日は水曜日でしょ。銭湯は休みの日よ。

바깥

名 [바깓]

☐ . .
☐ . .
☐ . .

屋外

가 : **바깥**보다 집 안이 더 더운 것 같아요.
나 : 에어컨을 안 켜서 그래요. 에어컨을 좀 켤까요?

カ：外より家の中の方が暑いようです。
ナ：エアコンをつけていないからです。ちょっとエアコンをつけましょうか？

類 밖 外　対 안 中　関 바깥 날씨 外の天気　바깥 공기 外の空気

부동산

名

☐ . .
☐ . .
☐ . .

不動産、不動産屋　漢 不動産

가 : 회사랑 가까운 곳에 집을 구하고 싶은데요.
나 : 회사 근처에 있는 **부동산**에 가 보세요.

カ：会社と近い場所に家を探したいのですが。
ナ：会社の近所にある不動産屋に行ってみてください。

상가

名

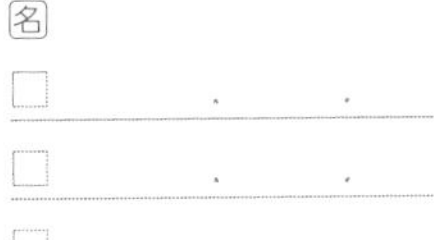

商店街　漢 商街

가 : 요즘 유행하는 옷을 어디에서 싸게 살 수 있어요?
나 : 강남에 있는 지하**상가**가 괜찮을 것 같아요.

カ：最近はやっている服をどこで安く買えますか？
ナ：江南にある地下商店街がいいと思います。

参 전자 상가 電子商店街　의류 상가 衣類商店街　상가 건물 複合型商業施設

센터

名

センター 外 center

가 : 휴대폰이 고장 난 것 같아.
나 : 빨리 서비스 **센터**에 가지고 가 봐.

カ：携帯電話が故障したみたい。
ナ：早くサービスセンターに持っていってみなさいよ。

参 이삿짐센터 引っ越しセンター　고객 센터 顧客センター　서비스 센터 サービスセンター　스포츠 센터 スポーツセンター

소방

名

消防　漢 消防

가 : 어디에 불이 났나 봐.
나 : 그러게, **소방**차가 5대나 지나가네.

カ：どこかで火事が起きたみたい。
ナ：そうだね、消防車が5台も通り過ぎていくね。

参 소방관 消防官　소방차 消防車　소방서 消防署　소방 시설 消防施設

시설

名

施設　漢 施設

가 : 이 헬스클럽은 넓고 **시설**도 참 좋네요.
나 : 네, 그래서 다른 곳보다 조금 비쌉니다.

カ：このスポーツジムは広くて施設もとてもいいですね。
ナ：はい、だから他の所より少し高いです。

関 시설이 좋다/나쁘다 施設がいい／悪い　시설을 갖추다 施設を備える

参 공공시설 公共施設　안전시설 安全施設　편의 시설 生活利便施設

엘리베이터

名

エレベーター　外 elevator

가 : 왜 이렇게 땀을 많이 흘려요?
나 : 네, **엘리베이터**가 고장 나서 계단으로 올라왔거든요.

カ：どうしてこんなにたくさん汗をかいてるんですか？
ナ：はい、エレベーターが故障して階段で上がってきたんですよ。

参 에스컬레이터 エスカレーター

✔ 엘리베이터は승강기(昇降機)とも言います。

엘리베이터　에스컬레이터

원룸

名 [원눔]

ワンルームマンション 外 one - room

가 : 어떤 집을 찾으세요?
나 : 지하철역과 가까운 **원룸** 있어요?

カ:どのような家をお探しですか?
ナ:地下鉄の駅と近いワンルームマンションありますか?

위치하다

動

位置する 漢 位置--

이 백화점은 교통이 편리한 곳에 **위치해** 있다.

このデパートは交通の便がいい場所に位置している。

–에 위치하다

주변

名

周辺 漢 周辺

가 : 집 **주변**에 호수가 있어서 참 좋겠어요.
나 : 네, 그래서 저녁 먹고 자주 산책해요.

カ:家の周辺に湖があってとても良さそうです。
ナ:はい、だから夕食を食べてよく散歩します。

類 주위 周囲

参 주변 환경 周辺環境　생활 주변 生活周辺　학교 주변 学校周辺

주택

名

住宅 漢 住宅

우리 집은 **주택**가에 있어서 조용하다.

うちの家は住宅街にあって静かだ。

関 주택을 마련하다 住宅を用意する　주택을 구입하다 住宅を購入する

参 주택가 住宅街

중국집

名 [중국찝]

中華料理屋　漢 中国-

가 : 아 자장면 먹고 싶다!
나 : 그럼 내가 **중국집**에 전화할게.

カ：あー、ジャージャー麺食べたい！
ナ：それじゃ、私が中華料理屋に電話するよ。

코너

名

コーナー　外 corner

가 : 과일 **코너**가 어디에 있어요?
나 : 야채 **코너** 옆에 있습니다.

カ：果物コーナーはどこにありますか？
ナ：野菜コーナーの隣にあります。

参 식품 코너 食品コーナー　할인 코너 割引コーナー

편의

名 [펴니]

便宜　漢 便宜

우리 동네에는 도서관, 주차장, 공원 등의 **편의**시설이 많아서 살기 좋다.

うちの町には図書館、駐車場、公園などの生活利便施設が多くて住むのにいい。

参 편의점 コンビニ　편의 시설 生活利便施設

Let's Check

解答 ▶ P.515

( )에 알맞은 단어를 <보기>에서 찾아 쓰십시오.

보기
센터 코너 공간 시설

1 지하철역 안에는 여러 가게들과 잠시 쉬었다 갈 수 있는 휴식 ( )이/가 있다.

2 이사를 할 때 이삿짐 ( )을/를 이용하면 간편하게 이사를 할 수 있다.

3 이 아파트에는 어린이 놀이터, 어린이 도서관 등 어린이를 위한 ( )이/가 많아서 좋다.

4 저녁 7시쯤 백화점에 가면 식품 ( )에서 할인을 하기 때문에 음식을 싸게 살 수 있다.

다음 그림을 보고 ( )에 맞는 단어를 쓰십시오.

보기
놀이터 소방서 중국집 부동산 목욕탕

MEMO

6章

天気／生活

날씨/생활

01 | 天気予報 일기예보

))) TRACK 31

건조

名

乾燥　漢 乾燥

가 : 날씨가 **건조**해서 피부도 **건조**해진 것 같아요.
나 : 물을 많이 드세요.

カ：空気が乾燥して肌も乾いてきたようです。
ナ：水をたくさんお飲みください。

–이/가 건조하다

形 건조하다 乾燥している

기온

名

気温　漢 気温

오늘 낮 **기온**은 33도까지 올라가겠습니다.

今日の昼の気温は33度まで上がるでしょう。

関 기온이 올라가다/내려가다 気温が上がる／下がる　기온이 높다/낮다 気温が高い／低い　기온이 떨어지다 気温が下がる

参 최고기온 最高気温　최저기온 最低気温

끼다

動

（雲や霧などが）かかる

가 : 오늘 빨래해도 될까?
나 : 구름이 **낀** 걸 보니까 비가 올 것 같아. 내일 해.

カ：今日洗濯してもいいかな？
ナ：雲がかかっているのを見ると、雨が降りそうだ。明日して。

関 구름이 끼다 雲がかかる　안개가 끼다 霧がかかる

더위

名

暑さ

한국 사람들은 여름에 **더위**를 이기기 위해서 삼계탕을 먹는다.

韓国人は夏に暑さに打ち勝つためにサムゲタンを食べる。

対 추위 寒さ ▶P.305　関 더위를 이기다 暑さに勝つ　더위를 참다 暑さに耐える

参 무더위 蒸し暑さ

✓ 夏、暑いせいで食欲がなく力が出ないとき、더위 먹다（夏バテする）と言います。

도

依

□ . .
□ . .
□ . .

～度 漢 度

가 : 어제까지는 덥더니 오늘 좀 시원하네요. 지금 몇 **도**예요?
나 : 23**도**예요.

カ：昨日までは暑かったのに、今日は少し涼しいですね。今何度ですか？
ナ：23度です。

맞다 02

動 [맏따]

□ . .
□ . .
□ . .

① (雨などに)降られる ② (点数を)もらう

가 : 왜 비를 **맞**고 왔어? 우산 안 챙겨 갔니?
나 : 챙기려고 했는데 깜빡했어요.

カ：どうして雨に降られてきたの？ 傘持っていかなかったの？
ナ：持っていこうと思ったけどうっかりしました。

너, 지금까지 시험에서 빵점 **맞**은 적 있어?

あなた、今まで試験で0点もらったことある？

–을/를 맞다

関 비를 맞다 雨に降られる 눈을 맞다 雪に降られる

무덥다

形 [무덥따]

ㅂ変則

□ . .
□ . .
□ . .

蒸し暑い

가 : 요즘 계속 **무더워**서 밤에 잠을 잘 못 자는 사람들이 많대.
나 : 맞아. 나도 어젯밤에 잠을 잘 못 잤어.

カ：最近、ずっと蒸し暑くて夜よく眠れない人が多いって。
ナ：そうよ。私も昨夜よく眠れなかった。

–이/가 무덥다

関 무더운 날씨 蒸し暑い天気 参 무더위 蒸し暑さ

소나기

名

□ . .
□ . .
□ . .

夕立

가 : 비가 많이 오는데 우산을 살까?
나 : **소나기**니까 잠깐 기다려 보자.

カ：雨がすごく降ってるけど、傘買おうか？
ナ：夕立だから、しばらく待ってみよう。

関 소나기가 그치다 夕立がやむ

습기

名 [습끼]

□ . .
□ . .
□ . .

湿気 漢 湿気

가 : 요즘 계속 비가 와서 집 안에 **습기**가 많아요.

나 : 지금 마트에서 **습기**를 없애는 제품을 할인하고 있으니까 가 보세요.

カ：最近雨が降り続いていて、家の中に湿気が多いです。
ナ：今スーパーで湿気を取る製品を割引しているから、行ってみてください。

関 습기가 많다 湿気が多い　습기가 차다 湿気が満ちる　습기를 없애다 湿気を取る　습기를 제거하다 湿気を取り除く

영상 01

名

□ . .
□ . .
□ . .

0度以上 漢 零上

가 : 오늘도 춥겠지요?

나 : 아침에는 좀 추운데 낮에는 **영상** 7도까지 올라간대요.

カ：今日も寒いですよね？
ナ：朝は少し寒いですが、昼には7度まで上がるそうです。

対 영하 零下 ▸P.304 関 영상으로 올라가다 0度以上に上がる

✔ 温度を言うとき、영하は必ず言いますが、영상はあまり言いません。

영하

名

□ . .
□ . .
□ . .

零下 漢 零下

가 : 서울은 겨울에 얼마나 추워요?

나 : **영하** 13도까지 떨어지는 날이 많아요.

カ：ソウルは冬、どれくらい寒いですか？
ナ：マイナス13度まで下がる日が多いです。

対 영상 0度以上 ▸P.304 関 영하로 떨어지다 零下に下がる

온도

名

温度　漢 温度

가 : 좀 추운데 에어컨 좀 꺼 주시면 안 돼요?
나 : 손님, 죄송하지만 다른 손님들도 계시니까 **온도**를 조금만 올려 드리겠습니다.

カ：少し寒いので、ちょっとエアコンを切っていただけませんか？
ナ：お客さま、申し訳ありませんが他のお客さまもいらっしゃいますので、温度を少しだけお上げいたしますね。

関 온도를 올리다/내리다 温度を上げる／下げる　온도를 조절하다 温度を調節する　参 실내 온도 室内温度

자외선

名

紫外線　漢 紫外線

가 : 오늘 햇빛이 너무 강한 것 같아요.
나 : 이런 날은 **자외선**이 강하니까 선크림을 꼭 발라야 해요.

カ：今日、日差しがとても強いようです。
ナ：こんな日は紫外線が強いので、日焼け止めを必ず塗らなければいけません。

関 자외선이 강하다 紫外線が強い　参 자외선 차단제 日焼け止め

자외선 차단제は선크림（サンクリーム）とも言います。선크림は言うとき、よく[썬크림]と発音します。

추위

名

寒さ

가 : 이번 주말에 스키장에 갈래요?
나 : 미안해요. 저는 **추위**를 많이 타서 겨울에는 밖에 나가는 게 싫어요.

カ：この週末にスキー場に行きますか？
ナ：ごめんなさい。私はとても寒さに弱いので、冬は外に出るのが嫌いです。

対 더위 暑さ ▸P.302　関 추위를 타다 寒さに弱い　参 꽃샘추위 花冷え

파도

名

波　漢 波濤

오늘은 바람이 많이 불고 **파도**가 높으니까 수영을 하지 마십시오.

今日は風がすごく吹いて波も高いから、泳がないでください。

関 파도가 높다 波が高い　파도가 심하다 波がひどい

02 | レジャー 여가 활동

))) TRACK 32

가꾸다

動

□ . .
□ . .
□ . .

栽培する、手入れをする

가 : 취미가 뭐예요?
나 : 꽃을 **가꾸**는 거예요.

カ：趣味は何ですか？
ナ：花を栽培することです。

–을/를 가꾸다

関 채소를 가꾸다 野菜を栽培する

결승

名 [결씅]

□ . .
□ . .
□ . .

決勝 漢 決勝

가 : 지금 축구 **결승**전 하는 중인데 텔레비전 안 보고 뭐 해?
나 : 그래? 벌써 시작했어?

カ：今、サッカーの決勝戦しているところなのに、テレビを見ないで何してるの？
ナ：本当？ もう始まったの？

関 결승에 나가다 決勝に出る 결승에 오르다 決勝に上がる

参 결승전 決勝戦 준결승 準決勝

곡

名

□ . .
□ . .
□ . .

曲 漢 曲

가 : 기타 칠 줄 알아요? 그럼 한 **곡**만 쳐 주세요.
나 : 좋아요. 무슨 노래를 듣고 싶어요?

カ：ギター弾けますか？ それでは、1曲だけ弾いてください。
ナ：いいですよ。どんな曲が聴きたいですか？

参 작곡가 作曲家

관람

名 [괄람]

□ . .
□ . .
□ . .

観覧 漢 観覧

이 영화는 19살 이상만 **관람**할 수 있습니다.

この映画は19歳以上の人だけ観覧できます。

–을/를 관람하다

参 박물관 관람 博物館観覧 영화 관람 映画鑑賞 공연 관람 公演観覧

나들이

名 [나드리]

□ . .
□ . .
□ . .

出掛けること

오늘은 비가 많이 오겠습니다. 나들이를 계획하고 계신 분들은 다음 주로 미루시는 것이 좋겠습니다.

今日は雨が激しく降るでしょう。お出掛けを計画していらっしゃる方々は来週に延期なさるのがいいでしょう。

関 나들이를 가다 お出掛けする

단체

名

□ . .
□ . .
□ . .

団体 漢 団体

가 : 저희 20명인데 **단체** 할인 받을 수 있나요?
나 : 그럼요, 20명부터 10% 할인됩니다.

カ:私たち20人ですが、団体割引を受けられますか?
ナ:もちろんです、20人から10%割引になります。

参 단체 여행 団体旅行　단체 사진 団体写真　단체 생활 団体生活

대여

名

□ . .
□ . .
□ . .

貸与、レンタル 漢 貸与

스키가 없는데 스키장에서 **대여**할 수 있어요?

スキー板がありませんが、スキー場でレンタルできますか?

-에/에게 -을/를 대여하다

動 대여하다 貸与する、レンタルする　類 빌려주다 貸す

동호회

名

□ . .
□ . .
□ . .

同好会 漢 同好会

가 : 요즘 주말에 할 일도 없고 너무 심심해요.
나 : 그럼 우리 사진 **동호회**에 오세요.

カ:最近、週末にすることもなくてとても退屈です。
ナ:それでは、うちの写真同好会に来てください。

関 동호회에 가입하다 同好会に加入する

✎ 동호회はサラリーマンや一般人の趣味活動の集まりで、동아리は学校で学生たちが作った趣味活動の集まりです。

매표소

名

□ . .
□ . .
□ . .

チケット売り場、(駅の)切符売り場　漢 売票所

가 : 우리 오후에 어디에서 만날까?
나 : 박물관 **매표소** 앞에서 만나자.

カ：僕たち午後どこで会おうか？
ナ：博物館のチケット売り場前で会おう。

머무르다

動

르変則

□ . .
□ . .
□ . .

とどまる

가 : 일본에 여행을 가면 어디에서 지낼 거야?
나 : 친척집에 **머무르**려고 해.

カ：日本に旅行したら、どこで過ごすつもり？
ナ：親戚の家に滞在しようと思う。

–에 머무르다

略 머물다 とどまる

메달

名

□ . .
□ . .
□ . .

メダル　外 medal

가 : 이번 대회에서 한국은 **메달**이 몇 개예요?
나 : 금**메달** 10개, 은**메달** 3개, 동**메달** 24개예요.

カ：今大会で韓国はメダル幾つですか？
ナ：金メダル10個、銀メダル3個、銅メダル24個です。

関 메달을 따다 メダルを取る

参 금메달 金メダル　은메달 銀メダル　동메달 銅メダル

박람회

名 [방남회]

□ . .
□ . .
□ . .

博覧会　漢 博覧会

가 : 이번 주말에 꽃 **박람회**가 있는데 같이 갈래요?
나 : 좋아요. 재미있을 것 같아요.

カ：今週末に花の博覧会がありますが、一緒に行きますか？
ナ：いいですよ。面白そうです。

関 박람회가 열리다 博覧会が開かれる　박람회를 관람하다 博覧会を観覧する

参 무역 박람회 貿易博覧会　취업 박람회 就職博覧会

상금

名

□ . .
□ . .
□ . .

賞金 漢 賞金

가 : 이번 골프 대회에서 일등을 하면 **상금**이 얼마예요?
나 : 1억 정도 돼요.

カ：今回のゴルフ大会で1位になったら賞金はいくらですか？
ナ：1億ほどになります。

関 상금을 타다 賞金を取る　상금을 받다 賞金をもらう

속하다

動 [소카다]

□ . .
□ . .
□ . .

属する、所属する 漢 属--

우리가 **속한** 팀이 이겨서 신났다.

われわれが属するチームが勝ってうれしかった。

–에 속하다

수집

名

□ . .
□ . .
□ . .

収集 漢 蒐集

가 : 취미가 뭐예요?
나 : 만화책 **수집**이에요.

カ：趣味は何ですか？
ナ：コミックの収集です。

–을/를 수집하다
–이/가 수집되다

動 수집하다 収集する　수집되다 収集される　類 모으다 集める ▶ P.189

関 자료를 수집하다 資料を収集する

参 수집가 収集家　우표 수집 切手収集　정보 수집 情報収集

숙박

名 [숙빡]

□ . .
□ . .
□ . .

宿泊 漢 宿泊

가 : 네, 제주 호텔입니다.
나 : 7월 5일부터 7월 8일까지 **숙박** 가능한가요?

カ：はい、済州ホテルです。
ナ：7月5日から7月8日まで宿泊可能でしょうか？

–에 숙박하다

動 숙박하다 宿泊する　参 숙박 시설 宿泊施設

숙소

名 [숙쏘]

宿　漢 宿所

가 : 부산에 괜찮은 **숙소**가 있나요?
나 : 해운대 근처에 싸고 깨끗한 호텔이 있다고 들었어요.

カ：釜山にいい宿がありますか？
ナ：海雲台の近くに安くてきれいなホテルがあると聞きました。

関 숙소를 정하다 宿を決める　숙소를 예약하다 宿を予約する

악기

名 [악끼]

楽器　漢 楽器

가 : **악기**를 배운 적이 있어요?
나 : 네, 어릴 때 피아노를 배웠어요.

カ：楽器を習ったことはありますか？
ナ：はい、小さいころピアノを習いました。

関 악기를 연주하다 楽器を演奏する

야외

名

野外　漢 野外

가 : 내일 비가 와도 공연을 하나요?
나 : 비가 오면 **야외** 공연은 취소됩니다.

カ：明日、雨が降っても公演はしますか？
ナ：雨が降ったら野外公演は中止になります。

対 실내 室内

参 야외 공연 野外公演　야외 수업 野外授業　야외 결혼식 野外結婚式

여가

名

余暇　漢 余暇

가 : **여가** 시간에 보통 뭘 하세요?
나 : 영화를 보거나 운동을 해요.

カ：余暇時間に普通、何をなさいますか？
ナ：映画を見たり運動をしたりします。

参 여가 시간 余暇時間　여가 활동 余暇活動

연주

名

演奏　漢 演奏

가 : 무슨 악기를 **연주**할 줄 알아요?
나 : 기타를 칠 줄 알아요.

カ：どんな楽器を演奏できますか？
ナ：ギターを弾けます。

–을/를 연주하다

動 연주하다 演奏する　関 악기를 연주하다 楽器を演奏する

参 연주회 演奏会　연주자 演奏者

오락

名

娯楽　漢 娯楽

가 : 무슨 TV 프로그램을 자주 봐요?
나 : 저는 연예인들이 많이 나오는 **오락** 프로그램을 자주 봐요.

カ：どんなテレビ番組をよく見ますか？
ナ：私は芸能人がたくさん出るバラエティー番組をよく見ます。

関 오락을 즐기다 娯楽を楽しむ

参 오락 시간 娯楽時間　오락 프로그램 バラエティー番組

最近は오락 프로그램を예능 프로그램(芸能プログラム)ともよく言います。

온천

名

温泉　漢 温泉

가 : 이번 겨울에는 어디로 여행을 가고 싶어요?
나 : 날씨가 추우니까 **온천**에 가서 쉬고 싶어요.

カ：この冬はどこに旅行に行きたいですか？
ナ：寒いので温泉に行って休みたいです。

응모

名

応募　漢 応募

이번 이벤트에 **응모**하시는 모든 분들께 예쁜 컵을 드립니다.

今回のイベントに応募される全ての方にかわいいコップを差し上げます。

–에 응모하다

動 응모하다 応募する

일반

名

一般　漢 一般

입장료
일반 : 10,000원
학생 : 8,000원

入場料
一般：1万ウォン 学生：8000ウォン

参 일반적 一般的 ▶ P.216 일반인 一般人 일반화 一般化

자유

名

自由　漢 自由

가 : 아르바이트해서 모은 돈으로 뭐 할 거야?
나 : 유럽으로 **자유** 여행을 가려고 해.

カ：アルバイトしてためたお金で何をするつもり？
ナ：欧州にフリープランの旅行に行こうと思う。

–이/가 자유롭다
–이/가 자유스럽다

形 자유롭다 自由だ ▶ P.021 자유스럽다 自由でいる 参 자유 여행 自由旅行

전시

名

展示　漢 展示

가 : 7월에는 어떤 **전시**회가 있나요?
나 : 이번 달에는 한국의 전통 도자기를 **전시**하고 있습니다.

カ：7月はどんな展示会がありますか？
ナ：今月は韓国の伝統陶磁器を展示しています。

–을/를 전시하다
–이/가 전시되다

動 전시하다 展示する 전시되다 展示される

参 전시회 展示会 전시관 展示館

취하다 02

動

(行動・態度などを)取る 漢 取--

가 : 이 약을 먹으면 빨리 낫겠지요?
나 : 약을 먹는 것도 중요하지만 감기에 걸렸을 때에는 충분한 휴식도 **취해**야 합니다.

カ : この薬を飲めば早く治るんですよね?
ナ : 薬を飲むのも重要ですが、風邪をひいたときは十分な休息も取らなければなりません。

関 휴식을 취하다 休息を取る　수면을 취하다 睡眠を取る

포함

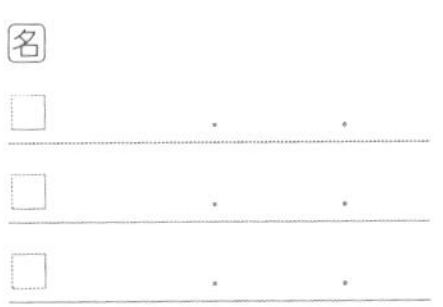

名

含むこと、込みにすること 漢 包含

가 : 여행비에 식사비도 **포함**되나요?
나 : 아침은 **포함**되고 점심, 저녁은 **포함**되지 않습니다.

カ : 旅費に食費も含まれますか?
ナ : 朝食は含まれ、昼食、夕食は含まれません。

-을/를 포함하다
-을/를 -에 포함하다
-이/가 -에 포함되다

動 포함하다 含む　포함되다 含まれる

参 조식 포함 朝食込み　석식 포함 夕食込み

해소

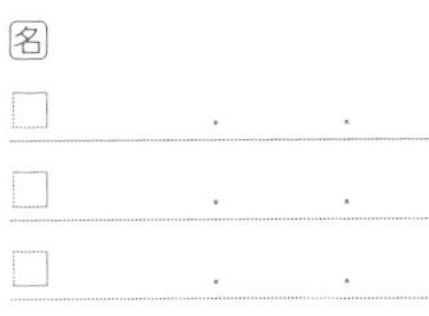

名

解消 漢 解消

나는 한 달에 두 번 공연을 보면서 스트레스를 **해소**한다.

私は1カ月に2回、公演を見てストレスを解消する。

-을/를 해소하다
-이/가 해소되다

動 해소하다 解消する　해소되다 解消される　類 풀다 解く

関 스트레스를 해소하다 ストレスを解消する

활용

名 [화룡]

活用 漢 活用

가 : 어떻게 하면 시간 **활용**을 잘할 수 있을까요?
나 : 일을 하기 전에 계획을 세워 보세요.

カ：どうすればうまく時間を活用できるでしょうか？
ナ：仕事をする前に計画を立ててみてください。

–을/를 –에 활용하다
–을/를 –(으)로 활용하다
–이/가 –에 활용되다
–이/가 –(으)로 활용되다

動 활용하다 活用する　활용되다 活用される

参 재활용 リサイクル、再利用 ▶ P.386　시간 활용 時間の活用　공간 활용 空間の活用

회비

名

会費 漢 会費

저희 모임에 나오려면 한 달에 한 번 **회비**를 내셔야 합니다.

私どもの集まりに出るには、1カ月に1回、会費を払わなければなりません。

関 회비를 내다 会費を払う

회원

名

会員 漢 会員

가 : 저기 이 책을 좀 빌리고 싶은데요.
나 : 네, 저희 도서관 **회원**이세요?

カ：あの、この本をちょっと借りたいんですが。
ナ：はい、当図書館の会員でいらっしゃいますか？

参 회원 가입 会員加入　회원 모집 会員募集　회원 카드 会員カード

휴식

名

休息、休み 漢 休息

목욕을 한 후에는 충분한 **휴식**이 필요합니다.

入浴をした後は十分な休息が必要です。

関 휴식이 필요하다 休息が必要だ　휴식을 취하다 休息を取る

参 휴식 공간 休息空間　휴식 시간 休息時間

✔ 휴식は취하다(取る)と一緒に使うことが多いです。

Let's Check

解答 ▶ P.515

관계 있는 것끼리 연결하십시오.

1 메달을 •　　　• ① 끼다
2 구름이 •　　　• ② 따다
3 악기를 •　　　• ③ 해소하다
4 스트레스를 •　　　• ④ 연주하다

다음 중에서 관계가 다른 것은 무엇입니까?

5 ① 영상 – 영하　② 실내 – 야외　③ 더위 – 추위　④ 습기 – 기온

㉠과 ㉡에 알맞은 단어를 <보기>에서 찾아서 바꿔 쓰십시오.

보기
휴식　야외　나들이　박람회　머무르다　관람하다

가: 이번 휴가에 온천으로 여행 간다면서요?
나: 네, 가족들이랑 같이 호텔에 (　㉠　)–(으)면서 며칠 동안 (　㉡　) 좀 취하고 오려고요.

6 ㉠ (　　　　　)　㉡ (　　　　　)

내일은 최저 기온이 20도로 따뜻한 날씨가 계속 되겠습니다. (　㉠　) 활동을 하기에 좋은 날씨니 가족들과 함께 산책을 하시거나 가까운 곳으로 (　㉡　)을/를 가시는 건 어떨까요?

7 ㉠ (　　　　　)　㉡ (　　　　　)

서울에서 가까운 도시에서 꽃 (　㉠　)이/가 열린다고 해서 주말에 친구들과 (　㉡　)–(으)러 다녀왔다. 아름다운 꽃을 실컷 보고 사진도 많이 찍을 수 있어서 좋았다.

8 ㉠ (　　　　　)　㉡ (　　　　　)

03 問題／解決 문제/해결

)))TRACK 33

경우

名

場合 漢 境遇

물건에 문제가 있을 **경우**에는 교환, 환불이 가능합니다.

品物に問題がある場合は、交換、払い戻しが可能です。

경우は〈動詞〉+ -(으)ㄴ/는/(으)ㄹ 경우(~した／する場合)、이런/그런/저런 경우(こんな／そんな／あんな場合)の形でよく使います。

내용물

名

中身、内容 漢 内容物

내용물 좀 확인하겠습니다. 가방 좀 열어 주십시오.

中身を確認します。ちょっとかばんを開けてください。

대기

名

待ち、待機 漢 待機

가 : 오래 기다려야 해요?

나 : 손님이 10분 정도 계시니까 30분 정도 **대기**하셔야 합니다.

カ:長く待たなければいけませんか?

ナ:お客さまが10人ほどいらっしゃいますので、30分ほどお待ちにならなければなりません。

動 대기하다 待機する

参 대기실 控え室　대기자 待機している人　대기 시간 待機時間

따지다

動

□ . .
□ . .
□ . .

① 問いただす　② (損か得かなどを) 検討する

직원에게 일주일이 지났는데도 주문한 물건이 도착하지 않았다고 **따졌**다.

職員に、1週間過ぎたのに注文した品物が届いていないと問いただした。

물건을 사기 전에 먼저 디자인, 가격 등을 **따져** 봐야 해요.

品物を買う前に、まずデザイン、値段などを検討してみないといけません。

–에/에게 –을/를 따지다
–에/에게 –다고/(느)ㄴ다고 따지다

무상

名

□ . .
□ . .
□ . .

無償　漢 無償

가 : 이 휴대폰 산 지 6개월 됐는데 수리비를 내야 하나요?
나 : 아닙니다. 1년까지는 **무상**으로 수리해 드립니다.

カ：この携帯電話、買って6カ月になりますが、修理代を払わなければいけませんか?
ナ：いいえ。1年までは無償で修理いたします。

対 유상 有償

✔ 무상으로(無償で)の形でよく使います。

문의

名 [무니]

□ . .
□ . .
□ . .

問い合わせ　漢 問議

자세한 내용은 전화로 **문의**하시기 바랍니다.

詳しい内容は電話でお問い合わせ願います。

–에/에게 –을/를 문의하다

動 문의하다 問い合わせる

문제점

名 [문제쩜]

□ . .
□ . .
□ . .

問題点　漢 問題点

이 냉장고는 전기 요금이 많이 나온다는 **문제점**이 있다.

この冷蔵庫は電気料金がすごくかかるという問題点がある。

関 문제점을 찾다 問題点を探す　문제점을 발견하다 問題点を発見する
문제점을 해결하다 問題点を解決する

반품

名

□ . .
□ . .
□ . .

返品　漢 返品

가 : **반품**하고 싶은 물건이 있는데 어떻게 해야 하나요?
나 : **반품**은 7일 이내에 하셔야 하며 먼저 홈페이지에 **반품** 신청을 하셔야 합니다.

カ：返品したい品物がありますが、どのようにすればいいですか？
ナ：返品は7日以内になさらなければならず、まずホームページに返品申請をしなければなりません。

–을/를 –에 반품하다
–을/를 –(으)로 반품하다
–이/가 –에 반품되다
–이/가 –(으)로 반품되다

動 반품하다 返品する　반품되다 返品される

버튼

名

□ . .
□ . .
□ . .

ボタン　外 button

이 **버튼**을 누르시면 예약이 취소됩니다.

このボタンを押すと予約がキャンセルされます。

関 버튼을 누르다 ボタンを押す

변경

名

□ . .
□ . .
□ . .

変更　漢 変更

가 : 여기서 회의하는 거 아니에요?
나 : 예상보다 사람이 많아져서 회의 장소가 **변경**되었습니다.

カ：ここで会議するのではないのですか？
ナ：予想より人が多くなり、会議の場所が変更されました。

–을/를 –(으)로 변경하다
–이/가 –(으)로 변경되다

動 변경하다 変更する　변경되다 変更される

関 비밀번호를 변경하다 パスワードを変更する

보관

名

□ . .

□ . .

□ . .

保管、一時預かり 漢 保管

가 : 이 가방 **보관**할 수 있는 데가 있어요?
나 : 네, 물품 **보관**함은 저쪽이에요.

カ:このかばん、預けられる場所がありますか?
ナ:はい、コインロッカーはあちらです。

–을/를 –에 보관하다
–이/가 –에 보관되다

動 보관하다 保管する

関 보관이 편리하다 保管が便利だ　보관에 주의하다 保管に注意する

参 물품 보관함 コインロッカー　냉장 보관 冷蔵保管

부품

名

□ . .

□ . .

□ . .

部品 漢 部品

가 : 냉장고를 새로 사야 하나요?
나 : 아니요, **부품**을 하나만 바꾸시면 다시 사용하실 수 있습니다.

カ:冷蔵庫を新しく買わなければいけませんか?
ナ:いいえ、部品を一つだけお換えになればまたお使いになれます。

関 부품을 바꾸다 部品を換える　부품을 갈다 部品を取り換える　부품을 교체하다 部品を交換する

분실

名

□ . .

□ . .

□ . .

紛失 漢 紛失

신용카드를 잃어버렸는데 **분실** 신고는 어떻게 해야 돼요?

クレジットカードをなくしたんですが、紛失届はどのようにすればいいですか?

–을/를 분실하다
–이/가 분실되다

動 분실하다 紛失する、なくす　분실되다 なくなる　類 유실 遺失

対 습득 拾得　参 분실물 落とし物　분실 신고 紛失の申告

불만

名

□ . .

□ . .

□ . .

不満　漢 不満

가 : 너 오늘 왜 그래? 나한테 무슨 불만 있어?
나 : 아니야, 그냥 기분이 좀 안 좋아서 그래.

カ：おまえ、今日どうしたんだ？　俺に何か不満があるのか？
ナ：いや、ただ気分があまり優れなくて。

関 불만이 있다/없다 不満がある／ない　불만이 쌓이다 不満が積もる
불만을 가지다 不満を持つ　고객의 불만 顧客の不満

불평

名

□ . .

□ . .

□ . .

文句、不平を言うこと　漢 不平

가 : 우리 회사는 매일 늦게까지 일해야 하고 월급도 적고…….
나 : 너희 회사만 그런 거 아니니까 불평하지 마!

カ：うちの会社は毎日遅くまで働かなければならないし、給料も少ないし……。
ナ：あなたの会社だけじゃないんだから文句を言わないで！

–을/를 불평하다
–다고/(느)ㄴ다고 불평하다

動 불평하다 文句を言う

✔ 불평は言葉で言うもので、불만(不満)は言葉や行為よりは気持ちの状態を表すものです。

비상구

名

□ . .

□ . .

□ . .

非常口　漢 非常口

손님, 이 자리는 비상구 옆 자리이기 때문에 사고가 나면 저희를 도와주셔야 합니다.

お客さま、この席は非常口の横の席なので、事故が起きたら私たちをお手伝いいただかなければなりません。

関 비상구로 대피하다 非常口に退避する

参 비상벨 非常ベル　비상금 非常用の金　비상약 常備薬

소음

名

騒音　漢 騒音

가 : 저 공사 언제 끝나지? **소음** 때문에 공부를 할 수가 없어.
나 : 오늘 안에 끝난다고 했어. 조금만 참아.

カ：あの工事、いつ終わるんだ？ 騒音のせいで勉強できないよ。
ナ：今日中に終わると言ってたよ。少しだけ我慢しろ。

関 소음이 나다 騒音が出る　소음이 심하다 騒音がひどい

参 소음 문제 騒音問題　소음 방지 騒音防止　소음 공해 騒音公害

연결

名

つなぐこと　漢 連結

주문은 1번, 교환과 환불은 2번, 상담원 **연결**은 0번을 눌러 주십시오.

注文は1番、交換と払い戻しは2番、相談員へのおつなぎは0番を押してください。

–을/를 –에/에게 연결하다
–을/를 –와/과 연결하다
–이/가 –에/에게 연결되다
–이/가 –와/과 연결되다

動 연결하다 つなぐ　연결되다 つながれる

参 인터넷 연결 インターネットをつなぐこと　전화 연결 電話をつなぐこと

작동

名 [작똥]

(機械が) 動くこと、作動　漢 作動

가 : 키보드가 **작동**이 잘 안 돼요.
나 : 그럼 키보드 청소를 해 보세요.

カ：キーボードがちゃんと動きません。
ナ；それでは、キーボードの掃除をしてみてください。

関 작동이 되다/안 되다 動く／動かない　参 작동법 操作方法

해결

名

解決　漢 解決

가 : 지난번에 말한 그 일 잘 **해결**됐어요?
나 : 네, 잘 **해결**됐으니까 걱정하지 마세요.

カ：前回話したこと、うまく解決できましたか？
ナ：はい、うまく解決できたので、ご心配なさらないでください。

–을/를 해결하다
–이/가 해결되다

動 해결하다 解決する　해결되다 解決される

関 문제를 해결하다 問題を解決する　고민을 해결하다 悩みを解決する

参 해결책 解決策

환불

名

払い戻し　漢 還払

가 : 이 책을 **환불**하고 싶은데요…….
나 : 네, 영수증은 가지고 오셨습니까?

カ：この本を払い戻ししたいんですが……。
ナ：はい、レシートはお持ちいただいていますか？

–을/를 –(으)로 환불하다

動 환불하다 払い戻しする　参 환불 수수료 払い戻し手数料

Let's Check

解答 ▶ P.516

(　　　)에 알맞은 단어를 <보기>에서 찾아 쓰십시오.

보기　대기실　　보관　　환불

1 가: 이 옷 마음에 안 들면 교환할 수 있나요?

나: 그럼요. 교환은 일주일 이내에 가능하시고 (　　　　　)을/를 하실 경우, 반드시 영수증을 가지고 오셔야 합니다.

2 가: 면접을 보러 왔는데요.

나: 아, 그러세요? 저쪽 (　　　　　)에서 기다리세요.

3 저희 세탁소에 맡기신 세탁물은 한 달 동안만 (　　　　　)해 드립니다. 그 이후에는 책임지지 않습니다.

다음 글을 읽고 질문에 답하십시오.

오늘 저희 홈쇼핑에서는 올해 최신형 노트북을 가지고 왔습니다. 작년에 나온 노트북은 작동하면서 ㉠시끄러운 소리가 심하게 난다든지 크기에 비해 무겁다는 불평이 많았는데요. 이번에 나온 노트북은 이러한 부분을 보완해서 소리는 작게, 무게는 아주 가볍게 만들었습니다. 그리고 1년 안에 고장이 나면 ㉡돈을 받지 않고 A/S해 드리는 서비스까지!

지금 결정하기 어려우시다고요? 그럼 일단 주문하셔서 상품을 받아 보시고 마음에 안 들면 바로 ㉢______ 을/를 하셔도 됩니다. 지금 바로 주문하십시오. 자세한 사항은 1577-1577번으로 ㉣______ 주세요.

4 ㉠과 ㉡에 바꿔 쓸 수 있는 말은 무엇입니까?

① ㉠ 분실 ㉡ 무상　② ㉠ 분실 ㉡ 불만

③ ㉠ 소음 ㉡ 불만　④ ㉠ 소음 ㉡ 무상

5 ㉢에 들어갈 알맞은 단어를 고르십시오.

① 반품　② 불평　③ 경우　④ 문제점

6 ㉣에 들어갈 알맞은 단어를 고르십시오.

① 해결해　② 문의해　③ 작동해　④ 변경해

MEMO

7章

社会生活

사회생활

01 | 職場生活 직장 생활

))) TRACK 34

걸리다 02

動

掛かる、引っ掛かる

가 : 왜 이 프린터가 안 되지요?
나 : 종이가 **걸린** 것 같은데 확인해 보세요.

カ：どうしてこのプリンター、うまくいかないんでしょう?
ナ：紙が引っ掛かったようなので、確認してください。

–에 –이/가 걸리다

関 프린터에 종이가 걸리다 プリンターに紙が引っ掛かる

그만두다

動

辞める

가 : 갑자기 일을 **그만둔** 이유가 뭐예요?
나 : 건강이 좀 안 좋아져서요.

カ：突然仕事を辞めた理由は何ですか?
ナ：ちょっと健康状態が悪くなりまして。

–을/를 그만두다

関 일을 그만두다 仕事を辞める　회사를 그만두다 会社を辞める　직장을 그만두다 職場を去る

그만하다

動

やめる、切り上げる

오늘은 늦었으니까 **그만하**고 퇴근할까요?

今日は遅くなったから切り上げて帰りましょうか?

–을/를 그만하다

기한

名

期限 漢 期限

가 : 오늘도 늦게까지 일해야 해요?
나 : 네, **기한** 내에 끝내려면 이번 주는 계속 늦게 퇴근해야 할 것 같아요.

カ：今日も遅くまで仕事しなければいけませんか？
ナ：はい、期限内に終わらせるには、今週はずっと遅くまで仕事しなければならないと思います。

関 기한을 넘기다 期限が過ぎる　기한 내에 제출하다 期限内に提出する

参 제출 기한 提出期限

기획

名

企画 漢 企画

가 : 이번 전시회 **기획**은 잘되어 가고 있나요?
나 : 네, **기획**은 끝났고 지금 장소를 알아보고 있는 중입니다.

カ：今回の展示会の企画はうまくいっていますか？
ナ：はい、企画は終わっていて、今場所を調べているところです。

–을/를 기획하다
–이/가 기획되다

動 기획하다 企画する　기획되다 企画される

関 전시회를 기획하다 展示会を企画する

参 기획안 企画案　기획 상품 企画商品

날아가다 02

動 [나라가다]

なくなる、吹き飛ぶ

가 : 갑자기 컴퓨터가 꺼져 버렸어. 파일이 **날아갔**으면 어떻게 하지?
나 : 다시 켜 봐. 괜찮을 거야.

カ：突然パソコンが落ちてしまった。ファイルがなくなっていたらどうしよう？
ナ：再起動してみて。大丈夫だよ。

関 파일이 날아가다 ファイルがなくなる　재산이 날아가다 財産がなくなる

담당

名

□ . .

□ . .

□ . .

担当　漢 担当

가 : 홈페이지에서 제주도 여행 광고를 보고 전화 드렸는데요.
나 : 네, 그런데 지금 **담당**자가 자리에 없습니다. 연락처를 남겨 주시면 연락 드리겠습니다.

カ：ホームページで済州島旅行の広告を見て電話したんですが。
ナ：はい。ですが、今担当者が席を外しています。連絡先を残していただければ連絡差し上げます。

-을/를 담당하다

動 담당하다 担当する　参 담당자 担当者　담당 의사 担当医

답장

名 [답짱]

□ . .

□ . .

□ . .

返事、返信　漢 答状

이메일을 확인하시면 바로 **답장**을 보내 주시기 바랍니다.

Eメールを確認されたらすぐに返事をくださるようお願いします。

-에/에게 답장하다

動 답장하다 返信する　関 답장이 오다 返事が来る　답장을 보내다 返事を送る　답장을 쓰다 返事を書く

대리

名

□ . .

□ . .

□ . .

課長代理、係長 (職位)　漢 代理

가 : 김 **대리**, 승진 축하해! 이제 김 **대리**가 아니고 김 과장이네!
나 : 감사합니다. 다 부장님 덕분입니다.

カ：キム課長代理、昇進おめでとう！ もうキム課長代理じゃなくてキム課長ね！
ナ：ありがとうございます。全て部長のおかげです。

関 대리로 승진하다 課長代理に昇進する

参 대리 - 과장 - 부장 - 이사 - 사장 課長代理 - 課長 - 部長 - 理事 - 社長

마감

名

□ . .

□ . .

□ . .

締め切り

가 : 이 서류 **마감**이 언제예요?
나 : 다음 주 금요일이에요.

カ：この書類、締め切りはいつですか？
ナ：来週金曜です。

-을/를 마감하다
-이/가 마감되다

動 마감하다 締め切る　마감되다 締め切られる

맡다 02

動 [맏따]

□ . .
□ . .
□ . .

引き受ける、担当する

가 : 이번에 들어온 미나 씨 어때?
나 : **맡**은 일을 열심히 하는 것 같아요.

カ:今回入ってきたミナさん、どう?
ナ:引き受けた仕事を一生懸命やっているようです。

–을/를 맡다

使 맡기다 任せる ▸ P.148

関 일을 맡다 仕事を引き受ける　업무를 맡다 業務を引き受ける

명함

名

□ . .
□ . .
□ . .

名刺　漢 名銜

두 사람은 서로 인사하면서 **명함**을 주고받았다.

二人は互いにあいさつしながら名刺を取り交わした。

関 명함을 주고받다 名刺をやりとりする

미루다

動

□ . .
□ . .
□ . .

延ばす、延期する

가 : 퇴근 안 하세요?
나 : 지금 하고 있는 일을 다 끝내고 가려고요. 내일로 **미루**고 싶지 않아서요.

カ:退勤なさらないんですか?
ナ:今している仕事を全て終えてから帰ろうと思います。明日に延ばしたくなくて。

類 연기하다 延期する ▸ P.333

対 앞당기다 繰り上げる　당기다 (時間を)繰り上げる ▸ P.101

関 날짜를 미루다 日付を延期する　일을 미루다 仕事を延期する　행사를 미루다 行事を延期する

보고

名

☐ . .
☐ . .
☐ . .

報告　漢 報告

가 : 박 과장, 무슨 일인가?
나 : 어제 회의 결과를 **보고** 드리러 왔습니다.

カ：パク課長、何の用かね？
ナ：昨日の会議の結果を報告するために来ました。

–을/를 –에/에게 보고하다
–이/가 –에/에게 보고되다

動 보고하다 報告する　보고되다 報告される

関 보고를 드리다 報告を申し上げる　보고를 받다 報告を受ける

볼일

名 [볼릴]

☐ . .
☐ . .
☐ . .

① 用事　② 用便を遠回しにいう言葉

회의 다 끝났으면 저는 **볼일**이 있어서 먼저 나가보겠습니다.

会議が終わったら、私は用事があるので先に失礼します。

쉬는 시간에 화장실에 갔는데 사람이 많아서 **볼일**을 못 보고 왔다.

休み時間にトイレに行ったけど、人が多くて用を足せずに戻ってきた。

関 볼일이 있다/없다 用事がある／ない　볼일이 끝나다 用事が終わる
볼일을 보다 用を足す

부서

名

☐ . .
☐ . .
☐ . .

部署　漢 部署

가 : 어느 **부서**에서 일하고 계십니까?
나 : 홍보부에서 일하고 있습니다.

カ：どの部署で働いていらっしゃいますか？
ナ：広報部で働いています。

参 담당 부서 担当部署　홍보부 広報部　총무부 総務部　경리부 経理部

부장

名

☐ . .
☐ . .
☐ . .

部長　漢 部長

과장님, **부장**님께서 찾으시는데요.

課長、部長がお呼びです。

参 대리 - 과장 - 부장 - 이사 - 사장 課長代理 - 課長 - 部長 - 理事 - 社長

사원

名

社員 漢 社員

모든 사원들에게 새로운 회사 규칙에 대한 이메일을 보냈습니다. 꼭 확인하시기 바랍니다.

全社員に新しい会社の規則についてのEメールを送りました。必ずご確認くださいますようお願い申し上げます。

関 사원을 모집하다 社員を募集する

参 평사원 平社員　신입 사원 新入社員　경력 사원 中途入社社員

사정

名

事情 漢 事情

가 : 회식인데 요시코 씨는 왜 안 왔어요?
나 : 급한 **사정**이 생겨서 못 왔습니다.

カ：飲み会なのに、ヨシコさんはどうして来なかったんですか？
ナ：急な事情ができて来られませんでした。

関 사정이 생기다 事情ができる　급한 사정 急な事情

사항

名

事項 漢 事項

주의 **사항**을 빨간색으로 표시해 두었으니 잘 읽어 보시기 바랍니다.

注意事項を赤色で表示しておいたので、よくお読みになるようお願いします。

参 주의 사항 注意事項　요구 사항 要求事項　참고 사항 参考事項

심사

名

審査 漢 審査

1차는 서류 **심사**, 2차는 면접입니다.

1次は書類審査、2次は面接です。

-을/를 심사하다
-이/가 심사되다

動 심사하다 審査する　심사되다 審査される　関 심사를 받다 審査を受ける

参 서류 심사 書類審査　논문 심사 論文審査

쌓다

動 [싸타]

積む

가 : 돈을 벌려고 아르바이트를 하는 거예요?
나 : 아니요, 취직을 하기 전에 경험을 **쌓**고 싶어서요.

カ：お金を稼ぐためにアルバイトをするんですか？
ナ：いいえ、就職をする前に経験を積みたくて。

–을/를 쌓다

関 실력을 쌓다 実力を積む　경험을 쌓다 経験を積む　지식을 쌓다 知識を積む

쌓다は쌓아요、쌓으니까と活用します。

아이디어

名

アイデア　外 idea

신제품 이름을 뭐라고 지을까요? 좋은 **아이디어**가 있으면 말해 주세요.

新製品の名前を何と付けましょうか？ いいアイデアがあったら言ってください。

関 아이디어가 떠오르다 アイデアが浮かぶ　아이디어를 내다 アイデアを出す

업무

名 [엄무]

仕事、業務　漢 業務

그 간호사는 **업무**가 많지만 항상 웃으면서 환자를 도와준다.

その看護師は業務が多いけど、いつも笑いながら患者を手助けしている。

関 업무를 맡다 業務を引き受ける　업무를 담당하다 業務を担当する　업무를 처리하다 業務を処理する

여부

名

～かどうか、可否　漢 与否

내일 회식의 참석 **여부**를 오늘 퇴근 전까지 알려 주시기 바랍니다.

明日の飲み会の参加可否を今日退勤するまでに教えていただけますようお願いします。

関 여부를 묻다 可否を聞く　여부를 알다 可否を知る　여부를 알리다 可否を知らせる　参 가능 여부 可能かどうか　성공 여부 成功かどうか

연기01

名

□ . .
□ . .
□ . .

延期 漢 延期

가 : 과장님, 오늘 회식하는 거 맞지요?
나 : 부장님께서 출장 중이시니까 다음 주로 연기합시다.

カ：課長、今日飲み会やるんですよね？
ナ：部長が出張中なので来週に延期しましょう。

–을/를 –(으)로 연기하다
–이/가 –(으)로 연기되다

動 연기하다 延期する　연기되다 延期される

類 미루다 延ばす、延期する ▶P.329　늦추다 遅らせる ▶P.147

対 앞당기다 繰り上げる

우수

名

□ . .
□ . .
□ . .

優秀 漢 優秀

우리 회사는 1년에 두 번 우수 사원을 뽑습니다. 우수 사원으로 뽑힌 사람에게는 3박4일 제주도 여행 티켓을 드립니다.

うちの会社は1年に2回、優秀社員を選びます。優秀社員に選ばれた人には3泊4日の済州島旅行のチケットを差し上げます。

–이/가 우수하다

形 우수하다 優秀だ

関 품질이 우수하다 品質が優秀だ　성적이 우수하다 成績が優秀だ

参 우수상 優秀賞　우수 사원 優秀社員

일정02

名［일쩡］

□ . .
□ . .
□ . .

日程、スケジュール 漢 日程

가 : 이번 출장 일정이 어떻게 되지?
나 : 내일 출발해서 3일 후에 돌아옵니다.

カ：今回の出張の日程はどうなってる？
ナ：明日出発して3日後に帰ってきます。

関 일정을 잡다 日程を決める　일정을 진행하다 スケジュールを進める

参 회의 일정 会議の日程　출장 일정 出張の日程　여행 일정 旅行の日程

입사

名 [입싸]

入社 漢 入社

가 : 김 과장, 우리 회사에 언제 **입사**했지?
나 : 2003년에 **입사**했습니다.

カ：キム課長、うちの会社にいつ入社したっけ？
ナ：2003年に入社しました。

-에 입사하다

動 입사하다 入社する 対 퇴사 退社

参 입사 시험 入社試験 입사 동기 入社の動機

자료

名

資料 漢 資料

가 : 회의 **자료** 어디에 있어요?
나 : 복사해서 책상 위에 두었습니다.

カ：会議の資料はどこにありますか？
ナ：コピーして机の上に置きました。

関 자료를 찾다 資料を探す 자료를 수집하다 資料を収集する

参 자료실 資料室 회의 자료 会議の資料

전문

名

専門 漢 専門

오늘은 경제 **전문**가를 모시고 '세계 경제'에 대해서 말씀을 들어 보겠습니다.

今日は経済の専門家をお迎えして「世界経済」についてお話をお聞きします。

参 전문적 専門的 전문가 専門家 전문 분야 専門分野

제안

名

提案　漢 提案

가 : 너 다른 회사로 가기로 했어?
나 : 응, 그 회사에서 월급을 지금보다 20% 올려 주겠다고 **제안**했거든.

カ：おまえ、他の会社に行くことにしたのか？
ナ：うん、その会社が給料を今より20%上げてくれると提案してきたの。

–을/를 –에/에게 제안하다
–에/에게 –자고 제안하다
–이/가 –에/에게 제안되다

動 제안하다 提案する　제안되다 提案される

제한

名

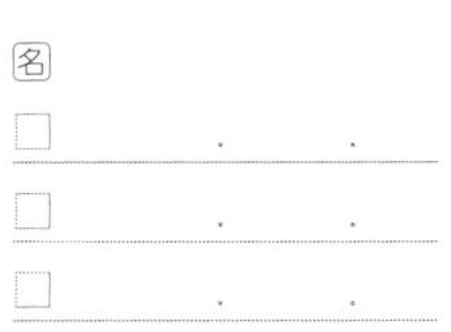

制限　漢 制限

가 : 제가 60살인데 이 일을 할 수 있을까요?
나 : 그럼요, 이 일은 나이 **제한**이 없습니다.

カ：私は60歳なのですが、この仕事をできるでしょうか？
ナ：もちろんです、この仕事は年齢制限がありません。

–을/를 제한하다
–이/가 제한되다

動 제한하다 制限する　제한되다 制限される

関 제한이 있다/없다 制限がある／ない　제한을 두다 制限を設ける

参 제한적 制限　제한 속도 制限速度　제한 시간 制限時間

조정

名

調整　漢 調整

저희 회사에 일이 좀 생겨서 그러는데 회의 날짜를 내일로 **조정**할 수 있을까요?

私どもの会社にちょっと用事ができてしまったのですが、会議の日にちを明日に調整できるでしょうか？

–을/를 조정하다
–이/가 조정되다

動 조정하다 調整する　조정되다 調整される

関 시간을 조정하다 時間を調整する　계획을 조정하다 計画を調整する
의견을 조정하다 意見を調整する

지적

名

指摘　漢 指摘

가 : 보고서 정리 다 끝났어?
나 : 아니, 아직! 부장님께서 지적해 주신 것만 고치면 돼.

カ：報告書の整理、最後まで終わった？
ナ：いや、まだ！ 部長が指摘してくださったところだけ直せば大丈夫。

–을/를 지적하다
–이/가 지적되다

動 지적하다 指摘する　지적되다 指摘される

関 문제점을 지적하다 問題点を指摘する　실수를 지적하다 ミスを指摘する　지적을 받다 指摘を受ける

쫓기다 02

動 [쫀끼다]

追われる

가 : 점심 먹었어요?
나 : 일에 쫓겨서 아직 못 먹었어요.

カ：お昼食べましたか？
ナ：仕事に追われてまだ食べてません。

–에/에게 쫓기다

関 일에 쫓기다 仕事に追われる　시간에 쫓기다 時間に追われる

참석

名

参加　漢 参席

가 : 내일 회의에 꼭 참석해야 하나요?
나 : 그럼요, 모든 직원이 참석해야 합니다.

カ：明日の会議に必ず参加しなければいけませんか？
ナ：もちろんです、全職員が参加しなければなりません。

–에 참석하다

動 참석하다 参加する

関 회의에 참석하다 会議に参加する　결혼식에 참석하다 結婚式に参加する

参 참석 인원 参加人数

참석/참가(参加)/참여(参与)を使う場面には次のような違いがあります。

참석：会議、結婚式などの席があって座ることができる集まり
참가：オリンピック、ワールドカップなどの大会
참여：経営、投票などの社会活動

책임

名 [채김]

責任　漢 責任

이 프로젝트는 제가 **책임**지고 하겠습니다.

このプロジェクトは私が責任を負って行います。

対 무책임 無責任

関 책임이 있다/없다 責任がある／ない　책임감이 강하다 責任感が強い　책임을 지다 責任を負う

参 책임감 責任感

처리

名

処理　漢 処理

가 : 준이치 씨는 일을 참 잘하지요?
나 : 네, 일 **처리**가 빠르고 정확해요.

カ：ジュンイチさんは本当に仕事ができるでしょう？
ナ：はい、仕事の処理が速くて正確です。

–을/를 –(으)로 처리하다
–이/가 –(으)로 처리되다

動 처리하다 処理する　처리되다 処理される

関 신속하게 처리하다 迅速に処理する

参 일 처리 仕事の処理　사고 처리 事故処理　처리 속도 処理の速度

퇴직

名

退職　漢 退職

가 : 내년에 **퇴직**하시면 뭐 하시고 싶으세요?
나 : 저는 일을 계속 더 하고 싶어서 다른 회사를 알아보려고 해요.

カ：来年退職なさったら何をなさりたいですか？
ナ：私はもっと仕事を続けたくて、他の会社を調べようと思います。

動 퇴직하다 退職する　類 퇴임 退任　参 정년퇴직 定年退職

프린터

名

プリンター　外 printer

가 : **프린터**가 안 되네요!
나 : 방금 전에 사용했는데……. 껐다가 다시 켜 보세요.

カ：プリンターが駄目ですね！
ナ：ついさっき使ったのですが……。電源を落として、また入れてみてください。

한잔하다

動

□ . .
□ . .
□ . .

一杯やる、飲酒する 漢 -盞--

가 : 금요일인데 **한잔하**러 갈까?
나 : 좋지. 어디로 갈까?

カ：金曜日だけど、一杯やりに行こうか？
ナ：いいね。どこに行こうか？

関 한잔하러 가다 一杯やりに行く

효율

名

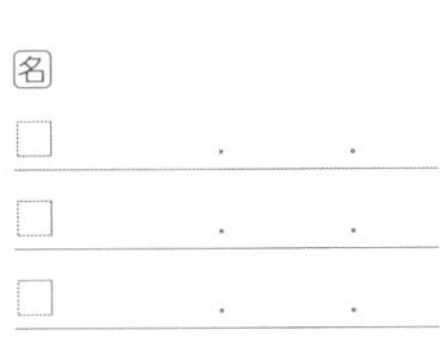

効率 漢 効率

시간을 **효율**적으로 쓰는 방법은 미리 계획을 세우는 것이다.

時間を効率的に使う方法は、あらかじめ計画を立てることだ。

関 효율이 떨어지다 効率が落ちる　효율을 높이다 効率を高める　효율적으로 일하다 効率的に働く

参 효율적 効率的　효율성 効率性

02 | 求人／求職 구인/구직

)))) TRACK 35

경력

名 [경녁]

☐ . .
☐ . .
☐ . .

経歴　漢 経歴

가 : 이런 일을 해 보신 적이 있으십니까?
나 : 네, 호텔에서 일한 **경력**이 있습니다.

カ：このような仕事をされたことはおありですか？
ナ：はい、ホテルで働いた経歴があります。

関 경력이 있다/없다 経歴がある／ない　경력이 짧다/많다 経歴が短い／長い　경력을 쌓다 経歴を積む

参 경력직 中途入社職　경력 사원 中途入社社員

구직

名

☐ . .
☐ . .
☐ . .

求職　漢 求職

일자리를 찾고 싶은데 **구직** 사이트 좀 알려 주세요.

働き口を見つけたいので、求職サイトを教えてください。

参 구직 광고 求職広告　구직 사이트 求職サイト

모집

名

☐ . .
☐ . .
☐ . .

募集　漢 募集

가 : 저, 아르바이트 **모집** 광고를 보고 왔는데요.
나 : 아, 그러세요? 대학생이세요?

カ：あの、アルバイト募集の広告を見て来たんですが。
ナ：ああ、そうですか。大学生ですか？

–을/를 모집하다
–이/가 모집되다

動 모집하다 募集する　모집되다 募集される

参 회원 모집 会員募集　아르바이트생 모집 アルバイト募集　참가자 모집 参加者募集

뽑다

動 [뽑따]

選抜する、採用する

가 : 올해는 직원을 몇 명 **뽑**을 계획이십니까?
나 : 100명 정도 **뽑**으려고 합니다.

カ：今年は職員を何人採用する計画ですか？
ナ：100人ほど採用しようと思います。

–을/를 –에 뽑다
–을/를 –(으)로 뽑다

受 뽑히다 選び出される ▶ P.139

関 대표를 뽑다 代表を選ぶ　반장을 뽑다 学級委員長を選ぶ

✔ 뽑다は뽑아요、뽑으니까と言います。

신입

名 [시닙]

新入　漢 新入

가 : 이번에 들어온 **신입** 사원들은 어때요?
나 : 모두들 성실한 것 같아요.

カ：今回入ってきた新入社員はどうですか？
ナ：皆、誠実そうです。

参 신입 사원 新入社員

실력

名

実力　漢 実力

한국 회사에서 일하려면 무엇보다도 한국어 **실력**이 좋아야 한다.

韓国の会社で働くには、何よりも韓国語の実力が優れていなければならない。

関 실력이 뛰어나다 実力が優れている　실력을 쌓다 実力を積む　실력을 기르다 実力を育てる　参 외국어 실력 外国語の実力

이력서

名 [이력써]

履歴書　漢 履歴書

가 : 왕위 씨, 취직했어요?
나 : 아직이요, 지금 여러 회사에 **이력서**를 내고 연락을 기다리는 중이에요.

カ：ワンウィさん、就職しましたか？
ナ：まだです、今いろいろな会社に履歴書を送って連絡を待っているところです。

関 이력서를 쓰다 履歴書を書く　이력서를 작성하다 履歴書を作成する　이력서를 내다 履歴書を出す

인터뷰

名

面接試験、インタビュー　外 interview

가 : 너 시험 어떻게 됐어?
나 : 1차 시험은 끝났고 **인터뷰**만 남았어.

カ：おまえ、試験はどうなった？
ナ：1次試験は終わっていて、面接試験だけ残ってる。

오늘의 MVP 박찬호 선수와 잠시 **인터뷰**를 하겠습니다.

今日のMVP、パク・チャノ選手にしばしインタビューをします。

–와/과 인터뷰하다
–을/를 인터뷰하다

動 인터뷰하다 インタビューする　関 인터뷰를 가지다 面接の機会を持つ

試験を受けるときは면접 시험（面接試験）とも言います。

일자리

名 [일짜리]

職、働き口

요즘 경제가 안 좋아져서 **일자리**를 구하기가 어렵다.

最近、経済が悪くなって働き口を見つけるのが難しい。

類 직장 職場

関 일자리를 구하다 職を求める　일자리를 찾다 職を探す　일자리를 잃다 職を失う

자격

名

資格　漢 資格

가 : 어떤 **자격**증을 가지고 계십니까?
나 : 한식, 중식, 일식 요리사 **자격**증을 가지고 있습니다.

カ：どんな資格を持っていらっしゃいますか？
ナ：韓国料理、中国料理、日本料理の調理師資格を持っています。

関 자격을 얻다 資格を取る

参 자격증 資格証、資格　지원 자격 志願資格　참가 자격 参加資格　응모 자격 応募資格

작성

名 [작썽]

作成　漢 作成

이력서와 자기소개서를 **작성**해서 6월 4일까지 이메일로 보내십시오.

履歴書と自己紹介書を作成して、6月4日までにメールでお送りください。

–을/를 작성하다
–이/가 작성되다

動 작성하다 作成する

関 보고서를 작성하다 報告書を作成する　신청서를 작성하다 申請書を作成する　이력서를 작성하다 履歴書を作成する

최종

名

最終　漢 最終

가 : 축하드립니다. 저희 회사에 **최종** 합격하셨습니다.
나 : 감사합니다. 언제부터 출근하면 됩니까?

カ：おめでとうございます。私どもの会社に最終合格なさいました。
ナ：ありがとうございます。いつから出勤すればいいですか？

参 최종적 最終的　최종 결정 最終決定　최종 목표 最終目標　최종 단계 最終段階　최종 심사 最終審査

취업

名

□ . .
□ . .
□ . .

就職　漢 就業

가 : 요즘 왜 이렇게 얼굴 보기 힘들어요?
나 : **취업** 준비하느라고 바쁘거든요.

カ：最近、どうしてこんなに会うのが大変なんですか？
ナ：就職準備で忙しいんですよ。

–에 취업하다
–에 취업되다

動 취업하다 就職する　취업되다 就職できる　類 취직 就職

対 실업 失業 ▶ P.402　関 취업이 힘들다 就職が難しい

参 취업난 就職難　취업률 就職率　취업 준비 就職準備　취업 문제 就職問題　취업 경쟁 就職競争

통지

名

□ . .
□ . .
□ . .

通知　漢 通知

가 : 며칠 전에 면접을 봤는데요. 언제쯤 결과를 알 수 있을까요?
나 : 일주일 후에 개별적으로 **통지**해 드리겠습니다.

カ：数日前に面接を受けたんですが。いつごろ結果を知ることができますでしょうか？
ナ：1週間後に個別に通知いたします。

–에/에게 –을/를 통지하다
–이/가 –에/에게 통지되다

動 통지하다 通知する　통지되다 通知される

関 통지가 오다/가다 通知が来る／行く　통지를 드리다 通知を差し上げる

Let's Check

解答 ▶ P.516

1 (　　)에 알맞은 단어를 쓰십시오.

사원 – (　㉠　) – 과장 – (　㉡　) – 이사 – 사장

㉠ (　　　　　)　㉡ (　　　　　)

다음 설명에 알맞은 단어를 <보기>에서 찾아 쓰십시오.

보기　업무　일정　퇴직

2 이것은 회사에서 맡은 일입니다. (　　　　　)

3 이것은 일을 그만두고 일하던 곳에서 나가는 것입니다. (　　　　　)

4 이것은 어떤 기간 동안 해야 할 일의 계획입니다. (　　　　　)

다음 질문에 답하십시오.

시내 버스 기사 (㉠)

- 지원 (㉡): 버스 운전 경력 3년 이상
- 지원 기간 : 2014. 5. 10 ~ 2014. 5. 30
- 지원 방법 : hankukbus.co.kr로 이력서 제출

5 (㉠)에 들어갈 알맞은 것을 고르십시오.

① 통지　② 일자리　③ 모집　④ 취업

6 (㉡)에 들어갈 알맞은 것을 고르십시오.

① 자격　② 보고　③ 실력　④ 전문

(　　)에 알맞은 단어를 <보기>에서 찾아서 바꿔 쓰십시오.

보기　뽑다　한잔하다　쌓다

7 올해 저희 회사에서는 경력 사원은 (　　　　　)–지 않고 신입 사원만 (　　　　　) –(스)ㅂ니다.

8 취업 때문에 걱정하고 계십니까? 그렇다면 걱정하기 전에 자신의 실력을 (　　　　　)–(으)십시오.

9 퇴근 후에 (　　　　　)–(으)러 갈까? 시원한 맥주 어때?

8章

健康

건강

01 | 身体／健康状態 신체/건강 상태

))) TRACK 36

고개

名

□ . .

□ . .

□ . .

首、うなじ

가 : 한국에서 술 마실 때 지켜야 하는 예절이 있어요?

나 : 어른과 술을 마실 때는 **고개**를 돌리고 마셔야 해요.

カ：韓国で酒を飲むとき、守らなければならないマナーはありますか？

ナ：目上の人と酒を飲むときは、顔を横に向けて飲まなければいけません。

関 고개를 숙이다 頭を下げる　고개를 끄덕이다 うなずく　고개를 젓다 首を横に振る　고개를 돌리다 顔を横に向ける

기운

名

□ . .

□ . .

□ . .

元気

가 : 요즘 너무 더워서 **기운**이 없어.

나 : 그럼 삼계탕을 먹으러 갈까? 삼계탕을 먹으면 **기운**이 날 거야.

カ：最近とても暑くて元気がない。

ナ：それじゃ、サムゲタンを食べに行こうか？　サムゲタンを食べれば元気が出るだろう。

関 기운이 있다/없다 元気がある／ない　기운이 나다 元気が出る　기운이 세다 力持ちだ　기운을 내다 元気を出す

눈물

名

□ . .

□ . .

□ . .

涙

가 : 왜 울어?

나 : 눈에 뭐가 들어간 것 같아. 계속 **눈물**이 나.

カ：どうして泣いてるの？

ナ：目に何か入ったみたい。涙が出続ける。

関 눈물이 나다 涙が出る　눈물을 흘리다 涙を流す　눈물을 닦다 涙を拭く

목숨

名 [목쑴]

□ . .
□ . .
□ . .

命

비행기 사고로 많은 사람들이 **목숨**을 잃었다.

飛行機事故で多くの人が命を失った。

関 목숨을 구하다 命を助ける　목숨을 잃다 命を失う　목숨을 바치다 命をささげる

몸무게

名

□ . .
□ . .
□ . .

体重

가 : **몸무게**가 어떻게 되세요?
나 : 75kg이에요.

カ：体重はどれくらいですか？
ナ：75kgです。

類 체중 体重 ▶ P.351

関 몸무게가 늘다/줄다 体重が増える／減る　몸무게를 재다 体重を量る

보충

名

□ . .
□ . .
□ . .

補充　漢 補充

가 : 우리 저녁에 고기 먹을까?
나 : 좋아. 오랜만에 영양 **보충**하자.

カ：夕飯に肉を食べようか？
ナ：いいよ。久しぶりに栄養を補充しよう。

–을/를 보충하다

動 보충하다 補充する

参 보충 수업 補習　보충 설명 補足説明　영양 보충 栄養補給

비결

名

□ . .
□ . .
□ . .

秘訣（ひけつ）　漢 秘訣

연세가 많으신데도 건강해 보이시는데요. 특별한 **비결**이 있으세요?

お年を召していらっしゃるのに健康そうに見えますが。特別な秘訣がおありですか？

参 건강 비결 健康の秘訣　성공 비결 成功の秘訣

뼈

名
□
□
□

骨

가 : 엄마, 왜 매일 우유를 마셔야 돼요?
나 : 우유를 많이 마시면 키도 크고 **뼈**가 튼튼해져.

カ：ママ、どうして毎日牛乳を飲まなければいけないの？
ナ：牛乳をたくさん飲むと、背も伸びて骨が丈夫になるの。

関 뼈가 부러지다 骨が折れる　뼈가 굵다/가늘다 骨が太い／細い

수명

名
□
□
□

寿命　漢 寿命

가 : 한국인의 평균 **수명**은 어떻게 돼요?
나 : 여자는 83세, 남자는 77세라고 해요.

カ：韓国人の平均寿命はどれくらいですか？
ナ：女性は83歳、男性は77歳だそうです。

関 수명이 길다/짧다 寿命が長い／短い　参 평균 수명 平均寿命

신체

名
□
□
□

身体、体　漢 身体

한국에서 **신체** 건강한 20세 이상의 남자들은 군대에 가야 한다.

韓国で、体が健康な20歳以上の男性は軍隊に行かなければならない。

類 몸 体　関 신체가 튼튼하다 体が丈夫だ

参 신체적 身体的　신체 언어 ボディーランゲージ

쓰러지다

動
□
□
□

倒れる

119 좀 불러 주세요. 여기 사람이 **쓰러져** 있어요.

ちょっと救急車呼んでください。ここに人が倒れています。

–이/가 –에 쓰러지다
–이/가 –(으)로 쓰러지다

関 사람이 쓰러지다 人が倒れる　나무가 쓰러지다 木が倒れる

온몸

名

全身

가 : 오랜만에 운동을 해서 **온몸**이 아프네요.
나 : 그러니까 운동은 매일 해야 해요.

カ：久しぶりに運動をして体中が痛いですね。
ナ：だから運動は毎日しなければなりません。

関 온몸이 아프다 全身が痛い

음성

名

音声　漢 音声

가 : 여기 중국어로 설명해 주는 **음성** 안내기가 있나요?
나 : 네, 먼저 이름과 연락처를 여기에 써 주십시오.

カ：中国語で説明してくれる音声案内機がありますか？
ナ：はい、まず名前と連絡先をこちらにお書きください。

参 음성 안내기 音声案内機

임신

名

妊娠　漢 妊娠

축하합니다. **임신** 4주째입니다. **임신**하신 지 얼마 안 되었으니까 조심하세요.

おめでとうございます。妊娠4週目です。妊娠してあまりたっていないので、お気を付けください。

–을/를 임신하다
–이/가 임신되다

動 임신하다 妊娠する　임신되다 （子どもが）できる　参 출산 出産 ▶P.365

정신

名

精神　漢 精神

가 : 요즘 많이 바빠요?
나 : 네, 너무 바빠서 **정신**이 없어요.

カ：最近、とても忙しいですか？
ナ：はい、とても忙しくて目が回ります。

対 육체 肉体

関 정신이 없다 慌ただしい、落ち着けない、夢中だ　정신을 차리다 気を確かに持つ　参 정신적 精神的 ▶P.350　정신력 精神力

✔ 정신は정신 없다（慌ただしい）の形でよく言います。

정신적

名

精神的　漢 精神的

가 : 괜찮으세요? 많이 힘들어 보여요.
나 : 요즘 경제적으로, **정신적**으로 좀 힘드네요!

カ：大丈夫ですか？ とてもつらそうに見えます。
ナ：最近経済的に、精神的に少しつらいですね！

対 육체적 肉体的

参 정신적 고통 精神的苦痛　정신적 사랑 精神的な愛　정신 精神 ▶ P.349

주름

名

しわ

가 : 요즘 **주름**이 많아져서 걱정이야.
나 : 나이가 드니까 **주름**이 생기는 건 당연하지.

カ：最近しわが増えて心配だ。
ナ：年なんだから、しわができるのは当然だろ。

関 주름이 생기다 しわができる　주름이 늘다/줄다 しわが増える／減る　주름을 없애다 しわを消す

찌다

動

(体重が)増える

가 : 요즘 살이 너무 많이 **쪄**서 맞는 옷이 없어.
나 : 그래? 별로 안 **찐** 것 같은데?

カ：最近、とても体重が増えて、合う服がない。
ナ：そう？ 別に増えてないと思うけど？

対 빠지다 (体重が) 減る ▶ P.162　関 살이 찌다 太る

체중

名

□ . .
□ . .
□ . .

体重　漢 体重

성별	남 ✓　여□
신장 (cm)	180cm
체중 (kg)	75kg

性別　男✓　女□
身長 (cm) 180cm
体重 (kg) 75kg

類 몸무게 体重 ▸ P.347

関 체중이 늘다/줄다 体重が増える／減る　체중을 늘리다/줄이다 体重を増やす／減らす　체중을 재다 体重を量る

参 체중 조절 体重の調節

침

名

□ . .
□ . .
□ . .

唾

목이 부어서 **침**을 삼키기가 너무 힘들어요.

喉が腫れて唾を飲み込むのがとてもつらいです。

関 침이 나오다 唾が出る　침을 흘리다 よだれを垂らす、欲しがる　침을 뱉다 唾を吐く　침을 삼키다 唾を飲み込む、欲しがる

피부

名

肌、皮膚　漢 皮膚

가 : 왜 이렇게 **피부**가 안 좋아졌어?
나 : 요즘 매운 음식을 계속 먹었더니 자꾸 뭐가 나.

カ：どうしてこんなに肌が悪くなったの？
ナ：最近辛い食べ物を食べ続けたら、しきりにできものができるんだ。

関 피부가 좋다/나쁘다 肌がきれい／汚い　피부가 부드럽다 肌が柔らかい　피부가 곱다 肌がきれい

参 피부과 皮膚科　건성 피부 乾燥肌　지성 피부 脂性肌

해치다

動

□ . .

□ . .

□ . .

害する　漢 害--

가 : 건강을 해치는 술, 담배는 끊는 게 좋아요.

나 : 저도 그렇게 하고 싶지만 생각처럼 잘 안 되네요.

カ：健康を害する酒、たばこはやめた方がいいです。
ナ：私もそうしたいけど、思うようにはうまくいかないですね。

–을/를 해치다

関 건강을 해치다 健康を害する

혈액

名 [혀랙]

□ . .

□ . .

□ . .

血液　漢 血液

가 : 안나 씨는 혈액형이 뭐예요?

나 : B형이에요.

カ：アンナさんは血液型はなんですか？
ナ：B型です。

類 피 血 ▶ P.359

参 혈액형(A형, B형, O형, AB형)　血液型（A型、B型、O型、AB型）

힘

名

□ . .

□ . .

□ . .

力

가 : 내일 드디어 면접을 보러 가요.

나 : 그래요? 힘내세요. 파이팅!

カ：明日、いよいよ面接を受けに行きます。
ナ：そうですか？　頑張ってください。ファイト！

関 힘이 세다/약하다 力が強い／弱い　힘이 나다 力が出る、元気が出る　힘을 내다 元気を出す、頑張る

Let's Check

解答 ▶ P.517

㉠과 ㉡에 알맞은 단어를 <보기>에서 찾아서 바꿔 쓰십시오.

보기: 온몸 신체적 힘 주름 비결 뼈

가: 어디 아파? 얼굴 색이 안 좋은데?
나: 팔, 다리, 어깨 (㉠)이/가 다 아파. 그래서 걸을 (㉡)도 없을 정도야.
가: 저런, 몸살 났나 봐! 나랑 같이 병원에 가자!

1 ㉠ ( ) ㉡ ( )

가: 할머니께서는 연세가 많으신데도 (㉠)이/가 별로 없으세요! 특별한 (㉡)이/가 있으세요?
나: 그냥 찬물로 세수하고 화장품을 적게 사용한 것밖에 없어요.

2 ㉠ ( ) ㉡ ( )

남자와 여자의 (㉠) 특징 중 가장 큰 차이는 남자의(㉡)은/는 굵고 강하지만 여자의 (㉡)은/는 가늘고 약하다는 것이다.

3 ㉠ ( ) ㉡ ( )

( )에 알맞은 단어를 <보기>에서 찾아서 바꿔 쓰십시오.

보기: 보충하다 쓰러지다 해치다

4 부족한 잠은 건강을 ( )-(으)ㄹ 수 있기 때문에 매일 6시간 정도 자는 것이 좋다.

5 운동을 하면 땀을 많이 흘리게 되므로 물을 마셔서 수분을 ( )-아/어/해야 한다.

6 도서관에서 공부하던 나는 할아버지께서 ( )-(으)셨다는 소식을 듣고 병원으로 달려갔다.

02 | 病気／症状 질병/증상

TRACK 37

고통

名

痛み、苦痛　漢 苦痛

세계 여러 나라에는 아직도 먹을 것이 없어서 고통을 겪고 있는 사람이 많다.

世界の国々には、いまだに食べる物がなくて苦痛を味わっている人が多い。

–이/가 고통스럽다

形 고통스럽다 苦痛だ　関 고통을 주다/받다 痛みを与える／受ける　고통을 겪다 苦痛を味わう　고통을 참다 痛みに耐える

금연

名 [그면]

禁煙　漢 禁煙

손님, 여기서 담배를 피우시면 안 됩니다. 여기는 금연 구역입니다.

お客さま、ここでたばこをお吸いになれません。ここは禁煙エリアです。

動 금연하다 禁煙する　対 흡연 喫煙 ▶ P.360　参 금연 구역 禁煙区域

독감

名 [독깜]

インフルエンザ　漢 毒感

가 : 병원에 간다고? 어디 아파?
나 : 이번 독감이 심하다고 해서 예방주사를 맞으러 가.

カ：病院に行くって？ どこか悪いの？
ナ：今度のインフルエンザはひどいというから、予防注射を受けに行くの。

関 독감이 심하다 インフルエンザがひどい　독감에 걸리다 インフルエンザにかかる　독감을 앓다 インフルエンザを患う

参 독감예방접종 インフルエンザ予防接種

두통

名

頭痛　漢 頭痛

머리가 아파서 그러는데 두통약 좀 주세요.

頭が痛いんですが、頭痛薬ください。

関 두통이 심하다 頭痛がひどい　参 치통 歯痛　생리통 生理痛

몸살

名
□ . .
□ . .
□ . .

過労による筋肉痛を伴う発熱

가 : 과장님, **몸살**이 나서 오늘 회사에 못 갈 것 같습니다.
나 : 알겠네. 그럼 푹 쉬고 내일 출근하도록 하게.

カ：課長、過労による体調不良で今日会社に行けないと思います。
ナ：分かった。それでは、しっかり休んで明日出勤するようにしなさい。

関 몸살이 나다 過労により体調が悪くなる

参 몸살감기 過労からくる風邪の症状

부러지다

動
□ . .
□ . .
□ . .

(硬くて長いものが) 折れる

가 : 너 팔이 왜 이래?
나 : 어제 농구 하다가 넘어져서 **부러졌**어.

カ：おまえ、腕どうしたんだ？
ナ：昨日、バスケットボールしていて転んで骨が折れたんだ。

–이/가 부러지다

関 뼈가 부러지다 骨が折れる

부작용

名 [부자굥]
□ . .
□ . .
□ . .

副作用　漢 副作用

가 : 선생님, 이 약을 먹을 때 조심해야 하는 것이 있어요?
나 : 이 약은 다른 약과 같이 먹으면 **부작용**이 생길 수도 있으니까 이 약만 드세요.

カ：先生、この薬を飲むとき、気を付けなければならないことはありますか？
ナ：この薬は他の薬と一緒に飲むと副作用が出ることもあるので、この薬だけ飲んでください。

関 부작용이 있다/없다 副作用がある／ない　부작용이 생기다 副作用が生じる

불면증

名 [불면쯩]

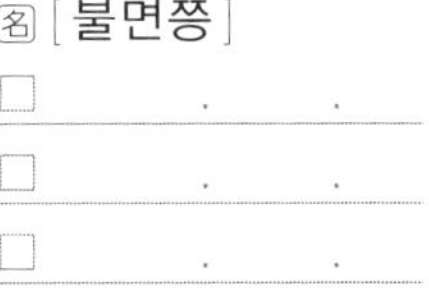

不眠症　漢 不眠症

가 : 요즘 계속 밤에 잠을 잘 못 자서 너무 힘들어.
나 : **불면증**에 걸린 거 아니야?

カ：最近ずっと夜にあまり眠れなくて、とてもつらい。
ナ：不眠症になったんじゃない？

関 불면증에 걸리다 不眠症にかかる

수면

名
□ . .
□ . .
□ . .

睡眠　漢 睡眠

가 : 일 때문에 하루에 보통 4시간밖에 못 자요.
나 : **수면** 시간이 많이 부족하네요! 하루에 6시간 이상은 자야 합니다.

カ：仕事のせいで、いつも1日に4時間しか寝られません。
ナ：睡眠時間がかなり不足していますね！ 1日に6時間以上は寝なければなりません。

関 수면을 취하다 睡眠を取る　参 수면제 睡眠薬

식중독

名 [식쭝독]
□ . .
□ . .
□ . .

食中毒　漢 食中毒

동생이 상한 음식을 먹어서 **식중독**에 걸렸다.

弟（妹）が腐った食べ物を食べて食中毒になった。

関 식중독에 걸리다 食中毒にかかる　식중독을 일으키다 食中毒を起こす

심리

名 [심니]
□ . .
□ . .
□ . .

心理　漢 心理

이번 사고로 아이가 **심리**적으로 불안한 상태입니다. 아이에게 좀 더 신경을 써 주십시오.

今回の事故で、子どもが心理的に不安な状態です。子どもにもう少し気を使ってください。

参 심리적 心理的　심리상담 心理相談　심리학자 心理学者

알레르기

名
□ . .
□ . .
□ . .

アレルギー　外 Allergie

가 : 이 복숭아 좀 드셔 보세요.
나 : 저는 복숭아 **알레르기**가 있어서 못 먹어요.

カ：この桃、ちょっとお召し上がりください。
ナ：私は桃アレルギーがあるので食べられません。

関 알레르기가 있다/없다 アレルギーがある／ない　알레르기를 일으키다 アレルギーを引き起こす　参 꽃가루 알레르기 花粉アレルギー

앓다

動 [알타]

□ . .
□ . .
□ . .

病む、患う、寝込む

가 : 살이 좀 빠진 것 같네요!
나 : 감기 때문에 며칠 좀 **앓**았더니 그런 것 같아요.

カ：ちょっと痩せたようですね！
ナ：風邪のせいで何日か寝込んでいたら、そうなったみたいです。

-을/를 앓다

関 감기를 앓다 風邪を患う　몸살을 앓다 過労による体調不良になる

암

名

□ . .
□ . .
□ . .

がん　漢 癌

가 : 그 영화 마지막에 어떻게 끝났어?
나 : 남자 주인공이 **암**에 걸려서 죽었어.

カ：その映画、最後にどのように終わったの？
ナ：男性主人公ががんになって死んだの。

関 암에 걸리다 がんにかかる　암을 일으키다 がんを起こす

参 위암 胃がん　간암 肝臓がん

장애

名

□ . .
□ . .
□ . .

① (体の) 障害　② (物事の) 障害　漢 障碍

가 : 저쪽에 주차하면 되겠다.
나 : 저쪽은 **장애**인만 주차할 수 있는 곳이야.

カ：あっちに駐車すればよさそうだ。
ナ：あっちは障害者だけ駐車できる場所だ。

지진으로 인해 일부 지역에서는 통신 **장애**가 있을 수도 있습니다.

地震によって一部地域では通信障害があるかもしれません。

関 장애가 되다 障害になる　장애가 있다 障害がある　장애를 일으키다 障害を起こす

参 시각 장애인 視覚障害者　청각 장애인 聴覚障害者　수면 장애 睡眠障害

8章 健康

증상

名

□ . .

□ . .

□ . .

症状　漢 症状

가 : 콧물도 나고 열도 나고 기침도 해요.

나 : **증상**을 보니까 감기인 것 같네요!

カ：鼻水も出て熱も出てせきも出ます。

ナ：症状を見ると風邪のようですね！

類 증세 症状　関 증상이 심하다 症状がひどい　증상이 나타나다 症状が出る

지치다

動

□ . .

□ . .

□ . .

疲労する

가 : **지친**다, **지쳐**! 잠깐 쉬면 안 돼?

나 : 그럼 커피 한잔하고 하자.

カ：疲れた、疲れた！ ちょっと休んじゃ駄目？

ナ：それじゃ、コーヒーを1杯飲んでからやろう。

–에/에게 지치다

関 몸이 지치다 体が疲れる　마음이 지치다 心が疲れる

진통

名

□ . .

□ . .

□ . .

鎮痛　漢 鎮痛

가 : 이가 너무 아파서 머리까지 아파.

나 : 그렇게 아프면 참지 말고 **진통**제를 먹어.

カ：歯がとても痛くて頭まで痛い。

ナ：そんなに痛いなら、我慢せず鎮痛剤を飲みなさい。

参 진통제 鎮痛剤

질병

名

□ . .

□ . .

□ . .

病気、疾病　漢 疾病

각종 **질병**에 걸리기 쉬운 여름에는 음식을 조심해야 한다.

各種疾病にかかりやすい夏には、食べ物に気を付けなければならない。

関 질병에 걸리다 疾病にかかる　질병을 앓다 疾病を患う

체온

名

体温　漢 体温

열이 좀 있는 것 같은데 체온부터 재 보겠습니다.

熱がちょっとあるようなので、まず体温を測ってみます。

関 체온이 높다/낮다 体温が高い／低い　체온이 떨어지다 体温が下がる　체온을 재다 体温を測る　参 체온계 体温計

통증

名 [통쯩]

痛み、痛む症状　漢 痛症

가 : 계속 앉아서 일했더니 허리 통증이 심해진 것 같아요.
나 : 정형외과에 가서 엑스레이를 찍어 봐요.

カ：ずっと座って仕事してたら、腰の痛みがひどくなったようです。
ナ：整形外科に行ってレントゲンを撮ってみてください。

関 통증이 심하다 痛みがひどい

피

名

血

가 : 어! 다리에서 피가 나는데?
나 : 오다가 넘어졌어.

カ：あ！ 脚から血が出てるけど？
ナ：来る途中、転んだの。

類 혈액 血液 ▶ P.352

関 피가 나다 血が出る　피가 멈추다 血が止まる　피를 흘리다 血を流す

参 피검사 血液検査

피로

名

疲労　漢 疲労

가 : 눈이 왜 이렇게 피로하지? 어제 잠을 못 자서 그런가?
나 : 그럴 때는 잠시 눈을 감고 있거나 먼 곳을 2~3분 정도 보는 게 좋대.

カ：目がどうしてこんなに疲れているんだろ？ 昨日、眠れなかったせいかな？
ナ：そういうときはしばし目を閉じていたり、遠い所を2～3分ほど見たりするのがいいって。

–이/가 피로하다

形 피로하다 疲労する

関 피로가 쌓이다 疲労がたまる　피로가 풀리다 疲労が解消される　피로를 느끼다 疲れを感じる　피로를 풀다 疲れを取る

효과

名

效果　漢 效果

가 : 감기약 계속 먹고 있어? 기침을 계속 하네!
나 : 먹었는데 **효과**가 없어.

カ：風邪薬、飲み続けてる？ ずっとせきしてるね！
ナ：飲んだけど、効果がない。

関 효과가 있다/없다 効果がある／ない　효과가 좋다 効果がいい　효과를 보다 効果を見る　参 효과적 効果的

✔ 효과を[효꽈]と発音する人も多いです。

흡연

名 [흐번]

喫煙　漢 喫煙

가 : 요즘은 담배를 피울 수 있는 **흡연** 장소가 많이 줄어서 불편해요.
나 : 왕위 씨도 건강을 생각해서 담배를 끊어 보세요.

カ：近ごろはたばこを吸える喫煙場所がすごく減って不便です。
ナ：ワンウィさんも健康のことを考えてたばこをやめてみてください。

対 금연 禁煙 ▶ P.354

参 흡연 구역 喫煙エリア　흡연 금지 喫煙禁止　간접 흡연 間接喫煙

03 病院 병원

TRACK 38

검사

名

検査 漢 検査

가 : 선생님 **검사** 결과가 어떻습니까?
나 : 걱정하실 정도는 아닙니다.

カ：先生、検査結果はどうですか？
ナ：心配なさるほどではありません。

–을/를 검사하다
–이/가 검사되다

動 검사하다 検査する 검사되다 検査される 関 검사를 받다 検査を受ける
参 시력 검사 視力検査 숙제 검사 宿題検査 정밀 검사 精密検査

견디다

動

耐える

사람은 물을 마시지 않고 일주일 이상 **견딜** 수 없다.

人は水を飲まずに1週間以上耐えられない。

–을/를 견디다
–에 견디다

類 참다 我慢する、こらえる ▶ P.364
関 고통을 견디다 痛みに耐える 추위/더위를 견디다 寒さ／暑さに耐える

구하다

動

救う 漢 救--

가 : 저희 아이를 **구해** 주셔서 정말 고맙습니다.
나 : 아닙니다. 제가 해야 할 일을 했을 뿐입니다.

カ：うちの子をお助けくださり、本当にありがとうございます。
ナ：いいえ。すべきことをしただけです。

–을/를 구하다

関 목숨을 구하다 命を助ける

낳다

動 [나타]

☐ . .
☐ . .
☐ . .

生む

그 병원이 그렇게 유명해? 왜 모두들 그 병원에서 아기를 **낳**으려고 해?

その病院がそんなに有名なの？ どうしてみんなその病院で子どもを生もうとするの？

–을/를 낳다

関 아이를 낳다 子どもを生む　새끼를 낳다 （動物が）子どもを生む

✔ 낳다は낳아요、낳으니까と活用します。

복용

名 [보공]

☐ . .
☐ . .
☐ . .

服用　漢 服用

이 약은 하루에 3번, 식사 후 **복용**하시면 됩니다.

この薬は1日に3回、食後に服用すればいいです。

–을/를 복용하다

動 복용하다 服用する　関 약을 복용하다 薬を服用する

생명

名

☐ . .
☐ . .
☐ . .

生命　漢 生命

의사들은 환자들의 **생명**을 구하기 위해서 밤낮으로 노력한다.

医者は患者の命を救うために昼夜努力している。

関 생명을 구하다 命を助ける　환자의 생명 患者の命

수술

名

☐ . .
☐ . .
☐ . .

手術　漢 手術

가 : 선생님, 우리 아이 괜찮은가요?
나 : **수술** 잘됐으니까 걱정 안 하셔도 됩니다.

カ：先生、うちの子は平気でしょうか？
ナ：手術はうまくいったので、心配なさらなくていいです。

–을/를 수술하다
–이/가 수술되다

動 수술하다 手術する　수술되다 手術される

関 수술이 잘되다 手術がうまくいく　수술을 받다 手術を受ける

参 성형수술 整形手術

알약

名 [알략]

錠剤 漢 -薬

가 : 우리 아이가 **알약**을 잘 못 먹는데요.
나 : 그럼 가루약으로 드릴게요.

カ:うちの子が錠剤をうまく飲めないんですが。
ナ:それでは、粉薬を出します。

参 가루약 粉薬　물약 水薬

응급

名

応急 漢 応急

가 : **응급**실이 어디예요?
나 : 병원 들어가자마자 오른쪽으로 가시면 됩니다.

カ:救急救命室はどこですか?
ナ:病院に入ってすぐ右側に行けばいいです。

動 응급하다 応急に処置をする

参 응급실 救急救命室　응급 환자 救急患者　응급 상황 応急の状況

의료

名

医療 漢 医療

그 병원은 **의료** 서비스가 좋아서 인기가 많다.

その病院は医療サービスがいいので人気が高い。

参 의료보험 医療保険　의료 기관 医療機関　의료 시설 医療施設

재다

動

測る、量る

이 환자 열이 많이 나는 것 같은데 열 좀 **재** 주세요.

この患者、熱がすごく高いようだけど、ちょっと熱を測ってください。

–을/를 재다

関 몸무게를 재다 体重を量る　키를 재다 身長を測る

접수

名 [접쑤]

受け付け 漢 接受

먼저 **접수**를 하신 후에 내과로 가십시오.

まず受け付けをなさった後に内科に行ってください。

–을/를 접수하다
–이/가 –에/에게 접수되다

動 접수하다 受け付ける 접수되다 受け付けられる

参 접수처 受け付け先 접수 마감 受け付け締め切り 원서 접수 願書受け付け 온라인 접수 オンライン受け付け

종합

名

総合 漢 綜合

저희 병원에서는 치료하기가 어려울 것 같습니다. **종합** 병원으로 가시는 게 좋겠습니다.

当病院では治療するのが難しそうです。総合病院に行かれるのがいいでしょう。

–을/를 종합하다
–이/가 종합되다

動 종합하다 総合する 종합되다 総合される

参 종합적 総合的 종합 병원 総合病院

참다

動 [참따]

我慢する、こらえる

가 : 너무 아파서 **참**을 수가 없어.
나 : 알았어. 의사 선생님 부를게.

カ：とても痛くて我慢できない。
ナ：分かった。お医者さまを呼ぶよ。

–을/를 참다

類 견디다 耐える ▶ P.361

関 화를 참다 怒りをこらえる 웃음을 참다 笑うのを我慢する 울음을 참다 泣くのを我慢する 졸음을 참다 眠気を我慢する

출산

名 [출싼]

出産 漢 出産

축하드립니다. 3.5kg의 건강한 남자아이를 **출산**하셨습니다.

おめでとうございます。3.5kgの健康な男の子を出産なさいました。

-을/를 출산하다
-이/가 출산되다

動 출산하다 出産する 출산되다 生まれる

参 출산율 出産率 출산 예정일 出産予定日 출산 휴가 出産休暇 산부인과 産婦人科 임신 妊娠 ▶ P.349

퇴원

名

退院 漢 退院

가 : 언제쯤 **퇴원**할 수 있을까요?
나 : 수술 결과가 좋아서 내일쯤 **퇴원**하셔도 될 것 같습니다.

カ：いつごろ退院できるでしょうか？
ナ：手術の結果がいいので、明日くらいに退院なさってもいいと思います。

-을/를 퇴원하다
-에서 퇴원하다

動 퇴원하다 退院する 対 입원 入院 参 퇴원 수속 退院手続き

회복

名

回復 漢 回復

가 : 생각보다 **회복**이 빠르시네요!
나 : 선생님 덕분입니다.

カ：思ったより回復がお早いですね！
ナ：先生のおかげです。

-을/를 회복하다
-이/가 회복되다

動 회복하다 回復する 회복되다 回復する

関 회복이 빠르다/느리다 回復が早い／遅い 건강을 회복하다 健康を回復する

参 피로 회복 疲労回復

Let's Check

解答 ▶ P.517

다음 그림에 알맞은 단어를 <보기>에서 찾아 쓰십시오.

보기
불면증　　몸살　　식중독

1 (　　　　　)　2 (　　　　　)　3 (　　　　　)

다음 <보기>와 관련 있는 단어를 고르십시오.

보기
수면제　　복용　　진통제　　처방

4 ① 잠　② 약　③ 독감　④ 심리

관계 있는 것끼리 연결하십시오.

5 피가　•　　• ① 재다
6 체온을　•　　• ② 취하다
7 수면을　•　　• ③ 나다

(　　)에 알맞은 단어를 <보기>에서 찾아서 바꿔 쓰십시오.

보기
지치다　　부러지다　　출산하다

8 어릴 때 다리가 (　　　　　　　)-아/아/해서 병원에 입원한 적이 있다.

9 이삿짐을 다 옮기고 나니까 (　　　　　　　)-아/아/해서 움직일 수가 없었다.

10 오늘 우리 언니가 새벽에 여자아이를 (　　　　　　　)-았/었/했다는 소식을 듣고 기뻐서 눈물이 났다.

9章

自然／環境

자연/환경

01 動植物 동식물

)))TRACK 39

꼬리

名

しっぽ、尾

주인이 돌아오자 강아지가 **꼬리**를 흔들며 뛰어왔다.

飼い主が帰ってくるや、子犬がしっぽを振りながら走ってきた。

関 꼬리를 흔들다 しっぽを振る

꽃잎

名 [꼰닙]

花びら

바람이 불자 **꽃잎**이 떨어졌다.

風が吹くや、花びらが落ちた。

날개

名

翼、羽

가 : 저 새가 왜 날지 못하지요?

나 : **날개**를 다쳐서 그런 것 같아요.

カ：あの鳥、どうして飛べないのでしょう？

ナ：羽をけがしたからだと思います。

먹이

名 [머기]

餌

여러분, 구경하면서 동물들에게 **먹이**를 주지 마십시오. 병에 걸리거나 죽을 수 있습니다.

皆さん、見物中に動物たちに餌をやらないでください。病気になったり死んだりすることがあります。

関 먹이를 주다 餌をやる　먹이를 찾다 餌を探す

벌레

名

虫

가 : 더운데 왜 창문을 닫아 놨어?

나 : 창문을 열어 놓으니까 **벌레**가 자꾸 들어와서.

カ：暑いのにどうして窓を閉めておいたんだ？
ナ：窓を開けておいたらしきりに虫が入ってきて。

関 벌레한테 물리다 虫に刺される

뿌리

名

根

이 식물은 물을 많이 주면 **뿌리**가 썩으니까 일주일에 한 번만 물을 주세요.

この植物は水をたくさんやると根が腐るから、1週間に1回だけ水をやってください。

식물

名 [싱물]

植物 漢 植物

식물은 햇빛과 물이 있어야 잘 자란다.

植物は日の光と水があってこそよく育つ。

参 동물 動物

인간

名

人間 漢 人間

인간과 동물의 다른 점은 무엇입니까?

人間と動物の異なる点は何ですか？

類 사람 人

参 인간적 人間的 인간관계 人間関係 인간성 人間性 인간답다 人間らしい

인간は사람より学問的な文章でたくさん使います。

02 | 宇宙／地理 우주/지리

)) TRACK 40

강물

名

□ . .

□ . .

□ . .

川の水　漢 江-

강물은 흘러서 바다로 간다.

川の水は流れて海に向かう。

関 강물이 깨끗하다/더럽다 川の水がきれいだ／汚い　강물이 흐르다 川の水が流れる

공기

名

□ . .

□ . .

□ . .

空気　漢 空気

가 : 시골에서 살고 싶은 이유가 뭐예요?

나 : **공기**도 맑고 조용하기 때문이에요.

カ：田舎で暮らしたい理由は何ですか？

ナ：空気もきれいで静かだからです。

関 공기가 좋다/나쁘다 空気がいい／悪い　공기가 맑다 空気が澄んでいる　공기가 깨끗하다 空気がきれいだ

남 02

名

□ . .

□ . .

□ . .

南　漢 南

가을이 되자 새들이 따뜻한 **남**쪽으로 날아갔다.

秋になるや、鳥たちが暖かい南方へ飛んでいった。

参 남쪽 南側　남극 南極　동-서-남-북 東-西-南-北

돌

名

□ . .

□ . .

□ . .

石

가 : 여기는 **돌**이 많아서 걷기 힘드네요!

나 : 그렇지요? 그렇지만 이 **돌**을 구경하러 오는 사람들도 많아요.

カ：ここは石が多くて歩きにくいですね！

ナ：そうでしょう？ですが、この石を見物しに来る人もたくさんいます。

関 돌을 던지다 石を投げる

땅

名

地、地面、土地

가 : 너 왜 계속 **땅**만 보고 걸어?
나 : 그냥 기분이 좀 안 좋아서 그래.

カ：おまえ、どうしてずっと地面ばかり見て歩いてるんだ？
ナ：ただちょっと気分が悪くて。

関 땅에 묻다 地面に埋める

뜨다 02

動
으語幹

(天体が)昇る

해는 동쪽에서 **떠**서 서쪽으로 진다.

日は東から昇って西に沈む。

–이/가 뜨다

対 지다 (天体が) 沈む ▶ P.375

「昇る」という意味の뜨다は、해（太陽)、달(月)、별(星)にだけ使います。

모래

名

砂

가 : 너도 들어와. 물에서 같이 놀자!
나 : 나는 수영하는 것보다 **모래** 위를 걷는 게 좋아.

カ：おまえも入ってこい。水で一緒に遊ぼう！
ナ：私は泳ぐより砂の上を歩くのが好き。

물질

名 [물찔]

物質 漢 物質

담배에는 몸에 나쁜 **물질**이 많이 들어 있다.

たばこには体に悪い物質がたくさん入っている。

参 오염 물질 汚染物質

바닷가

名 [바닫까]

海辺

친구들과 **바닷가**에 놀러 가서 산책도 하고 사진도 찍었다.

友達と海辺に遊びに行って散歩もして写真も撮った。

바위

名

岩

산을 오르다가 **바위**에 앉아 잠시 쉬었다.

山を登る途中、岩に座って少し休んだ。

돌(石)は手で持てる大きさで、바위は手で持てないくらい大きくて重い物を言います。

밭

名 [받]

畑

가 : 딸기가 참 맛있어 보여요.
나 : 아침에 **밭**에서 직접 가져온 거예요. 한번 드셔 보세요.

カ：いちごがとてもおいしそうです。
ナ：朝、畑で自分で摘んできた物です。一度召し上がってみてください。

参 채소 밭 野菜畑　논 田

별 02

名

星

가 : 공기가 맑으니까 **별**이 참 많네요!
나 : 우아! 저기 저 **별**은 '북두칠성' 아니에요?

カ：空気が澄んでいるから星がとても多いですね！
ナ：うわ！ あそこのあの星は「北斗七星」じゃないですか？

参 별자리 星座

あることをするのがとても難しいと言いたいとき、하늘의 별 따기(空の星を取ること)と言います。

북극

名［북끅］

北極　漢 北極

지구가 따뜻해져서 **북극**의 얼음이 점점 녹고 있다.

地球が暖かくなって北極の氷がだんだん溶けている。

対 남극 南極　参 북극곰 ホッキョクグマ

빛

名［빋］

光、明かり

빛이 없으면 아무것도 볼 수 없다.

光がなければ何も見ることができない。

関 빛을 비추다 光を照らす　参 햇빛 日光 ▸P.376　불빛 火の明かり

산소

名

酸素　漢 酸素

높은 곳에 가면 **산소**가 부족하니까 몸이 약한 사람은 여기에서 쉬세요.

高い所に行くと酸素が薄いから、体が弱い人はここで休んでください。

参 이산화탄소　二酸化炭素

세상

名

世の中、世間　漢 世上

이 반지는 제가 만들었기 때문에 **세상**에 하나밖에 없는 거예요.

この指輪は私が作ったので、世界に一つだけしかないものです。

類 세계 世界 ▸P.392　関 넓은 세상 広い世の中

普通、세상は私たちが住んでいる場所を言い、세계(世界)は全ての国のことを言います。

숲

名 [숩]

森、林

가 : 여기 오니까 기분이 좋아지네요!
나 : **숲**에 나무가 많아서 공기가 맑고 시원하니까 그런 것 같아요.

カ：ここに来たら気分が良くなりますね！
ナ：森に木がとても多くて、空気がきれいで涼しいからだと思います。

関 푸른 숲 青い森

아시아

名

アジア 外 Asia

한국은 **아시아**의 동쪽에 있는 나라이다.

韓国はアジアの東側にある国である。

에너지

名

エネルギー 外 energy

가 : 생활에서 **에너지**를 절약할 수 있는 방법 좀 알려 주세요.
나 : 컴퓨터를 사용하지 않을 때는 끄고 가까운 거리는 걸어서 다니세요.

カ：生活でエネルギーを節約できる方法をちょっと教えてください。
ナ：パソコンを使わないときは消し、近い距離は歩いてください。

関 에너지를 절약하다/낭비하다 エネルギーを節約する／浪費する

参 태양 에너지 太陽エネルギー

우주

名

宇宙 漢 宇宙

가 : 100년쯤 후에 사람들은 신혼여행을 어디로 갈까요?
나 : 과학 기술이 더 발달해서 **우주**로 가지 않을까요?

カ：100年ぐらい後には、人々は新婚旅行にどこへ行くでしょうか？
ナ：科学技術がもっと発達して宇宙へ行くのではないでしょうか？

参 우주인 宇宙飛行士　우주선 宇宙船　우주복 宇宙服　우주 여행 宇宙旅行

자원

名

資源　漢 資源

물은 우리에게 소중한 **자원**이기 때문에 아껴 써야 한다.

水は私たちにとって大事な資源なので、大切に使わなければならない。

関 자원을 절약하다/낭비하다 資源を節約する／浪費する

参 자연 자원 自然資源　천연 자원(석유, 석탄)　天然資源（石油、石炭）

정상

名

頂上　漢 頂上

가 : 조금만 더 가면 **정상**이니까 힘을 내요.
나 : 아까도 그렇게 말했잖아요.

カ：もう少し行けば頂上だから、頑張ってください。
ナ：さっきもそう言ったじゃないですか。

関 정상에 오르다 頂上に上がる　정상에서 내려오다 頂上から下りてくる

지구

名

地球　漢 地球

우리가 살고 있는 곳을 **지구**라고 한다.

私たちが住んでいる場所を地球という。

参 지구촌 地球村

지다 02

動

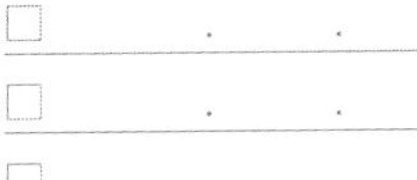

（天体が）沈む

가 : 다리가 아픈데 좀 쉬었다가 내려가면 안 돼요?
나 : 서둘러야 해요. 산에서는 해가 빨리 **지**니까요.

カ：脚が痛いのですが、ちょっと休んでから下りてはいけませんか？
ナ：急がなければいけません。山では日が早く沈みますから。

–이/가 지다

対 뜨다 （天体が）昇る ▶ P.371

「沈む」という意味の지다は、해(日)、달(月)、별(星)にのみ使います。

태양

名

太陽　漢 太陽

지구는 **태양**을 돌고 있다.

地球は太陽の周りを回っている。

参 태양계 太陽系　태양 에너지 太陽エネルギー

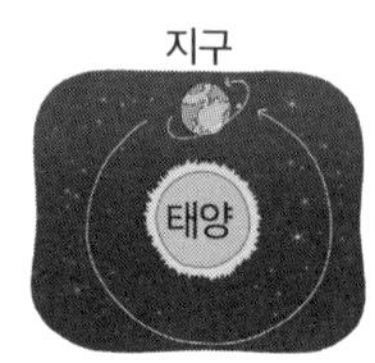

햇빛

名 [핻삗]

日光

가 : 바다에 놀러 갈 때 뭘 준비해야 해요?
나 : **햇빛**이 강하니까 모자를 꼭 쓰고 오세요.

カ：海に遊びに行くとき、何を準備しなければいけませんか？
ナ：日光が強いから、帽子を必ずかぶってきてください。

参 빛 光、明かり ▶ P.373

✔ 햇빛の他に、햇볕(日差し)という単語もあります。

흙

名 [흑]

土、泥

가 : 옛날에는 왜 **흙**으로 집을 지었을까요?
나 : **흙**으로 집을 지으면 시원하고 건강에도 좋다고 해요.

カ：昔はどうして土で家を造ったのでしょうか？
ナ：土で家を造ると、涼しくて健康にもいいそうです。

Let's Check

解答 ▶ P.518

 다음 그림과 맞는 단어를 <보기>에서 찾아 쓰십시오.

보기　동　서　남　돌　햇빛　모래　바위

(　　)에 들어갈 알맞은 것을 고르십시오.

> 한국에서는 매년1월 1일 아침에 해 (　　)-는 것을 보기 위해 산이나 바다에 가는 사람들이 많다.

7 ① 뜨다　② 지다　③ 오르다　④ 떨어지다

> 뱀, 곰, 개구리와 같이 겨울에 잠을 자는 동물들은 따뜻한 봄이 되어 잠에서 깨면 제일 먼저 (　　)을/를 찾으러 다닌다.

8 ① 공기　② 날개　③ 새끼　④ 먹이

> 물은 우리 인간에게 (　　)와/과 마찬가지이다. 왜냐하면 우리는 물을 마시지 않으면 살 수 없기 때문이다.

9 ① 환경　② 생명　③ 우주　④ 세상

03 | 災難／災害 재난/재해

)) TRACK 41

가뭄

名

□ . .
□ . .
□ . .

日照り

가 : 비가 너무 안 와서 큰일이에요.
나 : 맞아요. **가뭄** 때문에 채소 값이 너무 많이 올랐어요.

カ：雨があまりにも降らなくて大変です。
ナ：そうです。日照りのせいで野菜の値段がすごく上がりました。

関 가뭄이 들다 日照りに見舞われる

구조

名

□ . .
□ . .
□ . .

救助　漢 救助

가 : 어제 뉴스를 보니까 버스 사고가 크게 났더라고요.
나 : 네, 저도 봤어요. 전원 **구조**돼서 다행이에요.

カ：昨日ニュースを見たら、大きなバスの事故が起きたそうですね。
ナ：はい、私も見ました。全員救助されて幸いです。

–을/를 구조하다
–에/에게 구조되다

動 구조하다 救助する　구조되다 救助される　類 119구조대 119救助隊

긴급

名

□ . .
□ . .
□ . .

緊急　漢 緊急

긴급 뉴스를 알려 드리겠습니다. 서울은 오전 9시부터 10시 사이에 태풍이 지나가니까 외출을 하지 마시기 바랍니다.

緊急ニュースをお伝えいたします。ソウルは午前9時から10時の間に台風が通り過ぎるので、外出はしないようお願いします。

–이/가 긴급하다

形 긴급하다 緊急だ　副 긴급히 緊急に

参 긴급 뉴스 緊急ニュース　긴급 구조 緊急救助

당하다

動

遭う　漢 当--

등산하다가 사고를 **당하**면 119에 전화하십시오.

登山していて事故に遭ったら119に電話してください。

–을/를 당하다

関 사고를 당하다 事故に遭う　피해를 당하다 被害に遭う

대비

名

備えること　漢 対備

가 : 너 장화 샀어?
나 : 응, 장마에 **대비**해서 하나 샀어. 어때?

カ：おまえ、長靴買った？
ナ：うん、梅雨に備えて一つ買った。どう？

–에 대비하다
–을/를 대비하다

動 대비하다 備える　参 시험 대비 試験に備えること

대피

名

退避　漢 待避

관객 여러분, 지금 영화관 10층에 불이 났습니다. 빨리 밖으로 **대피**해 주시기 바랍니다.

観客の皆さん、今映画館の10階で火が出ました。急いで外に退避してくださるようお願いします。

–에 대피하다
–(으)로 대피하다

動 대피하다 退避する

무너지다

動

□ . .
□ . .
□ . .

（建物などが）崩れる、（橋が）落ちる

가 : 아침에 뉴스 들었어요? 서울다리가 **무너져**서 사람들이 많이 다쳤대요.

나 : 어머, 정말요? 죽은 사람은 없대요?

カ：朝ニュースを聞きましたか？　ソウル橋が落ちてたくさんの人がけがしたそうです。

ナ：あら、本当ですか？　死んだ人はいないとのことですか？

–이/가 무너지다

関 건물이 무너지다 建物が崩れる　다리가 무너지다 橋が落ちる

생존

名

□ . .
□ . .
□ . .

生存　漢 生存

이번 사고에서 **생존**한 사람이 몇 명이에요?

今回の事故で生き残った人は何人ですか？

–이/가 생존하다

動 생존하다 生存する

参 생존자 生存者　생존 여부 生存しているかどうか、生死の程

연기 02

名

□ . .
□ . .
□ . .

煙　漢 煙気

저기 불 난 것 같아. **연기** 나는 것 좀 봐.

あそこ、火事のようだ。煙が立つのを見て。

関 연기가 나다 煙が立つ

예방

名

□ . .
□ . .
□ . .

予防　漢 予防

산불 **예방**을 위해 라이터는 이곳에 두고 가시기 바랍니다.

山火事予防のため、ライターはここに置いていくようお願いします。

–을/를 예방하다
–이/가 예방되다

動 예방하다 予防する　예방되다 予防される

参 예방 주사 予防注射　사고 예방 事故の予防　화재 예방 火災の予防

입다

動 [입따]

被る

가 : 이번에 갑자기 눈이 많이 내려서 피해를 많이 **입**으셨지요?
나 : 네, 그동안 키운 채소들이 다 얼어 버렸어요.

カ：今回、突然雪がたくさん降って、大きな被害を受けましたよね？
ナ：はい、これまで育てた野菜が全て凍ってしまいました。

関 피해를 입다 被害を被る　손해를 입다 損害を被る　부상을 입다 傷を負う　혜택을 입다 恩恵を被る

입다は입어요、입으니까と活用します。

지진

名

地震　漢 地震

요즘 세계 곳곳에서 **지진**이 자주 발생한다.

最近、世界各地で地震がよく発生する。

関 지진이 나다 地震が起きる　지진이 일어나다 地震が起きる　지진이 발생하다 地震が発生する

파괴

名

破壊　漢 破壊

가 : 전쟁이 없어졌으면 좋겠어요.
나 : 맞아요. 전쟁이 일어나면 모든 것이 다 **파괴**되잖아요.

カ：戦争がなくなったらうれしいです。
ナ：そうですね。戦争が起きると全ての物が破壊されるじゃないですか。

–을/를 파괴하다
–이/가 파괴되다

動 파괴하다 破壊する　파괴되다 破壊される

参 파괴적 破壊的　자연 파괴 自然破壊

폭발

名 [폭빨]

爆発　漢 爆発

가 : 그 집에 왜 갑자기 불이 났대요?
나 : 부엌에서 가스가 **폭발**했다고 해요.

カ：その家、どうして突然火が出たんですって？
ナ：台所でガスが爆発したそうです。

–이/가 폭발하다
–이/가 폭발되다

動 폭발하다 爆発する　폭발되다 爆発する

関 폭발적 인기 爆発的な人気　폭발적 관심 爆発的な関心　参 폭발적 爆発的

폭우

名 [포구]

豪雨　漢 暴雨

가 : 어제 공연 잘 봤어?
나 : **폭우** 때문에 공연이 취소돼서 못 봤어.

カ：昨日の公演、楽しかった？
ナ：豪雨のせいで公演が中止になって見られなかった。

参 폭설 大雪

피해

名

被害　漢 被害

이번 태풍으로 인해 전국에 크고 작은 **피해**가 발생했습니다.

今回の台風によって、全国に大小の被害が発生しました。

対 가해 加害　関 피해가 발생하다 被害が発生する　피해를 당하다 被害に遭う　피해를 입다 被害を被る

参 피해자 被害者　재산 피해 財産被害　인명 피해 人命被害　피해 상황 被害状況

홍수

名

洪水　漢 洪水

가 : 비가 너무 많이 오지 않아요?
나 : 네, 이렇게 계속 비가 오면 **홍수**가 날 것 같아요.

カ：雨があまりにも降り過ぎじゃないですか？
ナ：はい、このように雨が降り続けたら洪水が発生すると思います。

関 홍수가 나다 洪水が起きる　정보의 홍수 情報の洪水

화재

名

□ . .

□ . .

□ . .

火災　漢 火災

한국에서는 화재가 발생하면 119에 전화한다.

韓国では火災が発生したら119に電話する。

関 화재가 나다 火災が起きる　화재가 발생하다 火災が発生する

04 | 環境問題 환경문제

)) TRACK 42

공해

名

□ . .
□ . .
□ . .

公害　漢 公害

공장이 많은 지역은 공해 문제가 심각하다.

工場が多い地域は公害問題が深刻だ。

関 공해를 줄이다 公害を減らす　参 공해 문제 公害問題　소음 공해 騒音公害

매연

名

□ . .
□ . .
□ . .

ばい煙　漢 煤煙

자동차의 매연 때문에 대기 오염이 심각해지고 있다.

自動車のばい煙のせいで大気汚染が深刻になっている。

関 공장의 매연 工場のばい煙　자동차의 매연 自動車のばい煙

보존

名

□ . .
□ . .
□ . .

保存　漢 保存

자연환경을 보존하기 위해 산에서는 음식을 만들어 먹지 못하도록 하고 있다.

自然環境を保存するために、山では調理して食べることができないようにしている。

–을/를 보존하다
–이/가 보존되다

動 보존하다 保存する　보존되다 保存される

関 환경을 보존하다 環境を保存する　문화재를 보존하다 文化財を保存する

参 보존시키다 保存させる

✔ コンピューターファイルの「保存」は저장と言います。

보호

名

保護 漢 保護

우리 가게에서는 환경 **보호**를 위해서 종이컵을 사용하지 않습니다.

当店では、環境保護のために紙コップを使いません。

–을/를 보호하다
–이/가 보호되다

動 보호하다 保護する　보호되다 保護される

関 보호를 받다 保護を受ける　자연을 보호하다 自然を保護する

参 보호 시설 保護施設

보존(保存)は以前から今まで続いたものを守って残すとき使い、보호は主に傷つかないように世話したり調べたりするとき使います。

산성비

名

酸性雨 漢 酸性 -

가 : 비가 별로 안 오는데 그냥 갈까요?
나 : 안 돼요. 요즘 내리는 비는 **산성비**라서 우산을 꼭 써야 해요.

カ：雨があまり降ってないので、そのまま行きましょうか？
ナ：駄目です。最近降る雨は酸性雨なので、必ず傘を差さなければなりません。

오염

名

汚染 漢 汚染

가 : 환경 **오염**이 심각해져서 요즘 날씨가 이상한 것 같아요.
나 : 맞아요. 우리나라뿐만 아니라 세계적으로 문제가 되고 있어요.

カ：環境汚染が深刻になって、最近天気がおかしいと思います。
ナ：そうですね。韓国だけでなく、世界的に問題になっています。

–이/가 오염되다

動 오염되다 汚染される　関 오염을 줄이다 汚染を減らす

参 환경 오염 環境汚染　대기 오염 大気汚染　오염 물질 汚染物質　오염 시키다 汚染させる

일회용

名

使い捨て　漢 一回用

일회용품에는 종이컵, 나무젓가락, 음료수병 등이 있습니다.

使い捨ての物には紙コップ、割り箸、飲み物の瓶などがあります。

参 일회용품 使い捨て品　일회용 나무젓가락 割り箸

재활용

名 [재화룡]

リサイクル、再利用　漢 再活用

가 : 이 텔레비전 좋네요!
나 : 그래요? **재활용** 센터에서 싸게 샀어요.

カ : このテレビ、いいですね！
ナ : そうですか？ リサイクルセンターで安く買いました。

–을/를 –(으)로 재활용하다
–이/가 –(으)로 재활용되다

動 재활용하다 再利用する　재활용되다 再利用される

類 리사이클링 リサイクリング

参 재활용품 リサイクル品　자원 재활용 資源のリサイクル　활용 活用 ▶ P.314

황사

名

黄砂　漢 黄沙

가 : **황사**가 너무 심해서 마스크를 사고 싶은데 어디에서 팔아요?
나 : 편의점이나 약국에 가 보세요.

カ : 黄砂がとてもひどいのでマスクを買いたいのですが、どこで売っていますか？
ナ : コンビニやドラッグストアに行ってみてください。

関 황사가 심하다 黄砂がひどい　参 황사 현상 黄砂現象

Let's Check

解答 ▶ P.518

1. (　　)에 공통으로 들어갈 단어를 쓰십시오.

지진이 (　　　),	화재가 (　　　),	홍수가 (　　　)

① 들다　② 나다　③ 입다　④ 오다

다음 설명에 알맞은 단어를 <보기>에서 찾아 쓰십시오.

보기			
가뭄	홍수	산소	매연

2 이것은 오랫동안 비가 내리지 않아서 생기는 문제다. (　　　　　)

3 이것은 공장이나 자동차에서 나오는 연기로 환경을 오염시킨다. (　　　　　)

4 이것은 비가 너무 많이 와서 강물이 넘치는 것이다. (　　　　　)

5 이것은 사람이 살기 위해서 꼭 필요한 것으로 O_2라고 말하기도 한다.
(　　　　　)

(　　) 안에 알맞은 단어를 <보기>에서 찾아서 바꿔 쓰십시오.

보기			
일회용	화재	보호하다	대피하다

어제 저녁 6시쯤 서울 명동에 있는 한국백화점에서 불이 나서 40여명이 긴급 (㉠)-았/었/했습니다. 경찰은 "엘리베이터에서 연기가 났다."는 백화점 직원의 말을 바탕으로 (㉡) 원인을 조사하고 있습니다.

6 ㉠ (　　　　　　　　)　㉡ (　　　　　　　　)

자연환경을 (㉠)-(으)려면 어떻게 해야 할까요? 대중교통을 이용하고 (㉡) 종이컵이나 나무젓가락 등의 사용을 줄여 보세요. 그리고 머리를 감을 때 샴푸를 조금만 사용하도록 하세요.

7 ㉠ (　　　　　　　　)　㉡ (　　　　　　　　)

MEMO

10章

国家／社会

국가/사회

01 国家／政治 국가/정치

TRACK 43

가정

名

家庭 漢 家庭

요즘은 **가정**에서 집안일을 하는 남자가 많아졌다.

最近は家庭で家事をする男性が増えた。

参 가정적 家庭的　가정 교육 家庭教育

공공

名

公共 漢 公共

공원이나 지하철 같은 **공공**장소에서 담배를 피우면 안 됩니다.

公園や地下鉄のような公共の場所でたばこを吸ってはいけません。

参 공공장소 公共の場所　공공요금 公共料金　공공시설 公共施設　공공기관 公共機関

공휴일

名

公休日 漢 公休日

가 : 10월 9일은 한글날이지요? **공휴일**이에요?

나 : 네, 맞아요. 그래서 모두들 쉬어요.

カ：10月9日はハングルの日でしょう？ 祝日ですか？

ナ：はい、そうです。だからみんな休みます。

국가

名 [국까]

国家 漢 国家

많은 선수들이 **국가** 대표가 되어 세계 대회에 나가고 싶어 한다.

多くの選手が国家代表になって世界大会に出場したいと思っている。

参 국가적 国家的

국민

名 [궁민]

国民　漢 国民

외국인이 대한민국의 **국민**이 되려면 어떻게 해야 해요?

外国人が韓国の国民になるには、どうすればいいですか？

권리

名 [궐리]

権利　漢 権利

가 : 책을 복사해서 봐도 돼요?

나 : 책에 대한 **권리**는 작가에게 있으니까 마음대로 복사하면 안 돼요.

カ：本をコピーして読んでもいいですか？

ナ：本に関する権利は作家にあるので、勝手にコピーしてはいけません。

関 권리가 있다/없다 権利がある／ない　권리를 가지다 権利を持つ

귀국

名

帰国　漢 帰国

가 : 공항에 왜 가요?

나 : 유학 간 동생이 오늘 **귀국**하거든요.

カ：どうして空港に行くんですか？

ナ：留学していた弟（妹）が今日帰国するんですよ。

–이/가 귀국하다

動 귀국하다 帰国する

기관

名

機関　漢 機関

시청, 경찰서, 소방서, 우체국 등을 공공 **기관**이라고 한다.

市庁、警察署、消防署、郵便局などを公共機関という。

参 공공 기관 公共機関　담당 기관 担当機関　전문 기관 専門機関

대통령

名 [대통녕]

大統領　漢 大統領

가 : 내일은 회사에 안 가요?
나 : 네, **대통령**을 뽑는 날이라서 쉬어요.

カ：明日は会社に行かないんですか？
ナ：はい、大統領を選ぶ日なので休みます。

북한

名 [부칸]

北朝鮮　漢 北韓

남한과 **북한**은 1991년 세계 탁구 대회에 한 팀으로 나갔다.

韓国と北朝鮮は、1991年の世界卓球大会に一つのチームとして出場した。

参 북한 동포 北朝鮮の同胞　북한 주민 北朝鮮の住民　남한 韓国

사회

名

社会　漢 社会

사회생활에서 약속을 지키는 것보다 중요한 것은 없다.

社会生活で約束を守ることより重要なことはない。

関 사회에 나가다 社会に出る　사회에 적응하다 社会に適応する

参 사회적 社会的 ▶ P.401　사회인 社会人　사회생활 社会生活

세계

名 [세게]

世界　漢 世界

세계 인구는 2011년에 70억을 넘었다.

世界の人口は2011年に70億を超えた。

類 세상 世の中、世間 ▶ P.373

参 세계적 世界的　전세계 全世界　세계 각국 世界各国

시민

名

市民 漢 市民

서울시는 옛날 시청 건물에 서울 **시민**을 위한 도서관을 만들었다.

ソウル市は昔の市庁の建物にソウル市民のための図書館を作った。

신분증

名 [신분쯩]

身分証明書 漢 身分証

한국에서는 주민등록증, 여권, 운전면허증을 **신분증**으로 사용할 수 있어요.

韓国では住民登録証、パスポート、運転免許証を身分証明書として使うことができる。

関 신분증을 발급받다 身分証の発給を受ける　신분증을 제시하다 身分証を提示する

의무

名

義務 漢 義務

국민의 **의무** 중의 하나는 세금을 내는 것이다.

国民の義務のうちの一つは税金を払うことだ。

関 의무를 다하다 義務を果たす　参 의무적 義務的　의무화 義務化

적용

名 [저공]

適用 漢 適用

65세 이상 노인에게는 '지하철 무료 이용'이 **적용**된다.

65歳以上の老人には「地下鉄無料利用」が適用される。

–을/를 –에/에게 적용하다
–이/가 –에/에게 적용되다

動 적용하다 適用する　적용되다 適用される　参 적용 대상 適用対象

전국

名

☐ . .
☐ . .
☐ . .

全国　漢 全国

11월 8일에 '대학수학능력시험'이 **전국**적으로 실시됐다.

11月8日に「大学修学能力試験」が全国的に実施された。

参 전국적 全国的

전쟁

名

☐ . .
☐ . .
☐ . .

戦争　漢 戦争

가 : 한국**전쟁**은 언제 일어난 거예요?

나 : 1950년 6월 25일에 시작돼서 1953년 7월 27일에 끝났어요.

カ：朝鮮戦争はいつ起きたんですか？

ナ：1950年6月25日に始まって1953年7月27日に終わりました。

−와/과 전쟁하다

動 전쟁하다 戦争する

関 전쟁이 나다 戦争が起きる　전쟁을 일으키다 戦争を起こす

정부

名

☐ . .
☐ . .
☐ . .

政府　漢 政府

정부는 다음 달부터 가스 요금을 3%정도 올리겠다고 발표했다.

政府は来月からガス料金を3%ほど上げると発表した。

参 정부 정책 政府の政策　정부 관계자 政府関係者

정치

名

☐ . .
☐ . .
☐ . .

政治　漢 政治

신문을 보면 그 나라의 **정치**, 사회, 경제에 대해서 알 수 있다.

新聞を読むと、その国の政治、社会、経済について知ることができる。

−이/가 정치하다

動 정치하다 政治する

参 정치적 政治的　정치가 政治家　정치 활동 政治活動

주의 02

名

主義 漢 主義

대한민국은 자유민주**주의** 국가이다.

韓国は自由民主主義国家だ。

参 민주주의 民主主義　공산주의 共産主義

지역

名

地域 漢 地域

가 : 피자 가게에 전화했는데 왜 안 되지?
나 : **지역** 번호 눌렀어? 가게 전화번호 앞에 서울 **지역** 번호 '02'를 눌러야 해.

カ：ピザ屋に電話したけど、どうしてつながらないんだろう？
ナ：地域番号押したの？ 店の電話番号の前にソウルの地域番号「02」を押さなきゃ駄目よ。

参 지역적 地域的　피해 지역 被害地域

지정

名

指定 漢 指定

'남대문'은 국보 1호로 **지정**된 문화재이다.

「南大門」は国宝1号に指定された文化財だ。

-을/를 지정하다
-이/가 -(으)로 지정되다

動 지정하다 指定する　지정되다 指定される　参 지정 좌석 指定席

질서

名 [질써]

秩序 漢 秩序

왜 이렇게 교통**질서**를 안 지켜요? 사고라도 나면 어떻게 하려고 해요?

どうしてこんなに交通秩序を守らないんですか？ 事故でも起きたらどうするつもりですか？

関 질서를 지키다 秩序を守る　参 교통질서 交通秩序

투표

名

投票　漢 投票

11월 19일은 대통령 선거 날입니다. **투표** 시간은 오전 6시부터 오후 6시까지입니다.

11月19日は大統領選挙の日です。投票時間は午前6時から午後6時までです。

–이/가 투표하다

動 투표하다 投票する　関 투표를 실시하다 投票を実施する

参 찬반 투표 賛否投票

평등

名

平等　漢 平等

모든 사람은 법 앞에 **평등**하다.

全ての人は法の下に平等である。

–와/과 평등하다

形 평등하다 平等だ　対 불평등 不平等　参 남녀 평등 男女平等

평화

名

平和　漢 平和

전쟁이 일어나기 전까지 그 마을은 아주 **평화**로웠다.

戦争が起きるまで、その村はとても平和だった。

–이/가 평화롭다
–이/가 평화스럽다

形 평화롭다 平和だ　평화스럽다 平和だ

関 평화를 지키다 平和を守る　평화를 유지하다 平和を維持する

参 평화적 平和的　세계 평화 世界平和

후보

名

候補　漢 候補

가 : 이번에 나온 대통령 **후보**가 모두 몇 명이에요?
나 : 7명이에요.

カ:今回出た大統領候補は全部で何人ですか?
ナ:7人です。

関 후보로 나오다 候補として出る

参 후보 선수 候補選手　우승 후보 優勝候補

Let's Check

解答 ▶ P.519

다음 중 어울리는 것끼리 연결하십시오.

1 의무를 • • ① 실시하다
2 전쟁이 • • ② 다하다
3 질서를 • • ③ 지키다
4 투표를 • • ④ 나다

( )에 알맞은 단어를 <보기>에서 찾아 쓰십시오.

보기
평화 정부 공휴일 북한 국민 신분증

대한민국은 아시아의 동쪽 끝에 위치한 나라이다. '한국(韓國 : Korea)' 또는 '남한(South Korea)'이라고도 불린다. '한국'은 남한과 ( )을/를 모두 가리키는 넓은 의미를 가지고 있으나, 좁은 의미에서는 대한민국을 가리킨다.

5 ( )

대한민국의 (㉠)은/는 만 19세 이상이 되면 대통령을 뽑을 권리를 가진다. 투표하러 갈 때는 주민등록증이나 운전 면허증, 여권 등의 (㉡)을/를 가지고 가야 한다.

6 ㉠ ( ) ㉡ ( )

국경일은 (㉠)이/가 정하여 축하하는 날이다. 대한민국의 국경일은 3월 1일 (삼일절), 7월 17일(제헌절), 8월 15일(광복절), 10월 3일(개천절), 10월 9일 (한글날)이다. 제헌절을 제외한 다른 국경일은 (㉡)(으)로 지정되어 있어서 학교나 회사에 가지 않아도 된다.

7 ㉠ ( ) ㉡ ( )

02 | 社会現象／社会問題 사회 현상/사회문제

))) TRACK 44

간접

名

□ . .

□ . .

□ . .

間接　漢 間接

가 : 여기에서 담배를 피우면 어떻게 해요! **간접** 흡연이 더 나쁜 거 몰라요?

나 : 아, 미안해요. 나가서 피울게요.

カ：ここでたばこを吸っては駄目でしょう！ 間接喫煙の方が悪いこと、知らないんですか？

ナ：あ、すみません。外に出て吸います。

対 직접 直接　参 간접적 間接的　간접 경험 間接経験　간접 흡연 間接喫煙

개선

名

□ . .

□ . .

□ . .

改善　漢 改善

저희 백화점에서는 장애인들을 위한 주차장, 엘리베이터, 휴식 공간을 만드는 등 환경 **개선**을 위해 노력하고 있습니다.

当デパートでは障害者のための駐車場、エレベーター、休憩場所を作るなど、環境改善のために努力しています。

–을/를 개선하다
–이/가 개선되다

動 개선하다 改善する　개선되다 改善される

関 환경을 개선하다 環境を改善する　参 개선 방안 改善方法

대도시

名

□ . .

□ . .

□ . .

大都市　漢 大都市

많은 젊은 사람들이 **대도시**로 떠나서 시골에 일할 사람이 없다.

多くの若者が大都市に行って、田舎で働く人がいない。

맞벌이

名 [맏뻐리]

共働き

여성들의 경제 활동이 늘어남에 따라 **맞벌이** 부부가 증가하고 있다.

女性の経済活動が増えるに従い、共働き夫婦が増加している。

動 맞벌이하다 共働きする 参 맞벌이 부부 共働き夫婦

발생

名 [발쌩]

発生 漢 発生

이번 교통사고의 **발생** 원인은 운전자의 음주 운전 때문인 것으로 밝혀졌습니다.

今回の交通事故発生の原因は、運転者の飲酒運転のせいだと明らかになりました。

–이/가 발생하다
–에서 발생하다
–이/가 발생되다
–에서 발생되다

動 발생하다 発生する 발생되다 発生する

参 발생적 発生的 사고 발생 事故発生 화재 발생 火災発生 발생 원인 発生原因

밝히다

動 [발키다]

明らかにする

가 : 그 사건의 범인이 누구로 **밝혀**졌어요?
나 : 바로 이웃집 사람이래요.

カ:その事件の犯人は誰だと明らかになりましたか?
ナ:それが、隣に住む人だそうです。

–에게 –을/를 밝히다

関 의견을 밝히다 意見を明らかにする 원인을 밝히다 原因を明らかにする 사실을 밝히다 事実を明らかにする 参 밝혀지다 明らかになる

밝히다は밝혀지다(明らかになる)の形でよく使います。

벌

名

罰　漢 罰

법을 어기면 벌을 받는다.

法を犯せば罰を受ける。

–을/를 벌하다

動 벌하다 罰する

関 벌이 가볍다/무겁다 罰が軽い／重い　벌을 주다/받다 罰を与える／受ける　벌을 내리다 罰を下す　参 벌금 罰金

범죄

名

犯罪　漢 犯罪

요즘 스마트폰을 이용한 범죄가 늘고 있다.

最近、スマートフォンを利用した犯罪が増えている。

関 범죄가 늘다/줄다 犯罪が増える／減る　범죄가 발생하다 犯罪が発生する　범죄를 줄이다 犯罪を減らす　범죄를 저지르다 犯罪を犯す

参 범죄적 犯罪的

변화

名

変化　漢 変化

젊은 사람들의 생각의 변화로 결혼 후 아이를 1명만 낳으려는 가정이 많아지고 있다.

若い人の考えの変化で、結婚後子どもを1人だけ生もうとする家庭が増えている。

–(으)로 변화하다
–(으)로 변화되다

動 변화하다 変化する　변화되다 変化する

関 변화가 생기다 変化が生まれる　변화를 주다 変化を与える　변화를 가져오다 変化をもたらす　변화에 적응하다 変化に適応する

불법

名

違法　漢 不法

여기에 주차하시면 안 됩니다. 불법입니다.

ここに駐車したらいけません。違法です。

参 불법적 違法の　불법 주차 違法駐車　불법 다운로드 違法ダウンロード　불법 복제 違法コピー

불우

名 [부루]

□ . .
□ . .
□ . .

不遇　漢 不遇

가 : 불우 이웃을 위한 음악회를 하는데 같이 갈래요?
나 : 네, 좋아요. 음악도 듣고 불우 이웃도 돕고 좋네요.

カ：不遇な人々のための音楽会がありますが、一緒に行きますか？
ナ：はい、いいですよ。音楽も聴けて不遇な人々も助けられて、いいですね。

–이/가 불우하다

形 불우하다 不遇だ　参 불우 이웃 不遇な隣人

사건

名 [사껀]

□ . .
□ . .
□ . .

事件　漢 事件

지난 주말 한강에서 물고기 1,000마리가 죽은 사건이 발생했습니다.

先週末漢江で1000匹の魚が死んだ事件が発生しました。

関 사건이 발생하다 事件が発生する　사건이 터지다 事件が起きる　사건을 해결하다 事件を解決する

사생활

名

□ . .
□ . .
□ . .

私生活　漢 私生活

연예인에 대한 지나친 관심은 사생활 침해로 이어질 수 있습니다.

芸能人に対する行き過ぎた関心はプライバシーの侵害につながることがあります。

参 사생활 보호 プライバシー保護　사생활 침해 プライバシー侵害

사회적

冠 名

□ . .
□ . .
□ . .

社会的　漢 社会的

실업자 증가 문제는 개인의 문제가 아닌 사회적 문제이다.

失業者増加問題は、個人の問題ではなく社会的問題だ。

参 사회적 분위기 社会的雰囲気　사회적 혼란 社会的混乱　사회 社会 ▶ P.392

세대

名

□ . .

□ . .

□ . .

世代　漢 世代

가 : 어떨 때 부모님과 **세대** 차이를 느껴요?

나 : 요즘 인기 있는 가수의 이름을 모르실 때 **세대** 차이를 느껴요.

カ：どういうとき、両親とジェネレーションギャップを感じますか？

ナ：最近人気の歌手の名前を知らないとき、ジェネレーションギャップを感じます。

参 세대 차이 ジェネレーションギャップ

실업

名 [시럽]

□ . .

□ . .

□ . .

失業　漢 失業

경제가 어려워서 매년 **실업**자가 늘고 있다.

不景気で毎年失業者が増えている。

動 실업하다 失業する　類 실직 失職　対 취업 就職 ▶ P.343

参 실업자 失業者　실업률 失業率

양로원

名 [양노원]

□ . .

□ . .

□ . .

養老院、老人ホーム　漢 養老院

가 : 봉사 동아리에서는 무슨 일을 해요?

나 : 1주일에 1번 **양로원**에 가서 할머니, 할아버지의 친구가 되어 드려요.

カ：ボランティアサークルではどういうことをしていますか？

ナ：週に1回、老人ホームに行っておばあさん、おじいさんの友達になってあげています。

어기다

動

□ . .

□ . .

□ . .

違反する、(約束を)破る

음주 운전, 운전 중 휴대폰 사용 등 교통법을 **어기**면 벌금을 내야 한다.

飲酒運転、運転中の携帯電話使用など、交通法を破ると罰金を払わなければならない。

–을/를 어기다

対 지키다 守る

関 법을 어기다 法を破る　규칙을 어기다 規則を破る　약속을 어기다 約束を破る

위기

名

危機　漢 危機

한국은 1998년 IMF 경제 **위기**를 국민의 힘으로 극복했다.

韓国は1998年、IMF（国際通貨基金）経済危機を国民の力で克服した。

関 위기를 극복하다 危機を克服する　위기를 이겨내다 危機に打ち勝つ　위기에 빠지다 危機に陥る　위기에서 벗어나다 危機から抜け出す

参 위기 상황 危機的状況　경제 위기 経済危機　식량 위기 食糧危機

음주

名

飲酒　漢 飲酒

가 : 맥주 한 잔밖에 안 마셨으니까 운전해도 되겠지?
나 : 무슨 소리야? 한 잔만 마셔도 **음주** 운전이야.

カ：ビール1杯しか飲んでないから運転してもいいだろ？
ナ：何を言ってるの？ 1杯飲んだだけでも飲酒運転よ。

対 금주 禁酒

参 음주 운전 飲酒運転　음주 운전 단속 飲酒運転の取り締まり　과음 飲み過ぎ

일으키다

動 [이르키다]

① (事件などを)起こす
② (倒れたり横たわっていたりする人を)起こす

가 : 선생님, 다시는 친구들과 싸우지 않겠습니다.
나 : 이렇게 계속 문제를 **일으키**면 학교에 다닐 수 없어요.

カ：先生、二度と友達とけんかしません。
ナ：このように問題を起こし続けると、学校に通えませんよ。

아기가 걷다가 넘어지자 엄마가 아기를 **일으켜** 줬다.

赤ちゃんが歩いてて転ぶや、母親が子どもを起こしてあげた。

関 사고를 일으키다 事故を起こす　문제를 일으키다 問題を起こす　몸을 일으키다 体を起こす

저지르다

(過誤・悪事などを)犯す

動

ㄹ変則

□ ・ ・

□ ・ ・

□ ・ ・

가 : 잘못을 **저질러** 놓고 왜 솔직하게 말하지 않았어?
나 : 혼날까 봐서요.

カ:過ちを犯しておいて、どうして正直に言わなかった?
ナ:怒られるんじゃないかと思いまして。

関 잘못을 저지르다 過ちを犯す　범죄를 저지르다 犯罪を犯す

차별

差別　漢 差別

名

□ ・ ・

□ ・ ・

□ ・ ・

최근 여러 회사들은 채용, 승진, 월급과 관련된 남녀 **차별** 문제를 많이 개선하고 있다.

最近、いろいろな会社が採用、昇進、月給と関連した男女差別問題をたくさん改善している。

-을/를 차별하다
-이/가 차별되다

動 차별하다 差別する　차별되다 差別される

関 차별이 심하다 差別がひどい　차별을 받다 差別を受ける

参 차별적 差別的　차별화 差別化　남녀 차별 男女差別

현실

現実　漢 現実

名

□ ・ ・

□ ・ ・

□ ・ ・

노숙자의 증가를 통해 우리 사회의 어두운 **현실**을 볼 수 있다.

ホームレスの増加を通じて、われわれの社会の暗い現実を見ることができる。

対 이상 理想

関 현실에 만족하다 現実に満足する　현실로 다가오다 現実に近づく

参 현실적 現実的

혼란

名 [홀란]

□ . .
□ . .
□ . .

混乱　漢 混乱

대학교 입학 시험이 갑자기 바뀌어서 고등학교 3학년 학생들이 **혼란**을 겪고 있다.

大学の入学試験が突然変わって、高校3年の生徒が混乱に見舞われている。

–이/가 혼란하다
–이/가 혼란스럽다

形 혼란하다 混乱している　혼란스럽다 （外から見て）混乱した様子である

関 혼란을 가져오다 混乱をもたらす　혼란을 겪다 混乱を経験する　혼란에 빠뜨리다 混乱に落とす

훔치다

動

□ . .
□ . .
□ . .

盗む

가 : 어제 옆집에 도둑이 들어와서 비싼 물건을 **훔쳐** 갔대.
나 : 진짜? 다친 사람은 없대?

カ：昨日、隣の家に泥棒が入って高い物を盗んでいったって。
ナ：本当？ けがした人はいないって？

–을/를 훔치다

개최

名

□ . .
□ . .
□ . .

開催 漢 開催

가 : 한국에서도 올림픽을 **개최**한 적이 있어요?
나 : 그럼요. 1988년에 서울에서 올림픽을 했었어요.

カ:韓国でもオリンピックを開催したことがあるんですか?
ナ:もちろんです。1988年にソウルでオリンピックをしました。

–을/를 개최하다
–이/가 개최되다

動 개최하다 開催する　개최되다 開催される

関 올림픽을 개최하다 オリンピックを開催する　전시회를 개최하다 展示会を開催する

기부

名

□ . .
□ . .
□ . .

寄付 漢 寄附

가 : 저 도서관 멋있네요!
나 : 그렇죠? 어떤 회사가 아이들을 위해서 **기부**한 돈으로 지은 거예요.

カ:あの図書館、かっこいいですね!
ナ:そうでしょう? ある会社が子どもたちのために寄付したお金で建てたんです。

–에/에게 –을/를 기부하다
–이/가 –에 기부되다

動 기부하다 寄付する　기부되다 寄付される

기증

名

□ . .
□ . .
□ . .

寄贈 漢 寄贈

가 : 여기 있는 물건들은 왜 이렇게 싸요?
나 : 사람들에게 **기증**받은 물건이기 때문에 싸게 팔고 있어요.

カ:ここにある品物はどうしてこんなに安いんですか?
ナ:人から寄贈してもらった物なので安く売っています。

–을/를 –에 기증하다
–이/가 기증되다

動 기증하다 寄贈する　기증되다 寄贈される　関 기증을 받다 寄贈を受ける

参 장기 기증 臓器寄贈

도움

名

助け

가 : 바쁘신데 도와주셔서 감사합니다.
나 : 저도 **도움**이 돼서 기쁩니다.

カ：お忙しいのに手伝っていただき、ありがとうございます。
ナ：私も力になれてうれしいです。

関 도움이 되다 助けになる　도움을 주다/받다 助けてあげる／助けてもらう

벌어지다

動 [버러지다]

行われる、開催される、展開する

추석을 맞아 남산한옥마을에서 다양한 행사가 **벌어졌**다.

秋夕（旧暦8月15日の中秋節）を迎え、南山韓屋村でさまざまな行事が行われた。

関 싸움이 벌어지다 けんかが起きる　축제가 벌어지다 祭りが行われる

벌이다

動 [버리다]

（事を）起こす

가 : 사무실이 좀 더운 것 같네요!
나 : 에어컨을 껐거든요. 우리 회사에서 '하루 한 시간 에어컨 끄기 운동'을 **벌이**고 있어서요.

カ：事務室がちょっと暑いようですね！
ナ：エアコンを切ったんですよ。うちの会社で「1日1時間エアコン消す運動」を始めていまして。

–을/를 벌이다

関 사업을 벌이다 事業を起こす

봉사

名

奉仕、ボランティア　漢 奉仕

가 : 매주 **봉사** 활동을 다니기 힘들지 않으세요?
나 : 힘들기는 하지만 다른 사람을 도와줄 수 있어서 기뻐요.

カ：毎週ボランティア活動に通うのは大変じゃありませんか？
ナ：大変ではありますが、他の人を手伝うことができてうれしいです。

–에/에게 봉사하다
–을/를 위해 봉사하다

動 봉사하다 奉仕する　参 봉사자 ボランティア（をする人）　봉사 활동 ボランティア活動

제공

名

提供 漢 提供

가 : 제가 이번 행사에 자원봉사를 신청했는데요. 식사를 따로 준비해 가야 하나요?

나 : 아니요, 식사는 무료로 **제공**해 드립니다.

カ：今回の行事にボランティアの申請をしたんですが。食事を別途用意していかなければいけませんか？

ナ：いいえ、食事は無料で提供いたします。

–에/에게 –을/를 제공하다
–이/가 –에/에게 제공되다

動 제공하다 提供する　제공되다 提供される

参 자료 제공 資料提供　정보 제공 情報提供　숙식 제공 寝床と食事を提供すること

지원 02

名

支援 漢 支援

우리 단체는 세계 곳곳의 가난한 아이들에게 책과 학용품을 **지원**해 주고 있습니다.

当団体は世界各地の貧しい子どもたちに本と学用品を支援しています。

–을/를 지원하다
–에/에게 –을/를 지원하다

動 지원하다 支援する

関 지원이 있다/없다 支援がある／ない　지원이 끊기다 支援が切れる　지원을 받다 支援を受ける　参 지원금 支援金

참여

名 [차며]

参加 漢 参与

여러분의 적극적인 **참여**로 이번 행사를 잘 마쳤습니다. 관계자 여러분, 대단히 고맙습니다.

皆さんの積極的な参加で今回の行事が無事終わりました。関係者の皆さん、誠にありがとうございます。

–에 참여하다

動 참여하다 参加する　参 참여자 参加者　참여율 参加率

행사

名

□ . .
□ . .
□ . .

行事 漢 行事

가 : 이번 불꽃 축제 행사에 참가한 나라는 어디예요?
나 : 해마다 다른데 이번에는 캐나다, 일본, 프랑스, 한국이래요.

カ：今回の花火大会の行事に参加した国はどこですか？
ナ：毎年違いますが、今回はカナダ、日本、フランス、韓国だそうです。

動 행사하다 行事を行う

関 행사를 열다 行事を開く　행사를 개최하다 行事を開催する　행사를 치르다 行事を執り行う　행사에 참가하다 行事に参加する

후원

名

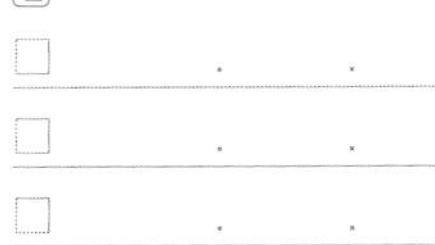

後援、サポート 漢 後援

가 : 그 선수를 후원하는 회사가 어디예요?
나 : 유명한 스포츠 의류 회사예요.

カ：その選手をサポートしている会社はどこですか？
ナ：有名なスポーツ衣類会社です。

−을/를 후원하다

動 후원하다 後援する　関 후원을 받다 後援を受ける

参 후원자 後援者　후원 단체 後援団体

Let's Check

解答 ▶ P.519

의미가 맞는 것을 연결하십시오.

1 범죄 •　　• ① 지역이 넓고 사람이 많으며 발전한 곳을 말한다.

2 맞벌이 •　　• ② 법을 어기는 행동을 말한다.

3 대도시 •　　• ③ 결혼한 부부가 모두 직장 생활을 하면서 돈을 버는 것을 말한다.

다음 글을 읽고 질문에 답하십시오.

'좋은 세상, 좋은 사람들'

'좋은 세상, 좋은 사람들'을 아십니까? 저희 단체는 세계 곳곳의 가난한 아이들에게 집과 학교를 지어 주는 단체입니다. 이번에 따뜻한 봄을 맞이해 늘 ㉠________-고 싶은 마음은 있으나 시간이 없거나 방법을 몰라서 못하고 계신 분들을 위해 특별한 행사를 마련했습니다.

㉡사용하지 않는 물건이나 입지 않는 옷을 주시면 이것을 모아 필요한 아이들에게 전달하도록 하겠습니다.

세계의 아이들과 사랑을 나누고 싶은 여러분의 많은 ㉢________바랍니다.

- 행사 일시 : 2014년 5월 24일 (토) 1:00 ~ 6:00
- 행사 장소 : 서울 시청 앞 광장
- ㉣이번 행사를 도와주는 곳 : OO 회사, 월드비전, 유니세프

4 ㉠에 들어갈 알맞은 것을 고르십시오.

① 봉사하다　② 발생하다　③ 벌어지다　④ 일으키다

5 ㉢에 들어갈 알맞은 것을 고르십시오.

① 변화　② 개선　③ 차별　④ 참여

6 ㉡과 ㉣에 바꿔 쓸 수 있는 말은 무엇입니까?

① ㉡ 기증 ㉣ 제공　② ㉡ 기증 ㉣ 후원

③ ㉡ 제공 ㉣ 개최　④ ㉡ 후원 ㉣ 개최

11章

経済

경제

01 | 経済活動 경제 활동

)))) TRACK 46

갚다

動 [갑따]

(借金を)返す

미안한데 5만 원만 빌려줄 수 있어? 내일 꼭 **갚**을게.

悪いけど、5万ウォン貸してくれる? 明日必ず返すよ。

–에/에게 –을/를 갚다

対 빌리다 借りる　関 돈을 갚다 お金を返す　빚을 갚다 借金を返す

경제적

冠 名

経済的　漢 経済的

집이 너무 멀어서 지하철을 이용하는 것보다 차를 사는 것이 더 **경제적**이다.

家があまりにも遠いので、地下鉄を利用するより車を買う方が経済的だ。

対 비경제적 非経済的

낭비

名

浪費、無駄遣い　漢 浪費

직원 여러분, 에너지 **낭비**를 막기 위해 사용하지 않는 컴퓨터의 전원은 꺼 두시기 바랍니다.

職員の皆さん、エネルギーの無駄遣いを防ぐために、使わないパソコンの電源を切っておくようお願いします。

–을/를 낭비하다

動 낭비하다 浪費する　対 절약 節約 ▶P415

関 낭비가 심하다 浪費がひどい　낭비를 막다 浪費を防ぐ

参 에너지 낭비 エネルギーの無駄遣い　자원 낭비 資源の浪費　시간 낭비 時間の浪費

노동

名

労働　漢 労動

노동 인구의 감소는 국가의 경쟁력을 떨어뜨린다.

労働人口の減少は国家の競争力を落とす。

動 노동하다 労働する　参 노동력 労働力　노동자 労働者

발전

名 [발쩐]

発展 漢 発展

경제 **발전**을 위해서는 다른 나라와 무역을 많이 해야 한다.

経済発展のためには他の国と貿易をたくさんしなければならない。

–이/가 발전하다
–(으)로 발전하다
–이/가 발전되다

動 발전하다 発展する 발전되다 発展する

参 발전적 発展的 경제 발전 経済発展 기술 발전 技術の発展

비용

名

費用 漢 費用

요즘에는 이사하려면 이사 **비용**이 얼마나 들어?

最近は引っ越ししようと思ったら、引っ越し代はどれくらいかかる?

関 비용이 들다 費用がかかる 비용을 마련하다 費用を工面する

소득

名

所得 漢 所得

가 : **소득**이 높은 직업이 뭐예요?
나 : 고**소득** 직업으로는 CEO, 의사, 변호사 등이 있어요.

カ:所得が高い職業は何ですか?
ナ:高所得職業としては、CEO(最高経営責任者)、医者、弁護士などがあります。

関 소득이 있다/없다 所得がある／ない 소득이 높다/낮다 所得が高い／低い 参 고소득 高所得 저소득 低所得

수입 01

名

輸入 漢 輸入

가 : 체리랑 망고는 **수입** 과일이라서 너무 비싸요.
나 : 그래서 저도 망고를 좋아하지만 자주 못 먹어요.

カ:チェリーとマンゴーは輸入フルーツなのでとても高いです。
ナ:だから私もマンゴーが好きですが、頻繁には食べられません。

–에서 –을/를 수입하다
–이/가 –에서 수입되다

動 수입하다 輸入する 수입되다 輸入される 対 수출 輸出 ▶ P.414

수입 02

名

収入　漢 収入

가 : 이 가게의 한 달 **수입**이 얼마예요?
나 : 월 1,000만 원 정도예요.

カ：この店の1カ月の収入はいくらですか？
ナ：月1000万ウォンくらいです。

対 지출 支出 ▶ P.416

関 수입이 좋다/나쁘다 収入がいい／悪い　수입이 많다/적다 収入が多い／少ない　수입이 늘다/줄다 収入が増える／減る

수준

名

水準　漢 水準

경제가 발전해야 국민들의 생활 **수준**도 높아질 수 있다.

経済が発展してこそ国民の生活水準も高まるのである。

関 수준이 높다/낮다 水準が高い／低い　수준을 높이다/낮추다 水準を高める／低める　参 생활 수준 生活水準

수출

名

輸出　漢 輸出

최근 동남아 지역으로의 전자제품 **수출**이 증가하고 있다.

最近、東南アジア地域への電子製品の輸出が増加している。

-에 수출하다
-(으)로 수출하다
-이/가 -에 수출되다
-이/가 -(으)로 수출되다

動 수출하다 輸出する　수출되다 輸出される　対 수입 輸入 ▶ P.413

関 수출이 증가하다/감소하다 輸出が増加する／減少する

参 수출량 輸出量　수출품 輸出品

실용

名 [시룡]

実用　漢 実用

가 : 이거 예쁜데 이걸로 할까?
나 : 예쁜 것보다 **실용**적인 걸로 하자.

カ：これかわいいから、これにしようか？
ナ：かわいいのより実用的なのにしよう。

参 실용적 実用的

예산

名

予算 漢 予算

정부가 장애인 복지와 관련된 **예산**을 늘리기로 했다.

政府が障害者福祉と関連した予算を増やすことにした。

関 예산을 늘리다/줄이다 予算を増やす／減らす　예산을 짜다 予算を組む
예산에 맞추다 予算に合わせる

인상 02

名

(料金の)値上げ 漢 引上

가 : 그 소식 들었어요? 다음 달부터 택시 요금이 **인상**된대요.
나 : 그래요? 얼마나 **인상**된대요?

カ：そのうわさ、聞きました？ 来月からタクシー料金が値上げされるそうです。
ナ：本当ですか？ いくら上がるとのことですか？

動 인상하다 値上げする　인상되다 値上げされる　対 인하 引き下げ

장사

名

商売

가 : 요즘 가게에 손님은 많아요?
나 : 날씨가 더워서 그런지 **장사**가 잘 안 되네요!

カ：最近店に客は多いですか？
ナ：暑いせいか、商売があまりうまくいきませんね！

動 장사하다 商売する

절약

名 [저략]

節約 漢 節約

가 : 집에서 학교까지 걸어 다니면 힘들지 않아요?
나 : 별로 멀지 않으니까 괜찮아요. 운동도 되고 교통비도 **절약**할 수 있어서 좋고요.

カ：家から学校まで歩いて通ったらつらくないですか？
ナ：あまり遠くないので平気です。運動にもなるし、交通費も節約できていいです。

–을/를 절약하다
–이/가 절약되다

動 절약하다 節約する　절약되다 節約される　類 아끼다 大事にする

対 낭비 浪費、無駄遣い ▶ P.412

参 에너지 절약 エネルギーの節約　물 절약 水の節約　전기 절약 電気の節約
시간 절약 時間の節約

11章 経済

지출

名

□ . .
□ . .
□ . .

支出　漢 支出

매달 30만 원씩 저금하고 있는데 지난달에는 **지출**이 많아서 저축을 못했다.

毎月30万ウォンずつ貯金しているが、先月は支出が多くて貯蓄できなかった。

–을/를 –에/에게 지출하다
–을/를 –(으)로 지출하다
–이/가 –에/에게 지출되다
–이/가 –(으)로 지출되다

動 지출하다 支出する　지출되다 支出される　対 수입 収入 ▸P.414

関 지출이 많다/적다 支出が多い／少ない　지출이 늘다/줄다 支出が増える／減る　参 지출액 支出額　지출 항목 支出項目

형편

名

□ . .
□ . .
□ . .

都合、状況、事の成り行き　漢 形便

가 : 다음 학기에도 학교 계속 다닐 거지?
나 : 아니, **형편**이 좀 어려워서 다음 학기에는 쉬려고 해.

カ：来学期も学校に通い続けるよね？
ナ：いや、ちょっと状況が厳しくて来学期は休もうと思う。

関 형편이 어렵다 状況が厳しい　형편이 좋아지다/나빠지다 状況が良くなる／悪くなる

Let's Check

解答 ▶ P.520

 의미가 반대인 것을 연결하십시오.

1 인상 • • ① 지출

2 경제적 • • ② 인하

3 수입 • • ③ 저소득

4 고소득 • • ④ 비경제적

 다음 ________ 에 공통으로 들어갈 말을 고르십시오.

- 아버지의 사업 실패로 가정 형편이 ________ -아/어/해졌다.
- 이번 한국어능력시험은 듣기가 제일 ________ -았/었/했다.

5 ① 심하다 ② 어렵다 ③ 높이다 ④ 이기다

- 부모님을 모시고 해외여행을 다녀왔는데 비용이 생각보다 훨씬 많이 ________ -았/었/했다.
- 이 가방이 너무 무거운데 좀 ________ -아/어/해 주시겠어요?

6 ① 줄다 ② 막다 ③ 적다 ④ 들다

밑줄 친 부분과 바꿔 쓸 수 있는 말은 무엇입니까?

가: 이 식당은 올 때마다 새로운 메뉴가 있네!
나: 그렇지? 사장님이 일 년에 한두 번씩 해외의 유명한 식당에 직접 가서 먹어 보고 연구해서 우리 입맛에 맞게 새로운 메뉴를 계속 만든대.

7 ① 개발하다 ② 노동하다 ③ 수입하다 ④ 발전하다

가: 분리수거를 하면 좋은 점이 뭐예요?
나: 쓰레기 처리 비용도 아낄 수 있고 환경도 보호할 수 있어요.

8 ① 수출하다 ② 절약하다 ③ 장사하다 ④ 낭비하다

02 | 生産／消費 생산/소비

)))TRACK 47

개발

名

開発 漢 開発

이번에 **개발**한 신제품인데 한번 써 보세요.

今回開発した新製品ですが、一度使ってみてください。

–을/를 개발하다
–이/가 개발되다

動 개발하다 開発する 개발되다 開発される

参 신제품 개발 新製品の開発 프로그램 개발 プログラムの開発

결제

名 [결쩨]

決済 漢 決済

가 : 카드 **결제** 가능한가요?
나 : 그럼요, 가능합니다. 카드 주시겠어요?

カ：カード決済可能でしょうか？
ナ：もちろんできます。カードをいただけますか？

–을/를 결제하다
–이/가 결제되다

動 결제하다 決済する 결제되다 決済される

関 결제가 가능하다 決済が可能だ 카드로 결제하다 カードで決済する

参 결제 방식 決済方式 현금 결제 現金決済 카드 결제 カード決済

공장

名

工場 漢 工場

자동차 **공장**에 견학을 가 본 적이 있어요?

自動車工場に見学しに行ったことありますか？

関 공장을 세우다 工場を建てる

공짜

名

ただ、無料　漢 空-

가 : 이 양말 얼마예요?

나 : 행사 기간이라서 바지를 사시면 양말은 **공짜**로 드려요.

カ：この靴下、いくらですか？

ナ：イベント期間なので、ズボンをお買いになったら靴下は無料で差し上げます。

類 무료 無料　対 유료 有料 ▶ P.422　関 공짜로 얻다 ただで得る

구매

名

買い上げ、購買　漢 購買

가 : 티셔츠를 정말 싸게 샀네요!

나 : 네, 인터넷 공동 **구매** 사이트를 이용하면 저렴하게 살 수 있거든요.

カ：Tシャツを本当に安く買いましたね！

ナ：はい、インターネットの共同購入サイトを利用すれば安く買えるんですよ。

–을/를 구매하다

動 구매하다 購買する

구입

名

購入　漢 購入

손님, 교환 및 환불은 **구입** 후 일주일 이내, 영수증을 가져오셔야 가능합니다.

お客さま、交換および払い戻しは購入後1週間以内に、領収書をお持ちいただければ可能です。

–에서/에게서 –을/를 구입하다

動 구입하다 購入する

기계

名 [기게]

機械　漢 機械

이 **기계** 또 고장 났나 봐요!

この機械、また故障したみたいです！

関 기계가 고장 나다 機械が故障する　기계를 수리하다 機械を修理する

기능

名

機能　漢 機能

가 : 새로 산 휴대폰 써 보니까 어때?
나 : **기능**이 많아서 좋아.

カ：新しく買った携帯電話、使ってみてどう？
ナ：機能が多くていいよ。

関 기능이 있다/없다 機能がある／ない　기능이 많다 機能が多い　기능이 다양하다 機能が多様だ　参 기능적 機能的

나머지

名

残り

가 : 과일 사고 남은 돈은 제가 써도 돼요?
나 : 그래, **나머지**는 네 용돈으로 써.

カ：果物を買って残ったお金は私が使ってもいいですか？
ナ：ええ、残りはあなたのお小遣いとして使って。

농사

名

農業、畑仕事　漢 農事

가 : 퇴직 후에 뭐 할 생각이에요?
나 : 고향에 내려가서 **농사**를 지으려고 해요.

カ：退職後、何をするつもりですか？
ナ：故郷に帰って農業をしようと思います。

関 농사를 짓다 農業をする

参 쌀농사 米作り　농사철 農期　농산물 農産物

농촌

名

農村　漢 農村

농촌 생활은 도시 생활에 비해 여유로울 뿐만 아니라 이웃의 따뜻함을 느낄 수 있어서 좋다.

農村生活は都市生活に比べて余裕があるだけじゃなく、隣人の温かさを感じられていい。

参 농촌 생활 農村生活　농촌 체험 農村体験

생산

名

生産 漢 生産

가 : 이 공장은 뭘 **생산**하는 곳이에요?
나 : 라면을 만드는 곳이에요.

カ：この工場は何を生産する所ですか？
ナ：ラーメンを作る所です。

–을/를 생산하다
–이/가 생산되다

動 생산하다 生産する　생산되다 生産される　対 소비 消費 ▶ P.422

関 생산이 늘어나다/줄어들다 生産が増える／減る

参 생산적 生産的　생산량 生産量　생산자 生産者　대량 생산 大量生産

석유

名 [서규]

石油 漢 石油

가 : **석유** 값이 또 올랐다면서요?
나 : 네, 그래서 차를 가지고 다니는 사람이 줄어든 것 같아요.

カ：石油の価格がまた上がったそうですね？
ナ：はい、だから車で通う人が減ったようです。

성능

名

性能 漢 性能

가 : 카메라를 새로 사려고 하는데 뭐가 좋을까요?
나 : 이 카메라 어떠세요? **성능**이 아주 뛰어나요.

カ：カメラを新しく買おうと思いますが、何がいいでしょうか？
ナ：このカメラはいかがですか？ 性能がとても優れています。

関 성능이 좋다/나쁘다 性能がいい／悪い　성능이 뛰어나다/떨어지다 性能が優れている／劣っている

소비

名

消費　漢 消費

가 : 요즘 등산 용품 **소비**가 늘고 있대요.
나 : 건강에 관심을 가지는 사람이 많아져서 그런 것 같아요.

カ：最近、登山用品の消費が増えているそうです。
ナ：健康に関心を持つ人が増えたからだと思います。

–에 –을/를 소비하다
–에 소비되다

動 소비하다 消費する　소비되다 消費される　対 생산 生産 ▸ P.421
関 소비가 늘다/줄다 消費が増える／減る　参 소비자 消費者　소비량 消費量
과소비 過度に消費すること　소비자 보호 센터 消費者保護センター

유료

名

有料　漢 有料

가 : 이 근처에 주차장이 있나요?
나 : 네, 있기는 한데 **유료** 주차장밖에 없어요.

カ：この近くに駐車場はありますか？
ナ：はい、あるにはありますが、有料駐車場しかありません。

対 무료 ただ、無料　공짜 ただ、無料 ▸ P.419

제품

名

製品　漢 製品

가 : 선글라스 좀 보여 주세요.
나 : 이 **제품**은 어떠세요?

カ：サングラスをちょっと見せてください。
ナ：この製品はいかがでしょうか？

参 신제품 新製品

질

名

質　漢 質

가 : 이 화장품 써 보니까 어때요?
나 : 가격에 비해서 양도 많고 **질**도 좋아요.

カ：この化粧品、使ってみてどうですか？
ナ：値段に比べて量も多く質もいいです。

対 양 量 ▸ P.202　関 질이 좋다/나쁘다 質がいい／悪い　질을 높이다 質を高める　삶의 질 人生の質　양보다 질 量より質　参 질적 質的

충동

名

衝動 漢 衝動

가 : 할인 상품을 보면 저도 모르게 자꾸 **충동**구매를 하게 돼요.
나 : 그럼 쇼핑하러 갈 때 카드를 사용하지 말고 현금을 쓰세요.

カ：割引商品を見ると、ついつい何度も衝動買いをすることになります。
ナ：それでは、買い物しに行くとき、カードを使わず現金を使ってください。

–을/를 충동하다

動 충동하다 そそのかす

関 충동이 있다/없다 衝動がある／ない　충동이 들다 衝動に駆られる
충동을 느끼다 衝動を感じる

参 충동적 衝動的　충동구매 衝動買い　자살 충동 自殺衝動

쿠폰

名

クーポン 外 coupon

가 : 이 **쿠폰**을 사용하면 얼마예요?
나 : **쿠폰**을 사용하시면 20% 할인돼서 15,000원입니다.

カ：このクーポンを使ったらいくらですか？
ナ：クーポンをお使いになると、20%割引されて1万5000ウォンです。

参 할인 쿠폰 割引クーポン

특산

名 [특싼]

特産 漢 特産

가 : 제주도의 **특산**물이 뭐예요?
나 : 귤, 갈치, 흑돼지 등이 있어요.

カ：済州島の特産品は何ですか？
ナ：みかん、タチウオ、黒豚などがあります。

参 특산품 特産品　특산물 特産物

특성

名 [특썽]

特性 漢 特性

광고는 물건의 **특성**을 잘 보여 줘야 한다.

広告は品物の特性をしっかり見せてあげなければならない。

関 특성이 있다/없다 特性がある／ない　특성을 살리다 特性を生かす

특징

名 [특찡]

特徴　漢 特徴

가 : 이 자전거의 가장 큰 **특징**이 뭐예요?
나 : 다른 자전거에 비해서 작고 가벼워요.

カ:この自転車の最も大きな特徴は何ですか?
ナ:他の自転車に比べて小さくて軽いです。

類 특색 特色

関 특징이 있다/없다 特徴がある/ない　특징을 보이다 特徴を見せる　특징을 찾다 特徴を探す

参 특징적 特徴的

特성(特性)はそれが本来持っている性質を言うとき、특징は他の物と違う点を話したいときに使います。

표시

名

表示　漢 表示

가 : 이 우유는 유통 기한이 어디에 **표시**되어 있어요?
나 : 위쪽을 한번 살펴 보세요.

カ:この牛乳は賞味期限がどこに表示されていますか?
ナ:一度上の方を調べてみなさい。

–을/를 표시하다
–이/가 표시되다

動 표시하다 表示する　표시되다 表示される

품목

名

品目　漢 品目

5월 한 달 간, 전 **품목** 최대 50% 세일!

5月の1カ月間、全品目最大50%セール!

参 판매 품목 販売品目　전 품목 全品目

품질

名

品質 漢 品質

가 : 두 개 중에 뭘 살지 고민이에요.
나 : 이거 한번 써 보세요. 이 제품은 **품질**이 좋아서 인기가 많아요.

カ：二つのうち、何を買うか悩みです。
ナ：一度これを使ってみてください。この製品は品質が良くて人気があります。

関 품질이 좋다/나쁘다 品質がいい／悪い　품질이 뛰어나다 品質が優れている　품질이 떨어지다 品質が落ちる

할인

名 [하린]

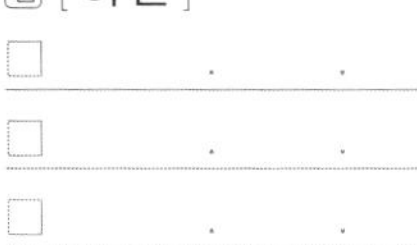

割引 漢 割引

가 : 왜 매일 저녁 늦게 마트에 가요?
나 : 문 닫기 전에 가면 **할인** 상품이 많잖아요.

カ：どうして毎日夜遅くスーパーに行くんですか？
ナ：閉店前に行くと割引商品が多いじゃないですか。

−을/를 할인하다
−이/가 할인되다

動 할인하다 割引する　할인되다 割引される

関 할인율이 높다/낮다 割引率が高い／低い　할인을 받다 割引を受ける

参 할인 쿠폰 割引クーポン　할인 판매 割引販売　10% 할인 10%割引

Let's Check

解答 ▶ P.521

다음 중 어울리는 것끼리 연결하십시오.

1 농사를 •	• ① 늘어나다
2 소비가 •	• ② 수리하다
3 기계를 •	• ③ 짓다
4 충동을 •	• ④ 느끼다

다음 질문에 답하십시오.

가: 노트북을 사고 싶은데요. 어디에서 ㉠사면 좋을까요?
나: 학교 앞에 전자제품을 파는 매장이 있는데 한번 가 보세요. 학생들을 위해서 20% (㉡) 행사도 하고 있던데요.
가: 그래요? 어느 회사 노트북이 좋아요?
나: 저는 ○○○에서 만든 걸 쓰고 있어요. 가격이 비싸지 않은데도 (㉢)이/가 좋아서 일할 때 좋더라고요.

5 ㉠과 바꾸어 쓸 수 있는 말을 고르십시오.
① 표시하다 ② 구매하다 ③ 생산하다 ④ 적립하다

6 (㉡)에 들어갈 알맞은 것을 고르십시오.
① 결제 ② 적립 ③ 품목 ④ 할인

7 (㉢)에 들어갈 알맞은 것을 고르십시오.
① 기계 ② 성능 ③ 나머지 ④ 특징

다음 설명에 알맞은 단어를 <보기>에서 찾아 쓰십시오.

보기
농촌 석유 공장

8 물건을 생산하는 곳을 ( )(이)라고 한다.

9 사우디아라비아, 러시아, 이란, 이라크는 대표적인 ( ) 생산국이다.

10 아이들이 직접 자연을 느낄 수 있도록 한 달에 한 번 ( ) 체험 학습을 하러 간다.

03 | 企業／経営 기업/경영

)) TRACK 48

거래

名

取引 漢 去来

가 : 그 회사와 **거래**한 지 오래 되었어요?
나 : 2년 쯤 되었어요.

カ：その会社と取引してから長くたちましたか？
ナ：2年ほどたちました。

–와/과 –을/를 거래하다
–이/가 거래되다

動 거래하다 取引する　거래되다 取引される

関 거래가 이루어지다 取引が成立する　거래가 끊기다 取引が切られる　거래를 끊다 取引をやめる

参 거래처 取引先　거래명세서 取引明細書

경영

名

経営 漢 経営

회사를 **경영**하는 데 제일 어려운 점은 무엇입니까?

会社を経営するに当たり、一番難しい点は何ですか？

–을/를 경영하다
–이/가 경영되다

動 경영하다 経営する　경영되다 経営される

参 경영학 経営学　최고경영자 最高経営責任者

경쟁

名

競争 漢 競争

가 : 에어컨 가격이 왜 이렇게 싸지요?
나 : 여름이 끝나 가니까 마트들이 가격 **경쟁**을 해서 그런 것 같아요.

カ：エアコンの値段がどうしてこんなに安いのでしょう？
ナ：夏が終わるので、販売店が価格競争をしているからだと思います。

動 경쟁하다 競争する

関 경쟁이 심하다 競争がひどい　경쟁에서 이기다/지다 競争に勝つ／負ける

参 경쟁력 競争力　경쟁심 競争心　경쟁자 競争者　경쟁률 競争率　경쟁 관계 競争関係

계약

名

☐

☐

☐

契約　漢 契約

가 : 이번에 어느 회사와 **계약**하기로 했습니까?

나 : 그냥 지난번에 일했던 회사와 계속 하려고요.

カ：今回、どの会社と契約することにしましたか？
ナ：そのまま前回仕事していた会社と続けてしようと思います。

-와/과 -을/를 계약하다
-와/과 -기로 계약하다
-와/과 -기로 계약되다

動 계약하다 契約する　계약되다 契約される　対 해약 解約　해지 解約

関 계약을 맺다 契約を結ぶ　参 계약서 契約書

고객

名

☐

☐

☐

お客さま、顧客　漢 顧客

고객님, 뭘 도와 드릴까요?

お客さま、どういったご用件でしょうか？

参 고객 센터 顧客センター

관리

名 [괄리]

☐

☐

☐

管理　漢 管理

어떻게 하면 월급을 제대로 **관리**할 수 있을까요?

どうすれば給料をちゃんと管理できるでしょうか？

-을/를 관리하다
-이/가 관리되다

動 관리하다 管理する　관리되다 管理される

参 월급 관리 給料の管理　건강 관리 健康管理　고객 관리 顧客の管理

기업

名

企業 漢 企業

가 : 한국에는 어떤 대**기업**이 있어요?
나 : 삼성, 현대, SK, LG 등이 있어요.

カ：韓国にはどのような大企業がありますか？
ナ：サムスン、ヒュンダイ、SK、LGなどがあります。

関 기업을 운영하다 企業を運営する

参 기업인 実業家　대기업 大企業　중소기업 中小企業　벤처기업 ベンチャー企業

마케팅

名

マーケティング 外 marketing

가 : 요즘에는 운동선수들이 광고를 많이 찍는 것 같아요.
나 : 그게 새로운 **마케팅** 전략 중의 하나래요.

カ：最近はスポーツ選手がよく広告に起用されているようです。
ナ：それは新しいマーケティング戦略の一つだそうです。

参 마케팅 전략 マーケティング戦略

매장

名

売り場 漢 売場

가 : 저기, 실례지만 식품 **매장**이 몇 층에 있나요?
나 : 지하 1층에 있습니다.

カ：あの、失礼ですが食品売り場は何階にありますか？
ナ：地下1階にあります。

参 식품 매장 食品売り場　의류 매장 衣類売り場　화장품 매장 化粧品売り場

반응

名 [바능]

反応 漢 反応

가 : 아저씨, 요즘 어떤 운동화가 인기가 많아요?
나 : 이 운동화 어떠세요? 디자인도 예쁘고 가격도 싸서 **반응**이 좋아요.

カ：おじさん、最近どんな運動靴が人気ですか？
ナ：この運動靴はいかがですか？ デザインもかわいくて値段も安いので、反応がいいです。

–에 반응하다

動 반응하다 反応する

関 반응이 좋다 反応がいい　반응이 없다 反応がない　반응을 얻다 反応を得る

보너스

名 [보너쓰]

□ . .

□ . .

□ . .

ボーナス 外 bonus

이번 달에 **보너스** 받았으니까 내가 한턱낼게.

今月ボーナスをもらったから、僕がおごるよ。

関 보너스를 주다/받다 ボーナスをあげる／もらう　보너스를 지급하다 ボーナスを支給する

보상

名

□ . .

□ . .

□ . .

補償 漢 補償

저희 가게에서 산 물건이 다른 가게보다 비싸면 **보상**해 드리겠습니다.

当店で買った品物が他の店より高ければ、補償いたします。

–에/에게 –을/를 보상하다
–에/에게 보상되다

動 보상하다 補償する　보상되다 補償される

서비스

名 [써비쓰]

□ . .

□ . .

□ . .

サービス 外 service

그 백화점은 **서비스**가 좋기로 유명해 늘 손님이 많다.

そのデパートはサービスがいいことで有名で、いつも客が多い。

–에/에게 –을/를 서비스하다

動 서비스하다 サービスする

関 서비스가 좋다/나쁘다 サービスがいい／悪い

参 애프터서비스 アフターサービス　서비스 센터 サービスセンター

손해

名

□ . .

□ . .

□ . .

損、損害 漢 損害

가 : 아저씨, 좀 더 깎아 주시면 안 돼요?
나 : 아이구, 안 돼요! 더 깎아 주면 내가 **손해**예요.

カ：おじさん、もうちょっと負けてくれませんか？
ナ：なんですって、駄目です！　もっと負けたらこっちが損です。

–에/에게 손해되다

動 손해되다 損になる　対 이익 利益

関 손해를 보다 損をする　손해를 입다 損害を被る　손해를 끼치다 損害を及ぼす　손해를 보상하다 損害を補償する

업체

名

業者、企業　漢 業体

가 : 이번 취업 박람회에 참가하는 **업체**는 얼마나 된대요?
나 : 백여 곳이 넘는대요.

カ：今度の就職博覧会に参加する企業はどれくらいになるとのことですか？
ナ：100を超えるそうです。

参 대행업체 代行業者　협력 업체 協力企業

운영

名 [우녕]

運営　漢 運営

가 : 부모님께서는 무슨 일을 하세요?
나 : 학원을 **운영**하고 계세요.

カ：両親はどんな仕事をなさっていますか？
ナ：塾を運営していらっしゃいます。

-을/를 운영하다
-이/가 운영되다

動 운영하다 運営する　운영되다 運営される

関 기업을 운영하다 企業を運営する　학원을 운영하다 塾を運営する

유통

名

流通　漢 流通

가 : 이 상품은 언제부터 **유통**되나요?
나 : 다음 달 1일부터 **유통**될 거예요.

カ：この商品はいつから流通しますか？
ナ：来月1日から流通する予定です。

-을/를 유통하다
-이/가 유통되다

動 유통하다 流通させる　유통되다 流通する

参 유통 기한 賞味期限　유통 과정 流通過程

이미지

イメージ　外 image

名

가 : 그 회사는 **이미지**가 참 좋은 것 같아요.
나 : 어려운 사람들을 위해 좋은 일을 많이 하잖아요.

カ：その会社はイメージがとてもいいと思います。
ナ：貧しい人たちのためにいいことをたくさんしているじゃないですか。

関 이미지가 좋다/나쁘다 イメージがいい／悪い

参 이미지 관리 イメージ管理

창업

創業　漢 創業

名

한국대학교는 졸업생들의 **창업**을 적극적으로 지원해 주고 있다.

韓国大学は卒業生の創業を積極的に支援してあげている。

–을/를 창업하다

動 창업하다 創業する

関 회사를 창업하다 会社を創業する　창업에 성공하다/실패하다 創業に成功する／失敗する

参 창업지원센터 創業支援センター

혜택

特典、恩恵　漢 恵沢

名 [혜택]

가 : 지금 휴대폰을 바꾸면 어떤 **혜택**이 있어요?
나 : 1년 동안 매달 통화 요금을 5% 할인해 드립니다.

カ：今携帯電話を替えたらどんな特典がありますか？
ナ：1年間、毎月通話料を5％割引いたします。

関 혜택이 많다/적다 恩恵が多い／少ない　혜택을 주다/받다 特典をあげる／もらう　参 할인 혜택 割引特典

홍보

広報　漢 弘報

名

가 : 이번 신제품을 어떻게 **홍보**하면 좋을까요?
나 : 신문에 광고를 하는 건 어때요?

カ：今度の新製品をどのように広報すればいいでしょうか？
ナ：新聞に広告を出すのはどうですか？

–을/를 홍보하다

動 홍보하다 広報する　参 홍보 효과 広報効果　홍보 포스터 広報ポスター

04 金融／財務 금융/재무

)) TRACK 49

금액

名 [그맥]

□ . .
□ . .
□ . .

金額 漢 金額

손님, 찾으실 **금액**을 여기에 써 주세요.

お客さま、お引き出しになる金額をこちらにお書きください。

발급

名

□ . .
□ . .
□ . .

(証明書やクレジットカードなどの)発行 漢 発給

가 : 신용카드를 **발급** 받으려면 시간이 오래 걸리나요?
나 : 아니요, 지금 바로 가능합니다.

カ：クレジットカードを発行してもらうには時間が長くかかりますか？
ナ：いいえ、今すぐ可能です。

-에게 -을/를 발급하다
-에게 발급되다

動 발급하다 発行する　발급되다 発行される

関 카드를 발급하다 カードを発行する　증명서를 발급하다 証明書を発行する　서류를 발급하다 書類を発行する

보증

名

□ . .
□ . .
□ . .

保証 漢 保証

저희 은행에서 돈을 빌리실 때는 **보증**인이 필요 없습니다.

当銀行でお金をお借りになるときは、保証人が必要ありません。

-을/를 보증하다

動 보증하다 保証する　関 품질을 보증하다 品質を保証する

参 보증금 保証金　보증인 保証人　보증 기간 保証期間

보험

名

保険　漢 保険

가 : 외국 사람이니까 한국에서 병원에 가면 비싸지 않아요?
나 : 유학생 **보험**을 들어서 별로 비싸지 않아요.

カ:外国人なので、韓国で病院に行ったら高くありませんか?
ナ:留学生保険に入っているので、あまり高くありません。

関 보험에 가입하다 保険に加入する　보험을 해약하다 保険を解約する
보험을 들다 保険に入る

사인

名 [싸인]

サイン　外 sign

가 : 카드로 계산할게요.
나 : 네, 여기에 **사인**해 주십시오.

カ:カードで払います。
ナ:はい、こちらにサインしてください。

–에 사인하다

動 사인하다 サインする　類 서명 署名 ▶P.434

関 서류에 사인하다 書類にサインする　사인을 받다 サインをもらう

서명

名

署名　漢 署名

이 서류에 날짜와 이름을 쓰신 후 **서명**을 해 주십시오.

この書類に日にちと名前をお書きになった後、署名をしてください。

–에 서명하다

動 서명하다 署名する　類 사인 サイン ▶P.434

関 서류에 서명하다 書類に署名する　계약서에 서명하다 契約書に署名する

사인(サイン)と서명は同じ意味ですが、有名な人や芸能人にもらうものは서명と言わず사인と言わなければいけません。

세금

名

税金　漢 税金

가 : 음식값이 메뉴판에 있는 가격과 다르네요!
나 : 이 영수증에 있는 가격은 **세금**이 포함된 가격이에요.

カ：食べ物の値段がメニューにある値段と違いますね！
ナ：この領収書にある値段は税金が含まれた値段です。

関 세금을 내다 税金を払う

수수료

名

手数料　漢 手数料

가 : 근처에 현금자동지급기가 있나요?
나 : 저 편의점에 있는데 저기에서 돈을 찾으면 **수수료**를 내야 해요.

カ：近所にATM（現金自動預払機）ありますか？
ナ：あのコンビニにありますが、あそこで金を下ろすと手数料を払わなければなりません。

関 수수료가 나오다 手数料がかかる　수수료를 내다 手数料を払う

수표

名

小切手　漢 手票

가 : **수표**로 계산해도 되나요?
나 : 네, **수표** 뒤에 이름과 전화번호를 써 주세요.

カ：小切手で払ってもいいですか？
ナ：はい、小切手の後ろに名前と電話番号を書いてください。

関 수표를 내다 小切手を出す

신용

名 [시뇽]

信用　漢 信用

가 : 이 **신용**카드는 어디에서나 사용할 수 있어요?
나 : 네, 국내, 해외 모두 가능합니다.

カ：このクレジットカードはどこでも使えますか？
ナ：はい、国内、海外、両方とも使えます。

関 신용이 떨어지다 信用が落ちる　신용을 얻다 信用を得る　신용을 잃다 信用を失う　参 신용카드 クレジットカード　신용 불량 信用不良

이자

名

□ . .

□ . .

□ . .

利子、利息、金利　漢 利子

이자가 높은 은행 좀 소개해 주세요.

金利が高い銀行をちょっと紹介してください。

関 이자가 높다/낮다 金利が高い／低い　이자가 싸다/비싸다 利子が安い／高い
이자를 내다 利子を払う　参 무이자 無利子

입금

名 [입끔]

□ . .

□ . .

□ . .

入金　漢 入金

가 : 제가 주문한 이 상품은 언제 받을 수 있나요?
나 : **입금**이 확인되는 대로 바로 보내 드리겠습니다.

カ：私が注文したこの商品はいつ受け取れますか？
ナ：入金が確認でき次第、すぐにお送りします。

–을/를 –에 입금하다
–이/가 –에 입금되다

動 입금하다 入金する　입금되다 入金される　対 출금 出金
参 송금 送金　계좌이체 口座振替

재산

名

□ . .

□ . .

□ . .

財産　漢 財産

가 : 무슨 기사를 보고 있어요?
나 : 한 기업가가 자신의 전 **재산**을 사회에 기부했대요.

カ：何の記事を読んでいるんですか？
ナ：ある企業家が自分の全財産を社会に寄付したそうです。

関 재산을 모으다 財産を集める　재산을 늘리다 財産を増やす
参 전 재산 全財産

저금

名

貯金　漢 貯金

가 : 어렸을 때 용돈을 받으면 어떻게 했어요?
나 : 저는 받자마자 **저금**했어요.

カ：小さいころ、お小遣いをもらったらどのようにしていましたか？
ナ：私はもらったらすぐに貯金していました。

–에 –을/를 저금하다

動 저금하다 貯金する　類 저축 貯蓄 ▸ P.437　関 저금을 찾다 貯金を下ろす
参 저금통 貯金箱

저축

名

貯蓄　漢 貯蓄

가 : 한 달에 얼마 정도 **저축**해요?
나 : 월급의 30% 정도를 **저축**하고 있어요.

カ：1カ月にいくらくらい貯蓄しますか？
ナ：月給の30%ほどを貯蓄しています。

–을/를 –에 저축하다

動 저축하다 貯蓄する　類 저금 貯金 ▸ P.437

銀行にお金を預けるときは저축、저금（貯金）の両方とも使えて、個人が貯金箱にお金を貯める場合は저금だけ使えます。

전액

名 [저낵]

全額　漢 全額

가 : 지금 표를 취소하면 환불을 받을 수 있어요?
나 : 일주일 전이니까 **전액** 환불 가능합니다.

カ：今チケットをキャンセルしたら払い戻しを受け取れますか？
ナ：1週間前なので、全額払い戻し可能です。

関 전액을 지원하다 全額を支援する　参 전액 환불 全額払い戻し

창구

名

窓口　漢 窓口

가 : 저기, 환전하고 싶은데요.
나 : 그럼 저쪽 **창구**로 가십시오.

カ：あの、両替したいんですが。
ナ：それでは、あちらの窓口に行ってください。

参 창구 직원 窓口の職員　은행 창구 銀行窓口

Let's Check

解答 ▶ P.521

의미가 맞는 것을 연결하십시오.

1 재산 ・　　・ ① 이것은 돈을 모으는 것을 말한다.

2 저축 ・　　・ ② 이것은 개인이 가지고 있는 돈, 집, 땅 등을 말한다.

3 보너스 ・　　・ ③ 이것은 직장에서 명절이나 연말에 월급 외에 더 주는 돈이다.

4 다음 중에서 관계가 다른 것은 무엇입니까?

① 계약 – 해지　② 손해 – 이익

③ 금액 – 발급　④ 입금 – 출금

다음에 들어갈 단어를 고르십시오.

> 한국에서는 수입 화장품이 다른 나라에 비해 비싸게 (　　　)되고 있다.

5 ① 경영　② 유통　③ 결제　④ 홍보

> 기업을 운영하는 데 있어서 무엇보다도 중요한 것은 직원 (　　　)이다.

6 ① 관리　② 보험　③ 신용　④ 보상

> 운동화를 생산하는 (　　　)들이 서로 약속하여 운동화 가격을 동시에 올렸다. 정부가 이에 대해 벌금을 내게 했다.

7 ① 업체　② 창업　③ 고객　④ 매장

> 가: (㉠)(으)로 계산하려고 하는데요.
> 나: 그럼 뒷면에 전화번호와 주민등록번호를 쓰시고 (㉡)하세요.

8 ① ㉠ 세금 ㉡ 서명　② ㉠ 보증 ㉡ 서명

③ ㉠ 수표 ㉡ 사인　④ ㉠ 이자 ㉡ 사인

12章

交通／通信

교통/통신

01 | 交通／運送 교통/운송

)) TRACK 50

고속

名

高速 漢 高速

가 : 주말이라서 **고속**도로가 많이 막히네요.
나 : 그렇지요? 주말에는 보통 때보다 1시간 정도 더 걸려요.

カ：週末なので高速道路がすごく混んでいますね。
ナ：そうでしょう？ 週末は普段より1時間ほど多くかかります。

対 저속 低速　参 초고속 超高速　고속도로 高速道路　고속버스 高速バス　고속 열차 高速列車

韓国の高速鉄道はKTX (Korea Train Express) と言います。

과속

名

スピードの出し過ぎ 漢 過速

가 : 여보, 속도 좀 줄여요. **과속** 운전 때문에 사고가 많이 난대요.
나 : 여기는 고속도로라서 괜찮아.

カ：あなた、ちょっとスピード落としてください。スピードの出し過ぎで事故がたくさん起きているそうです。
ナ：ここは高速道路だから大丈夫だよ。

動 과속하다 スピードを出し過ぎる

금지

名

禁止 漢 禁止

가 : 이곳에 주차해도 되나요?
나 : 아니요, 여기는 주차가 **금지**된 곳이에요.

カ：ここに駐車してもいいですか？
ナ：いいえ、ここは駐車が禁止された場所です。

–을/를 금지하다
–이/가 금지되다

動 금지하다 禁止する　금지되다 禁止される

参 주차 금지 駐車禁止　출입 금지 立ち入り禁止　흡연 금지 喫煙禁止

기본

名

基本 漢 基本

택시 기본 요금이 얼마예요?

タクシーの基本料金はいくらですか？

参 기본적 基本的　기본 요금 基本料金

기사 01

名

運転手 漢 技士

기사님, 강남역으로 가 주세요.

運転手さん、江南駅まで行ってください。

参 버스 기사 バス運転手　택시 기사 タクシー運転手

노선

名

路線 漢 路線

서울의 지하철은 노선이 많아서 편리하다.

ソウルの地下鉄は路線が多くて便利だ。

参 지하철 노선 地下鉄路線　버스 노선 バス路線

놓치다

動 [놉치다]

(電車・バスなどに)乗り損なう、逃す

가 : 왜 기차를 **놓쳤**어?

나 : 길이 너무 막혀서 역에 늦게 도착했어.

カ：どうして汽車を逃したんだ？

ナ：すごく道が混んでて駅に着くのが遅かったの。

취직할 수 있는 좋은 기회니까 기회를 **놓치**지 않도록 열심히 준비하세요.

就職できるいい機会だから、機会を逃さないように一生懸命準備してください。

−을/를 놓치다

対 잡다 捕まえる

関 버스를 놓치다 バスを逃す　기회를 놓치다 機会を逃す　범인을 놓치다 犯人を逃す

대중

名

大衆　漢 大衆

가 : 요즘 버스나 지하철을 타는 사람이 많은 것 같아요.
나 : 기름값이 올라서 **대중**교통을 이용하는 사람이 늘어난 것 같아요.

カ：最近、バスや地下鉄に乗る人が多いようです。
ナ：ガソリン代が上がって公共の交通機関を利用する人が増えたようです。

参 대중적 大衆的　대중화 大衆化　대중교통 公共交通機関　대중 매체 マスメディア

도로

名

道路　漢 道路

도로가 좁아서 운전하기 불편하다.

道路が狭くて運転がしにくい。

類 길 道

関 도로가 넓다/좁다 道路が広い／狭い　도로가 막히다 道路が渋滞する　도로를 넓히다 道路を広げる

参 고속도로 高速道路

日常生活で도로は普通、車が通る広い道のことを言い、길は人と車が通る広い所、狭い所の両方を言います。

따다

動

① もぎ取る、摘み取る

② (点数・資格などを)取る

가 : 사과가 정말 맛있네요!
나 : 그렇지요? 제가 시골에서 직접 **따** 가지고 온 거예요.

カ：りんご、本当においしいですね！
ナ：そうでしょう？ 私が田舎で自分で摘んできた物です。

가 : 운전면허증 있어?
나 : 그럼 난 19살이 되자마자 운전면허부터 **땄**어.

カ：運転免許証ある？
ナ：もちろん、私は19歳になってすぐに、まず運転免許を取ったの。

–에서 –을/를 따다

関 과일을 따다 果物を摘む　운전면허를 따다 運転免許を取る　메달을 따다 メダルを取る

막차

名

終電、終バス 漢 -車

가 : 지하철 2호선 **막차**가 몇 시예요?
나 : 평일은 새벽 1시, 주말은 11시 30분이에요.

カ：地下鉄２号線の終電は何時ですか？
ナ：平日は午前1時、週末は11時30分です。

対 첫차 始発　関 막차가 끊기다 終電がなくなる　막차를 타다 終電に乗る

배송

名

配送 漢 配送

가 : **배송**료도 내야 하나요?
나 : 네, 주문하신 물건이 싸서 **배송**료는 따로 내셔야 합니다.

カ：配送料も払わなければいけませんか？
ナ：はい、ご注文なさった品物は安いので、配送料は別途お支払いいただかなければなりません。

–을/를 –에 배송하다
–을/를 –(으)로 배송하다
–이/가 배송되다
–이/가 –(으)로 배송되다

動 배송하다 配送する　배송되다 配送される

関 배송을 받다 配送してもらう

参 배송료 配送料　무료 배송 無料配送

벗어나다

動［버서나다］

抜け出す、脱する

가 : 왜 이렇게 차가 막히지?
나 : 여기만 **벗어나**면 괜찮을 거야.

カ：どうしてこんなに道が混んでるんだ？
ナ：ここさえ抜ければ大丈夫でしょう。

–을/를 벗어나다
–에서 벗어나다

関 길을 벗어나다 道を外れる　위기에서 벗어나다 危機から脱する

상황

名

□ . .

□ . .

□ . .

状況　漢 状況

가 : 지금 교통 **상황**이 어떻습니까?

나 : 부산에서 서울 가는 쪽이 많이 막혀서 8시간쯤 걸립니다.

カ：現在の道路状況はいかがですか？

ナ：釜山からソウルに行く側がとても混雑しており、8時間ほどかかります。

関 상황이 좋다/나쁘다 状況がいい／悪い　상황이 불리하다 状況が不利だ

参 경제 상황 経済状況　도로 상황 道路状況

속도

名 [속또]

□ . .

□ . .

□ . .

速度　漢 速度

가 : 아, 내 컴퓨터는 **속도**가 느려서 답답해.

나 : 컴퓨터 산 지 오래됐잖아. 새 걸로 바꿔.

カ：ああ、僕のパソコンはスピードが遅くてもどかしい。

ナ：パソコンを買ってかなりたったでしょ。新しいのに換えなさい。

類 스피드 スピード

関 속도가 빠르다/느리다 速度が速い／遅い　속도를 내다 速度を出す　속도를 줄이다 速度を落とす

参 컴퓨터 속도 コンピューターの速度　인터넷 속도 インターネットの速度

수단

名

□ . .

□ . .

□ . .

手段　漢 手段

우리가 자주 이용하는 교통**수단**은 지하철, 버스, 택시이다.

われわれがよく利用する交通手段は地下鉄、バス、タクシーだ。

参 교통수단 交通手段　의사소통 수단 意思疎通の手段

승객

名

□ . .

□ . .

□ . .

乗客　漢 乗客

비행기가 곧 도착합니다. **승객** 여러분께서는 일어나지 마시고 자리에 앉아 계시기 바랍니다.

飛行機が間もなく到着します。乗客の皆さまは立ち上がらず、席にお座りいただきますようお願いします。

関 승객을 태우다 乗客を乗せる

参 비행기 승객 飛行機の乗客　열차 승객 列車の乗客

승용차

名

乗用車　漢 乗用車

가 : 버스 운전할 수 있어요?
나 : 아니요, **승용차**는 할 수 있는데 버스는 못해요.

カ：バス、運転できますか？
ナ：いいえ、乗用車はできますが、バスはできません。

✔ 普通、自家用車を자가용(自家用)と言います。

시외

名

市外　漢 市外

가 : 여기에 강원도에 가는 버스는 없나요?
나 : 그 버스는 **시외**버스 터미널에서 타야 해요.

カ：ここに、江原道へ行くバスはありませんか？
ナ：そのバスは市外バスターミナルから乗らなければいけません。

対 시내 市内　参 시외버스 市外バス　시외버스 터미널 市外バスターミナル

안전

名

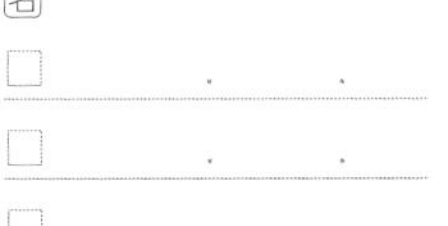

安全　漢 安全

자, 지금 출발합니다. **안전**벨트를 매 주세요.

さあ、今から出発します。シートベルトを締めてください。

–이/가 안전하다

形 안전하다 安全だ

参 안전벨트 シートベルト　안전 교육 安全教育　안전 시설 安全施設
안전 점검 安全点検

열차

名

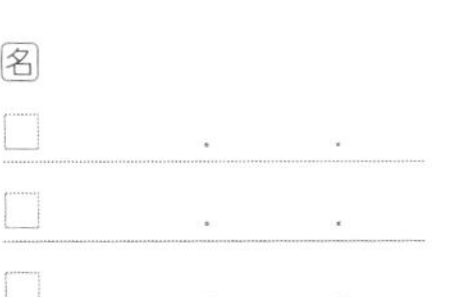

列車　漢 列車

이 **열차**는 약 5분 후에 부산역에 도착하겠습니다.

この列車は約5分後に釜山駅に到着します。

参 고속 열차 高速列車

운전면허

名

☐ . .
☐ . .
☐ . .

運転免許 漢 運転免許

가 : 외국인도 한국에서 **운전면허**를 딸 수 있어요?
나 : 그럼요. 제 친구도 한 달 전에 땄어요.

カ：外国人も韓国で運転免許を取れますか？
ナ：もちろんです。私の友達も1カ月前に取りました。

関 운전면허가 정지되다 運転免許が停止される 운전면허를 따다 運転免許を取る 参 운전면허증 運転免許証

차량

名

☐ . .
☐ . .
☐ . .

車両 漢 車輛

가 : 사고가 난 **차량** 번호가 어떻게 됩니까?
나 : '12가 6543'입니다.

カ：事故が起きた車のナンバーは何ですか？
ナ：「12カ6543」です。

関 차량을 통제하다 車両を統制する

参 차량 번호 車のナンバー 차량 통행금지 車両通行禁止

초보

名

☐ . .
☐ . .
☐ . .

初歩、初心者 漢 初歩

가 : 운전한 지 오래됐어요?
나 : 아니요, **초보** 운전이에요.

カ：運転するようになってかなりたちましたか？
ナ：いいえ、初心者ドライバーです。

参 초보적 初歩的 초보 운전 初心者ドライバー 초보 단계 初歩段階

탑승

名 [탑씅]

☐ . .
☐ . .
☐ . .

搭乗 漢 搭乗

한국항공 780편 비행기에 **탑승**하실 승객 여러분께서는 2번 게이트로 와 주시기 바랍니다.

韓国航空780便の飛行機に搭乗なさるお客さまは2番ゲートにお越しくださいますようお願いします。

-에 탑승하다

動 탑승하다 搭乗する

関 버스에 탑승하다 バスに搭乗する 비행기에 탑승하다 飛行機に搭乗する

参 탑승객 搭乗客 탑승 수속 搭乗手続き

택배

名 [택빼]

宅配　漢 宅配

가 : 날씨가 더워져서 여름 옷이 필요한데 좀 보내 주세요.
나 : 알았어. 내일 **택배**로 보내 줄게.

カ：暑くなって夏服が必要なので、ちょっと送ってください。
ナ：分かった。明日宅配便で送ってあげる。

関 택배로 보내다 宅配便で送る　参 택배 회사 宅配会社

터널

名

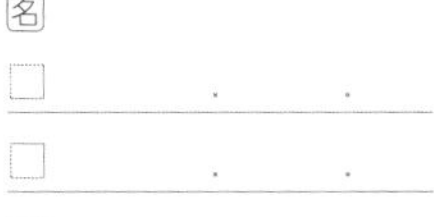

トンネル　外 tunnel

터널 안은 어두우니까 운전할 때 조심하십시오.

トンネル内は暗いので、運転するとき気を付けてください。

터미널

名

ターミナル　外 terminal

가 : 기차를 타고 갈까? 버스를 타고 갈까?
나 : 여기에서 **터미널**이 가까우니까 버스를 타자.

カ：汽車に乗っていこうか？ バスに乗っていこうか？
ナ：ここからターミナルが近いからバスに乗ろう。

参 고속버스 터미널 高速バスターミナル　시외버스 터미널 市外バスターミナル

휴게소

名

休憩所、（高速道路の）サービスエリア　漢 休憩所

가 : 나 화장실에 가고 싶은데…….
나 : 10분만 더 가면 **휴게소**가 있으니까 조금만 참아.

カ：僕、トイレに行きたいんだけど……。
ナ：あと10分行けばサービスエリアがあるから、少しだけ我慢して。

参 고속도로 휴게소 高速道路のサービスエリア　휴게실 休憩室

Let's Check

解答 ▶ P.522

관계 있는 것끼리 연결하십시오.

1 기회를 ・ ・ ① 끊기다
2 막차가 ・ ・ ② 따다
3 운전면허를 ・ ・ ③ 놓치다

다음 중에서 관계가 다른 것은 무엇입니까?

4 ① 길 – 도로 ② 시내 – 시외 ③ 막차 – 첫차 ④ 고속 – 저속

다음 문장의 밑줄 친 부분과 비슷한 의미를 고르세요.

> 비행기에 칼, 가위, 면도기, 총, 물, 라이터 등은 가지고 <u>타면</u> 안 된다.

5 ① 과속하면 ② 배송하면 ③ 금지하면 ④ 탑승하면

(　　)에 알맞은 단어를 <보기>에서 찾아 쓰십시오.

보기 속도 승객 수단 과속 열차

> 서울 시민들이 가장 많이 이용하는 대중교통 (　　　)은/는 지하철이다.

6 (　　　　　　　　　　)

> 운전하다가 터널이 나오면 (㉠)을/를 줄여야 합니다. 터널 안은 좁고 어두운 경우가 많아서 (㉡) 운전을 하면 대형 사고로 이어질 수도 있기 때문입니다.

7 ㉠ (　　　　　　) ㉡ (　　　　　　)

> 지금 (㉠)이/가 ○○역으로 들어오고 있습니다. (㉡) 여러분들께서는 안전선 뒤로 한 걸음 물러서 주시기 바랍니다.

8 ㉠ (　　　　　　) ㉡ (　　　　　　)

02 | 情報／通信 정보/통신

)) TRACK 51

가입

名

加入　漢 加入

이 홈페이지에 **가입**하시려면 아이디와 비밀번호를 만드세요.

このホームページに加入なさるには、IDとパスワードを作ってください。

–에 가입하다
–이/가 가입되다

動 가입하다 加入する　가입되다 加入することになる　対 탈퇴 脱退

関 가입을 신청하다 加入を申請する　参 가입 신청서 加入申請書

검색

名

検索　漢 検索

가 : 이 근처에 맛있는 치킨 집이 어디에 있는지 알아?
나 : 글쎄. 휴대폰으로 **검색**해 봐.

カ：この近所においしいチキンの店がどこにあるか知ってる？
ナ：さあね。携帯で検索してみて。

–을/를 검색하다

動 검색하다 検索する

関 자료를 검색하다 資料を検索する　정보를 검색하다 情報を検索する　파일을 검색하다 ファイルを検索する

게시판

名

掲示板　漢 掲示板

자세한 내용은 홈페이지의 **게시판**에서 확인해 보세요.

詳しい内容はホームページの掲示板でご確認ください。

類 안내판 案内板　알림판 掲示板　関 게시판에 올리다 掲示板に上げる

기사 02

名

記事　漢 記事

가 : 오늘 신문에 우리 회사가 나왔어요. 그 **기사** 봤어요?
나 : 아니요. 아직 못 봤어요.

カ：今日、新聞にうちの会社が出ました。その記事、見ましたか？
ナ：いいえ。まだ見ていません。

関 기사가 나다 記事が出る　기사가 실리다 記事が載る　기사를 쓰다 記事を書く　参 신문 기사 新聞記事

기술

名

技術　漢 技術

의학 **기술**이 좀 더 발달하면 암을 치료할 수 있는 약이 개발될 것이다.

医療技術がもう少し発達すれば、がんを治療できる薬が開発されるだろう。

関 기술이 뛰어나다 技術が優れている　기술을 가르치다 技術を教える　기술을 배우다 技術を学ぶ　参 기술적 技術的　과학 기술 科学技術

날리다 02

動

(財産やコンピューターのデータなどを)全て失う、飛ばす

가 : 아직도 숙제 다 못 끝냈어?
나 : 숙제를 하다가 파일을 **날려**서 지금 다시 하고 있는 중이야.

カ：まだ宿題終わってないの？
ナ：宿題をしていたらファイルが消えて、今やり直しているところだよ。

–을/를 날리다

関 파일을 날리다 ファイルを失う　재산을 날리다 財産を失う

다운로드

名 [따운노드]

ダウンロード　外 download

MP3 파일은 홈페이지에서 **다운로드**하세요.

MP3ファイルはホームページからダウンロードしてください。

動 다운로드하다 ダウンロードする　対 업로드 アップロード
関 다운로드를 받다 ダウンロードする

등장

名

□ . .

□ . .

□ . .

① (初めて世に)登場

② (舞台や演壇などに)登場　漢 登場

스마트폰이 **등장**해서 노트북을 사용하는 사람이 줄어들었다.

スマートフォンが登場して、ノートパソコンを使う人が減った。

가수들이 무대에 **등장**하자마자 사람들이 박수를 쳤다.

歌手が舞台に登場するや否や、人々が拍手した。

–이/가 등장하다
–에 등장하다
–(으)로 등장하다

動 등장하다 登場する　対 퇴장 退場

디지털

名

□ . .

□ . .

□ . .

デジタル　外 digital

가 : '디카'가 뭐예요?
나 : **디지털** 카메라를 줄여서 말하는 거예요.

カ：「ディカ」って何ですか？
ナ：デジタルカメラを縮めた言い方です。

対 아날로그 アナログ

参 디지털 기술 デジタル技術　디지털 기기 デジタル機器

로봇

名 [로볻]

□ . .

□ . .

□ . .

ロボット　外 robot

가 : 요즘 청소하는 게 너무 귀찮아.
나 : **로봇** 청소기를 한번 써 봐.

カ：最近、掃除するのがとても面倒。
ナ：ロボット掃除機を一度使ってみて。

리모컨

名

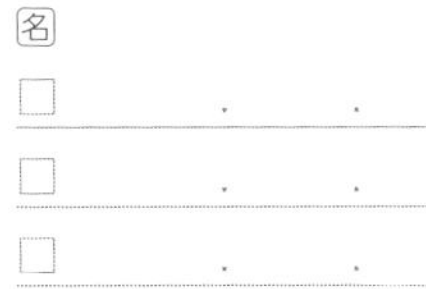

リモコン

가 : 텔레비전 **리모컨** 어디에 있어?
나 : 소파 위에 있어.

カ：テレビのリモコン、どこにある？
ナ：ソファの上にあるよ。

발달

名 [발딸]

□ . .
□ . .
□ . .

発達　漢 発達

인터넷의 **발달**은 우리의 생활을 편리하게 만들어 주었다.

インターネットの発達は、われわれの生活を便利にしてくれた。

–이/가 발달하다
–이/가 발달되다

動 발달하다 発達する　발달되다 発達する

関 기술이 발달하다 技術が発達する　과학이 발달하다 科学が発達する

사이트

名 [싸이트]

□ . .
□ . .
□ . .

サイト　外 site

가 : 한국어를 무료로 공부할 수 있는 **사이트**가 있어요?
나 : www.niied.go.kr에 들어가 보세요.

カ：韓国語を無料で勉強できるサイトはありますか？
ナ：www.niied.go.krにアクセスしてみてください。

参 웹 사이트 ウェブサイト　인터넷 사이트 インターネットサイト

온라인

名 [온나인]

□ . .
□ . .
□ . .

オンライン　外 on-line

가 : 새로 나온 **온라인** 게임 해 봤어?
나 : 아, 그래? 뭐가 새로 나왔어?

カ：新しく出たオンラインゲーム、やってみた？
ナ：あ、ほんと？ 何が新しく出たの？

対 오프라인 オフライン

저장

名

□ . .

□ . .

□ . .

① (コンピューターデータの) 保存

② (物品などの) 貯蔵　漢 貯蔵

가 : 와, 숙제 다 했다.

나 : 마지막으로 파일 **저장**했는지 확인해 봐.

カ : ああ、宿題終わった。

ナ : 最後にファイルを保存したか確認してみて。

옛날 사람들은 김치를 땅에 **저장**했다.

昔の人はキムチを地中に貯蔵した。

–에 –을/를 저장하다

–에 –이/가 저장되다

動 저장하다 保存する　저장되다 保存される

関 파일을 저장하다 ファイルを保存する

전달

名

□ . .

□ . .

□ . .

伝達　漢 伝達

요즘은 대중 매체를 이용해서 정보를 빠르게 **전달**한다.

最近はマスメディアを利用して情報を早く伝える。

動 전달하다 伝達する　전달되다 伝達される

関 정보를 전달하다 情報を伝達する　의사를 전달하다 意思を伝達する

접속

名 [접쏙]

□ . .

□ . .

□ . .

接続　漢 接続

가 : 인터넷 **접속**이 잘 안 돼. 왜 그렇지?

나 : 산에서는 잘 안 될 때도 있어.

カ : インターネットの接続がうまくいかない。どうしてだろ?

ナ : 山ではうまくいかないときもある。

–을/를 –에 접속하다

–이/가 –에 접속되다

–이/가 –와/과 접속되다

動 접속하다 接続する　접속되다 接続される

関 인터넷에 접속하다 インターネットに接続する　사이트에 접속하다 サイトに接続する

参 접속자 接続者　접속 속도 接続速度

통신

名

□ . .

□ . .

□ . .

通信　漢 通信

가 : 한국의 유명한 **통신** 회사는 어디예요?
나 : SKT, KT, LG U+예요.

カ：韓国の有名な通信会社はどこですか？
ナ：SKT、KT、LG U+です。

–와/과 통신하다

動 통신하다 通信する

파일

名

□ . .

□ . .

□ . .

ファイル　外 file

가 : 이 자료를 어떻게 줄까?
나 : 이메일로 **파일**을 보내 줘.

カ：この資料をどうやってあげようか？
ナ：Eメールでファイルを送ってちょうだい。

関 파일을 복사하다 ファイルをコピーする　파일을 저장하다 ファイルを保存する　파일을 삭제하다 ファイルを削除する　파일을 날리다 ファイルを失う

프로그램

名

□ . .

□ . .

□ . .

① (コンピューターの) プログラム
② (演劇などの) プログラム、(放送の) 番組

外 program

컴퓨터 **프로그램**에 문제가 있을 때는 컴퓨터를 껐다가 다시 켜십시오.

コンピュータープログラムに問題があるときはコンピューターを再起動してください。

가 : 자주 보는 TV **프로그램**이 있어요?
나 : 저녁에 하는 드라마를 자주 봐요.

カ：よく見るテレビ番組がありますか？
ナ：夕方にやっているドラマをよく見ます。

関 프로그램이 실행되다 プログラムが実行される

参 방송 프로그램 放送プログラム　공연 프로그램 公演プログラム　예능 프로그램 バラエティー番組

Let's Check

解答 ▶ P.522

( )에 알맞은 단어를 쓰십시오.

( )을/를 복사하다, ( )을/를 삭제하다, ( )을/를 저장하다

1 ① 디지털 ② 게시판 ③ 파일 ④ 온라인

다음 중 어울리는 것끼리 연결하십시오.

2 프로그램이 • • ① 나다
3 기사가 • • ② 실행되다
4 사이트에 • • ③ 접속하다

( )에 알맞은 단어를 <보기>에서 찾아 쓰십시오.

보기: 발달 다운로드 검색 프로그램

<인터넷을 이용해서 할 수 있는 일>

• 정보 (㉠)
• 온라인게임
• 음악이나 영화 (㉡)
• 인터넷 쇼핑

5 ㉠ ( ) ㉡ ( )

컴퓨터의 속도가 느려졌을 때는 사용하지 않는 ( )을/를 삭제해 보십시오.

6 ( )

인터넷은 정보를 교환할 수 있도록 전 세계의 컴퓨터가 연결된 통신망으로 인터넷의 ( )은/는 생활을 편리하게 만들었다.

7 ( )

MEMO

13章

芸術／文化

예술/문화

01 | 芸術／宗教 예술/종교

))) TRACK 52

감독

名

監督　漢 監督

가 : **감독**님, 이번 영화는 어떤 영화인가요?
나 : 아이와 어른 모두가 함께 즐길 수 있는 가족 영화입니다.

カ:監督、今回の映画はどんな映画なんですか?
ナ:子どもと大人、皆が一緒に楽しめるファミリー映画です。

-을/를 감독하다

動 감독하다 監督する　参 영화 감독 映画監督　축구 감독 サッカーの監督

건축

名

建築　漢 建築

가 : 나중에 무슨 일을 하고 싶어요?
나 : 멋있는 건물을 짓는 **건축**가가 되고 싶어요.

カ:将来、どんな仕事をしたいですか?
ナ:すてきな建物を建てる建築家になりたいです。

-을/를 건축하다
-이/가 건축되다

動 건축하다 建築する　건축되다 建築される

参 건축가 建築家　건축 회사 建築会社　건축 방식 建築方式

기도

名

祈り　漢 祈禱

가 : 언제 수술하세요?
나 : 주말에 해요.
가 : 수술 잘되기를 **기도**할게요.

カ:いつ手術なさいますか?
ナ:週末にします。
カ:手術がうまくいくよう祈ります。

-에/에게 -을/를 기도하다
-에/에게 -기를 기도하다
-에/에게 -아/어/해 달라고 기도하다

動 기도하다 祈る

나타내다

動

表す

가 : 그 소설은 남자들이 많이 본다고 해요.
나 : 저도 봤는데 남자의 심리를 잘 **나타내**서 그런 것 같아요.

カ：その小説は男性がよく読むそうです。
ナ：私も読みましたが、男性の心理をよく表しているためだと思います。

–을/를 –에 나타내다
–을/를 –(으)로 나타내다

동화

名

童話　漢 童話

가 : 조카 생일인데 뭘 선물할까?
나 : **동화**책을 사 주는 게 어때?

カ：おいの誕生日だけど、何をプレゼントしようか？
ナ：童話の本を買ってあげるのはどう？

参 동화책 童話の本　동화 작가 童話作家

무대

名

舞台　漢 舞台

가 : 연극을 왜 좋아해요?
나 : **무대**와 가까운 곳에서 배우를 직접 볼 수 있으니까요.

カ：どうして演劇が好きなのですか？
ナ：舞台に近い所から俳優を生で見ることができるからです。

関 무대에 서다 舞台に立つ　무대에 오르다 舞台に上がる　무대로 나오다 舞台に出る　参 야외 무대 野外ステージ

무용

名

舞踊　漢 舞踊

가 : 어떻게 **무용**을 전공하게 되었어요?
나 : 어렸을 때부터 춤추는 것을 좋아했거든요.

カ：どうして舞踊を専攻するようになったのですか？
ナ：小さいころから踊ることが好きだったんです。

動 무용하다 踊る　参 전통 무용 伝統舞踊　현대 무용 現代舞踊

불교

名

□ . .
□ . .
□ . .

仏教 漢 仏教

한국에 **불교**가 처음 들어온 것은 4세기 때이다.

韓国に仏教が初めて入ってきたのは4世紀のときだ。

参 기독교 キリスト教 천주교 カトリック 이슬람교 イスラム教 힌두교 ヒンズー教 종교 宗教 ▶ P.461

시인

名

□ . .
□ . .
□ . .

詩人 漢 詩人

가 : 한국인들이 가장 좋아하는 **시인**이 누구예요?
나 : '서시'를 쓴 윤동주 예요.

カ：韓国人が最も好きな詩人は誰ですか？
ナ：「序詩」を書いたユン・ドンジュです。

参 작가 作家、ライター ▶ P.461 소설가 小説家 수필가 随筆家

예술

名

□ . .
□ . .
□ . .

芸術 漢 芸術

나는 **예술**에 관심이 많아서 미술관과 음악회에 자주 간다.

私は芸術に関心が高く、美術館と音楽会によく行く。

参 예술적 芸術的 예술 작품 芸術作品

✓ 人が生きる期間は短く、人が残した芸術作品は長く残ると言うとき、인생은 짧고 예술은 길다（人生は短く芸術は長い）と言います。

인물

名

□ . .
□ . .
□ . .

人物 漢 人物

배우는 영화를 찍기 전에 영화 속 **인물**을 이해하려고 노력한다.

俳優は映画を撮る前に映画の中の人物を理解しようと努力する。

参 등장인물 登場人物 인물 사진 人物写真

작가

名 [작까]

作家、ライター　漢 作家

가 : 이 **작가**가 쓴 드라마는 다 재미있지 않아요?
나 : 그런 것 같아요. 몇 편 봤는데 다 재미있더라고요.

カ：この作家が書いたドラマは全部面白くないですか？
ナ：そう思います。幾つか見たんですが、全部面白かったです。

参 사진 작가 写真作家　드라마 작가 ドラマ作家　시인 詩人 ▸ P.460

작품

名

作品　漢 作品

가 : 이번 전시회에 가면 피카소의 **작품**을 볼 수 있다고 해.
나 : 그래? 나도 꼭 가 보고 싶다!

カ：今度の展示会に行くと、ピカソの作品を見られるそうだ。
ナ：そうなの？ 私も絶対行きたい！

関 작품을 발표하다 作品を発表する

参 작품 활동 作品活動　미술 작품 美術作品　문학 작품 文学作品

종교

名

宗教　漢 宗教

가 : **종교**가 어떻게 되세요?
나 : 저는 **종교**가 없어요.

カ：宗教は何ですか？
ナ：私は無宗教です。

参 불교 仏教 ▸ P.460　기독교 キリスト教　천주교 カトリック　이슬람교 イスラム教　힌두교 ヒンズー教

✔ 宗教がないとき、무교(無宗教)とも言います。

주인공

名

主人公　漢 主人公

가 : 그 뮤지컬 어땠어?
나 : 남녀 **주인공**이 모두 노래를 잘해서 좋았어.

カ：そのミュージカル、どうだった？
ナ：男女の主人公がみんな歌がうまくて良かった。

関 주인공을 맡다 主人公を引き受ける

参 남자 주인공 男性主人公　여주인공 女性主人公

02 | 大衆文化／マスメディア 대중문화/대중매체 TRACK 53

개그

名

ギャグ　外 gag

가 : 난 **개그** 프로그램을 봐도 하나도 재미가 없어.
나 : 그건 유행어를 모르기 때문이야.

カ：僕はお笑い番組を見ても全然面白くない。
ナ：それは流行語を知らないからよ。

類 코미디 コメディー　参 개그맨 お笑い芸人　개그 프로그램 お笑い番組

관객

名

観客　漢 観客

영화를 볼 때 앞 사람의 의자를 발로 차거나 떠들면 다른 **관객**에게 불편을 줄 수 있습니다.

映画を見るとき、前の人の椅子を足で蹴ったり騒いだりすると、他の観客に迷惑を掛け得ます。

끌다

動

引く、(関心などを)引く

기자 : 이 노래가 이렇게 유명해질 줄 아셨어요?
가수 : 아니요, 이 노래가 이렇게 인기를 많이 **끌** 줄 몰랐습니다.

記者：この歌がこんなに有名になると思っていましたか？
歌手：いいえ、この歌がこんなにたくさんの人気を集めるとは思いませんでした。

–을/를 끌다

受 끌리다 引かれる ▶ P.134

関 인기를 끌다 人気を集める　관심을 끌다 関心を引く　손님을 끌다 客を引く

녹음

名 [노금]

録音　漢 録音

가 : 다음 앨범은 언제 나와요?
나 : 얼마 전에 녹음을 끝냈으니까 곧 나올 거예요.

カ：次のアルバムはいつ出ますか？
ナ：少し前にレコーディングを終えたので、じきに出ると思います。

–을/를 녹음하다
–이/가 녹음되다

動 녹음하다 録音する　녹음되다 録音される

参 녹음실 録音室　녹음 기능 録音機能　녹화 録画

독자

名 [독짜]

読者　漢 読者

인기가 많은 소설가들은 **독자**가 무엇을 좋아하는지 잘 알고 있다.

人気の高い小説家は読者が何を好むか、よく分かっている。

参 독자층 読者層　애독자 愛読者

매체

名

メディア、媒体　漢 媒体

대중 **매체**에는 신문, 텔레비전, 라디오, 잡지 등이 있다.

マスメディアには新聞、テレビ、ラジオ、雑誌などがある。

参 대중 매체 マスメディア　방송 매체 放送メディア

쇼

名 [쑈]

ショー　外 show

가 : 이번 여름에는 무슨 색이 유행할까요?
나 : TV에서 패션**쇼**를 봤는데 하얀색이 유행할 것 같아요.

カ：今度の夏は何色がはやるでしょうか？
ナ：テレビでファッションショーを見ましたが、白がはやりそうです。

関 쇼가 열리다 ショーが開かれる　쇼를 보다 ショーを見る　쇼를 관람하다 ショーを観覧する　参 패션쇼 ファッションショー　돌고래쇼 イルカショー

수상

名

受賞　漢 受賞

올해 최고의 가수상을 **수상**하시게 된 것을 진심으로 축하드립니다.

今年の最高の歌手賞を受賞したことを心からお祝いします。

–을/를 수상하다

動 수상하다 受賞する

参 수상자 受賞者　수상작 受賞作　수상 작품 受賞作品　수상 소감 受賞の感想

시청

名

視聴　漢 視聴

가 : 자주 **시청**하시는 프로그램이 있으세요?
나 : 음악 프로그램을 자주 봐요.

カ：よく視聴なさる番組がおありですか？
ナ：音楽番組をよく見ます。

–을/를 시청하다

動 시청하다 視聴する　関 텔레비전을 시청하다 テレビを視聴する

参 시청자 視聴者　시청률 視聴率

아나운서

名

アナウンサー　外 announcer

가 : 졸업 후에 무슨 일을 하고 싶어요?
나 : 뉴스를 진행하는 **아나운서**가 되고 싶습니다.

カ：卒業後にどんな仕事をしたいですか？
ナ：ニュースを進行するアナウンサーになりたいです。

역할

名 [여칼]

□ . .
□ . .
□ . .

① 役割、任務　② 配役　漢 役割

텔레비전이나 신문 등은 사람들에게 새로운 소식을 알려 주는 **역할**을 한다.

テレビや新聞などは人に新しいニュースを伝える役割をする。

가 : 이번 드라마에서 무슨 **역할**을 맡으셨어요?
나 : 사랑하는 여자를 끝까지 지켜 주는 **역할**을 맡았습니다.

カ：今回のドラマでどんな役をお引き受けになりましたか？
ナ：愛する女性を最後まで守ってあげる役を引き受けました。

関 역할을 다하다 役割を尽くす　역할을 맡다 役割を引き受ける

✔ 역할は〈名詞〉+역할(～の役割)や-(으)ㄴ/는 역할을 하다(～な／する役割をする)の形でよく使います。

연기 03

名

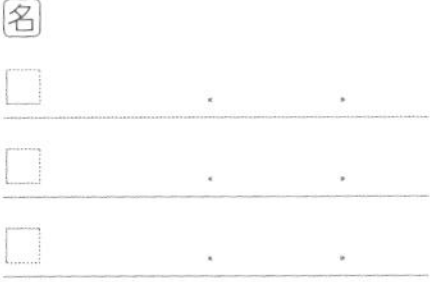

演技　漢 演技

가 : 그 드라마는 왜 인기가 많아요?
나 : 배우들이 모두 **연기**를 잘해서 그런 것 같아요.

カ：そのドラマはどうして人気がありますか？
ナ：俳優たちが皆演技が上手だからだと思います。

-을/를 연기하다

動 연기하다 演技する　参 연기자 演技者

연예인

名 [여녜인]

□ . .
□ . .
□ . .

芸能人　漢 演芸人

가 : 좋아하는 **연예인**이 있어요?
나 : 글쎄요, 저는 **연예인**한테 별로 관심이 없어요.

カ：好きな芸能人はいますか？
ナ：そうですね、私は芸能人にあまり関心がありません。

13章 芸術／文化

영상 02

名

映像　漢 映像

가 : 오늘 수업 시간에 본 한복을 소개하는 DVD 어땠어요?
나 : 책으로 볼 때보다 **영상**으로 보니까 더 이해가 잘 됐어요.

カ：今日、授業時間に見た韓服を紹介するDVDはどうでしたか？
ナ：本で見るときより、映像で見たのでより理解できました。

参 동영상 動画　영상물 映像物　영상 자료 映像資料　영상 매체 映像メディア

인쇄

名

印刷　漢 印刷

가 : 서점에는 어제 가지 않았어요? 오늘 또 가요?
나 : 어제 산 책인데 **인쇄**가 잘못돼서 바꾸러 가요.

カ：本屋には昨日行きませんでしたか？ 今日また行くんですか？
ナ：昨日買った本ですが、印刷にミスがあったので換えに行きます。

–을/를 인쇄하다
–이/가 인쇄되다

動 인쇄하다 印刷する　인쇄되다 印刷される

제작

名

製作、制作　漢 製作

이 영화는 한국, 중국, 일본이 공동 **제작**한 것으로 다음 달에 개봉됩니다.

この映画は韓国、中国、日本が共同製作したもので、来月公開されます。

–을/를 제작하다
–을/를 –(으)로 제작하다
–이/가 –(으)로 제작되다

動 제작하다 製作する　제작되다 製作される

参 영화 제작 映画製作　드라마 제작 ドラマ制作　음반 제작 CDの制作

채널

名

チャンネル　外 channel

가 : **채널**을 자꾸 돌리지 마!
나 : 재미있는 프로그램이 없잖아.

カ：しきりにチャンネルを回すな！
ナ：面白い番組がないじゃない。

関 채널을 돌리다 チャンネルを回す

촬영

名 [좌령]

撮影　漢 撮影

가 : 어제 길에서 드라마를 **촬영**하고 있는 연예인을 봤어요.
나 : 진짜요? 직접 보니까 어땠어요?

カ：昨日道でドラマを撮影している芸能人を見ました。
ナ：本当ですか？ じかに見てどうでしたか？

–을/를 촬영하다
–이/가 촬영되다

動 촬영하다 撮影する　촬영되다 撮影される

関 영화를 촬영하다 映画を撮影する　드라마를 촬영하다 ドラマを撮影する

参 촬영 현장 撮影現場

출연

名 [추련]

出演　漢 出演

가 : 그 뮤지컬 표가 벌써 매진됐어.
나 : 인기 가수가 **출연**하는 뮤지컬은 금방 표가 없어지니까 빨리 예매해야 돼.

カ：そのミュージカルのチケットがもう売り切れになった。
ナ：人気歌手が出演するミュージカルはすぐにチケットがなくなるから、早く予約しなくちゃ。

–에 출연하다

動 출연하다 出演する

関 영화에 출연하다 映画に出演する　드라마에 출연하다 ドラマに出演する

参 출연자 出演者　출연료 出演料

출판

名

□ . .

□ . .

□ . .

出版　漢 出版

가 : 이번에 **출판**하신 책은 어떤 책인가요?

나 : 한국의 전통 집인 '한옥'을 소개하는 책입니다.

カ：今回出版なさった本はどんな本なのでしょうか？
ナ：韓国の伝統のある家である「韓屋」を紹介している本です。

–을/를 출판하다
–이/가 출판되다

動 출판하다 出版する　출판되다 出版される　参 출판사 出版社

팬

名

□ . .

□ . .

□ . .

ファン　外 fan

가 : 이 가수를 언제부터 좋아했어요?

나 : 저는 중학교 때부터 **팬**이었어요.

カ：この歌手をいつから好きでしたか？
ナ：私は中学校のときからファンでした。

参 팬클럽 ファンクラブ　팬 사인회 ファンサイン会

포스터

名

□ . .

□ . .

□ . .

ポスター　外 poster

가 : 이 **포스터** 어디에서 샀어?

나 : 콘서트에 갔을 때 사 왔어.

カ：このポスター、どこで買ったの？
ナ：コンサートに行ったとき買ってきた。

関 포스터를 붙이다 ポスターを貼る　포스터를 떼다 ポスターをはがす
参 영화 포스터 映画のポスター　연예인 포스터 芸能人のポスター

표지

名

□ . .

□ . .

□ . .

表紙　漢 表紙

이 잡지 **표지** 모델이 누구예요?

この雑誌の表紙のモデルは誰ですか？

参 표지 모델 表紙モデル　책 표지 本の表紙

해설

名

□ . .
□ . .
□ . .

解説　漢 解説

가 : 저 사람 **해설**을 진짜 잘한다.
나 : 그러게. 선수 생활을 오래 해서 그런 것 같아.

カ：あの人、解説が本当に上手だ。
ナ：そうだね。選手生活を長くしたからだと思う。

–을/를 해설하다
–이/가 해설되다

動 해설하다 解説する　해설되다 解説される

参 해설자 解説者　뉴스 해설 ニュース解説　정답 해설 正解の解説

현장

名

□ . .
□ . .
□ . .

現場　漢 現場

요즘 부산에서는 국제영화제가 열리고 있습니다. **현장**에 있는 김 기자를 불러 보겠습니다.

最近、釜山では国際映画祭が開かれています。現場にいるキム記者を呼んでみます。

参 사건 현장 事件現場　사고 현장 事故現場

화면

名

□ . .
□ . .
□ . .

画面　漢 画面

가 : **화면**이 큰 텔레비전으로 보니까 농구가 더 재미있다.
나 : 그렇지? 농구장에서 보는 것 같지?

カ：画面が大きいテレビで見たら、バスケットボールがさらに面白い。
ナ：そうでしょ？　バスケットボールの会場で見てるようでしょ？

関 화면이 크다/작다 画面が大きい／小さい　参 TV 화면 テレビ画面

03 | 韓国文化／礼節 한국 문화/예절

))) TRACK 54

고전

名

□ . .
□ . .
□ . .

古典、クラシック 漢 古典

가 : **고전** 음악은 어려워서 잘 안 듣게 돼요.
나 : 찾아보면 **고전** 음악 중에도 듣기 쉬운 음악이 많아요.

カ：クラシック音楽は難しくてあまり聴かなくなります。
ナ：探せばクラシック音楽の中にも聴きやすい音楽がたくさんありますよ。

関 고전을 읽다 古典を読む

参 고전적 古典的　고전 음악 クラシック音楽　고전 무용 古典舞踊

국악

名 [구각]

□ . .
□ . .
□ . .

国楽 漢 国楽

이번 주말에 외국인을 위한 **국악** 공연이 있는데 같이 갈래?

今週末に外国人のための国楽（韓国の伝統音楽）公演があるけど、一緒に行く?

参 국악 공연 国楽公演

기념

名

□ . .
□ . .
□ . .

記念 漢 記念

한국에서는 매년 한글날을 **기념**해서 '외국인 글쓰기 대회'를 연다.

韓国では毎年ハングルの日を記念して「外国人作文大会」を開いている。

−을/를 기념하다

動 기념하다 記念する

参 기념일 記念日　기념품 記念品　기념 사진 記念写真　결혼 기념 結婚記念

✓ 기념は普通、～을/를 기념해서（～を記念して）の形でよく使います。

대표

名

代表　漢 代表

가 : 한국의 **대표**적인 음식이 뭐예요?
나 : 비빔밥과 불고기예요.

カ：韓国の代表的な食べ物は何ですか？
ナ：ビビンバとプルコギです。

–을/를 대표하다

動 대표하다 代表する　参 대표적 代表的　국가 대표 国家代表

동양

名

東洋　漢 東洋

가 : 저 배우의 외모는 **동양**인 같지 않아요?
나 : 아버지가 한국 사람이래요.

カ：あの俳優の外見は東洋人っぽくないですか？
ナ：お父さんが韓国人だそうです。

対 서양 西洋　参 동양적 東洋的　동서양 東洋と西洋

명절

名

節句、祝祭日　漢 名節

가 : 이번 **명절**에 고향에 가지요?
나 : 네, 추석에 못 가서 이번 설날에는 꼭 가려고 해요.

カ：今度の節句に故郷に行きますよね？
ナ：はい、秋夕に行けなかったので今度の旧正月には必ず行こうと思います。

関 명절을 맞다 節句を迎える　명절을 쇠다 節句を祝う　민족의 명절 民族の節句

민속

名

民俗　漢 民俗

가 : 한국의 **민속** 놀이를 해 본 적이 있어요?
나 : 네, 지난 설날에 윷놀이를 해 봤어요.

カ：韓国の民俗遊びをしたことがありますか？
ナ：はい、前回の旧正月にユンノリ（韓国のすごろく）をしました。

参 민속적 民俗的　민속 놀이 民俗の遊び

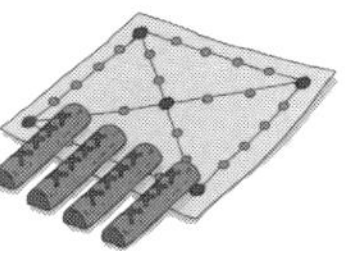

뵈다

動

お目にかかる

가 : 이번 연휴에 뭐 할 거예요?
나 : 부모님을 **뵈**러 고향에 다녀오려고 해요.

カ : 今度の連休に何をするつもりですか?
ナ : 両親に会いに故郷に行ってこようと思います。

類 뵙다 お目にかかる　ぞ 보다/만나다 見る／会う

성

名

名字、姓　漢 姓

한국에는 김 씨, 이 씨, 박 씨와 같은 **성**이 많다.

韓国にはキム氏、イ氏、パク氏のような名字が多い。

韓国では姓を前に書いて名前を後に書きます。そして、女性は結婚をしても姓を変えません。

성묘

名

墓参り　漢 省墓

우리 가족은 명절 때마다 **성묘**하러 간다.

うちの家族は節句のたびに墓参りしに行く。

動 성묘하다 墓参りする　関 성묘를 가다 墓参りに行く

송편

名

ソンピョン　漢 松 -

가 : 한국에서는 추석에 뭘 먹어요?
나 : **송편**을 먹어요.

カ : 韓国では秋夕に何を食べますか?
ナ : ソンピョン (松葉を敷いたせいろの中で蒸した餅) を食べます。

関 송편을 만들다 ソンピョンを作る　송편을 빚다 ソンピョンをこしらえる

예절

名

行儀作法、礼節　漢 礼節

나라마다 지켜야 하는 **예절**이 다릅니다.

国ごとに守らなければならない礼節が違います。

関 예절을 지키다 礼節を守る

参 전통 예절 伝統的な礼節　식사 예절 食事のマナー

웃어른

名 [우더른]

目上の方

한국에서는 **웃어른**께 물건을 드릴 때 두 손으로 드려야 한다.

韓国では目上の人に物を渡すとき、両手で渡さなければならない。

関 웃어른을 공경하다 目上の方を尊ぶ

제사

名

法事、祭祀（さいし） 漢 祭祀

제사를 지내기 위해 가족들이 모여 음식을 준비했다.

法事を執り行うために家族が集まって食事を準備した。

関 제사를 지내다 法事を執り行う

조상

名

先祖 漢 祖上

박물관에 가면 **조상**들의 지혜가 담긴 물건들을 많이 볼 수 있다.

博物館に行けば先祖の知恵が詰まった品物をたくさん見ることができる。

존댓말

名 [존댄말]

尊敬語 漢 尊待 -

가 : 선생님, 어디 가? 밥 먹었어?

나 : 앤디 씨, 어른에게는 반말을 쓰면 안 돼요. **존댓말**을 써야 해요.

カ：先生、どこに行くの？ ご飯食べた？

ナ：アンディーさん、大人にはため口を使ってはいけませんよ。敬語を使わなければいけません。

類 높임말 敬語 関 존댓말을 쓰다 敬語を使う 존댓말을 하다 敬語を話す

参 반말 パンマル（ぞんざいな言葉遣い）

탑

名

塔　漢 塔

가 : 10원짜리 동전에 그려져 있는 게 뭐예요?
나 : 경주에 있는 석가**탑**이에요.

カ：10ウォン硬貨に描かれているのは何ですか?
ナ：慶州にある釈迦塔です。

関 탑을 쌓다 塔を立てる

태극기

名 [태극끼]

太極旗　漢 太極旗

태극기는 대한민국의 국기이다.

太極旗は韓国の国旗だ。

関 태극기를 달다 太極旗を掲げる

한글

名

ハングル

가 : **한글**은 누가 만들었어요?
나 : 세종대왕과 학자들이 만들었어요.

カ：ハングルは誰が作りましたか?
ナ：世宗大王と学者たちが作りました。

参 한글날 ハングルの日

한글날は10月９日で、ハングルを作ったことを記念した日です。

한옥

名 [하녹]

韓屋　漢 韓屋

가 : **한옥**의 좋은 점이 뭐예요?
나 : **한옥**의 좋은 점은 여름에는 시원하고 겨울에는 따뜻하다는 거예요.

カ：韓屋（韓国の伝統家屋）のいい点は何ですか?
ナ：韓屋のいい点は、夏は涼しくて冬は温かいということです。

Let's Check

解答 ▶ P.523

다음 그림에 알맞은 명사를 <보기>에서 찾아 쓰십시오.

보기

감독　　개그맨　　건축가

1 (　　　　)　2 (　　　　)　3 (　　　　)

관계 있는 것끼리 연결하십시오.

4 예절을 •　　• ① 끌다

5 관심을 •　　• ② 내다

6 소문을 •　　• ③ 지키다

다음 단어 중 가장 관련 없는 단어를 고르십시오.

7 ① 한글　② 한옥　③ 종교　④ 태극기

(　　)에 알맞은 단어를 <보기>에서 찾아서 바꿔 쓰십시오.

보기

기념하다　　출연하다　　수상하다

결혼 1주년을 (　　　)-기 위해서 아내에게 장미꽃 100송이를 선물하려고 합니다.

8 (　　　　　　)

올해 KBS 드라마 연기 대상은 김○○ 씨가 (㉠)-(으)시게 됐습니다. 김○○ 씨는 올해 네 편의 작품에 주인공으로 (㉡)-어/어/해 시청자로부터 많은 사랑을 받았습니다.

9 ㉠ (　　　　)　㉡ (　　　　)

MEMO

14章

その他

기타

01 時間表現 시간 표현

))) TRACK 55

곧바로

副 [곧빠로]

□ . .
□ . .
□ . .

すぐに

가 : 공연이 7시인데 늦지 않게 올 수 있어?
나 : 회의가 끝나자마자 **곧바로** 갈게.

カ：公演は7時だけど、遅れずに来られる?
ナ：会議が終わったらすぐに行くわ。

그때

名

□ . .
□ . .
□ . .

そのとき

가 : 내가 어제 전화했는데 왜 안 받았어?
나 : **그때** 샤워하고 있었어.

カ：僕が昨日電話したけど、どうして出なかったの?
ナ：その時、シャワーしてた。

나날이

副 [나나리]

□ . .
□ . .
□ . .

日増しに

가 : 아버님은 퇴원 후에 몸이 좀 어떠세요?
나 : **나날이** 건강해지고 계세요.

カ：お父さまは退院後、お体はいかがですか?
ナ：日増しに元気になってきています。

類 날로 日増しに

✔ 나날이は〈形容詞〉+ -아/어/해지다(〜くなる)を使ったり、늘다(増える)、줄다(減る)、증가하다(増加する)、발전하다(発展する)のように変化を表す動詞とよく使ったりします。

날

名

日

가 : 한국의 어버이**날**은 며칠이에요?

나 : 5월 8일이에요.

カ：韓国の両親の日は何日ですか？

ナ：5月8日です。

✎ 韓国の어버이날(両親の日)は아버지의 날(父の日)と어머니의 날(母の日)を一緒に記念する日です。

내내

副

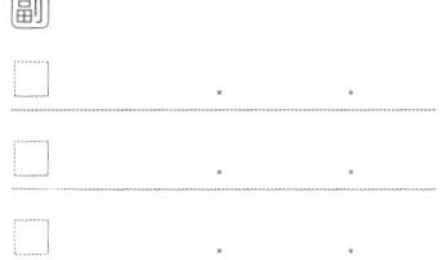

始終、間中

가 : 이 카드를 만드시면 1년 **내내** 물건을 사실 때 5% 할인을 받으실 수 있습니다.

나 : 그래요? 그럼 하나 만들어 주세요.

カ：このカードをお作りになれば、1年中品物をお買いになるとき、5%の割引をお受けになれます。

ナ：本当ですか？　それでは、一つ作ってください。

類 1년 내내 一年中　여름 내내 夏の間中　오후 내내 午後の間中

넘다

動 [넘따]

① (一定の時間／時期／範囲などを) 過ぎる

② (高い部分を) 乗り越える

가 : 한국에 온 지 얼마나 됐어요?

나 : 한국에 온 지 6개월이 좀 **넘**었어요.

カ：韓国に来てどれくらいになりますか？

ナ：韓国に来て6カ月過ぎました。

가 : 도둑이 어떻게 들어왔을까요?

나 : 창문을 **넘**어 들어온 것 같아요.

カ：泥棒はどのように入ったでしょうか？

ナ：窓を乗り越えて入ったようです。

–이/가 –을/를 넘다

늘

副

□ . .

□ . .

□ . .

いつも

명동은 **늘** 관광객들로 가득하다.

明洞はいつも観光客でいっぱいだ。

類 항상 いつも　언제나 いつも

다가오다

動

□ . .

□ . .

□ . .

① (ある時点・時期が) 近くなる

② (ある対象の存在する場所に) 近寄る

가 : 도서관에 자리가 별로 없네요!

나 : 시험이 **다가오**니까 그런 것 같아요.

カ : 図書館に席があまりありませんね！

ナ : 試験が近づいてきているからだと思います。

모르는 사람이 갑자기 **다가와**서 말을 걸어서 당황했다.

知らない人が突然近寄ってきて話し掛けてきて慌てた。

対 ② 다가가다 近寄っていく ▶ P.121

関 시험이 다가오다 試験が近くなる　생일이 다가오다 誕生日が近くなる

단기

名

□ . .

□ . .

□ . .

短期　漢 短期

가 : 한 달 동안 한국어를 배우고 싶은데 한국어 **단기** 프로그램이 있나요?

나 : 네, 3주 동안 배우실 수 있는 프로그램이 있습니다.

カ : 1カ月間、韓国語を学びたいのですが、韓国語短期プログラムはありますか？

ナ : はい、3週間学べるプログラムがあります。

類 단기간 短期間　対 장기 長期　参 단기적 短期的

당분간

副 名

□ . .

□ . .

□ . .

当分の間　漢 当分間

가 : 장마가 언제 끝날까요?

나 : 일기 예보를 보니까 **당분간** 계속될 거래요.

カ : 梅雨はいつ終わるでしょうか？

ナ : 天気予報を見たら、当分の間続くそうです。

당시

名

□ . .
□ . .
□ . .

当時　漢 当時

가 : 사고 **당시** 어디에 앉아 계셨습니까?
나 : 운전자 옆에 앉아 있었습니다.

カ：事故当時、どこに座っていましたか？
ナ：運転手の隣に座っていました。

당일

名

□ . .
□ . .
□ . .

当日　漢 当日

이번 그림 대회는 **당일** 아침에도 참가 신청이 가능합니다.

今回の絵画大会は当日朝も参加申請が可能です。

도중

名

□ . .
□ . .
□ . .

途中　漢 途中

가 : 갑자기 급한 일이 생겨서 그 일을 끝까지 같이 못 할 것 같아.
나 : **도중**에 안 한다고 하면 어떡해?

カ：突然急用ができて、その仕事を最後まで一緒にできなそうだ。
ナ：途中でやらないなんて言っては駄目でしょう。

동시

名

□ . .
□ . .
□ . .

同時　漢 同時

가 : 두 사람이 처음 만난 곳은 어디예요? **동시**에 대답하세요.
하나, 둘, 셋!
나, 다 : 공항!

カ：二人が初めて会った場所はどこですか？ 同時にお答えください。一、二、三！
ナ、タ：空港！

参 동시적 同時の

막 02

副

たった今

가 : 야, 너 어디야?
나 : 이제 **막** 1층에 도착했어. 얼른 올라갈게.

カ：おい、おまえどこだ？
ナ：たった今1階に到着したわ。すぐに上がるよ。

막は〈動詞〉+ -았/었/했어요（～しました）や〈動詞〉+ -(으)려던 참이었어요（～しようとしたところでした）、〈動詞〉+ -(으)려고 했었어요（～しようとしていました）と一緒によく使います。

밤낮

副 名 [밤낟]

昼も夜も

여름에는 **밤낮**으로 더워서 밤에도 잠을 잘 수가 없다.

夏は昼も夜も暑くて、夜も寝られない。

밤낮は밤낮으로（昼も夜も）の形でよく使います。

사흘

名

三日

가 : 이가 너무 아파서 **사흘** 동안 아무것도 못 먹었어요.
나 : 그래서 살이 많이 빠졌구나!

カ：歯がとても痛くて三日間何も食べられませんでした。
ナ：だからすごい痩せたんだね！

参 하루 - 이틀 - 사흘 - 나흘 1日 - 2日 - 3日 - 4日

새벽

名

早朝、明け方

가 : 저, 아르바이트하고 싶어서 왔는데요.
나 : 아르바이트 시간 확인하셨나요? 밤 10시부터 **새벽** 6시까지 일해야 하는데 가능해요?

カ：あの、アルバイトしたくて来たんですが。
ナ：アルバイトの時間を確認なさいましたか？ 夜10時から明け方6時まで働かなければいけませんが、可能ですか？

参 새벽 - 아침 - 점심 - 저녁 - 밤 明け方 - 朝 - 昼 - 夕方 - 夜

순간

名

瞬間　漢 瞬間

가 : 언제부터 나를 좋아했어?
나 : 너를 처음 본 **순간**부터…….

カ：いつから僕のことが好き？
ナ：あなたを初めて見た瞬間から……。

参 순간적 瞬間的

✔ 순간は〈動詞〉＋ - 던/(으)ㄴ/는 순간(～した／する瞬間)の形でよく使います。

시기

名

時期　漢 時期

제가 가장 힘든 **시기**에 가족과 친구들이 함께해 줘서 큰 힘이 되었습니다.

私が最も大変な時期に、家族と友達が一緒にいてくれて、大きな力になりました。

参 시기적 時期的

시대

名

時代(歴史)　漢 時代

가 : 세종대왕은 어느 **시대**의 왕이에요?
나 : 조선**시대**의 왕이에요.

カ：世宗大王はどの時代の王ですか？
ナ：朝鮮王朝時代(1392～1910)の王です。

関 시대를 앞서가다 時代の先を行く　시대를 뛰어넘다 時代を超える　시대에 뒤떨어지다 時代に遅れる

参 시대적 時代的　삼국시대 - 고려시대 - 조선시대 三国時代 - 高麗時代 - 朝鮮王朝時代

시절

名

時期、人生の一時期　漢 時節

앨범을 보면 어린 **시절**을 어떻게 보냈는지 알 수 있어서 좋다.

アルバムを見ると、幼い時期をどのように過ごしたか知ることができていい。

類 때 とき　関 어린 시절 幼い時期　어려운 시절 難しい時期

参 청년 시절 青年時代　대학생 시절 大学生時代

✔ 시절はユ 시절(その時期)や〈形容詞〉＋ - (으)ㄴ 시절(～な時期)、〈動詞〉＋ - -던 시절(～だった時期)、〈名詞〉＋시절(～の時期)の形でよく使います。

어느새

副

□ . .
□ . .
□ . .

いつの間にか

가 : 이제 날씨가 쌀쌀해졌어요.
나 : 그러게요. **어느새** 벌써 가을이네요!

カ：もう肌寒くなりました。
ナ：そうですね。いつの間にか、もう秋ですね！

언제든지

副

□ . .
□ . .
□ . .

いつでも

도움이 필요하시면 **언제든지** 연락하세요.

助けが必要ならいつでも連絡してください。

類 항상 いつも　언제나 いつも

언젠가

副

□ . .
□ . .
□ . .

いつか

가 : 졸업해서 고향에 돌아가면 우리 다시 볼 수 있을까?
나 : 그럼. **언젠가**는 다시 볼 수 있을 거야.

カ：卒業して故郷に帰ったら、僕たちまた会えるかな？
ナ：もちろん。いつかはまた会えるでしょう。

엊그제

副 名 [엊끄제]

□ . .
□ . .
□ . .

数日前

가 : 우리 오랜만에 명동에 쇼핑하러 갈까?
나 : 나는 **엊그제** 갔다왔는데…….

カ：僕たち、久しぶりに明洞に買い物しに行こうか？
ナ：私は数日前に行ってきたのに……。

✔ あることをしてから久しいのに久しくないと感じられるとき、엊그제 같다(数日前のようだ)のように言います。

한국에 온 지가 엊그제 같은데 벌써 1년이 되었어요.
韓国に来たのが数日前のようなのに、もう1年になりました。

연말

名

年末 漢 年末

연말연시에는 모임이 많으니까 식당을 미리 예약하세요.

年末年始には集まりが多いから食堂をあらかじめ予約してください。

対 연초 年始 参 주말-월말-연말 週末-月末-年末 연말연시 年末年始

예전

名

昔、かなり以前

지하철을 타면 **예전**에는 책을 읽는 사람이 많았는데 요즘에는 휴대폰을 보는 사람이 많다.

地下鉄に乗ったら、昔は本を読む人が多かったが、最近は携帯電話を見る人が多い。

類 옛날 昔 関 예전 같지 않다 以前のようではない

옛

冠 [옏]

昔の

가 : 동창회 잘 다녀왔어요?
나 : 네, 오랜만에 **옛** 친구들을 만나서 즐거웠어요.

カ：同窓会は楽しかったですか？
ナ：はい、久しぶりに昔の友達に会って楽しかったです。

関 옛 친구 昔の友達 옛 모습 昔の姿 옛 추억 昔の思い出

오늘날

名 [오늘랄]

今日(こんにち)

오늘날 많은 사람들이 좋아하는 떡볶이는 옛날에는 왕이 먹었던 음식이다.

今日多くの人が好きなトッポッキは、昔は王が食べた食べ物だ。

오랜만

名

久しぶり

왕핑 씨, **오랜만**이에요. 그동안 잘 지냈어요?

ワンピンさん、久しぶりです。この間、元気にしていましたか?

오랫동안

名 [오랟똥안]

長い間、久しく

가 : 리사 씨, 고향에 다녀온 지 얼마나 되었어요?

나 : 1년 됐어요. 바빠서 **오랫동안** 못 갔어요.

カ:リサさん、故郷に(最後に)行ってからどれくらいになりますか?

ナ:1年たちました。忙しくて、長い間行けていません。

우선

副

まず 漢 于先

저희 병원은 처음이시죠? 그럼 **우선** 여기에 이름을 쓰시고 잠깐만 기다려 주세요.

当病院は初めてですよね? それでは、まずこちらに名前をお書きになり、しばらくお待ちください。

이미

副

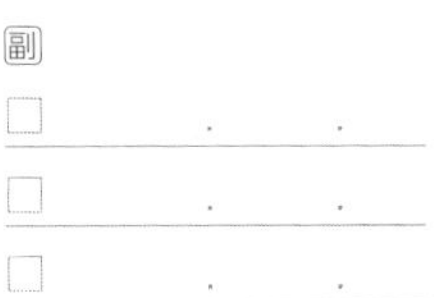

すでに

가 : 보고 싶다고 한 공연 표 샀어?

나 : 아니, **이미** 표가 매진됐어.

カ:見たいと言っていた公演のチケット、買った?

ナ:いや、すでにチケットが売り切れていた。

이전

名

以前 漢 以前

가 : 퇴근 후에 가면 늦을 것 같은데 괜찮을까요?
나 : 6시 **이전**에는 오셔야 진찰을 받을 수 있습니다.

カ：退勤後に行くと遅くなると思うんですが、大丈夫でしょうか?
ナ：6時より前に来てくだされば診察を受けられます。

対 이후 以後 ▸ P.487

이후

名

以後 漢 以後

가 : 의논 드리고 싶은 일이 있는데 언제 시간이 되세요?
나 : 오후 3시 **이후**에 오세요.

カ：相談したいことがあるんですが、いつ時間ありますか?
ナ：午後3時以降に来てください。

対 이전 以前 ▸ P.487

일시

名 [일씨]

日時 漢 日時

저희 결혼식에 오셔서 축하해 주십시오.
일시 : 2014년 7월 30일(토)
장소 : 서울예식장

私たちの結婚式にいらしてお祝いしてください。
日時：2014年7月30日（土）
場所：ソウル結婚式場

일시적

副 名 [일씨적]

一時的 漢 一時的

가 : 선생님, 왜 우리 아들이 그 사고 후에 아무것도 기억 못 하지요?
나 : **일시적**으로 그럴 수 있으니까 좀 기다려 봅시다.

カ：先生、どうしてうちの息子はあの事故後、何も記憶できないのでしょうか?
ナ：一時的にそういうことがあるので、少し待ってみましょう。

재작년

名 [재장년]

おととし　漢 再昨年

가 : 고등학교 언제 졸업했어요?
나 : **재작년**에 졸업했어요.

カ：高校はいつ卒業しましたか?
ナ：おととし卒業しました。

類 지지난해 おととし

参 재작년 - 작년 - 올해 - 내년 - 내후년 おととし - 去年 - 今年 - 来年 - 再来年

전날

名

前日　漢 前 -

가 : 어제 잘 잤어요?
나 : 아니요, 소풍 가기 **전날**은 항상 기대가 돼서 잠을 잘 못 자요.

カ：昨日、よく眠れましたか?
ナ：いいえ、遠足に行く前の日はいつも楽しみでよく眠れません。

対 다음 날 翌日

정기

名

定期　漢 定期

저희 박물관 **정기** 휴일은 매주 월요일입니다.

当博物館の休館日は毎週月曜日です。

参 정기적 定期的　정기 휴일 定休日　정기 모임 定期集会　정기 검사 定期検査　정기 구독 定期購読

종일

副 名

終日　漢 終日

가 : 어제 하루 **종일** 집을 보러 다녔어요.
나 : 마음에 드는 집을 찾았어요?

カ：昨日、一日中家を見に回っていました。
ナ：気に入った家を見つけましたか?

類 온종일 終日　参 하루 종일 一日中

종종

副

しばしば 漢 種種

가 : 이 커피숍에 자주 와?

나 : 손님도 많지 않고 조용해서 **종종** 와.

カ:このカフェ、よく来る?

ナ:客も多くないし静かだからしばしば来るよ。

類 가끔 時々

초 01

依

初め 漢 初

한국은 3월과 9월 **초**에 새 학기가 시작된다.

韓国は3月と9月初めに新学期が始まる。

対 말 末 参 학기 초 学期の初め

초 02

依

秒 漢 秒

1분은 60**초**이다.

1分は60秒だ。

類 1초(일 초)-1분(일 분)-1시간(한 시간) 1秒-1分-1時間

초기

名

初期 漢 初期

감기 **초기**니까 약을 먹고 푹 쉬면 빨리 나을 거예요.

風邪の初期だから薬を飲んでぐっすり休めば早く治るでしょう。

参 초기 단계 初期段階 초기-중기-후기-말기 初期-中期-後期-末期

초반

名

～初め　漢 初盤

가 : 나이가 어떻게 되세요?

나 : 20대 **초반**이에요.

カ：お幾つですか？

ナ：20代初めです。

参 90년대 초반 90年代初め　초반-중반-종반 序盤-中盤-終盤

최근

名

最近　漢 最近

가 : **최근**에 본 영화가 뭐야?

나 : 없어. 바빠서 영화 본 지 오래됐어.

カ：最近どんな映画見た？

ナ：ない。忙しくて久しく映画を見てない。

최신

名

最新　漢 最新

가 : 이 노래 참 좋다! 무슨 노래야?

나 : **최신** 가요인데 요즘 인기 되게 많아.

カ：この歌、すごくいい！　何の歌？

ナ：最新歌謡だけど、最近すごく人気だよ。

参 최신 정보 最新情報　최신 기술 最新技術　최신 유행 最新の流行

최초

名

最初　漢 最初

가 : 한국 **최초**의 대통령은 누구예요?

나 : 이승만 대통령이에요.

カ：韓国の最初の大統領は誰ですか？

ナ：李承晩大統領です。

対 최후 最後　参 세계 최초 世界初

평소

普段 漢 平素

名

가 : 벌써 다 드셨어요? 좀 더 드세요.
나 : 아니에요. 배불러요. **평소**보다 많이 먹었어요.

カ：もう全部召し上がったのですか？ もっとお食べください。
ナ：いいえ。おなかいっぱいです。普段よりたくさん食べました。

類 평상시 普段

한숨 02

ひと寝入り

名

가 : 어제 푹 잤니?
나 : 아니, **한숨**도 못 잤어.

カ：昨日はぐっすり寝たの？
ナ：いや、一睡もできなかった。

関 한숨 자다 ひと眠りする

해마다

毎年

副

가 : 제주도에 자주 가는 것 같아요.
나 : 네, **해마다** 여름이 오면 제주도에 놀러 가요.

カ：済州島によく行っているようですね。
ナ：はい、毎年夏が来ると済州島に遊びに行きます。

参 날마다(매일) - 주마다(매주) - 달마다(매달) - 해마다(매년/매해) 毎日 - 毎週 - 毎月 - 毎年

현대

現代 漢 現代

名

이번 학기에 한국**현대**사 수업을 듣기로 했다.

今学期に韓国現代史の授業を聴くことにした。

参 현대적 現代的 현대인 現代人 현대화 現代化 현대 사회 現代社会
고대 - 중세 - 근대 - 현대 古代 - 中世 - 近代 - 現代

Let's Check

解答 ▶ P.524

( )에 알맞은 단어를 쓰십시오.

1 ( ) – 아침 – 점심 – 저녁 – 밤

2 하루 – 이틀 – ( ) – 나흘

3 ( ) – 작년 – 올해 – 내년 – 내후년

4 ( ) – 중반 – 종반

다음 중에서 관계가 다른 것은 무엇입니까?

5 ① 단기 – 장기 ② 연말 – 연초 ③ 종종 – 가끔 ④ 최초 – 최후

다음 질문에 답하십시오.

6 다음 밑줄 친 단어와 바꿔 쓸 수 있는 말은 무엇입니까?

> 한국에 여행을 오는 관광객이 해마다 증가하고 있다.

① 최신 ② 매년 ③ 어느새 ④ 일시적

7 다음 ( )에 쓸 수 없는 단어를 고르십시오.

> 학교 도서관은 시험 기간에 ( ) 사람들이 많아서 자리가 없어요.

① 늘 ② 항상 ③ 언젠가 ④ 언제나

( )에 알맞은 단어를 <보기>에서 찾아 쓰십시오.

> 보기
> 이미 최근 오랜만에

8 가: 초등학교 동창이면 20년 만에 만난 거지? 동창회는 재미있었어?
나: ( ) 만나서 그런지 되게 어색했어.

9 가: 이번 추석 때 고향에 내려갈 기차표 샀어요?
나: 아니요. 아침 6시에 홈페이지에 들어갔는데도 ( ) 다 매진됐더라고요.

10 가: 여권을 만들려고 하는데요. 무엇을 가지고 가면 돼요?
나: ( ) 6개월 이내에 찍으신 증명사진과 신분증을 가지고 오세요.

02 | 副詞 부사

))) TRACK 56

게다가

副

□ . .

□ . .

□ . .

それに

가 : 신발 새로 샀네. 편해?

나 : 응, 진짜 편해. **게다가** 아주 가벼워.

カ：靴、新しく買ったんだね。楽？

ナ：うん、本当に楽。それに、とても軽い。

類 더구나 しかも、その上 ▶ P.494

결국

副 名

□ . .

□ . .

□ . .

とうとう、結局　漢 結局

가 : 선생님, 저 이번 토픽시험에 합격했습니다.

나 : 열심히 공부하더니 **결국** 합격했군요! 축하해요.

カ：先生、私、今回のTOPIKの試験に合格しました。

ナ：一生懸命勉強していましたが、とうとう合格しましたね！ おめでとうございます。

굳이

副 [구지]

□ . .

□ . .

□ . .

強いて（～なくても）、あえて、無理に

가 : 엄마, 이번 추석에 회사 일 때문에 집에 못 내려갈 것 같아요.

나 : 바쁘면 **굳이** 안 와도 괜찮아.

カ：母さん、今度の秋夕、仕事で家に帰れなさそうです。

ナ：忙しかったら無理に来なくてもいいよ。

그러므로

副

□ . .

□ . .

□ . .

だから、それ故

스트레스가 쌓이면 건강에 좋지 않다. **그러므로** 스트레스가 쌓이기 전에 풀어야 한다.

ストレスがたまると健康に悪い。それ故、ストレスがたまる前に解消しなければならない。

類 그래서 だから　따라서 従って ▶ P.495

✔ 그러므로は普通、文章を書くときに使います。

끝내

副 [끈내]

① 最後まで　② ついに

가 : 잃어버린 강아지 찾았어요?
나 : 강아지를 며칠 동안 찾았는데 **끝내** 못 찾았어요.

カ:いなくなった子犬、見つかりましたか?
ナ:子犬を何日か探しましたが、最後まで見つけられませんでした。

졸업식 날 울지 않으려고 했으나 **끝내** 울고 말았다.

卒業式の日、泣かないようにしたが、ついに泣いてしまった。

類 ② 마침내 ついに

끝내は①の意味のときは－지 않다(～しない)、－지 못하다(～できない)などと一緒に使います。

달리

副

違って、異なって

가 : 준이치 씨, 키가 참 크네요! 형도 키가 커요?
나 : 형은 저와 **달리** 키가 별로 크지 않아요.

カ:ジュンイチさん、背がすごく高いですね! お兄さんも背が高いですか?
ナ:兄は僕と違って背はあまり高くありません。

関 예상과 달리 予想と違って　생각과 달리 思ったのと違って

당장

副 名

直ちに、すぐさま　漢 当場

가 : 아빠, 텔레비전 보고 숙제하면 안 돼요?
나 : 안 돼. **당장** 숙제부터 해.

カ:パパ、テレビ見てから宿題をしては駄目ですか?
ナ:駄目だ。今すぐ宿題からやりなさい。

더구나

副

しかも、その上

친구는 지난달에 직장을 잃었다. **더구나** 아버지까지 돌아가셨다.

友達は先月、職場を失った。その上、父親まで亡くなった。

類 게다가 それに ▶ P.493

따라서

副

従って

여름에는 전기 사용이 많습니다. **따라서** 에어컨 사용을 줄여야 합니다.

夏は電気の使用が多いです。従って、エアコンの使用を減らさなければいけません。

類 그래서 だから　그러므로 だから、それ故 ▶ P.493

딱

副

ちょうど

가 : 와! 날씨 참 좋다.
나 : 맞아. 이런 날씨는 등산하기에 **딱** 좋은 날씨야.

カ：わあ！ すごく天気がいい！
ナ：そうね。こういう天気は登山するのにちょうどいい天気ね。

関 옷이 딱 맞다 服がちょうど合う　그 말이 딱 맞다 その言葉がちょうど合う　입에 딱 맞다 口にぴったり合う

또는

副

または

가 : 제가 옷을 주문했는데요. 어떻게 확인할 수 있나요?
나 : 이메일 **또는** 전화로 확인하시면 됩니다.

カ：私、服を注文したんですが。どのように確認できますか？
ナ：Eメールまたは電話でご確認いただけます。

마주

副

面と向かって

신랑과 신부는 서로 **마주** 보고 인사하십시오.

新郎と新婦は互いに向かい合ってあいさつしてください。

関 마주 보다 向かい合う　마주 서다 面と向かって立つ　마주 앉다 面と向かって座る　마주 향하다 向き合う

마치

副

□ . .

□ . .

□ . .

まるで、あたかも

어디에서 한국어를 배웠어요? 발음이 **마치** 한국 사람 같네요!

どこで韓国語を勉強したんですか？ 発音がまるで韓国人のようですね！

✔ 마치は처럼(～のように)、듯이(～のように)、같다(～のようだ)と一緒に使います。

막상

副 [막쌍]

□ . .

□ . .

□ . .

いざ

가 : 여행 어땠어? 혼자 간다고 걱정했잖아.

나 : **막상** 혼자 여행해 보니까 재미있더라고.

カ：旅行、どうだった？ 独りで行くというから心配したよ。

ナ：いざ独りで旅行してみたら、面白かったのよ。

만약

副 名 [마냑]

□ . .

□ . .

□ . .

もし　漢 万若

가 : **만약**에 내일 죽는다면 오늘 뭘 하고 싶어요?

나 : 글쎄요. 저는 사랑하는 가족들과 시간을 보내고 싶어요.

カ：もし明日死ぬのなら、今日何したいですか？

ナ：そうですね。私は愛する家族と時間を過ごしたいです。

類 만일 万一 ▶ P.496

✔ 만약は－(으)면(～なら)、－다면/(느)ㄴ다면/라면(～だったら／するなら／なら)などと一緒に使わなければいけません。

만일

副 名 [마닐]

□ . .

□ . .

□ . .

万一　漢 万一

만일 다시 과거로 돌아갈 수 있다면 뭘 하고 싶어요?

もし再び過去に戻れるとしたら、何をしたいですか？

類 만약 もし ▶ P.496

✔ 만일は－(으)면(～なら)、－다면/(느)ㄴ다면/라면(～だったら／するなら／なら)などと一緒に使わなければいけません。

및

副 [믿]

おより

자세한 문의 **및** 예약은 홈페이지를 이용해 주십시오.

詳しい問い合わせおよび予約はホームページをご利用ください。

類 그리고 そして

실제로

副 [실쩨로]

実際に　漢 実際 -

가 : 놀이기구 타 보니까 어땠어?

나 : 타기 전에는 무서울 것 같았는데 **실제로** 타 보니까 재미있었어.

カ：乗り物に乗ってみて、どうだった？

ナ：乗る前は怖そうと思ってたけど、実際に乗ってみたら面白かった。

아무래도

副

どうしても、どうも

가 : 갑자기 회의가 생겨서 **아무래도** 약속 시간을 바꿔야 될 것 같아.

나 : 그래? 그럼 어쩔 수 없지, 뭐.

カ：突然会議が入ったので、どうやら約束の時間を変えなければならなそうだ。

ナ：そうか。それじゃ仕方ないね。

아무튼

副

とにかく

가 : 바빠서 이번 방학 때 고향에 갈지 말지 고민 중이야.

나 : 그래? **아무튼** 결정되면 연락 줘.

カ：忙しくて今度の学期休みに故郷に行くかどうか悩み中だ。

ナ：そうか。とにかく決まったら連絡ちょうだい。

類 어쨌든 とにかく　하여튼 とにかく

✔ 아무튼は암튼と縮約して言ったりもします。

오히려

副

かえって、むしろ

결혼식에 늦을까 봐 걱정했는데 **오히려** 10분 일찍 도착했다.

結婚式に遅れるんじゃないかと心配したけど、むしろ10分早く到着した。

우연히

副

偶然に　漢 偶然 -

가 : 모임에 갔는데 **우연히** 캉 씨를 만났어.

나 : 그래? 캉 씨는 잘 지내는 것 같아?

カ：集まりに行ったんだけど、偶然カンさんに会った。

ナ：本当？ カンさんは元気そう？

関 우연히 만나다 偶然会う　우연히 마주치다 偶然遭遇する　우연히 발견하다 偶然発見する

원래

副 名 [월래]

もともと　漢 元来

가 : 이 빵 좀 드세요. 아침을 안 먹었잖아요.

나 : 저는 **원래** 아침을 안 먹으니까 괜찮아요.

カ：このパン、ちょっとお召し上がりください。朝ご飯を食べなかったじゃないですか。

ナ：私はもともと朝ご飯を食べないから大丈夫です。

일단

副 [일딴]

いったん、ひとまず　漢 一旦

가 : 난 떡 별로 안 좋아해. 너 다 먹어.

나 : **일단** 먹어 보고 말해. 얼마나 맛있는데!

カ：僕は餅があまり好きじゃない。君が全部食べて。

ナ：ひとまず食べてみてから言って。すごくおいしいわよ！

잘못

副 名 [잘몯]

間違って

가 : 지하철을 **잘못** 탔어요. 반대로 가고 있잖아요.
나 : 정말요? 다음 역에서 내립시다.

カ：地下鉄を乗り間違えました。反対に行っているじゃないですか。
ナ：本当ですか？ 次の駅で降りましょう。

関 버스를 잘못 타다 バスを乗り間違える　전화를 잘못 걸다 電話をかけ間違える

저절로

副

自然に

가 : 더운데 왜 방문을 닫았어?
나 : 내가 닫은 거 아니야. **저절로** 닫힌 거야.

カ：暑いのに、どうして窓を閉めたの？
ナ：私が閉めたんじゃないわ。自然に閉まったのよ。

제대로

副

まともに、ちゃんと

가 : 경주 구경 잘 했어?
나 : 아니, 시간이 부족해서 **제대로** 구경 못 했어.

カ：慶州の見物はちゃんとできた？
ナ：いや、時間が足りなくてまともに見物できなかった。

한편

副

一方　漢 -便

오늘은 일이 많아서 피곤하고 힘들었지만 **한편** 일이 잘 끝나서 기분이 좋았다.

今日は仕事が多くて疲れて大変だったが、一方、仕事がちゃんと終わって気分が良かった。

Let's Check

解答 ▶ P.524

1 다음 중 관계가 다른 것을 고르십시오.

① 게다가 – 더구나　② 그러므로 – 따라서
③ 만약 – 만일　④ 마치 – 또한

다음 질문에 답하십시오.

가: 그 영화 어땠어요? 다들 굉장히 재미있다고 하던데요.
나: 실제로 보니까 예상과 달리 별로 재미없더라고요. 게다가 옆에 앉은 사람들이 떠들어서 (㉠) 못 봤어요.
가: (㉡) 기대가 크면 실망도 크잖아요. 아무튼 정말 부러워요. 저는 요즘 아이들 키우느라 극장 구경은 생각도 못하고 있거든요.

2 (㉠)에 들어갈 알맞은 것을 고르십시오.

① 달리　② 저절로　③ 굳이　④ 제대로

3 (㉡)에 들어갈 알맞은 것을 고르십시오.

① 원래　② 결국　③ 따라서　④ 일단

다음 질문에 답하십시오.

유정: 이 떡볶이 좀 먹어 보세요.
리사: 저는 떡볶이는 매워서 별로 안 좋아해요.
유정: 그래도 (㉠) 한번 먹어 보세요. 먹어 보면 반할걸요.
리사: 우와! 이건 (㉡) 요리사가 만든 것처럼 맛있네요! 제 입에 딱 맞아요.
유정: 그래요? 만드는 건 그리 어렵지 않아요. 리사 씨도 만들 수 있어요.
리사: 정말이요? 그럼 (㉢) 가르쳐 주세요.

4 (㉠)에 들어갈 알맞은 것을 고르십시오.

① 또는　② 한편　③ 잘못　④ 일단

5 (㉡)에 들어갈 알맞은 것을 고르십시오.

① 만약　② 만일　③ 마치　④ 마주

6 (㉢)에 들어갈 알맞은 것을 고르십시오.

① 당장　② 우연히　③ 실제로　④ 또한

MEMO

Let's Checkの解答

1章 | 人間

01 感情 (P.024)

1. ③　2. ④　3. ②　4. ③

【日本語訳】

この文章を書いた人の気持ちとして適切なものを選びなさい。

今日、出勤中に地下鉄に乗ろうとICカードを探したが、いくら探しても見当たらなかった。昨日使ってかばんに入れておいたが、どこに行ったか分からない。本当に変だ。
1. ① つらい　② 見慣れない　③ どぎまぎする　④ 愛らしい

今日午後、デパートで服を見ていた。見るだけにしたかったが、店員がずっと「この服が今はやっています。」、「この服がよく似合うと思います。」、「セール中なので一つ買ってください。」と言いながらずっと付いて来た。それで服を買わなければいけない気がしてすぐに出た。
2. ① ほれる　② 驚きだ　③ 誇らしい　④ 負担に感じる

㉠と㉡に入る適切なものを選びなさい。

カ：誕生日プレゼントにもらった傘を今日初めて差したけど、地下鉄に置いて降りた。すごく㉠もったいない。
ナ：本当に㉡くやしいだろう！ 地下鉄の落とし物センターに一度電話でもしてみれば。
3. ① ㉠かわいそう㉡ぎこちなさそう　② ㉠もったいない㉡くやしいだろう
③ ㉠もったいない㉡ぎこちなさそう　④ ㉠かわいそう㉡くやしいだろう

誰でも初めて仕事を始めたら「自分がこの仕事を本当にうまくできるだろうか?」という㉠怖い気持ちが生じる。しかし、ミスをしてもあまり悔しがらず、初めてだからそういうこともあると考えれば気持ちが㉡楽になるだろう。
4. ① ㉠残念な㉡興味深い　② ㉠残念な㉡楽になる
③ ㉠怖い㉡楽になる　④ ㉠怖い㉡興味深い

02 認知能力 (P.037)

1. ④　2. ③　3. 틀림없이　4. 기대됐다　5. 예상과　6. 착각이었다　7. 생각나요　8. 비하면 9. 단순해서

【日本語訳】

1. 次のうち、関係が異なるのはどれですか?
① 客観的 — 主観的　② 可能 — 不可能
③ 悲観 — 楽観　④ 区別 — 区分

2. 次のうち、間違っているものを選びなさい。
① 受ける — 認定を受ける、批判を受ける
② 下す — 判断を下す、決定を下す
③ はまる — 価値にはまる、考慮にはまる
④ 揺れる — 決心が揺れる、左右に揺れる

次の下線部に入る適切な単語を選択肢から探し、形を変えて書きなさい。

[選択肢] 予想、期待、錯覚、間違いなく
1カ月前から彼女が料理学校に通うと言った。今月、僕の誕生日があるから、3.間違いなく僕に料理を作ろうと通っているのだと思った。僕の誕生日に彼女の手作りの料理を食べられると思うととても4.楽しみだった。だけど、

5.予想と違い、彼女は僕の誕生日がいつかも知らずにいた。そして、料理学校に通うのではなく、料理学校でアルバイトをしていると言った。つまり、彼女が僕のために料理を作ってくれると思ったのは僕だけの6.錯覚だった。

( ) に適した単語を選択肢から探し、形を変えて書きなさい。

[選択肢] 比べる、思い出す、単純だ、勝っている

7. 故郷に戻ってから、韓国で食べた食べ物をすごく (思い出します) 。

8. ソウルはとても寒いけど、釜山はソウルに (比べて) はるかに暖かい。

9. この携帯電話は機能が (単純なので) お年を召した方が使うのに便利です。

03 コミュニケーション (P.046)

1. ① 2. ② 3. ③ 4. ① 5. 권해 6. 여쭤 7. 조르면 8. 통해

【 日本語訳 】

1. 次の㉠、㉡に入る言葉として適切なものを選びなさい。
   カ：パパ、私、留学したいです。(㉠許可) してください。
   ナ：私は送り出してあげたいが、母さんが反対してるじゃないか。まず母さんを (㉡説得) するようにしなさい。
   ① ㉠許可㉡説得　② ㉠要求㉡主張
   ③ ㉠推薦㉡拒絶　④ ㉠誤解㉡和解

意味が合うものをつなげなさい。

2. 助言　① これは、あることや状況に対する自分の考えだ。
3. 忠告　② これは、他の人の役に立つことを願いながら言う言葉だ。
4. 意見　③ これは、他の人の間違いを見て、そうしてはいけないと言ってあげることだ。

 ( ) に適した単語を選択肢から探し、形を変えて書きなさい。

[選択肢] 通じる、勧める、ねだる、お伺いする

5. カ：先生は学生たちに普通、どのような本を (お勧めし) ますか？
   ナ：私は歴史漫画をたくさん見ろと言います。歴史を嫌がる学生も歴史漫画を見れば歴史に関心を持つんですよ。

6. カ：君、この問題解けた？ 難し過ぎないか？
   ナ：僕も解けなかった。先生に一度 (お伺いして) みようか？

7. カ：ママ、あのロボット買ってください！ 友達もみんな持っています。
   ナ：家にロボットはたくさんあるでしょ。あなた、ずっと (ねだる) なら次からは買い物するとき連れてこないわよ。

8. カ：姉さんと本当に話したくない。本当に話が (通じない) 。
   ナ：それはこっちのセリフよ。あなたは私の話をいつも聞こうともしないじゃない。

04 性格 (P.055)

1. ③ 2. ② 3. ① 4. ③ 5. ④ 6. ① 7. 활발한 8. 엄격하시거든 9. 까다로우니 10. 완벽하지

【 日本語訳 】

意味が合うものをつなげなさい。

1. 率直だ　① しゃべらず、あまり笑いもしない。
2. 純粋だ　② 欲がなく、悪い考えがない。
3. 愛想がない　③ うそをつかず、心にある言葉を全て言う。

4. 次のうち、関係が異なるのはどれですか？
① 長所 — 短所　② 肯定的 — 否定的
③ 外向的 — 社交的　④ 勤勉だ — 怠慢だ

✎ (　　) に入る適切な言葉を選びなさい。

5. (欲) が多い人は、全ての物を欲しがり、譲ろうとしない。
① 魅力　② 固執　③ 意志　④ 欲

6. 職員の皆さん、皆さんがしなければならない仕事を (誠実に) してくださるよう願います。
① 誠実に　② おとなしく　③ 無駄遣いせず　④ 冷静に

✎ (　　) に適した単語を選択肢から探し、形を変えて書きなさい。

[選択肢] 気難しい、完璧だ、厳格だ、活発だ
7. カ：君のお兄さんも君のように外向的で (活発な) 方か？
ナ：いや、うちの兄は内省的で無愛想な方だ。

8. カ：もう少し遊んでから帰っちゃ駄目？ まだ9時にしかなってないじゃないか。
ナ：駄目！ 10時までに家に帰らなくちゃいけない。うちの両親は (厳格) なんだ。

9. カ：母さん、スープはすごくしょっぱくて、このおかずはすごく味が薄いです。
ナ：あなたの味覚はどうしてそんなに (気難しい) の？ そのまま作ってあげた物を食べなさい。

10. カ：あの俳優の演技は (完璧) じゃない？ 本当に素敵！
ナ：そうでしょ？ 経験豊富な俳優なのに、1日に10時間ずつ練習してるそうよ。

05 外見　06 人生 (P.065)

1. ③　2. ①　3. ②　4. ①　5. 늙으셨다는　6. 자라는　7. 고우셨네요　8. 겪었다고　9. 성숙한

【日本語訳】

✎ 意味が反対のものをつなげなさい。

1. 既婚　① 結婚
2. 離婚　② 出会い
3. 別れ　③ 未婚

4. (　　) に入る適切な言葉を選びなさい。
カ：何かあるの？ (表情) が良くないけど！
ナ：いや、ただちょっと元気がなくて。
① 表情　② 外見　③ 印象　④ 個性

✎ (　　) に適した単語を選択肢から探し、形を変えて書きなさい。

[選択肢] 経験する、老いる、美しい、伸びる、成熟する
5. カ：朝、父の白髪を見てとても (老いた) と思った。
ナ：僕も最近よく感じる！ だから両親にもっとよくしなければと思う。

6. カ：髪を切ってからあまりたってないと思うけど、もうすごく伸びましたね！
ナ：そうでしょう？ 私の髪はちょっと速く (伸びる) 方です。

7. カ：おばあさん、写真を見ると若いころもすごく (美しい) ですね！
ナ：そうでしょう？ 私が若いころはとても人気があったのよ……。

8. カ：あの俳優は幼いころ、すごく苦労したらしいね？

ナ：そうらしい。テレビを見たら、成功するまでたくさんの困難を（経験した）って言ってた。

9. カ：ミヨンは考えることも、言うことも大人らしかったですね。
ナ：そうでしょう？ 年齢に比べて（成熟している）と思います。

07 人間関係（P.078）

1. ④　2. ③　3. ①　4. ④　5. ②　6. ㉠자매　㉡남매　㉢형제　7. 스스로　8. 상대방을　9. 사이가　10. 서로　11. 이웃

【日本語訳】

1. 次のうち、対義語同士つなげたのではないものを選びなさい。
① 先輩－後輩　② 男性－女性
③ 父母－子ども　④ あなた－あなた

次を、意味が同じもの同士つなげなさい。

2. 孫　① 夫と妻
3. 夫婦　② 娘の夫
4. いとこ　③ 息子の息子
5. 婿　④ おじの息子、娘

（　）に入る適切な言葉を書きなさい。

6. カ：私と姉は2人とも背が高いです。　→私たち（㉠姉妹）は2人とも背が高いです。
ナ：僕と姉は性格がすごく違います。　→私たち（㉡姉弟）は性格がすごく違います。
タ：僕と兄は運動が好きです。　→私たち（㉢兄弟）は運動が好きです。

（　）に適した単語を選択肢から探し、書きなさい。

[選択肢] 隣、互いに、自ら、相手、仲
7. 子どもが5歳になるや、（自ら）手洗いをし始めた。
8. その女性は初めて会ったのに、（相手）を無視して独りで話した。
9. しゅうとめと嫁の（仲）が良くて、周りの人たちがうらやましがっている。
10. 二人は（互いに）愛して結婚したのに、毎日けんかしている。
11. 都市の人たちは（隣）に誰が住んでいるか、関心がないようだ。

08 態度（P.095）

1. ③　2. 겨우　3. 괜히　4. 반드시　5. ②　6. ④　7. ①　8. 집중해서　9. 정직하게　10. 원합니다

【日本語訳】

1. 次のうち、正しくつなげられたものではないものを選びなさい。
① 願い － 祈る　② 勇気 － 出す　③ 最善 － ささげる　④ 癖 － 直す

下線を引いた部分と替えて使える単語を選択肢から探し、書きなさい。

[選択肢] 必ず、無駄に、ようやく
2. 昨日、おなかが痛くて明け方にようやく寝付いた。
3. 僕はそのことと関係ないから、特別な理由なく僕に怒るな。
4. お金が多いからと必ず幸せなわけではない。

✎（　）に入る適切な単語を選びなさい。

妻：あなた、（㉠まさか）今日が何の日か忘れたんじゃないわよね？ 今日は私たちの結婚記念日じゃない。
夫：ごめん。あまりに忙しくて（㉡うっかり）した！　頼むから許してくれ。
妻：去年も同じことを言ったじゃない。今回は（㉢絶対に）許せない。

5. （　㉠　）に入る適切な単語を選びなさい。
　① もしかしたら　② まさか　③ たぶん　④ いったい

6. （　㉡　）に入る適切な単語を選びなさい。
　① むやみに　② こっそり　③ 無理に　④ うっかり

7. （　㉢　）に入る適切な単語を選びなさい。
　① 絶対に　② わざと　③ 思いがけず　④ どうせ

✎（　）に適した単語を選択肢から探し、形を変えて書きなさい。

[選択肢] 正直だ、願う、集中する
8. 授業時間に他のことを考えないでください。（集中して）勉強してください。
9. 父は、うそをつかず（正直に）生きなさいとおっしゃった。
10. 人は誰でも健康で幸せに生きることを（願います）。

2章 | 行動

01 手／足に関わる動作 (P.111)

1. 뿌리다　2. 감다　3. 밟다　4. ①　5. ②　6. ①

【日本語訳】

✎ 次の絵に適した動詞を選択肢から探し、書きなさい。

[選択肢]（髪を）洗う、撒く、踏む

✎ 次のうち、関係が異なるのはどれですか？

4. ① 触れる — かく　② 結ぶ — ほどく
　③ 引く — 押す　④ 捨てる — 拾う

✎ 次の文章を読んで、問いに答えなさい。

今日は引っ越しのため本当に大変だった。9時までに来ることにしていた引っ越しセンターのおじさんが30分も遅れて来た上に、トラックに引っ越しの荷物を㉠載せる間にたくさんのことがあったからだ。本を入れておいた箱は破け、僕が大事にしていた時計は運んでいる途中に㉡落として割れた。その上、少し休んでいて水を飲んでいる時におじさんとぶつかり、水を㉢こぼしたせいで服がびしょ濡れになってしまった。本当に運のない一日だった。

5. ㉠と替えて使えるものを選びなさい。
　① 敷く　② 載せる　③（髪を）とかす　④（紙を）折る

6. ㉡と㉢に入る適切なものを選びなさい。
　① ㉡落として㉢こぼす　② ㉡落として㉢照らす
　③ ㉡奪って㉢こぼす　④ ㉡奪って㉢照らす

02 目／鼻／口に関わる動作　03 体に関わる動作 (P.120)

1. 부딪치다　2. 맡다　3. 안다　4. ②　5. ①　6. ④　7. ③　8. 씹어　9. 바라보면　10. 웃음을　11. 하품이

12. 찾아보려고

【日本語訳】

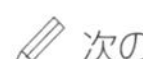 次の絵に適した動詞を選択肢から探し、書きなさい。

[選択肢] 抱く、ぶつかる、(匂いを) かぐ

関係のあるもの同士つなげなさい。

4. 目を　　① うなずく
5. 頭を　　② 開ける
6. ほほ笑みを　　③ 上げる
7. 声を　　④ 浮かべる

 (　　) に適した単語を選択肢から探し、形を変えて書きなさい。

[選択肢] 笑い、あくび、かむ、探す、眺める

8. 食べ物をゆっくり、長く (かんで) 食べてこそ太らないそうだ。
9. 長時間本を読んだ後、目が疲れた時は山や木を (眺めると) いい。
10. 友達の話が本当に面白くて、(笑い) をこらえることができなかった。
11. 映画があまりにもつまらなくて、映画を見ている間、ずっと (あくび) が出た。
12. 発表の準備をするために図書館で資料を (探そうと) 思う。

04 移動　05 準備／過程／結果 (P.132)

1. ①　2. ④　3. 이루기　4. 헤맸다　5. 마련했으니　6. 들러서

【日本語訳】

次の文章を読んで、問いに答えなさい。

私は時間ができるたびにペンと紙を㉠準備して家の近くの公園に行って絵を描く。今日も天気がいいので公園で絵を描いていたが、急に夕立が降り始めた。すてきな絵を㉡完成させたかったが、雨のせいで絵が㉢台無しになった。再び絵を描くために雨がやむのを待ったが、時間がたつほどより強く降ってきて、結局諦めて家に帰った。

1. ㉠と替えて使えるものを選びなさい。
   ① 取りそろえて　② 具備して　③ 導いて　④ 至って
2. ㉡と㉢に入る適切なものを選びなさい。
   ① ㉡実践し㉢台無しに　　② ㉡完成させ㉢進行するように
   ③ ㉡実践し㉢進行するように　　④ ㉡完成させ㉢台無しに

(　　) に適した単語を選択肢から探し、形を変えて書きなさい。

[選択肢] 立ち寄る、迷う、かなえる、準備する

3. その映画で男女の主人公は愛を (かなえる) ために全てを捨てた。
4. 初めて韓国に来たときは道がよく分からなくてよく (迷った) 。
5. 参加してくださった皆さん、ありがとうございます。今日、この席は皆さんのために (準備したので) 、楽しい時間をお過ごしください。
6. 弟 (妹) に、家に帰ってくる途中、スーパーに (寄って) 牛乳を買ってくるように言った。

06 受身 (P.144)

1. 떨리다　2. 닫히다　3. 밀리다　4. 나뉘어　5. 밝힌다　6. 물린　7. 들려, 들려　8. 열리고　9. 쓰여

【日本語訳】

次の絵に適した動詞を選択肢から探し、書きなさい。

[選択肢] 閉まる、震える、押される

( ) に適した単語を選択肢から探し、形を変えて書きなさい。

[選択肢] 踏まれる、かまれる、分けられる
4. 韓国の季節は春、夏、秋、冬に (分けられて) います。
5. バスに人が多くて、バスに乗るたびに足を (踏まれる) 。
6. 蚊に (刺された) 所がかゆい。

( ) に適した単語を選択肢から探し、形を変えて書きなさい。

[選択肢] 開かれる、使われる、聞こえる
7. カ：もしもし？ もしもし？ 私の言葉が (聞こえる) ？
ナ：いや、よく (聞こえ) ない。僕がもう一度電話するよ。

8. カ：最近、ソウル市立美術館で (開かれて) いる展示会が人気だって。
ナ：そう？ それじゃ、週末に見に行こうか？

9. カ：君、ここに (書かれて) いる電話番号をちょっと読んでくれるかい？
ナ：はい、分かりました。010-1324-8765です。

07 使役 (P.155)

1. 씻기다 2. 입히다 3. 태우다 4. ① 5.울려서 6.앉힐 7. 재울 8. 태워 9. 맡길

【日本語訳】

次の絵に適した動詞を選択肢から探し、書きなさい。

[選択肢] 乗せる、着せる、洗わせる

次のうち、関係が異なるのはどれですか？

4. ① 低くする — 減らす ② 広げる — 狭める
③ 殺す — 生かす ④ 上げる — 下げる

( ) に適した単語を選択肢から探し、形を変えて書きなさい。

[選択肢] 座らせる、泣かせる、寝かせる
5. 小さいころ、妹をよく (泣かせて) 母さんに怒られた。
6. すみません、子どもを (座らせ) られる椅子をください。
7. 普通、母親は子どもを (寝かせる) とき、本を読んであげる。

( ) に適した単語を選択肢から探し、形を変えて書きなさい。

[選択肢] 焦がす、任せる

8. カ：これは何の臭いだ？ 何か焦げる臭いがしないか？
ナ：あ、どうしよう！ 友達と電話しててど忘れした。魚を全部 (焦がして) しまったね！

9. カ：クリーニング屋に行こうと思うけど、何か (預ける) 物ない？
ナ：それじゃ、このコートをちょっとお願い。

3章|性質／量

01 状態 (P.172)

1. ③　2. ①　3. ②　4. ③　5. ④　6. ①　7. ④　8. ③

【日本語訳】

意味が反対のものをつなげなさい。

1. 凍る　　① 空く
2. 満ちる　② 遅い
3. 早い　　③ 溶ける

 (　　) に入る適切な言葉を選びなさい。

4. 人は感情の (状態) によって、食べたい食べ物も変わるそうだ。
   ① 模様　② 最悪　③ 状態　④ 余裕

5. ダイエットをした後、減った体重をそのまま (維持) するのはとても大変なことだ。
   ① 豊富　② 重複　③ 便利　④ 維持

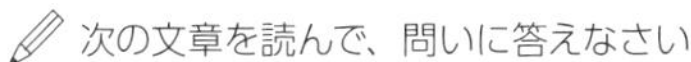

次の文章を読んで、問いに答えなさい。

僕は㉠1カ月後に韓国に留学する予定だ。韓国語は少し話せるが、まだとても㉡下手なので、韓国に行ったらうまく適応できるか心配になる。友達は留学したらどうせ韓国語を学ぶのだから行く前から心配する必要がないと言ってたけど、それでも㉢じっとしていられなくて1週間に2回ずつ韓国語を勉強している。早く韓国に行って韓国語も学び、たくさんの人と会って㉣さまざまな韓国文化を経験してみたい。

6. ㉠と替えて使えるものを選びなさい。
   ① 韓国留学を控えている。
   ② 韓国留学生活が途方もない。
   ③ 韓国の留学生活は平凡でない。
   ④ 韓国に留学するケースはよくある。

7. ㉡と㉢に入る適切なものを選びなさい。
   ① ㉡下手なので㉢いまだに　② ㉡久しく㉢じっとして
   ③ ㉡久しく㉢いまだに　④ ㉡下手なので㉢じっとして

8. ㉣に入る適切なものを選びなさい。
   ① 明確な　② 一定の　③ さまざまな　④ 同一の

02 程度 (P.187)

1. ②　2. ④　3. ③　4. ①　5. ④　6. 적당하게　7. 사소한

【日本語訳】

1. 次のうち、対義語同士つなげたのではないものを選びなさい。
   ① 太い — 細い　② 暗い — 真っ暗だ
   ③ 近く — 遠く　④ 強い — 弱い

(　　) に入れられない言葉を選びなさい。

2. その人が (　　) から好きなんじゃない。ただ好きだ。
   ① 優れている　② 立派だ　③ すごい　④ 永遠だ

3. 君は肌が白いので（　　）色がよく似合う。
　① 淡い　② （色が）薄い　③ （厚さが）薄い　④ 濃い

次の会話を読んで、問いに答えなさい。

カ：今夜の会食のメニューはサムギョプサルと言ったよね？ おなかがすいて仕事にならず、（㉠しきりに）サムギョプサルのことばかり思い浮かぶよ！
ナ：そう？ 実は僕も頭の中がそのことでいっぱいだ。僕たち、今夜行って（㉡思う存分）食べよう。

4. ㉠に入る適切なものを選びなさい。
　① しきりに　② かなり　③ 次第に　④ 大体

5. ㉡に入る適切なものを選びなさい。
　① 広く　② 完全に　③ 一度に　④ 思う存分

（　　）に適した単語を選択肢から探し、形を変えて書きなさい。

[選択肢] ささいだ、適度だ
6. いくら好きな食べ物でも（適度に）食べるのがいい。食べ過ぎると健康を害する。
7. （ささいな）問題と考えて神経を使わなかったら、深刻な問題になり得るよ。

03 増減（P.194）

1. ④　2. ③　3. ㉡ 줄고/줄어들고 ㉢ 늘어서/늘어나서　4. 얻고　5. 추가해서　6. 빼려면　7. 없애는　8. 제외한

【日本語訳】

1. 次のうち、対義語同士つなげたのではないものを選びなさい。
　① 増える — 減る　② 拡大する — 縮小する
　③ 増加する — 減少する　④ 広がる — 抜ける

次の文章を読んで、問いに答えなさい。

僕の夢は世界旅行をすることだ。この夢のために今は仕事をしながらお金を（㉠ためて）いる。月給は㉡減って生活費は㉢増えたので、僕の夢をかなえられるか心配になる。だけど、諦めず努力したなら、いつか旅行の費用を用意できるだろう。

2. ㉠に入る適切なものを選びなさい。
　① 加えて　② 抜けて　③ 集めて　④ なくして

3. ㉡と㉢に替えて使える単語を書きなさい。

（　　）に適した単語を選択肢から探し、形を変えて書きなさい。

[選択肢] 得る、（ぜい肉を）取る、消す、追加する、除外する
4. インターネットの発達で、多くの人がインターネットを通じて情報を（得て）いる。
5. 私どもが申し上げた書類を（追加して）再度送ってください。
6. ぜい肉を（なくすには）、食べ物の調節と運動を一緒にしなければならない。
7. この薬はにきびを（消す）のに効果的だ。
8. 済州島を（除いた）全ての地域は2日以内に品物をお受け取りになれます。

04 数量／大きさ／範囲（P.209）

1. 깊이　2. 길이　3. 높이　4. ④　5. ①　6. ③　7. 군데　8. 번째　9. 가지

【日本語訳】

次の絵に適した単語を選択肢から探し、書きなさい。

[選択肢] 高さ、長さ、深さ

4. 次のうち、関係が異なるのはどれですか?
① 最大 — 最小　② 以上 — 以下
③ 外部 — 内部　④ 多数 — 一部

(　　) に入る適切な言葉を選びなさい。

5. 最近の大学生の職業選択 (基準) は月給や適性だそうだ。
① 基準　② 回数　③ 限界　④ 範囲

6. 洋服屋で (あれこれ) たくさん着てみたけど、気に入った服はなかった。
① 最小限　② 大規模　③ あれこれ　④ なんでも

(　　) に適した単語を選択肢から探し、書きなさい。

[選択肢] 種類、回目、カ所

7. 今日、母のお誕生日のプレゼントを買おうと数 (カ所) 歩き回ったけど、結局買えなかった。
8. 今回で何 (回目) の交通事故か分からない。どうして運転をするとひっきりなしに交通事故を起こすのだろうか?
9. ラーメンをおいしく作る方法には何 (種類) かがあるけど、どんな方法から教えてあげようか?

4章 | 知識/教育

01 学問　02 研究/リポート (P.228)

1. ①　2. ③　3. ④　4. ②　5. ①　6. ㉠조사한 ㉡발견했다　7. ㉠대한 ㉡달해

【日本語訳】

1. 次の選択肢と関連のある単語を選びなさい。
[選択肢] 科学、学者、論文、実験
① 研究　② 常識　③ 教養　④ 能力

関係があるもの同士つなげなさい。

2. 報告書を　① 及ぼす
3. 結果が　② 挙げる
4. 例を　③ 提出する
5. 影響を　④ 出る

(　　) に適した単語を選択肢から探し、形を変えて書きなさい。

[選択肢] 発見する、調査する、達する、対する

6. チョン・ミレ教授は韓国の大学生1000人の学習習慣を (㉠調査した) 結果、成績が優秀な学生から一つの共通点を (㉡発見した) 。それは、「毎日、同じ時間に、同じ場所で、計画した学習量を、こつこつと実践すること」だ。

7. 「青少年研究所」が韓国、アメリカ、日本、中国の4カ国の高校生を対象に、海外留学に (㉠関する) アンケート調査をした。その結果、海外留学を希望する韓国の学生が82%に (㉡達し) 、最も高いことが分かった。中国の場合、海外留学を望む高校生は58%で、アメリカは53%、日本は46%という結果が出た。

03 学校生活 (P.240)

1. ③　2. ①　3. ②　4. ②　5. 칭찬해　6. 체험했는데　7. ③　8. ②

【日本語訳】

意味が合うものをつなげなさい。

1. 徹夜する　　　① 紙にいたずらで字や絵を描く。
2. 落書きする　　② ある生活や環境に慣れる。
3. 適応する　　　③ 働いたり勉強しながら夜寝ない。

次のうち、正しくつなげられたものではないものを選びなさい。

4. ① 大声で — 叱る　　② 合コンを — 遊ぶ
   ③ お小言を — 聞く　　④ いたずらを — する

(　　) に適した単語を選択肢から探し、形を変えて書きなさい。

[選択肢] 体験する、称賛する

5. 今日、会社で初めて発表をしたけど、皆 (褒めて) くれて気分が良かった。
6. 今日、キムチ博物館に行ってキムチ作りを (体験したけど) 、とても面白かった。

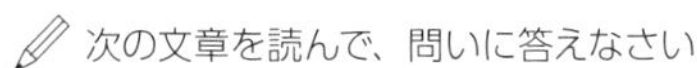
次の文章を読んで、問いに答えなさい。

今日は会社でバスケットボール大会がある日だった。うちのチームは一生懸命走って決勝戦まで行くことになった。だけど、決勝戦は他の試合に比べてゴールを入れるのが簡単ではなかった。相手に背の高い選手が多かったからだ。うちのチームはけがする選手も出て、苦しみながら試合をし、結局90対97で負けて (㉠優勝) を逃した。うちのチームは負けはしたけど、皆最善を (㉡尽くした) ので気分が良かった。

7. (㉠) に入る適切なものを選びなさい。
   ① 機会　② 試合　③ 優勝　④ 将来

8. (㉡) に入る適切なものを選びなさい。
   ① した　② 尽くした　③ 聞いた　④ 作った

04 授業／テスト (P.250)

1. ②　2. ③　3. ①　4. ㉠필기구를 ㉡교재는　5. ㉠과제는 ㉡제출　6. ㉠평균 ㉡일등을　7. 강조하고
8. 합격해서

【日本語訳】

意味が合うものをつなげなさい。

1. 提出する　　　① あることをしながら本や必要な資料を見る。
2. 向上する　　　② 宿題や報告書を出す。
3. 参考する　　　③ 実力や能力、水準などがより高くなる。

㉠と㉡に適した単語を選択肢から探し、書きなさい。

[選択肢] 課題、筆記用具、1番、提出、教材、平均

4. 講演を聴きにいらっしゃる時は、鉛筆やボールペンのような (㉠筆記用具) を準備してお越しください。講演をお聴きになるとき、必要な (㉡教材) は私たちが差し上げます。

5. 今週の (㉠課題) は自分がこれまで読んだ中で一番面白かった本について感想を書いてくることです。月曜日

までに (ⓛ提出) すればいいです。

6. 今日、先週受けた中間試験の結果が出た。僕は (㉠平均) 90点でうちのクラスで (ⓛ一番) だった。気分が良くて、授業が終わった後、両親に電話した。

(　　) に適した単語を選択肢から探し、形を変えて書きなさい。

[選択肢] 強調する、合格する
7. 発表文で (強調したい) 内容はアンダーラインを引いてください。
8. 何日か前に面接を受けた会社に (合格して) 、来月から出勤することになった。

5章 | 衣食住

01 衣生活 (P.257)

1. 흰　2. 검은　3. 금, 은　4. 스타일이　5. 독특해서　6. 수선해　7. 묻었는데　8. 패션　9. 맞는

【 日本語訳 】

 (　　) に適した単語を選択肢から探し、形を変えて書きなさい。

[選択肢] 金、黒い、白い、銀
1. (白い) 雪が降る冬はお好きですか?
2. (黒い) ワンピースを着ると痩せて見えるそうだ。
3. オリンピックで1位になると (金) メダル、2位になると (銀) メダル、3位になると銅メダルをもらう。

 次の会話を読んで、(　　) に適した単語を選択肢から探し、形を変えて書きなさい。

店員:いらっしゃいませ。何をお探しですか?
客:コートを見せてください。
店員:これはいかがですか? 背がお高いのでこのような (㉠スタイル) がよく似合うと思います。
客:デザインが (ⓛ独特で) 気に入りました! ところで、袖が少し長いようです。
店員:それでは、袖を (ⓒ直し) ましょうか?
客:はい、そうしてください。

[選択肢] 独特だ、スタイル、修繕する
4. (㉠) に入る、適したものを書きなさい。
5. (ⓛ) に入る、適したものを書きなさい。
6. (ⓒ) に入る、適したものを書きなさい。

 (　　) に適した単語を選択肢から探し、形を変えて書きなさい。

[選択肢] アクセサリー、ファッション、付着する、合う
7. ワンピースに油が (付いたんですが) 、どうすればいいですか?
8. リエさんは (ファッション) モデルのように背が高くて、どんな服もよく似合う。
9. このサイズは (合わ) ないようです。もう少し小さいのはありませんか?

02 食生活 (P.265)

1. 단맛　2. 쓴맛　3. 고소한 맛　4. ㉠골고루ⓛ종류가　5. ㉠채식을ⓛ단백질이　6. 해로우니까　7. 섭취해야

【 日本語訳 】

次の絵に適したものを選択肢から探し、書きなさい。

[選択肢] 甘味、苦味、香ばしい味

㉠と㉡に適した単語を選択肢から探し、書きなさい。

[選択肢] 菜食、種類、タンパク質、満遍なく

4. 母：おかずは多いのに、どうしてずっと同じのだけ食べるの？ (㉠満遍なく) 食べなさい。
   子：(㉡種類) が多いからって何ですか？ 私が好きなのがないじゃないですか。

5. (㉠菜食) をする人は肉を食べないから (㉡タンパク質) が不足している場合が多いそうだ。だから、肉の代わりに豆腐や卵、牛乳などで足りない栄養を補充するそうだ。

( ) に適した単語を選択肢から探し、形を変えて書きなさい。

[選択肢] 有害だ、摂取する

6. 風邪をひいたときは、サムギョプサルのように油の多い食べ物は (害になるから) 食べないでください。
7. 男性は1日に2500キロカロリー (摂取しなければ) ならないそうだ。

03 食材　04 調理方法 (P.276)

1. 굽다　2. 끓다　3. 데우다　4. 삶다　5. ①　6. ②　7. ④

【日本語訳】

次の絵に適した動詞を ( ) に書きなさい。

次の文章を読んで、問いに答えなさい。

カレーをおいしく作る方法
材料：牛肉、ジャガイモ、ニンジン、タマネギ、カレー粉
1 ジャガイモとタマネギは皮を (㉠むいて) おく。
2 ジャガイモ、タマネギ、ニンジンは1.5cmに切り、牛肉は2cmに切っておく。
3 準備されたジャガイモとニンジンを鍋に入れて炒めて、(㉡火が通ったら) タマネギと牛肉を入れて炒める。
4 炒めた材料に水を入れて煮て、材料に全て (㉡火が通ったら) カレー粉を入れる。
5 カレーを (㉢かき混ぜながら) 煮る。

5. (㉠) に入る適切なものを選びなさい。
   ① むく　② かぶせる　③ 盛る　④ 減らす

6. (㉡) に入る適切なものを選びなさい。
   ① 混ぜる　② 火が通る　③ 冷ます　④ ゆでる

7. (㉢) に入る適切なものを選びなさい。
   ① 温める　② 裏返す　③ 煮える　④ かき混ぜる

05 住生活　06 住居空間／生活用品 (P.293)

1. ④　2. 천장　3. 벽　4. 바닥　5. 화장품　6. 화분　7. 꽃병　8. 쓰레기통　9. 이어폰　10. 애완동물

【日本語訳】

1. 次のうち、関係が異なるのはどれですか？
   ① ひもを結ぶ — ひもをほどく　② 布団を畳む — 布団を広げる
   ③ コンタクトレンズをはめる — コンタクトレンズを外す　④ テレビをつける — テレビをつける

✎ 次の絵を見て、(　　) に合う単語を選択肢から探し、書きなさい。

[選択肢] 鉢植え、天井、化粧品、イヤホン、壁、花瓶、床、ごみ箱、ペット

07 家の周りの環境 (P.299)

1. 공간이　2. 센터를　3. 시설이　4. 코너　5. 목욕탕　6. 중국집　7. 부동산　8. 놀이터　9. 소방서

【日本語訳】

✎ (　　) に適した単語を選択肢から探し、書きなさい。

[選択肢] センター、コーナー、空間・スペース、施設
1. 地下鉄の駅の中には、いろいろな店やしばらく休める休憩 (スペース) がある。
2. 引っ越しをする時、引っ越し (センター) を利用すれば手軽に引っ越しできる。
3. このマンションには子どもの遊び場、子ども図書館など、子どものための (施設) がたくさんあっていい。
4. 夜7時ごろにデパートに行けば、食品 (コーナー) で割引をするので、食べ物を安く買える。

✎ 次の絵を見て、(　　) に合う単語を選択肢から探し、書きなさい。

[選択肢] 遊び場、消防署、中華料理屋、不動産、銭湯

6章 | 天気／生活

01 天気予報　02 レジャー (P.315)

1. ②　2. ①　3. ④　4. ③　5. ④　6. ㉠머무르면서㉡휴식　7. ㉠야외㉡나들이를　8. ㉠박람회가㉡관람하러

【日本語訳】

✎ 関係のあるもの同士つなげなさい。

1. メダルを　① かかる
2. 雲が　② 取る
3. 楽器を　③ 解消する
4. ストレスを　④ 演奏する

✎ 次のうち、関係が異なるのはどれですか？

5. ① 零上 — 零下　② 室内 — 野外　③ 暑さ — 寒さ　④ 湿気 — 気温

✎ ㉠と㉡に適した単語を選択肢から探し、形を変えて書きなさい。

[選択肢] 休息、野外、出掛けること、博覧会、とどまる、観覧する
6. カ：今度の休暇に温泉に旅行するそうですね？
ナ：はい、家族と一緒にホテルに (㉠滞在しながら) 、数日間 (㉡休息) を取ってこようと思いまして。
7. 明日は最低気温が20度と暖かさが続きます。(㉠野外) 活動をするのにいい天気なので、家族と一緒に散歩なさったり、近い所に (㉡お出掛け) されるのはどうでしょうか？
8. ソウルから近い都市で花 (㉠博覧会) が開かれるというので、週末に友達と (㉡観覧しに) 行ってきた。美しい花を思う存分見て写真も撮ることができて良かった。

03 問題／解決 (P.323)

1. 환불　2. 대기실　3. 보관　4. ④　5. ①　6. ②

【日本語訳】

✎（　　）に適した単語を選択肢から探し、書きなさい。

[選択肢] 控え室、保管、払い戻し

1. カ：この服、気に入らなかったら交換できますか？
   ナ：もちろんです。交換は1週間以内に可能で、(払い戻し) をされる場合、必ず領収書をお持ちください。
2. カ：面接を受けに来たんですが。
   ナ：あ、そうですか？ あちらの (控え室) でお待ちください。
3. 当クリーニング店にお預けになった洗濯物は1カ月間 (保管) いたします。その後は責任を負いません。

✎ 次の文章を読んで、問いに答えなさい。

本日、当ホームショッピングでは今年の最新型ノートパソコンを持ってきました。去年出たノートパソコンは、作動中に㉠うるさい音がひどく出るとか大きさに比べて重いという不満が多かったですが。今回出たノートパソコンはこのような部分を補完して音は小さく、重さはとても軽く作りました。そして、1年以内に故障したら、㉡お金を受け取らずにアフターサービスをするサービスまで！

今決めるのが難しいですって？ それでは、ひとまず注文なさって、商品を受け取って気に入らなかったらすぐ (㉢返品を) されても結構です。今すぐ注文してください。詳しいことは1577—1577番に (㉣問い合わせて) ください。

4. ㉠と㉡に替えて使える言葉はどれですか？
   ① ㉠紛失㉡無償　② ㉠紛失㉡不満
   ③ ㉠騒音㉡不満　④ ㉠騒音㉡無償
5. ㉢に入る適切な単語を選びなさい。
   ① 返品　② 文句　③ 場合　④ 問題点
6. ㉣に入る適切な単語を選びなさい。
   ① 解決して　② 問い合わせて　③ 作動して　④ 変更して

7章 | 社会生活

01 職場生活　02 求人／求職 (P.344)

1. ㉠대리 ㉡부장　2. 업무　3. 퇴직　4. 일정　5. ③　6. ①　7. 뽑지, 뽑습니다　8. 쌓으십시오　9. 한잔하러

【日本語訳】

1. （　　）に適した単語を書きなさい。
   平社員 — (㉠課長代理) — 課長 — (㉡部長) — 取締役 — 社長

✎ 次の説明に適した単語を選択肢から探し、書きなさい。

[選択肢] 業務、日程、退職

2. これは、会社から引き受けた仕事です。
3. これは、仕事をやめ、働いていた場所を去ることです。
4. これは、ある期間、しなければならないことの計画です。

次の問いに答えなさい。

市内バス運転手（㉠募集）
・応募（㉡資格）：バス運転の経験 3年以上
・受付期間：2014. 5. 10～2014. 5. 30
・応募方法：hankukbus.co.krに履歴書提出

5. （　㉠　）に入る適切なものを選びなさい。
　① 通知　② 働き口　③ 募集　④ 就職

6. （　㉡　）に入る適切なものを選びなさい。
　① 資格　② 報告　③ 実力　④ 専門

（　　）に適した単語を選択肢から探し、形を変えて書きなさい。

[選択肢] 採用する、一杯やる、積む・蓄える
7. 今年、当社では中途採用の社員は（採用）せず、新入社員のみ（採用します）。
8. 就職のせいで心配していらっしゃいますか？ でしたら、心配する前に自分の実力を（蓄えてください）。
9. 退勤後、（一杯やりに）行くか？ 冷たいビールはどう？

8章｜健康

01 身体／健康状態（P.353）

1. ㉠온몸이 ㉡힘　2. ㉠주름이 ㉡비결이　3. ㉠신체적 ㉡뼈는　4. 해칠　5. 보충해야　6. 쓰러지셨다는

【日本語訳】

㉠と㉡に適した単語を選択肢から探し、形を変えて書きなさい。

[選択肢] 体中、身体的、力、しわ、秘訣、骨
1. カ：どこか具合悪いの？ 顔色悪いけど？
　ナ：腕、脚、肩、（㉠体中）が痛い。それで歩く（㉡力）もないくらいだ。
　カ：なんと、疲労による熱のようだ！ 僕と一緒に病院に行こう！

2. カ：おばあさんはお年を召しているのに（㉠しわ）があまりありません！ 特別な（㉡秘訣）がおありですか？
　ナ：ただ冷たい水で顔を洗って化粧品を少ししか使わないことしかありません。

3. 男性と女性の（㉠身体的）特徴のうち、最も大きな違いは、男性の（㉡骨）は太くて強いが、女性の（㉡骨）は細くて弱いということだ。

（　　）に適した単語を選択肢から探し、形を変えて書きなさい。

[選択肢] 補充する、倒れる、害する
4. 睡眠不足は健康を（害す）ことがあるので、毎日6時間ほど寝るのが良い。
5. 運動をすると汗をたくさんかくことになるので、水を飲んで水分を（補給しなければ）ならない。
6. 図書館で勉強していた私は、祖父が（倒れた）という便りを聞いて病院に駆け付けた。

02 病気／症状　03 病院（P.366）

1. 불면증　2. 식중독　3. 몸살　4. ②　5. ③　6. ①　7. ②　8. 부러져서　9. 지쳐서　10. 출산했다는

【日本語訳】

次の絵に適した単語を選択肢から探し、書きなさい。

[選択肢] 不眠症、疲れによる発熱、食中毒

次の選択肢と関連のある単語を選びなさい。

[選択肢] 睡眠薬、服用、鎮痛剤、処方

4. ① 眠り ② 薬 ③ インフルエンザ ④ 心理

関係のあるもの同士つなげなさい。

5. 血が ① 測る
6. 体温を ② 取る
7. 睡眠を ③ 出る

(　　) に適した単語を選択肢から探し、形を変えて書きなさい。

[選択肢] 疲れる、折れる、出産する

8. 小さいとき、脚が (折れて) 病院に入院したことがある。
9. 引っ越しの荷物を全部運んだら、(疲れて) 動けなかった。
10. 今日、うちの姉が明け方に女の子を (生んだという) 便りを聞いて、うれしくて涙が出た。

9章 | 自然／環境

01 動植物　02 宇宙／地理 (P.377)

1. 햇빛 2. 서 3. 남 4. 바위 5. 모래 6. 돌 7. ① 8. ④ 9. ②

【日本語訳】

次の絵と合う単語を選択肢から探して、書きなさい。

[選択肢] 東、西、南、石、日光、砂、岩

(　　) に入る適切なものを選びなさい。

7. 韓国では毎年1月1日の朝に日が (昇る) のを見るために山や海に行く人がたくさんいる。
① 昇る ② 沈む ③ 上がる ④ 落ちる

8. ヘビ、熊、カエルのように冬眠する動物たちは、暖かい春になると、まず第一に (餌) を探して回る。
① 空気 ② 羽 ③ 動物の子 ④ 餌

9. 水はわれわれ人間にとって (生命) と同じだ。なぜかというと、われわれは水を飲まなければ生きられないからだ。
① 環境 ② 生命 ③ 宇宙 ④ 世界

03 災難／災害　04 環境問題 (P.387)

1. ② 2. 가뭄 3. 매연 4. 홍수 5. 산소 6. ㉠대피했습니다 ㉡화재 7. ㉠보호하려면 ㉡일회용

【日本語訳】

1. (　　) に共通して入る単語を書きなさい。
地震が (起きる) 、火が (出る) 、大水が (出る)
① 入る ② 出る・起きる ③ 被る ④ 来る

次の説明に適した単語を選択肢から探し、書きなさい。

[選択肢] 日照り、洪水、酸素、ばい煙
2. これは、長い間雨が降らなくて生じる問題だ。
3. これは、工場や自動車から出る煙で、環境を汚染させる。
4. これは、雨があまりにも多く降って、川の水があふれることだ。
5. これは、人が生きるために必ず必要なもので、O_2と言いもする。

(　　) に適した単語を選択肢から探し、形を変えて書きなさい。

[選択肢] 使い捨て、火災、保護する、退避する
6. 昨日午後6時ごろ、ソウル明洞にある韓国デパートで火が出て、40人余りが緊急 (㉠避難しました) 。警察は「エレベーターから煙が出た」というデパート職員の話を基に、(㉡火災) の原因を調べています。
7. 自然環境を (㉠保護するには) 、どうすべきでしょうか？ 公共交通機関を利用し、(㉡使い捨て) 紙コップや割り箸などの使用を減らしてみてください。そして、髪を洗うとき、シャンプーを少しだけ使うようにしてください。

10 章 | 国家／社会

01 国家／政治 (P.397)

1. ②　2. ④　3. ③　4. ①　5. 북한을　6. ㉠국민은 ㉡신분증을　7. ㉠정부가 ㉡공휴일로

【日本語訳】

次のうち、合うもの同士つなぎなさい。

1. 義務を　　① 実施する
2. 戦争が　　② 果たす
3. 秩序を　　③ 守る
4. 投票を　　④ 起きる

 (　　) に適した単語を選択肢から探し、書きなさい。

[選択肢] 平和、政府、公休日、北朝鮮、国民、身分証明書
5. 大韓民国はアジアの東の端に位置する国だ。「韓国」または「南韓」とも呼ばれる。「韓国」は南韓と (北朝鮮) の両方を指す広い意味を持っているが、狭い意味では大韓民国を指す。
6. 大韓民国の (㉠国民は) 満19歳以上になると大統領を選ぶ権利を持つ。投票しに行くときは、住民登録証や運転免許証、パスポートなどの (㉡身分証) を持って行かなければならない。
7. 祝祭日は (㉠政府) が決めて祝う日だ。大韓民国の祝祭日は3月1日 (三一節) 、7月17日 (制憲節) 、8月15日 (光復節) 、10月3日 (開天節) 、10月9日 (ハングルの日) だ。制憲節を除いた他の祝祭日は (㉡公休日) に指定されており、学校や会社に行かなくてもいい。

02 社会現象／社会問題　03 社会活動 (P.410)

1. ②　2. ③　3. ①　4. ①　5. ④　6. ②

【日本語訳】

意味が合うものをつなげなさい。

1. 犯罪　　① 地域が広くて人が多く、発展した場所を言う。
2. 共働き　　② 法を破る行動を言う。

3. 大都市　　　　　③ 結婚した夫婦が二人とも仕事をしてお金を稼ぐことを言う。

次の文章を読んで、問いに答えなさい。

「いい世界、いい人たち」
「いい世界、いい人たち」をご存じですか？ 当団体は世界各地の貧しい子どもたちに家と学校を建ててあげる団体です。今回、暖かい春を迎え、いつも㉠ボランティアをしたい気持ちはあるが時間がなかったり、方法が分からなくてできない方のために特別なイベントを用意しました。
㉡使わない物や着ない服を下されば、これを集めて必要な子どもたちに届けるようにします。
世界の子どもたちと愛を分かち合いたい皆さんのたくさんの㉢参加、願います。

■イベント日時：2014年5月24日（土）1：00～6：00
■イベント場所：ソウル市庁前広場
■㉣今回のイベントを手伝ってくれる所：○○会社、ワールドビジョン、ユニセフ

4. （　㉠　）に入る適切なものを選びなさい。
① ボランティアする　② 発生する　③ 開く　④ 引き起こす

5. （　㉢　）に入る適切なものを選びなさい。
① 変化　② 改善　③ 差別　④ 参加

6. （　㉡　）と（　㉣　）に替えて使える言葉は何ですか？
① ㉡寄贈㉣提供　② ㉡寄贈㉣後援
③ ㉡提供㉣開催　④ ㉡後援㉣開催

11章｜経済

01 経済活動（P.417）

1. ②　2. ④　3. ①　4. ③　5. ②　6. ④　7. ①　8. ②

【日本語訳】

意味が反対のものをつなげなさい。

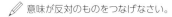

1. 引き上げ　　　① 支出
2. 経済的　　　　② 引き下げ
3. 収入　　　　　③ 低所得
4. 高所得　　　　④ 非経済的

次の下線部に共通して入る言葉を選びなさい。

5. ・父の事業失敗で、家庭の事情が苦しくなった。
・今回の韓国語能力試験は聞き取りが一番難しかった。
① ひどい　② 苦しい・難しい　③ 高める　④ 勝つ

6. ・両親を連れて海外旅行に行ってきたが、費用が思ったよりかなり多くかかった。
・このかばんはとても重いので、持ってくださいますか？
① 減る　② 防ぐ　③ 少ない　④（費用が）かかる・持つ

下線を引いた部分と替えて使える言葉は何ですか？

カ：このレストランは来るたびに新しいメニューがあるね！
ナ：そうだろ？ 社長が1年に1、2回、海外の有名なレストランに直接行って食べてみて研究して、韓国人の味覚に

合うように新しいメニューをずっと作ってるって。
7. ① 開発する ② 労働する ③ 輸入する ④ 発展する

カ：分別収集をするといい点は何ですか？
ナ：ごみ処理の費用も節約できて、環境も保護できます。
8. ① 輸出する ② 節約する ③ 商う ④ 浪費する

02 生産／消費 (P.426)

1. ③ 2. ① 3. ② 4. ④ 5. ② 6. ④ 7. ② 8. 공장 9. 석유 10. 농촌

【日本語訳】

次のうち、合うもの同士つなぎなさい。

1. 農業を ① 増える
2. 消費が ② 修理する
3. 機械を ③ する
4. 衝動を ④ 感じる

次の問いに答えなさい。

カ：ノートパソコンを買いたいんですが。どこで㉠買えばいいでしょうか？
ナ：学校の前に電気製品を売る売り場があるけど、一度行ってみてください。学生のために20% (㉡割引) イベントもしていましたよ。
カ：そうですか？ どの会社のノートパソコンがいいですか？
ナ：私は○○○が作ったのを使っています。値段は高くないのに (㉢性能) が良くて、仕事する時いいんです。

5. ㉠と替えて使える言葉を選びなさい。
① 表示する ② 購買する ③ 生産する ④ 積み立てる

6. (㉡) に入る適切なものを選びなさい。
① 決済 ② 積立 ③ 品目 ④ 割引

7. (㉢) に入る適切なものを選びなさい。
① 機械 ② 性能 ③ 残り ④ 特徴

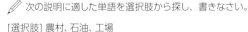

次の説明に適した単語を選択肢から探し、書きなさい。

[選択肢] 農村、石油、工場
8. 品物を生産する場所を (工場) と言う。
9. サウジアラビア、ロシア、イラン、イラクは代表的な (石油) 生産国だ。
10. 子どもたちがじかに自然を感じられるように、1カ月に1回、(農村) 体験学習をしに行く。

03 企業／経営　04 金融／財務 (P.438)

1. ② 2. ① 3. ③ 4. ③ 5. ② 6. ① 7. ① 8. ③

【日本語訳】

意味が合うものをつなげなさい。

1. 財産 ① これは、お金をためることを言う。
2. 貯蓄 ② これは、個人が持っているお金、家、土地などを言う。
3. ボーナス ③ これは、会社で節句や年末に月給以外にもっとくれるお金だ。

4. 次のうち、関係が異なるのはどれですか？
① 契約 — 解約　② 損害 — 利益
③ 金額 — 発給　④ 入金 — 出金

次に入る単語を選びなさい。

5. 韓国では輸入化粧品が他の国に比べて高い値段で（流通）している。
① 経営　② 流通　③ 決済　④ 広報

6. 企業を運営するにあたり、何よりも重要なことは職員（管理）だ。
① 管理　② 保険　③ 信用　④ 補償

7. 運動靴を生産する（企業）が互いに約束して運動靴の値段を同時に上げた。政府はこれに対して罰金を払わせた。
① 企業　② 創業　③ 顧客　④ 売り場

8. カ：（㉠小切手）で払おうと思うのですが。
ナ：それでは、裏面に電話番号と住民登録番号をお書きになり、（㉡サイン）してください。
① ㉠税金㉡署名　② ㉠保証㉡署名
③ ㉠小切手㉡サイン　④ ㉠利子㉡サイン

12章｜交通／通信

01 交通／運送（P.448）

1. ③　2. ①　3. ②　4. ①　5. ④　6. 수단은　7. ㉠속도를㉡과속　8. ㉠열차가㉡승객

【日本語訳】

関係のあるもの同士つなげなさい。

1. 機会を　① なくなる
2. 終電が　② 取る
3. 運転免許を　③ 逃す

次のうち、関係が異なるのはどれですか？

4. ① 道 — 道路　② 市内 — 市外　③ 終電 — 始発　④ 高速 — 低速

次の文の下線を引いた部分と似た意味を選びなさい。

飛行機にナイフ、はさみ、かみそり、銃、水、ライターなどは持って<u>乗ったら</u>いけない。
5. ① スピードを出し過ぎたら　② 配送したら　③ 禁止したら　④ 搭乗したら

（　）に適した単語を選択肢から探し、書きなさい。

[選択肢] 速度、乗客、手段、スピードの出し過ぎ、列車
6. ソウル市民が最も多く利用する公共交通の（手段）は地下鉄だ。
7. 運転していてトンネルが出てきたら（㉠速度）を落とさなければいけません。トンネル内は狭くて暗いことが多いので、（㉡スピードを出し過ぎて）運転をすると大型事故につながることもあるからです。
8. ただいま、（㉠列車）が○○駅に入ってきています。（㉡乗客）の皆さまは安全ラインの後ろに1歩下がってくださるよう願います。

02 情報／通信（P.455）

1. ③　2. ②　3. ①　4. ③　5. ㉠검색㉡다운로드　6. 프로그램을　7. 발달은

【 日本語訳 】

1. （　　）に適した単語を書きなさい。
 (ファイル) をコピーする、(ファイル) を削除する、(ファイル) を保存する
 ① デジタル　② 掲示板　③ ファイル　④ オンライン

次のうち、合うもの同士つなぎなさい。

2. プログラムが　　① 出る
3. 記事が　　② 実行される
4. サイトに　　③ 接続する

（　　）に適した単語を選択肢から探し、書きなさい。

[選択肢] 発達、ダウンロード、検索、プログラム
5. 「インターネットを利用してできること」
 ・情報 (㉠検索)　　・オンラインゲーム
 ・音楽や映画の (㉡ダウンロード)　　・インターネットショッピング
6. パソコンの速度が遅くなった時は、使わない (プログラム) を削除してみてください。
7. インターネットは情報を交換できるように全世界のコンピーターがつながった通信網で、インターネットの (発達) は生活を便利にした。

13 章 | 芸術／文化

01 芸術／宗教　**02** 大衆文化／マスメディア　**03** 韓国文化／礼節 (P.475)

1. 건축가　2. 감독　3. 개그맨　4. ③　5. ①　6. ②　7. ③　8. 기념하기　9. ㉠수상하시게㉡출연해

【 日本語訳 】

次の絵に適した名詞を選択肢から探し、書きなさい。

[選択肢] 監督、お笑い芸人、建築家

関係のあるもの同士つなげなさい。

4. 礼節を　　① 引く
5. 関心を　　② 立てる
6. うわさを　　③ 守る

次の単語のうち、最も関係ない単語を選びなさい。

7. ① ハングル　② 韓屋　③ 宗教　④ 太極旗

（　　）に適した単語を選択肢から探し、形を変えて書きなさい。

[選択肢] 記念する、出演する、受賞する
8. 結婚1周年を (記念する) ために、妻に100本のバラの花をプレゼントしようと思います。
9. 今年のKBSドラマ演技大賞はキム・○○さんが (㉠受賞することに) なりました。キム・○○さんは今年４本の作品に主役として (㉡出演し) 、視聴者からたくさん愛されました。

01 時間表現 (P.492)

1. 새벽　2. 사흘　3. 재작년　4. 초반　5. ③　6. ②　7. ③　8. 오랜만에　9. 이미　10. 최근

【日本語訳】

(　　) に適した単語を書きなさい。

1. (明け方) — 朝 — 昼 — 夕方 — 夜
2. 1日 — 2日 — (3日) — 4日
3. (おととし) — 去年 — 今年 — 来年 — 再来年
4. (序盤) — 中盤 — 終盤

次のうち、関係が異なるのはどれですか?

5. ① 短期 — 長期　② 年末 — 年始　③ 時々 — 時々　④ 最初 — 最後

次の問いに答えなさい。

6. 次の下線を引いた単語と替えて使える言葉は何ですか?
　韓国に旅行に来る観光客が年ごとに増加している。
　① 最新　② 毎年　③ いつの間にか　④ 一時的

7. 次の (　　) に使えない単語を選びなさい。
　学校の図書館は、試験期間は (いつも) 人が多くて席がありません。
　① いつも　② 常に　③ いつか　④ いつでも

(　　) に適した単語を選択肢から探し、書きなさい。

[選択肢] すでに、最近、久しぶりに

8. カ:小学校の同窓生ということは20年ぶりに会ったんでしょ? 同窓会は面白かった?
　ナ:(久しぶりに) 会ったせいか、とてもぎこちなかった。

9. カ:今度の秋夕の時、故郷に帰る汽車の切符買いましたか?
　ナ:いいえ。朝6時にホームページに入ったのに (すでに) 全部売り切れてたんです。

10. カ:パスポートを作りたいんですが。何を持って行けばいいですか?
　ナ:(最近) 6カ月以内にお撮りになった証明写真と身分証をお持ちください。

02 副詞 (P.500)

1. ④　2. ④　3. ①　4. ④　5. ③　6. ①

【日本語訳】

1. 次のうち、関係が異なるものを選びなさい。
　① その上 — さらに　② それ故 — 従って
　③ もし — 万一　④ まるで — または

次の問いに答えなさい。

カ:その映画、どうでしたか? 皆すごく面白いと言ってましたが。
ナ:実際に見てみて、予想と違ってあまり面白くなかったです。その上、隣に座った人が騒いで (㉠ちゃんと) 見れませんでした。

カ：(㉡元々)、期待が大きいと失望も大きいじゃないですか。とにかく、本当にうらやましいです。最近、子どもたちを育てているので劇場に足を運ぶことすら考えられずにいます。

2. (㉠)に入る適切なものを選びなさい。
① 違って ② 自然に ③ 強いて（〜なくても） ④ ちゃんと

3. (㉡)に入る適切なものを選びなさい。
① 元々 ② 結局 ③ 従って ④ ひとまず

次の問いに答えなさい。

ユジョン：このトッポッキ、ちょっと食べてみてください。
リサ：私はトッポッキは辛くてあまり好きじゃありません。
ユジョン： それでも、(ひとまず) 一度食べてみてください。食べてみたらほれるでしょう。
リサ：うわぁ！ これは (まるで) コックが作ったかのようにおいしいですね！ 私の口にぴったりです！
ユジョン：そうですか？ 作るのはそう難しくありません。リサさんも作れます。
リサ：本当ですか？ それでは、(今すぐ) 教えてください。

4. (㉠)に入る適切なものを選びなさい。
① または ② 一方 ③ 間違って ④ ひとまず

5. (㉡)に入る適切なものを選びなさい。
① もし ② 万一 ③ まるで ④ 面と向かって

6. (㉢)に入る適切なものを選びなさい。
① 今すぐ ② 偶然 ③ 実際に ④ または

索 引

ㄴ

ㅂ

ㅅ

ㅇ

ㅈ

ㅊ

ㅎ

ㅎ

新装版 韓国語能力試験TOPIK II 必須単語完全対策
2021年 1月21日 初版発行

著　者　シン・ヒョンミ、イ・ヒジョン、イ・サンミン
翻　訳　韓国語学習ジャーナルhana編集部
編　集　松島彩
編集協力　辻仁志
カバーデザイン　コウ・タダシ（mojigumi）
本文デザイン　木下浩一（アングラウン）
DTP　株式会社秀文社
印刷・製本　シナノ書籍印刷株式会社

発行人　裵正烈
発　行　株式会社HANA
〒102-0072 東京都千代田区飯田橋4-9-1
TEL：03-6909-9380　FAX：03-6909-9388
E-mail：info@hanapress.com
発　売　株式会社インプレス
〒101-0051 東京都千代田区神田神保町一丁目105番地
TEL：03-6837-4635
ISBN978-4-295-40506-1 C0087 Printed in Japan

●本の内容に関するお問い合わせ先
HANA書籍編集部
TEL: 03-6909-9380　FAX: 03-6909-9388

●乱丁本・落丁本の取り替えに関するお問い合わせ先
インプレス カスタマーセンター
TEL: 03-6837-5016 FAX: 03-6837-5023 E-mail: info@impress.co.jp

●書店・販売点のご注文受け付け
インプレス 受注センター
TEL: 048-449-8040　FAX 048-449-8041